中国社会科学院创新工程学术出版资助项目

计算机犯罪规制中美比较研究

——以美国联邦《计算机欺诈与滥用法》为核心的展开

高仕银 ◎ 著

中国社会科学出版社

图书在版编目（CIP）数据

计算机犯罪规制中美比较研究：以美国联邦《计算机欺诈与滥用法》为核心的展开 / 高仕银著 . —北京：中国社会科学出版社，2021.6
ISBN 978-7-5203-8256-4

Ⅰ.①计… Ⅱ.①高… Ⅲ.①计算机犯罪—对比研究—中国、美国 Ⅳ.①D914.04

中国版本图书馆 CIP 数据核字（2021）第 065586 号

出 版 人	赵剑英
责任编辑	任　明　周慧敏
特约编辑	芮　信
责任校对	刘　娟
责任印制	郝美娜

出　　版	中国社会科学出版社
社　　址	北京鼓楼西大街甲 158 号
邮　　编	100720
网　　址	http://www.csspw.cn
发 行 部	010-84083685
门 市 部	010-84029450
经　　销	新华书店及其他书店
印刷装订	北京君升印刷有限公司
版　　次	2021 年 6 月第 1 版
印　　次	2021 年 6 月第 1 次印刷
开　　本	710×1000　1/16
印　　张	27.25
插　　页	2
字　　数	458 千字
定　　价	135.00 元

凡购买中国社会科学出版社图书，如有质量问题请与本社营销中心联系调换
电话：010-84083683
版权所有　侵权必究

序　言

　　高仕银是北京大学法学院毕业的博士研究生。他获得博士学位之后，就去了实践部门工作。尽管直接从事的不是纯粹的学术研究，但高仕银具有很强的学术自觉，懂得宽广的学术基础对实践工作的意义。因此，他在追求学术的道路上一直没有停步，笔耕不辍，每年都有文章在专业刊物上发表。几年下来，他取得了比较丰硕的研究成果，在单位的工作也打开了局面。作为他的博士论文指导老师，我为他取得的成绩感到高兴。现在，当高仕银在其博士论文基础上撰写的《计算机犯罪规制中美比较研究——以美国联邦〈计算机欺诈与滥用法〉为核心的展开》一书付梓之际，我向他表示祝贺，并很高兴地向大家推荐这本书。

　　本书应当是我国法学界第一本系统深入研究美国联邦规制计算机犯罪的专著。美国既是电子计算机的诞生地，又是世界上首例计算机犯罪的出现地，也是最早规制计算机犯罪的国家。高仕银在读博士时，我国的计算机虽已普及，但云技术和大数据这些刚刚才成为热门话题。与计算机及网络有关的犯罪的危害，越来越成为中国刑事法学界和实务界研究讨论的重点和难点问题。高仕银选择这个题目来写自己的博士论文，虽然有自己英文水平高、对计算机犯罪问题感兴趣等因素的影响，但是，最根本的还是他希望通过对这个问题的研究，对我国刑事法学有所贡献的朴素想法。美国对付计算机犯罪的经验与教训，对于我国加强计算机犯罪的研究，应当是有重要意义的。因此，高仕银在北大博士学习期间，就充分利用自己在英语水平上的优势，把美国联邦关于计算机犯罪的规制作为学习思考的主攻方向。他的选题获得了北大法学院刑事法学专业博士生导师组成员的一致认可。大家不仅期待他的研究给我国逐步严重的计算机犯罪提供新的思路，而且希望看到对美国计算机犯罪的立法和司法实践的利弊分析。

　　高仕银是十分刻苦的。他的研究工作，首先是从整理国内的资料开始的。他完整而系统地收集、分析和总结了国内在计算机犯罪方面的重要资料，不仅包括刑法学的论文和著作，而且包括犯罪学的研究成果，必不可少的当然还有我国刑事立法和司法方面的各种文献资料。系统的文献梳理工作，使他对国内的研究水平和研究思路有很深入的了解，为下一步的中美比较研究打下了很好的基础。

高仕银也是非常幸运的。作为北大法学院的博士生，他成功地与有关领域的美方教授建立了学术联系，提交的留学申请也很快获得了美国加州大学伯克利分校法学院的批准。关键是，他还同时获得了国家留学基金委的全额资助。这样，他就能够作为中外联合培养项目的博士生到伯克利法学院进行为期1年的研究和学习。

在伯克利法学院学习期间，他得到了时任院长Robert C. Berring教授和该院信息法研究中心主任Chris Hoofnagle教授的帮助和指导。高仕银充分利用了伯克利法学院丰厚的学术资源，对《美国联邦计算机欺诈与滥用法》的前世今生进行了追根溯源式的研究。从20世纪60年代末期美国出现首例计算机犯罪开始，他研究了美国联邦计算机犯罪规制的整个历史发展情况。他收集的资料，不仅包括英文专著和论文，而且涉及美国联邦与计算机犯罪有关的立法提案、法律规定、典型判例、司法机构工作报告、智库文章等英文文献。他对这些庞杂的资料进行了比较全面而又体系化的整理、分析和总结。

在此基础上，高仕银运用文献分析和个案研究、比较分析与规范分析相结合的方法，对美国计算机犯罪规制过程和美国联邦在打击计算机犯罪方面的重要策略和重要特点进行了深入探究，全面分析了美国联邦近40年来在规制计算机犯罪方面的经验得失。同时，对计算机犯罪的有关问题，从中美两个角度特别是结合我国刑法规定、司法解释和有关法院判决进行了对比分析，最后提出了自己对中国计算机犯罪的法律及司法解释条文内涵的信条学解读，以及相关的完善建议。

在刑法中，计算机犯罪是一个较新的犯罪。然而，随着信息技术和因特网的高速发展，与计算机有关的犯罪在国内外都出现了相应的迅速变化，由此在概念上出现了不同的表述方法。高仕银对此给予了充分的重视。他指出，就计算机犯罪的名称而言，在不同时期就出现了不同的称谓：早期的描述有"计算机犯罪""与计算机有关的犯罪"或"利用计算机犯罪"；数字技术普遍应用以后，又有"高科技犯罪"或"信息犯罪"；

因特网普及后,又把这类犯罪称作"网络犯罪""虚拟空间犯罪""IT犯罪""信息技术犯罪"等。高仕银没有学究气地陷入各种概念之间缺乏实践价值的分析和讨论,而是比较巧妙地将研究对象准确定位在"计算机犯罪"这个概念上,直接指出这一类犯罪的目标是计算机,针对的是计算机信息系统的软件、数据信息与程序资料。

高仕银对美国计算机犯罪的理解也非常独特。他根据美国联邦《计算机欺诈与滥用法》,把计算机犯罪分为三种基本罪行:非法计算机访问、使用计算机诈骗和造成计算机危害,并以此来建构自己的研究体系,通过立法规定和典型案例来说明这三种基本罪行在规制计算机犯罪方面的基本作用。这个研究思路,不仅符合美国法律规定的客观情况,而且为与我国刑法第二百八十五条和二百八十六条规定的计算机犯罪进行比较研究,提供了非常便利的条件。的确,优秀的刑法理论应该是能对话的,对相同的犯罪行为可以比较不同的处理方法,对不同的犯罪行为可以理解各自产生的缘由,对共同面对的犯罪和刑罚问题可以说明各自规定的正当性和合理性。高仕银的研究不仅比较好地完成了对美国计算机犯罪问题的说明,而且比较好地实现了中美刑法学在这个问题上的对话。他的研究是成功的。

在本书中,重要的创新和可取之处很多。不过,我愿意特别指出以下几点。

第一,本书是在完全使用英文原文的基础上,对美国联邦《计算机欺诈与滥用法》——《美国联邦法典》第18编第1030条——进行的完整考察,填补了我国刑法学界在这个领域的空白。在此基础上,高仕银对中美两国规定计算机犯罪的刑法条文和司法解释开展的比较研究,也是具有开创性意义的。

第二,本书对计算机犯罪所侵犯的法益进行了新界定。指出计算机犯罪侵害的是一种信息性与财产性的复合法益。高仕银认为,计算机犯罪的刑法规制就是对计算机数据信息安全性和价值性提供的双重保护。他分析了传统刑法在规制计算机犯罪方面存在难以有效适用的状况,论证了计算机犯罪必然随着技术发展而形成新型犯罪类型的理由,指出了刑法与时俱进所具有的重要社会价值。他的观点是符合刑法学革命性进步的一般原理的。

第三,本书通过比较研究,对计算机犯罪涉及的法律问题作了比较系统的探讨。例如,本书对计算机犯罪的一般特点、非法访问计算机的标准、计算机诈骗的特点、计算机危害的表现,都进行了深入探讨。高仕银根据美国经验总结出来的结论,对我国刑法的理论研究和司法实践具有重要的参考价值。高仕银的研究充分注意到中美法律制度的不同,因此,在对具体问题的讨论时,有关说明是照顾了中美两国在法律规定和法院司法制度方面的区别的。

第四,本书的研究,客观地反映了美国法学讲究实效的基本思路。美国法学对犯罪问题的研究,并不把自己局限在法律条文的界限之内,而是积极能动地追求法律规制的正义效果。比如,高仕银正确地指出,美国在打击计算机犯罪中为了获得积极的规制效果,既要打消被害人为了保持良好的商誉和维护自己计算机系统良好的安全形象而不愿告发犯罪的顾虑,又要让被害人因计算机犯罪遭受的损失得到及时的弥补,还要努力避免计算机用户对被害人计算机信息系统安全性产生担忧而导致更大的损失。这种多方面的法律思考,对于支持在我国计算机犯罪的法律责任方面,补充增加民事赔偿救济有关制度,具有重要的参考价值。

高仕银毕业后,我就鼓励他认真修改博士论文,尽快把自己的有关研究成果发表出来,服务于社会。以期能够抛砖引玉,推动国内更多学者在计算机犯罪有关研究,特别是中美计算机犯罪比较研究方面走向新的高度,取得更好的学术成果。高仕银一向勤奋踏实而又认真严谨,他在繁杂的机关工作中忙里偷闲,不断对论文进行修改更新和充实完善,精益求精,如今展现在各位读者面前的,是他为我们呈现的一幅中美计算机犯罪规制的佳作。

与计算机犯罪有关的研究在今天来讲虽然不算是特别新的问题,但是从两国具体的法条规定入手进行深入的比较研究,还是不多见甚或是前所未及的,高仕银较好地完成了这一问题,并且在计算机犯罪的比较研究方面确立了一个学术的高地,为他人在这一领域更好的登高望远提供了一块基石。当然,本书是在博士论文的基础上修改而成的,由于计算机技术和计算机刑法的发展,本书还可以有更多发挥的余地。例如,随着互联网技术的不断进步和互联网犯罪行为类型的新发展,本书对网络环境下有关犯罪的规制问题,就还有进一步研究的空间。对此,我期待着高仕银的继续努力,希望他能够再立新峰,再创佳绩。

是为序。

王世洲

2021 年 2 月 18 日于耶路撒冷

前　　言

美国《联邦法典》第 18 编第 1030 条（即《计算机欺诈与滥用法》，英文全称为《Computer Fraud and Abuse Act》，简称"CFAA"）是美国联邦规制计算机犯罪的刑法条款。本书主要通过对 1030 条的立法背景、法条内涵及修正发展的探讨，以面与点相结合的方式来研究美国联邦对计算机犯罪的刑法规制。面，即是指 1030 条的整体面相；点，即是 1030 条的主要重点。在总体了解美国联邦计算机犯罪法的基础上对该法进行条分缕析，以其最重要且具有基础性地位的罪行规制方式为范本，并结合典型判例展开纵深研究，从而达到对美国计算机犯罪刑法规制的精细解读和分析。在此基础上结合中国刑法中关于计算机犯罪的规定和相应司法解释进行对比研究，同时分析我国法院判决案例中对计算机犯罪规制的有关判解，提出本书对中国计算机犯罪法及司法解释条文内涵的理解及相关完善建议。包括导论和结语在内，全书共分为八章，总计 40 余万字。[①]

第一章导论主要阐述在信息社会的现代科技发展中由于对技术的滥用和不当使用而催生出计算机犯罪以及社会对计算机犯罪的反应。通过对大陆法系和英美法系各主要国家对计算机犯罪立法规制的考察，进而探讨计算机犯罪的保护法益与规范目的。本书认为，计算机犯罪的保护法益是计算机数据信息安全和由数据信息所产生的财产性利益；而填补既有刑法法律漏洞，以制定新的刑法规范，确立新的行为构成来满足并符合新型犯罪的情况，实现法益全面而周延的保护，是计算机犯罪法的规范目的所在。

[①] 本书使用"计算机犯罪"这一称谓，主要基于本书研究范围是以计算机为目标的犯罪，与我国刑法规定中"计算机信息系统"相对应，同时也基于美国联邦计算机犯罪法中使用的是"Computer Crime"这一词语并且也主要规制的是与计算机数据信息相关的犯罪。使用相同或相近的定义域来展开讨论，更有利于比较研究中研究对象的精准和研究内涵的统一。关于"计算机犯罪"和"网络犯罪"等用语称谓的差异，下文有简要分析，此处不赘述。

由于计算机犯罪类型多样，本书将研究对象限于以计算机为目标的犯罪，主要涵摄那些针对计算机系统的软件及数据信息等实施的犯罪行为。

第二章首先分析1030条的立法源起及修正发展，然后以该条中的三个重要的基本罪行：非法计算机访问、使用计算机诈骗、造成计算机危害，分别在接下来的三个章节中予以全面的分析研究。非法计算机访问行为的探讨位于本书第三章，重点讨论构成计算机犯罪的访问行为：未经授权与超越授权。虽然1030条是刑法规定，但其中也包含部分民事救济条款，因此在刑事和民事案件中，关于行为人对计算机访问行为非法与否的判断，美国法院确立了不同的依据。这些判断访问是否授权的依据主要有三个：程序编码设限、服务协议设限以及通过代理人法则来考量。在结合美利坚诉莫里斯案、美利坚诉洛莉案和美利坚诉罗沙尔案等著名典型判例，分别对上述三者进行详细研究之后具体考察美国司法实务部门对计算机访问"未经授权"的判断标准：在刑事案件中是以程序编码设限为据，而在民事案件中则是以服务协议设限和代理人法则做参考。由此，本书从1030条关于非法访问行为的类别划分及司法实务中做出的不同判断标准来思考其价值：这种区别划分和不同判断主要在合理恰当的适用刑法，符合刑罚目的现代要求以及有利于新兴技术的保护发展等这三方面具有重要意义。最后，通过对不同学术观点歧义的分析并结合"美利坚诉罗莎尔案"来厘清未经授权与超越授权的相互关系。

第四章主要论述使用计算机诈骗。首先分析计算机诈骗的基础观念，然后探讨计算机诈骗与普通诈骗的关系及相关的立法考察。本书认为普通诈骗是对于人的欺骗，因骗人而取财；而计算机诈骗只是行为人使用了虚假的资料或通过不当的操作来影响计算机程序而获利，其虽有诈骗之名，但并无人被骗之实。之后分析计算机诈骗在1030条中的立法源起与具体内容及主要行为形式。将使用计算机本身所产生或获得的利益或者给权利人造成的价值减损作为计算机诈骗所得的"有价值之物"来认定是美国有别于其他国家相应法条的最主要特色。除了计算机诈骗以外，在美国法律中还有关于电信诈骗（《联邦法典》第1343条）的规定。计算机诈骗与电信诈骗的关系值得研讨，其主要原因在于计算机诈骗的条文是在电信诈骗和非法计算机访问两个条文的基础上设立的，其相互间是否具有竞合及规制冲突不无疑问，本书对此进行了详细分析。另外，1030条中的未经授权访问条款与计算机诈骗条款之间也存在着部分相同的构成要件，其相互关系和适用差别本书也努力作出了厘清。最后,结合美联邦诉库宾斯基案这一典型判例对计算机诈骗的具体规制进行了细致的研究。

第五章分析了1030条规制的第三种基本罪行:造成计算机危害,其行为主要包括传播破坏性程序和非法访问,后果表现为损害和损失。本书认为损害和损失的不同规定,很好地切合了计算机犯罪的保护法益是数据信息安全和由数据信息所产生的财产性利益这一内在要求。本章在开始即讨论传播的意涵以及其判断,在此之后论述造成危害的主观方面要件。造成计算机危害的主观要件在1030条中规定了三种:故意、轻率及严格责任。首先阐述故意的规定,然后结合美利坚诉卡尔森案来分析故意在计算机危害案件中的认定。其次是关于轻率的探讨,法条规定轻率的主要原因及重要意义。通过结合美国相关刑法规定及理论建构对严格责任的内涵及在1030条中的具体构成进行详细的探讨之后,以美利坚诉萨布兰案来分析其司法认定并作出综合的评析。1030条将计算机危害的后果分为损害和损失。首先通过对损害的规定和意涵的探讨并结合美利坚诉米蒂拉案来分析其具体的规制进路,然后分析损失的规定与意涵并以美利坚诉米德尔顿案为基础进一步展开讨论其司法认定。最后,对1030条关于损失的计算方式进行了深入考察并归结出其合理性认定的参照标准:符合大众公平,从而实现刑法适用的宽严相济。

第六章研究计算机犯罪的责任后果。1030条将计算机犯罪的责任承担方式规定为刑罚处罚和民事赔偿。在探讨刑事惩罚中构成轻罪的情况并分析计算机犯罪重罪的内涵与设置原因及其背景之后详细探讨民事赔偿规定的缘由及具体内容,并结合Getloaded一案对民事赔偿的司法运行进行深入的研究。本书对民事赔偿规定的评价认为,其在刑事惩罚之外的选择适用能更加有效地实现对被害人权利及时而充分的救济。

第七章通过对1030条的要点及其规制特点进行概括并将该条文与我国刑法中关于计算机犯罪的条文进行比较研究。通过对中国刑法第二百八十五条和二百八十六条的考察,解析其内涵并结合陈某非法获取计算机信息系统数据案来辨析相互关系。然后对二百八十五条和二百八十六条中的"违反国家规定"予以详细的研究,将其与1030条中"未经授权和超越授权"的功能进行比较,提出应建构判例指导下的司法审判规则制度来对这一要件的司法认定作出有效的指引。除此之外,本书对两高发布的关于计算机犯罪的司法解释中的"未经授权、超越授权"与1030条进行了比较并结合我国法院判决案例进行深入分析，给出了本书对这一规定内涵的见解。随后本书以法益的无限性与有限性为分析进路探讨了计算机诈骗行为在中国刑法中的定位与定性。接着对我国刑法中造成计算机危害的规制方式与美国模式进行了比较，具体分析了传播的内涵与认定以及关于损失的规定，并结合张某某破坏计算机信息系统案详细探讨了在我国刑法中经济损失合理认定的可行办法。最后对计算机犯罪法律责任追究方式进行了比较，提出在我国刑法中对计算机犯罪应建立民事赔偿救济制度的主张。第八章结语部分在归纳总结本书研究内容的基础上重点论述刑法在规制计算机犯罪中的地位与作用：确保技术发展与遏制技术滥用，保护个人权利与保障社会安全。

关键词：计算机犯罪，技术风险，非法访问，案例指导，刑民结合

Abstract

This book focuses on the 18 U.S.C § 1030, which is a criminal statute about the criminalization of computer crime in U.S federal government. Through the study of legislation background, contents and amendments of the statute, this book gets a general version of § 1030, and then makes detailed research of three fundamental sub-articles in the statute with analysis of typical judicial precedents. Based on the fully understanding of § 1030, this book makes a comparative research between Chinese criminal statutes and jurisdictional interpretation which criminalize the computer crime and the § 1030. The comparative research mainly analyzes the following three criminal acts: unauthorized or exceeding authorized access, computer fraud and causing damage and loss to computer. During the comparative research, the study also analyzes some cases and court decision, which are made by Chinese courts recently. Finally, this book gives its own comprehension of Chinese computer criminal law and suggestions of amendment. There are in all 8 chapters including introduction and conclusion and, 400 thousand words proximately.

In Chapter 1, it expounds the reason of causing computer crime that is a by-product of technology abuse or improper use. For combating computer crime, the countries both in Continental Law System and Anglo-American Legal System have enacted special statutes. After observing the different statutes in chief countries of two systems, this book holds the standpoint on the protecting legal interest in computer crime, and it is the security of data and information in computer and the interest of property, which is indicated by the data and information. The purpose to legislate special criminal statute to combat computer crime is for filling the loopholes that exist in traditional criminal statute. Because of the diversity of computer crime, this book studies the type of one in which the computer is a target.

Chapter 2 addresses the federal computer crime law in U. S, § 1030. It traces the legislation history of the law and its 5 times of amendments.

Chapter 3 explores the issues of illegal access to computer. The illegal access includes unauthorized access and exceeding authorized access. Although § 1030 is a criminal statute, it also contains some civil provisions. Those two kinds of provisions need different standards when judging what an illegal access is. In America, there are three basic standards: code-based restriction, contract-based restriction and principles of agency law. It has great value in choosing different standards in criminal and civil cases. The value is that the criminal statute can be applied properly and correctly and it also meets the purpose of modern penalty and, it is good for protecting the development of technology. The relationship and distinction between unauthorized access and exceeding authorized access in § 1030 are discussed at the end of this chapter.

Chapter 4 covers the criminalization of computer fraud in U. S. After the analysis of basic conception of computer fraud, the difference between fraud and computer fraud is discussed, and then the legislation background, contents and the constitution of the crime in § 1030. Because there are some identical parts between the law of wire fraud and sub-article of computer fraud, this book makes a clarification in their application, the difference between computer fraud and the crime of unauthorized access is explained as well. With a typical case, United States v. Czubinski, the judicial way of how to criminalize computer fraud is fully analyzed.

Chapter 5 explores the crime of causing damage and loss to computer. There are two kinds of dangerous acts in the crime, which are transmission and unauthorized access. At first, this book deals with the basic conception of transmission and the determination of it, then this book focuses on the subjective aspects of the crime. According to § 1030, the subjective aspects of the crime contain intention, recklessness and strict liability. The book discusses those three kinds of subjective aspects separately with various cases and criminal theories. The dangerous result of the crime includes causing damage to a computer and loss to victim. Both damage and loss have their special meaning and different way to determine, so the book discusses them respectively on their conception, contents and with typical precedents. How to reasonably calculate loss to a victim according to § 1030 is quite important, and it is discussed in the last part of this chapter.

Chapter 6 is related about the liability of computer crime under § 1030. The liability not only includes criminal penalties but civil ones. At first, the liability of criminal penalty is addressed. There are two kinds of liability in § 1030. The one is penalty for misdemeanor and other is for felony. After concerning the penalty of misdemeanor for the crime, this book treaces the reason that why the felony is available to it. Because the civil penalties are special liability for computer crime and they are also characteristics of § 1030. So the book makes a full exploration about the background of civil penalties and their contents in the article. Specially, the civil liability and its rules of application are totally discussed with a leading case named Getloaded. About the civil penalties, the book's evaluation is that it can give more help and choices to victims, and the most important is the efficiency of judicial operation besides the criminal penalties.

Chapter 7 makes a comparative study between § 1030 and articles 285 and 286 which are computer crime law in Chinese Criminal Law Code. Based on the summarization about the criminalization characteristics of § 1030, this book analyzes regulations which are both legislated in § 1030 and articles 285 and 286. At first, this book discusses the contents of articles 285 and 286, and points out their relationship and difference with a case named Baoqiang Chen gains computer data illegally. After the clarification to those two articles, the term "violates laws and regulations of state" is discussed with detail. Because the term has same function with unauthorized access and exceeding authorized access in § 1030, which can reveal an act is illegal or not. So the term should have no doubt and will not lead different opinions from people when they are applying it. Comparing with the way which American courts have done for defining what unauthorized access is, this book suggests that we should construct a precedent directing system in which the rules of judgment for a fixed crime can be summarized. Under the precedent directing system and rules of judgment, the term "violates laws and regulations of state" can be clarified efficiently and easily. Besides the term, there are still another two terms relevant to computer crime in China's judicial interpretation that are released by China's Supreme People's Court and Supreme People's Procuratorate. These two terms are unauthorized access and exceeding authorized access, which have same structure comparing with American federal computer law. Although the judicial interpretation has ruled the two terms, there is no further explanation about the specific application and judgment of the two terms. According to comparative study, this book gives a fixed definition about the terms of unauthorized access and exceeding authorized access in Chinese criminal law context. On the computer fraud, this book makes a constructive research. Because there is no computer fraud statute in Chinese criminal law, so it can't do a complete comparative analysis. Based on the legal interest and its characteristics of finiteness and infiniteness, this book explores the way that computer fraud should be legislated in Chinese criminal law as a new crime. Causing damage and loss to computer and victim is one of the dangerous results in computer crime. This book makes a comparative study about the criminalization of damage and loss causing between § 1030 and article 286 in Chinese criminal law. Connecting to leading cases that happens in China, the book mainly concerns transmission in the course of causing damage and the reasonable way to calculate loss. The civil liability of computer crime in Chinese criminal law is suggested at the end of chapter 7. The last chapter as a conclusion of this book concerns on the position and function of criminal law while in criminalizing the computer. The position of criminal law should be the last choice when combating computer crime, and the function of criminal law is protecting the development of technology, the security of society and personal right in computer, and also prohibiting technology abuse.

Key words: computer crime; risk in technology usage; unauthorized access; precedent directing system; combination of criminal and civil penalties

目　　录

第一章　导论 …………………………………………………… (1)
　第一节　技术发展与计算机犯罪 ………………………………… (1)
　第二节　社会对计算机犯罪的反应 ……………………………… (4)
　　一　大陆法系主要国家：德国、意大利、日本 ……………… (6)
　　　（一）德国 …………………………………………………… (6)
　　　（二）意大利 ………………………………………………… (6)
　　　（三）日本 …………………………………………………… (7)
　　二　英美法系主要国家：英国、澳大利亚、新西兰 ………… (8)
　　　（一）英国 …………………………………………………… (8)
　　　（二）澳大利亚 ……………………………………………… (10)
　　　（三）新西兰 ………………………………………………… (11)
　第三节　计算机犯罪的保护法益与规范目的 …………………… (12)
　第四节　本书研究对象与范围 …………………………………… (17)
　第五节　本书研究进路及架构 …………………………………… (20)

第二章　美国联邦计算机犯罪的立法及发展 ……………………… (28)
　第一节　立法背景：计算机犯罪的传统刑法规制 ……………… (28)
　　一　传统刑法的适用：早期的对策 …………………………… (29)
　　二　传统刑法的窘境：存在的问题 …………………………… (31)
　　　（一）适用非法入侵与入室盗窃法的困难 ………………… (32)
　　　（二）适用偷盗法的困惑 …………………………………… (34)
　　三　问题解决的进路：主张新立法 …………………………… (40)
　第二节　立法制定：美联邦计算机犯罪法的产生 ……………… (43)

一　立法提案与制定过程 …………………………………（44）
　　二　计算机犯罪法的内容 …………………………………（49）
　　　（一）1984年法的整体面相 ………………………………（50）
　　　（二）1984年法的具体内涵 ………………………………（51）
　第三节　立法发展：计算机犯罪法的五次大修正 ……………（57）
　　一　立法修正的原因 ………………………………………（58）
　　二　五次大修正的内容 ……………………………………（64）
　　　（一）第一次大修正：1986年"计算机欺诈与滥用法案" ……（64）
　　　（二）第二次大修正：1994年"暴力犯罪控制与法律执行法案" …（71）
　　　（三）第三次大修正：1996年"国家信息基础设施保护法案" …（72）
　　　（四）第四次大修正：2001年"美国爱国者法案" ……………（75）
　　　（五）第五次大修正：2008年"身份盗窃与赔偿法案" ………（77）
本章小结 …………………………………………………………（79）

第三章　非法计算机访问犯罪的规制 ……………………（81）

　第一节　计算机访问及犯罪行为 ………………………………（82）
　　一　计算机访问行为的概念与内涵 ………………………（83）
　　二　构成犯罪的访问行为：未经授权与超越授权 ………（90）
　第二节　计算机访问授权的判断依据 …………………………（94）
　　一　根据程序编码设限作出判断 …………………………（95）
　　　（一）程序编码设限的基本意涵 …………………………（95）
　　　（二）典型判例：美利坚诉莫里斯案 ……………………（96）
　　二　根据服务协议设限作出判断 …………………………（103）
　　　（一）服务协议设限的基本意涵 …………………………（103）
　　　（二）典型判例：美利坚诉洛莉·德鲁案（United States v. Lori Drew）
　　　　……………………………………………………………（104）
　　三　以代理人法的规定作出判断 …………………………（111）
　　　（一）以代理人法作判断的基本意涵 ……………………（111）
　　　（二）典型案例：赛佳德仓储中心公司诉赛福佳德自存仓储公司案
　　　　……………………………………………………………（112）
　第三节　授权判断的依据选择 …………………………………（116）

一　刑事案件中授权判断的依据及意义 …………………… (117)
　　　　（一）实现法益保护与人权保障的平衡 ………………… (118)
　　　　（二）符合现代刑法中的刑罚目的要求 ………………… (120)
　　　　（三）体现了刑法信条学上的根本内涵 ………………… (122)
　　二　民事案件中授权判断的依据 ………………………… (125)
　　　　（一）广义解释的判断依据 ……………………………… (126)
　　　　（二）狭义解释的判断依据 ……………………………… (127)
　第四节　未经授权与超越授权的关系 ……………………… (130)
　　一　观点见解：未经授权与超越授权的区分 …………… (132)
　　二　相关案例：美利坚诉罗沙尔案（United States v. Nosal）… (134)
　　　　（一）基本案情 …………………………………………… (134)
　　　　（二）第九巡回法院的判解 ……………………………… (136)
　　　　（三）法院判解评析 ……………………………………… (138)
本章小结 …………………………………………………………… (139)

第四章　使用计算机诈骗犯罪的规制 ……………………… (140)
　第一节　计算机诈骗的基础观念 …………………………… (141)
　　一　计算机诈骗的定义 …………………………………… (141)
　　二　计算机诈骗与普通诈骗的关系 ……………………… (142)
　　三　计算机诈骗的立法概览 ……………………………… (149)
　　　　（一）德国 ………………………………………………… (149)
　　　　（二）日本 ………………………………………………… (151)
　　　　（三）英国 ………………………………………………… (152)
　第二节　美国计算机诈骗的规定 …………………………… (154)
　　一　1030条（a）（4）款的内涵 ………………………… (156)
　　二　计算机诈骗的主要行为形式 ………………………… (161)
　　三　法条关系辨析 ………………………………………… (167)
　　　　（一）1030条（a）（4）款与（a）（2）款的关系 ………… (167)
　　　　（二）1030条（a）（4）款与1343条的关系 ……………… (170)
　第三节　美国计算机诈骗的规制：以美利坚诉库宾斯基案为例
　　　　………………………………………………………… (171)

一　基本案情：美利坚诉库宾斯基案…………………………（173）
　　二　法院判解………………………………………………………（175）
　　三　本书评析………………………………………………………（180）
本章小结……………………………………………………………………（183）

第五章　造成计算机危害犯罪的规制…………………………………（184）
第一节　造成计算机危害的行为……………………………………………（185）
　　一　计算机危害行为：传播破坏性程序与未经授权访问………（187）
　　二　传播行为的判断与认定………………………………………（187）
　　　　（一）地方法院的三个判解……………………………………（188）
　　　　（二）第七巡回法院的判决……………………………………（190）
　　三　本书评析………………………………………………………（195）
第二节　造成计算机危害的主观要件………………………………………（196）
　　一　造成计算机危害的主观要件之一：故意……………………（198）
　　　　（一）法条内涵分析……………………………………………（198）
　　　　（二）相关判例：美利坚诉卡尔森案（United States v. Carlson）…（201）
　　二　造成计算机危害的主观要件之二：轻率……………………（204）
　　　　（一）轻率的规定及意涵………………………………………（205）
　　　　（二）轻率的司法认定…………………………………………（206）
　　三　造成计算机危害的主观要件之三：严格责任………………（209）
　　　　（一）严格责任的内涵…………………………………………（209）
　　　　（二）相关判例：美利坚诉萨布兰案（Unites States v. Sablan）…（212）
　　　　（三）本书评析…………………………………………………（214）
第三节　造成计算机危害的后果……………………………………………（215）
　　一　造成计算机危害的后果之一：损害…………………………（216）
　　　　（一）损害的内涵分析…………………………………………（217）
　　　　（二）相关判例：美利坚诉米蒂拉案（United States v. Mitra）…（219）
　　二　造成计算机危害的后果之二：损失…………………………（222）
　　　　（一）"损失"的雏形与发展……………………………………（223）
　　　　（二）典型案例：美利坚诉米德尔顿案（United States v. Middleton）
　　　　　　…………………………………………………………………（225）

（三）"损失"的正式规定 …………………………………… （230）
　本章小结 ……………………………………………………… （235）

第六章　美国联邦计算机犯罪法中的责任后果 ………………… （237）
　第一节　刑事责任：刑罚惩处 ………………………………… （238）
　　一　轻罪 ………………………………………………………… （239）
　　二　重罪 ………………………………………………………… （241）
　　　（一）非法计算机访问中的重罪 …………………………… （241）
　　　（二）使用计算机诈骗中的重罪 …………………………… （244）
　　　（三）造成计算机危害中的重罪 …………………………… （244）
　　　（四）造成计算机危害重罪情节设置的原因 ……………… （246）
　　三　刑罚惩处之评论 …………………………………………… （250）
　第二节　民事责任：民事赔偿 ………………………………… （255）
　　一　民事赔偿的缘起 …………………………………………… （255）
　　二　民事赔偿的内涵 …………………………………………… （260）
　　　（一）提起诉讼的主体与依据 ……………………………… （261）
　　　（二）5000美元的计算 ……………………………………… （263）
　　　（三）经济损害的认定：以Getloaded案为例 …………… （264）
　　三　民事赔偿的评价 …………………………………………… （268）
　本章小结 ……………………………………………………… （273）

第七章　美国计算机犯罪规制与中国之比较 …………………… （275）
　第一节　美国计算机犯罪法规制的主要特点 ………………… （276）
　　一　犯罪的行为构成随计算机技术发展而不断修正 ……… （276）
　　二　行为类型的区别划分 …………………………………… （278）
　　三　打击计算机犯罪实施严而又厉的刑事政策 …………… （280）
　　四　计算机诈骗的特别规定 ………………………………… （280）
　　五　设立不同内涵的犯罪危害 ……………………………… （282）
　　六　确立民事赔偿的补强措施 ……………………………… （284）
　　七　法条专门定义相关术语 ………………………………… （285）
　　　（一）计算机 ………………………………………………… （286）

（二）政府机构 …………………………………………（286）
　　（三）犯过罪 ……………………………………………（287）
　八　行为犯与结果犯的并行设置 ………………………………（287）
　九　法院判解结论法律条文化 …………………………………（288）
第二节　中国计算机犯罪法规制与美国之比较与完善 ……………（290）
　一　中国计算机犯罪法的内容及分析 …………………………（291）
　　（一）第二百八十五条与二百八十六条的内涵解析 …………（294）
　　（二）第二百八十五条与二百八十六条的关系辨析 …………（299）
　二　"违反国家规定"与"未经授权、超越授权"的比较及
　　　完善 …………………………………………………………（305）
　　（一）"违反国家规定"在我国刑事法规定中的内涵 …………（306）
　　（二）"违反国家规定"在计算机犯罪条文中的内容 …………（308）
　　（三）"违反国家规定"在刑法明确性原则下的考量 …………（309）
　　（四）"违反国家规定"在与美国刑法比较下的完善 …………（311）
　三　司法解释中"未经授权、超越授权"与美国法的比较及
　　　理解 …………………………………………………………（315）
　　（一）我国相关规定中的"未经授权"与"超越授权" ………（315）
　　（二）我国法院判决中的"未经授权"与"超越授权" ………（317）
　四　计算机诈骗行为在中国刑法中的定位与定性 ……………（331）
　　（一）法益的概念分类及其关系 ………………………………（333）
　　（二）法益的无限性与有限性之体系内涵及功能 ……………（336）
　　（三）法益视野下计算机诈骗行为定位与定性之分析 ………（344）
　五　造成计算机危害的刑法规制方式比较与完善 ……………（350）
　　（一）关于传播规定的比较 ……………………………………（351）
　　（二）关于损失规定的比较 ……………………………………（353）
　六　计算机犯罪法律责任追究方式之比较与完善 ……………（363）
本章小结 ……………………………………………………………（366）

第八章　结语：刑法在规制计算机犯罪中的地位与作用 …………（367）
　第一节　本书研究总结 ……………………………………………（367）
　第二节　刑法规制计算机犯罪的地位与作用 ……………………（372）

一 确保技术发展与遏制技术滥用 …………………………（372）
二 保护个人权利与保障社会安全 …………………………（375）

参考文献 ……………………………………………………（381）

后　记 ……………………………………………………（407）

第一章

导 论

第一节 技术发展与计算机犯罪

近现代以降,人类社会在新兴科学技术的引领下快速进步,尤其在进入计算机时代以后,更是以加速度向前发展。计算机的不断更新换代和网络技术的突飞猛进让计算机和网络的结合更加显得相得益彰,使得计算机更成为当今社会不可或缺的重要工具。计算机技术的应用经历了由最初使用于军事与国防目的[①]到逐步开放进入教育科研以及商业领域再到今天普及至大众的过程。[②] 计算机的功能及发展速度、在社会中的应用效度及人们对其依赖的程度远远超出了人们的预想。无论是出门交通、旅游购物、银行账务还是医疗保健乃至娱乐休闲等都无不体现出计算机与我们的日常生活息息相关。有学者甚至在计算机问世以后就指出,不管你多么贫困与孤独,但值得注意的是,在你的生活中几乎不可

[①] 现代计算机实际上是在二战时期为战争而发展技术所取得的成果。1943 年 3 月,在位于布莱切利园(Bletchley Park)(又名 X 电台)的团队完成了命名为"Heath Robinson"的用来解密的计算机器。这一机器随后成为当年 11 月研制出来的最早的程序型电子计算机"Colossus"的先驱。"Colossus"被用来破译当时德军最厉害的"Enigma"密码,并在每秒可以传输 5 千字节的信息。参见 Copeland, B. J., *Colossus*: *The Secrets of Bletchley Park's Code-breaking Computers*, Oxford University Press, 1982。在此基础上,美国的弹道研究实验室(Ballistic Research Laboratory)于 1943 年至 1946 年在 J. Presper Eckert 和 John W. Mauchly 的带领下研制出了第一台真空管电子数据计算机,成为现今计算机的雏形。参见 Ceruzzi, P., *A History of Modern Computing*, 2nd ed., MIT Press, Cambridge, MA, 2003。

[②] Frank P. Andreano, The Evolution of Federal Computer Crime Policy: The Ad Hoc Approach to an Ever-Changing Problem, *Am. J. Crim. L*. No. 27, 82, 1999. 另也可参见 Aclu v. Reno, 929 F. Supp. 824, 831 (E. D. Pa. 1996)。

能不涉及计算机。① 在计算机网络技术环境下，人类社会的现代生活逐步表现为现实社会与虚拟空间的有机结合。现实与虚拟之间的转换与互动体现了计算机的重要性和决定性，使得现代人的生活、学习、工作、交往等都深深地烙上了技术的特征。计算机技术的出现开启了新的可能性，对现代生活中的社会、文化、商业乃至政治制度都提出了新的挑战。计算机技术促进了许多重大的变化，特别是在信息处理与交流中，其以非常重要的方式改变我们对世界的认知。也许，计算机带来的最大冲击是突破了我们所熟知的物质世界的时间和空间的障碍。② 纵观人类社会的文明发展，从农业社会到工业社会的转型再到信息社会的转化，无一不是因科学技术而形成的变动与跨越。如果说铁器的使用是农业社会发展的基础，电力的发现是工业社会前进的动力，那么计算机的运用则是当今信息社会腾飞的关键。计算机的广泛使用极大地降低了现代社会的运营成本，更加迅捷地推动了人类文明的进程。

然而，科学技术是一把双刃剑，用之不当则社会与个人皆受其害。因此，现代技术的广泛运用既使现代社会的人类受益匪浅，也使让生活在现代社会中的人们进入一个潜在的风险领域之中。在这一背景之下，风险社会的概念及理论开始生成并逐渐发展进而获得越来越多的认可和共识。风险社会理论的首倡者贝克认为：工业革命与现代科技深刻改变了人类的生活秩序与方式。提供了传统社会无法想象的物质便利，也创造出众多新生危险源，导致技术风险的日益扩散。现代社会越来越多地面临各种人为风险，从电子病毒、核辐射到交通事故，从转基因食品、环境污染到犯罪率攀升等。工业社会由其自身系统制造的危险而身不由己地突变为风险社会。③ 风险社会的突出表现之一就是技术风险，即对于技术的滥用、误用而导致的实害或危害。计算机技术的广泛运用在造福社会的同时也滋生了对计算机技术的滥用，由此而导致计算机犯罪。④ 计算机犯罪是在风险社会下的后工业化时代由于电子科技和信息

---

① Michael Gemignani, Computer Crime: The Law in '80, *Ind. L. Rev.* No. 13, 681, 1980.

② Josh L. Wilson, Jr., Electronic Village: Information Technology Create New Space, *Computer-Law Journal*, No. 6, 365, 370, 1985.

③ ［美］贝克：《世界风险社会》，吴英姿等译，南京大学出版社2004年版，第102页。

④ Law Enforcement Assistance Administration, U. S. Dept. of Justice, Computer Crime vi (1979).

技术的迅猛发展而催生的一种新型犯罪。美国作为世界上第一台计算机的诞生地，也是世界上计算机犯罪的最早发生地。第一起关于计算机滥用犯罪的记录在1958年，而第一桩由联邦起诉的计算机犯罪案件（犯罪分子在明尼苏达州明尼阿波利斯市使用计算机篡改银行记录）发生在1966年。① 第一次出现并被广泛传播的计算机病毒是一个名为"Elk Cloner"的程序于1982年被写在苹果（Apple）公司的DOS操作系统上。② 从此，计算机犯罪一发不可收拾，逐渐成为社会生活领域中的一大顽疾。

在现今的计算机应用世界中，时常会遇见或听闻各种病毒、木马程序的感染传播；密码账号、网络数据被窃取泄露；重要机构网站"被黑"乃至瘫痪崩溃，等等。这些都警示着计算机犯罪的无处不在与极大破坏。根据国家互联网应急中心（CNCERT）于2012年3月19日发布的《2011年中国互联网网络安全态势报告》指出：2011年，我国遭受更为严重复杂的境外网络攻击，网络银行和工业控制系统安全受到的威胁显著上升，恶意程序引发的手机安全事件呈现多发态势。③ 特别是2011年年底在中国大陆境内的CSDN（中国软件开发联盟）、天涯社区等网站发生的"网络泄密门"事件，无论是给相关企业还是广大网民都造成了巨大的影响。这一事件也成为当年国内最热门的网络话题之一。④ 同样在2011年，计算机软件和硬件技术都非常先进的美国国家航空航天局（NASA）就遭受到十三次重大的黑客攻击，重要的国家机密被窃取，严重威胁到美国国家安全。⑤ 2020年新冠疫情期间，美国国家航空航天局（NASA）发现，国家黑客和网络犯罪分子针对美国航天局系统和远程办公人员的恶意活动"显著增加"：不仅网络钓鱼尝试次数

---

① Donn B. Parker, *Computer Crime: Criminal Justice Resource Manual*, 2nd ed., Office of Justice Programs, National Institute of Justice, U. S. Dept. of Justice, 5 (1989).

② Fites, P., Johnston, P. and Kratz, M., *The Computer Virus Crisis*, Van Nostrand Reinhold, 30 (1989).

③ 关于该报告详情，请参见 http://www.cert.org.cn/articles/activities/common/2012031925807.shtml.

④ 《多网站泄密警报尚未解除》，网易新闻，http://news.163.com/12/0302/05/7RILVQ9T00014AED.html.

⑤ NASA监察长保罗·马丁就黑客入侵事件向美国国会作证，指出去年发生13起重大网络黑客入侵事件，重要数据被窃取。参见 http://www.frenchtribune.com/teneur/129763-hackers-creeps-nasas-systems-13-times-2011.

翻了一番，恶意软件攻击更呈指数级增长。① 上述这些事件与案件的报道与公开只能算是让我们窥见到计算机犯罪的冰山一角。实际上，计算机犯罪自发生之日起，就表现出越发恶劣的趋势并给社会造成巨大的风险和损失。尤其是在计算机网络状态下，即便是在单一的计算机上犯罪，也会形成严重的危害。以发生在 2000 年 5 月的"我爱你"② 和发生于 2017 年 5 月的"想哭"（Wanna Cry）这两个当时在世界各地造成重大影响和损失的计算机病毒为例："我爱你"病毒在菲律宾发生后③迅速蔓延进而波及到世界范围内的将近 4500 万台计算机，造成的损失价值高达 100 亿美元；④ "想哭"病毒在英国和西班牙开始实施攻击后，几小时内便传到世界各地，最后使得 150 多个国家和地区的超过 30 万台计算机遭到了该勒索病毒的攻击、感染。⑤ 美国警察局与联邦调查局所进行的计算机犯罪与安全调查是目前世界上对计算机犯罪进行的最全面调查。⑥ 根据其统计，在计算机犯罪造成的损失中，最大的部分为使用计算机进行金融诈骗，其次是计算机病毒。⑦ 在技术风险社会下，如何遏制住越发恶劣的计算机犯罪并给予其恰当的规制，以确保计算机技术获得正确而有效的应用，成为近来刑法学、犯罪学、社会学等领域研究的重要课题。

第二节 社会对计算机犯罪的反应

随着计算机技术的全球化推广与普遍运用，计算机犯罪也随之在世

---

① https://t.cj.sina.com.cn/articles/view/6926181992/19cd5266800100qzmq? from=tech&subch=otech.

② 该计算机病毒英文为"I LOVE YOU"virus，国内也有人翻译为"爱虫"病毒。

③ Philippine Official Charge Alleged "Love Bug" Virus Creator（1-29，2000）. 关于该案被起诉的详细情况请参见 http://www.cnn.com/2000/TECH/computing/06/29/philippines.lovebug.02/index.html.

④ Patricia L. Bellia, *Chasing Bits Across Borders*, 2001 U. Chi. Legal F. 35, 36.

⑤ Bill Chappell: "Wanna Cry Ransomware: What We Know Monday", https://www.npr.org/sections/thetwo-way/2017/05/15/528451534/wannacry-ransomware-what-we-know-monday.

⑥ Jonathan Clough, *Principles of Cybercrime*, Cambridge University Press, 39 (2010).

⑦ R. Richardson, 2008: *CSI/FBI Computer Crime and Security Survey*, Computer Security Institute, 2008.

界各地发生。在这种技术风险社会环境下，计算机犯罪行为的发生及造成的严重法益侵害后果引起国家刑罚权的介入，刑法规制成为必然。计算机犯罪由于其具有重要的技术内涵，在犯罪的表现形态上存在着变化与变异。这些变化与变异使得传统刑法理论在对这一技术型的犯罪规制与解释上往往显得捉襟见肘，难以应对。"现代刑法产生于农业社会、成熟和完备于工业社会，在网络社会中已呈现出整体性的滞后。"① 计算机犯罪给社会的发展带来诸多弊端和严重危害要求刑事立法与理论的研究必须能跟上这一犯罪的变化，从而实现对法益的有效保护。计算机技术源于西方世界发达国家，计算机犯罪也繁衍于西方世界，所以对计算机犯罪的刑法规制以及理论研究最早也开始于这些国家。纵观这些国家在组织对计算机犯罪进行合理的反应中，大多都经历了适用传统刑法到通过专门立法予以规制的过程。② 专门立法的重要优点在于能够根据计算机犯罪的特征及其变化形态予以不同的规制和实现恰当而充分的惩处，尤其是不会纠缠于传统刑法的解释和适用的问题之间，给司法的有效起诉与判决带来便利和提供保证。

20 世纪 70—90 年代是世界上计算机犯罪立法的主要发展和完善期间，这段时期一共历经了四次立法浪潮。第一次是 70 年代大部分西方国家在行政法、刑法和民法等领域的立法或修法强调对隐私的保护，以回应当时大量出现的通过计算机设备收集、存储和传播有关公民个人情况的数据，以保护隐私权利。第二次与计算机有关的法律改良始于 80 年代，主要是针对经济犯罪。促成这些法律修改的原因是既存传统刑法有缺陷。在计算机犯罪出现的时候，那些传统刑法只保护物质的、有形的而且实际看得见的东西。修订的新法则将计算机犯罪所指向的无形物也包容进去，以完善刑法规制。第三次是 80 年代中期前后通过立法以及修正旧法去更好地保护在计算机技术涵摄下的知识产权，主要包括对计算机软件及图像等版权方面的刑事保护。第四次立法浪潮主要关涉非法以及有害的传播内容等方面。在 20 世纪 80 年代末至 90 年代中期，

---

① 于志刚：《信息社会与刑事法律的时代转型》，载《检察日报》2011 年 3 月 31 日第 3 版。

② Bert-Jaap Koops, Susan W. Brenner, *Cybercrime and Jurisdiction: A Global Survey*, T·M·C·Asser Press, 47-293 (2006).

因特网普遍使用以后,这一类型的立法逐渐增多。这些与内容相关的立法包括诸如散布色情或恋童癖等方面的物品,传播仇恨或诽谤性言论以及有关网络服务提供商的责任等。① 这些立法极大地促进了对计算机犯罪的全面控制,建立起了专门的规范空间,对越发猖獗的计算机犯罪形成了强大的威慑和有效的惩处。以下从大陆法系和英美法系主要国家为对象来考察全球计算机犯罪的刑法规制概况。

一 大陆法系主要国家:德国、意大利、日本

(一) 德国

关于计算机犯罪的立法在德国于 1986 年就已经作出了规定。在德国刑法典中专门列出了 5 个条文来规制与计算机有关的犯罪。其中,第 202 条 a 是关于黑客入侵的规定;第 263 条 a 专门规定了计算机诈骗;第 269 条是禁止有关使用计算机伪造的行为;第 303 条 a 禁止对数据的更改;第 303 条 b 则专门打击破坏计算机的行为。于 2011 年通过的《欧洲计算机犯罪公约》(Council of Europe's Convention on Cybercrime)(以下简称《公约》)给缔约国的德国刑法提出了新的问题。虽然德国在 1986 年的立法绝大部分都满足《公约》的要求,但还是存在需要修正的地方,最为明显的是刑法没有将制造、传播和持有黑客入侵工具的行为定为犯罪。目前,在德国除了刑法典外只有两个相关的犯罪法可以用来缩小但也不能完全规制上述制造、传播和持有黑客入侵工具的行为。这两个犯罪条文是:《有条件的访问服务法》(Conditional Access Services Act)和《著作权法》(Copyright Act)。另外,刑法典第 263 条 a 关于计算机诈骗的规定在特定情形下符合行为构成时也可以用来规制上述行为。②

(二) 意大利

1948 年颁布的意大利宪法中就确立了有关数据保护的问题,其中意大利法院经常适用于对计算机犯罪进行宪法指导的条文是第 14 条,该

---

① Ulrich Sieber, *Legal Aspects of Computer-related Crime in the Information Society*, 26-31 (1998). 详细请参见 http://europa.eu.int/ISPO/legal/en/comcrime/sieber.doc.

② Ulrich Sieber, *Cybercrime and Jurisdiction in Germany*, *The Present Situation and the Need for New Solutions*, in Bert-Jaap Koops, Susan W. Brenner (ed.), *Cybercrime and Jurisdiction: A Global Survey*, T·M·C·Asser Press, 184-185 (2006).

条规定私人居所（domicile）是神圣不可侵犯的，侦查与搜查必须依法进行，保护个人自由。根据意大利法律，居所（domicile）一词既包括物质性的处所也指虚拟空间。对计算机犯罪进行专门立法是介于1992年与1993年之间，酝酿了十多年之久的两项重要法案得以通过。第一个法案是1992年12月29日颁布的第518号法令，修改了1941年颁布的意大利著作权法。第二个法案是1993年12月23日颁布的第547号法令，该法令名为"增修新条文取代刑法和刑事诉讼法中有关计算机犯罪的条款"，其对意大利刑法中的计算机犯罪规定进行了修正。这一修正被称为"1993年意大利计算机犯罪法"，该法一共分为三个部分，每部分都关涉不同的行为和相应条款。第一部分具体规定四个条文，规制持有、更改以及损毁数据或者计算机系统。第二部分主要是关于未经授权或非法访问计算机系统以及侦听他人通讯的规定。法案的第三部分则对伪造电子传播、传播计算机病毒、非法持有通讯侦听或干扰设备以及泄露相关机密信息等作出了详细规定。① 在1992年和1993年的立法浪潮之后，意大利于2000年至2005年期间又开始了新一轮的关于计算机犯罪的立法修正。这次立法修正主要设立了一些新的计算机犯罪，包括不法内容、儿童色情方面的网络材料以及电子商务环境安全等。② 从意大利关于计算机犯罪的立法可以看出，在刑法的保护范围上根据宪法中关于的虚拟空间（domicile）的总体规定，确立了新的保护对象，形成了刑法既规制实在的物质世界，也保护现代人延伸到计算机虚拟空间中的权益。

（三）日本

计算机犯罪在日本主要通过制定于1907年，修订于1987年的《日本刑法典》和制定于1999年的《未经授权访问计算机法》（Unauthorized Computer Access Law）③ 这两部法律来规制。日本刑法典第7条对计

---

① Michael W. Kim, *How Countries Handle Computer Crimes*, (1997). Available at: http://www.swiss.ai.mit.edu/6.805/student-books/fall97-books/kim-crime.html.

② Giovanni Ziccardi, *Cybercrime and Jurisdiction in Italy*, in Bert‑Jaap Koops, Susan W. Brenner (ed.), *Cybercrime and Jurisdiction: A Global Survey*, T·M·C·Asser Press, 227‑231 (2006).

③ 关于日本《未经授权访问计算机法》可参见 http://www.npa.go.jp/cyber/engish/legislation/ucalaw.html.

算机犯罪中的术语进行了定义：在本法典中所使用的"电磁记录"指的是通过电子的、磁性的或其他以人类感官不可识别的方法做成的使用于计算机系统中进行数据处理的记录。在刑法典中针对计算机犯罪的规定共有7条，分别是第161条、163条、234条、246条、250条、258条和259条。① 第161条禁止任何非法的制造电磁记录。第163条将下列行为规定为犯罪：以给他人造成不当的财产处分为目的，将非法制作的电磁记录置于他人信用卡或其他支付卡中从而牟利。第234条禁止使用计算机对商业交易进行干扰或妨碍。第246条规定了使用计算机诈骗罪，其后的第250条是关于计算机诈骗未遂的处理。第258条和259条都是对某些类别电磁记录毁损的规定，其中第258条禁止毁损使用于政府机构的文本或电磁记录，而第259条将毁损与他人财产相关的电磁记录规定为犯罪。除了刑法典相关条文的规定外，《未经授权访问计算机法》主要规制的行为有：禁止通过通信线路在未经授权情况下远程访问计算机，其不包括未经授权访问、使用、复制或传播未联网的单独计算机中的数据的行为；除了具有访问控制权的管理员或具有受权账号的使用者之外，禁止那些没有登录权限的非法访问行为。②

二 英美法系主要国家：英国、澳大利亚、新西兰

（一）英国

在1990年以前，英国关于计算机犯罪的判决都是适用传统刑法。但由于适用传统刑法所带来的诸多不便，自20世纪80年代以来，认为需要对诸如黑客等计算机滥用之类的犯罪予以单独立法的主张在英国得到广泛的赞同。但最终促使英国议会上院作出专门的计算机犯罪立法决定是戈尔德与西菲林（Gold and Schifreen）一案的判决。③ 在戈尔德与西菲林案件中，被告人未经授权访问英国电信公司的电视电话咨询系统并获取到整个系统中各个私人账户的密码。控方以《1981年伪造及假

---

① The 2003 APEC Cybercrime Survey of Japan, available at: http://www.mastel.or.id/Cybercrime/Country%20Surveys/JapanSurvey.htlm.

② Pauline C. Reich, *Cybercrime and Jurisdiction in Japan*, in Bert‐Jaap Koops, Susan W. Brenner (ed.), *Cybercrime and Jurisdiction: A Global Survey*, T·M·C·Asser Press, 243‐245 (2006).

③ *R v. Gold and Schifreen* [1987] 1 QB 1116 (CA), aff'd [1988] AC1063 (HL).

冒法》起诉被告"伪造设备"输入客户权限码进入电信系统。该法对"设备"的定义包括"任何的磁盘、磁带、声轨或其他以电子、机械等方式储存信息的装置"。然而，议会上院指出包含账户密码的电子讯号不能被认为是诸如磁盘或磁带那样的有形物。同时还指明转达给计算机系统中的讯号转瞬即逝，不能当作已经记录或储存。① 该案的上诉法院也强烈批判对这种犯罪情形适用如此法条。"我们得出的结论是该法不能适用于此案，这是一个我们不后悔的结论。试图将这些事实强行地解释到并不适合的法条语言中给法官和陪审团都带来了巨大的困难，我们希望这类事情不再发生。"② 这个时候已经很清楚，既存刑法在处理一些计算机滥用案件的时候受到很大冲击并显得乏力，特别是在那些因无形物的存在而引发的案件上。③

除了发现业已存在的法律在立法和解释困难上的问题外，在实务中对计算机犯罪的指控难题也同样受到广泛关注。很明显的是，比如在过去 5 年由工商部查实的 270 个涉嫌计算机犯罪的案件中，只有 6 件提交到法院且只有其中 3 件被成功的指控。④ 英国司法部门明确地认识到需要进行新的立法，而不是就着传统法律条文去竭力延伸以适合于计算机专门用语。这对现行刑法需要改革的呼吁增添了更加强有力的支持。⑤ 同时，英国法律委员会在 1988 年发表的工作报告中也声称在现行刑法上存在着规制计算机犯罪的漏洞，建议对未经授权访问等予以入罪。⑥ 在这些背景下，经过多次酝酿之后，最终由米歇尔·科尔文（Michael Colvin）发起的计算机滥用法提案⑦在英国议会上、下两院通过后于 1990 年 6 月 29 日获得女王的批准后生效，被称为"1990 年计算机滥用法"。计算机滥用法主要规制与计算机有关的三种基本犯罪，第一种是非经授权访问计算机资料；第二

---

① Lord Brandon, *R v. Gold, Shifreen* [1988] 2 All ER 186, at 192c.
② *R v. Gold and Schifreen* [1988] AC 1063 (HL), 1069.
③ Stefan Fafinski, *Computer Misuse: Response, Regulation and the Law*, Willan Publishing, 28, (2009).
④ Hansard HC vol. 166 col. 1134, 9 February 1990.
⑤ Ian Walden, *Cybercrime and Jurisdiction in United Kingdom*, in Bert-Jaap Koops, Susan W. Brenner (ed.), *Cybercrime and Jurisdiction: A Global Survey*, T·M·C·Asser Press, 296 (2006).
⑥ Smith & Hogan, *Criminal Law*, 8th ed., Butterworths, 723-724 (1996).
⑦ 详细参见 Computer Misuse HC Bill (1989-90) [18].

种是未经授权访问计算机并意图或使之有利于进一步实施犯罪行为；第三种是未经授权修改计算机资料。随着计算机技术的发展进步，"1990年计算机滥用法"也逐步显得不足，比如在打击"拒绝服务"袭击等方面缺乏有效性。因此，英国政府在 2003 年 7 月宣布对该法予以修正，将那些新型的犯罪行为也囊括其中。①

（二）澳大利亚

作为联邦制国家，澳大利亚的法律体系包括州、领地以及联邦法律。根据澳大利亚宪法，各州及领地对所属范围内的事务享有立法权，联邦立法只关涉国际或州际之间以及属于联邦的财政、商业、金融等事务。但宪法也规定，当出现法律抵触时，以联邦法为准。刑事立法在传统上一般也由各州及领地执行，但联邦也具有特殊的刑事立法权限，其中就包括联邦计算机犯罪。在 20 世纪 80 年代初，一些州和北方领地出台了具体的计算机犯罪法，但都是只在各自领域内适用。因此，联邦于 1989 年制定了专门保护联邦计算机及数据的刑事法律，将其增修进《1914 年犯罪法》（Crimes Act 1914）中。新刑法法条禁止非法访问或毁损联邦计算机或数据，规定法定最高刑为 10 年。这时期，在澳大利亚关于规制计算机犯罪的法律是各州及领地和联邦平行共存，在各自领域内发挥作用。随着新世纪的到来，联邦根据宪法第 51 条的规定，逐渐开始在关涉邮政、电讯及其他类似领域加强立法。特别是在 2001 年通过了《联邦计算机犯罪法案》（Cybercrime Act 2001），对 1995 年制定的刑法典进行了修改。修正后的刑法典包括所有的联邦计算机犯罪法，同时还包括新设立的有关电子通讯方面的新罪。特别是这些新修正的刑法条文将触犯联邦、州或领地的任何在电讯服务中非法访问或修改计算机数据或毁损电子通讯的行为都规定为犯罪。因此，这就意味着绝大部分的意图通过入侵计算机网络并诈骗或勒索钱财等的行为完全进入《计算机犯罪法》的规制范围。② 继 2001 年立法修正之后，澳大利亚联邦于 2004 年又进行了刑法修正，通过了《联邦犯罪法修正法（电讯犯罪及其他措施）》，

---

① I. Walden, *Computer Crime*, in Reed and Angel, eds, . *Computer Law*, 5th ed., Oxford University Press, 259-329 (2003).

② Gregor Urbas and R. Smith, *Computer Crime Legislation in Australia*, Internet Law Bulletin, V. 7, No. 2, 53-56 (2004).

该法于 2005 年 3 月 1 日生效。① 这次修正的法律在原有法律基础上新增了诸如儿童色情、网络恐吓等罪名，更加详细而周延地对有关计算机犯罪的行为予以有力打击。

(三) 新西兰

在 2002 年以前新西兰没有专门的计算机犯罪立法，但这并不意味着对计算机犯罪的规制无法可依。就诸如"黑客"等类似的非法入侵计算机系统的行为而言，在新西兰根据 1987 年规定的《电讯法》(Telecommunication Act) 中的刑事条款予以处理。同时，新西兰也不断修正其《1961 年犯罪法》(Crimes Act) 以增强对计算机犯罪的打击。② 随着 1999 年威廉姆森 (R v. Williamson) 案件的判决使得普通法在规制电子盗窃方面的缺陷完全暴露，同时强调出立法的必要性，从而最终导致 2003 年对《1961 年犯罪法》中相应条款的重大修正。这次立法修正产生了四个新的犯罪条款，主要基于打击滥用计算机等行为。这四个条文分别是第 249 条，以欺诈之目的访问计算机。欺诈之目的诸如为了获得好处、利益或导致他人之损失。第 250 条，损害或干扰计算机系统。该条对损害或干扰的定义为：损坏、删除、修改乃至其他的影响或削弱到任何计算机系统中的数据或软件，以及导致任何计算机系统不能正常运行或造成不对有权使用者服务。第 251 条，意图犯罪而制造、出售、传播或持有计算机软件。该条设立的目的在于打击帮助他人实施未经授权的计算机访问及进一步的犯罪行为。第 252 条，未经授权访问计算机系统。这一条主要用来规制从一开始就无权限访问的行为，从而将已获授权但越权或司法、安全以及政府通讯保障机构的访问行为排除在外。③

通过对上述大陆法系和英美法系主要国家④关于计算机犯罪的刑法

---

① Gregor Urbas and Peter Grabosky, *Cybercrime and Jurisdiction in Australia*, in Bert-Jaap Koops, Susan W. Brenner (ed.), *Cybercrime and Jurisdiction: A Global Survey*, T·M·C·Asser Press, 52 (2006).

② Noel Cox, *Cybercrime and Jurisdiction in New Zealand*, in Bert-Jaap Koops, Susan W. Brenner (ed.), *Cybercrime and Jurisdiction: A Global Survey*, T·M·C·Asser Press, 274 (2006).

③ Kevin Dawkins and Margaret Briggs, Criminal Law, *New Zealand Law Review*, No.1, 131-137 (2007).

④ 英美法系主要国家当然包括美国，因本书研究美国计算机犯罪刑法规制，所以将在下文中详细分析美国联邦关于计算机犯罪的立法。

立法考察和规制样态可以看出，计算机犯罪虽然没有如盗窃、抢劫那样的传统犯罪古老，但其却有强大的破坏力和传染力，成为一个全球化样态的犯罪，从而引起社会的强烈苛责，各国纷纷予以高度关注并及时根据技术发展的特性加以立法和修法，成功地组织起对这类犯罪的有效反应。由于计算机网络使用的无限制和无国界性特征，使得计算机犯罪不但成为一个国家内的犯罪，更常常成为跨国性的国际犯罪。因此，其又涉及国际刑事之间的协作与司法权限的问题。《欧洲委员会计算机犯罪公约》成为这种国际刑事合作的第一个实践文本。当然，关于这方面的问题已然超出本书的范围，不多作探讨。回到计算机犯罪本身，对于在新兴科技发展下产生的这类犯罪，刑法对其专门立法规制的目的在何？计算机犯罪的保护法益又应该是什么？本书试图对此在下面作出初步的探讨与回答。

第三节　计算机犯罪的保护法益与规范目的

法益作为现代刑法学中的基础性概念，是每个构成要件的实质核心，凡该当构成要件的行为都侵害特定的法益。但法益在其本体上并非完全是一个同一的概念，在不同的理论语境下会有不同的法益定义。所以说，"法益"的定义至今仍然没有得到成功而明确的说明。[①] 一般而言，人们都同意自李斯特以来创立的观念：法益是法律所保护的利益。[②] 从存在论而言，法益先在于立法。立法者并不能创造法益，而只不过将此种法益保护加以条文化。该利益不是由法秩序产生，但被提升为法益。[③] 不同的法律对法益的保护范围和程度也各有区别。一般而言，宪法所保护的法益具有无限性，其面也最宽，而刑法相对所保护的法益是有限的但度却最深。[④] 计算机犯罪作为新型犯罪样态，是刑法位于宪

---

① ［德］克劳斯·罗克辛：《德国刑法总论》，王世洲译，法律出版社 2005 年版，第 14 页。
② ［德］李斯特：《德国刑法教科书》，徐久生译，法律出版社 2006 年版，第 6 页。
③ ［德］许乃曼：《法益保护原则——刑法构成要件及其解释之宪法界限之汇集点》，何赖杰译，载《不移不惑献身法与正义——许乃曼教授刑事法论文选辑》，许玉秀、陈志辉合编，公益信托春风旭日学术基金发行，2006 年版，第 239 页。
④ 参见拙文《法益的无限性与有限性——以计算机诈骗行为的分析为例》，载《中国刑事法杂志》2011 年第 12 期。

法性法益之下在其他部门法所保护法益之后所确立的最后法益保护。因此，在刑法上计算机犯罪的保护法益和其他形态的犯罪规定所保护的法益一样，属于犯罪行为所侵害的最重要的人们的生活利益。至于计算机犯罪所侵害人们的最重要的生活利益的哪一部分，则有需要进一步分析研究。同时，"法益"这一称谓源于大陆法系德日刑法学谱系。我国刑法学语境中并没有"法益"的说法，在刑法理论上有"犯罪客体"的概念，指刑法所保护的而为犯罪行为所侵害的社会主义社会关系。犯罪客体与法益这个概念相比，虽然没有在所保护的社会关系中明确强调受法律保护的属性，但是，在我国刑法中的犯罪客体强调"刑法所保护的"这个条件之后，犯罪客体和法益之间，并不存在很多重大区别。[①] 关于计算机犯罪的保护法益，在我国国内主要是从犯罪客体的角度予以展开分析。

我国学者对计算机犯罪的犯罪客体（保护法益）的研究主要有以下观点。有学者认为，计算机犯罪所侵犯的客体是双重客体，一方面，侵犯了操作应用计算机的管理秩序；另一方面，在应用计算机的不同行业中所发生的计算机犯罪侵犯了某一具体的社会关系，因而具体客体不一样，具体表现形式多种多样。[②] 有学者认为，计算机犯罪所侵犯的客体是计算机产业的正常管理秩序及计算机信息系统安全保护制度，有时还侵犯国家保密制度和公共财产所有权。[③] 有学者指出，以修订后的刑法法条规定为依据，我国刑法所规定的计算机犯罪的客体可以表述为：计算机犯罪所侵犯的同类客体是公共秩序，其所侵犯的直接客体是计算机信息系统的安全。[④] 还有学者从计算机犯罪的犯罪对象、立法原意、立法背景等角度进行论证，得出结论：我国计算机犯罪侵犯的客体是计算机信息系统安全，计算机犯罪应该调至危害公共安全罪一章。[⑤] 另外，在计算机网络环境下，这一现代化的信息处理工具使得各国对于社会的管理和协调趋于快捷化和显示出应有的效益性。信息代表着财富，而在大量信息聚生从而使信息的价值倍增，集中储存的信息和信息所体现出

---

① 王世洲：《现代刑法学（总论）》（第二版），北京大学出版社2018年版，第104页。
② 秦冬红：《计算机犯罪问题及其预防对策》，载《上海法学研究》1995年第6期。
③ 董芳兴：《略论计算机犯罪及其刑法遏制》，载《江西法学》1995年第5期。
④ 于志刚：《计算机犯罪疑难问题司法对策》，吉林人民出版社2001年版，第84页。
⑤ 张晓红：《计算机犯罪之犯罪客体再研讨》，载《行政与法》2003年第12期。

的价值，往往远远超过计算机信息体统本身的价值。我国刑法虽然存在惩治破坏计算机内存数据的犯罪，但是，此时的打击倾向是为了保护计算机信息系统的功能，而非对信息或数据本身的认识，主张全新法益的承认，立法应及时确立对信息的保护体系。① 因此，有学者从信息犯罪的角度提出信息法益的概念：存在于信息空间中、具有信息本质特征、包含有人类创造性劳动的信息资源，以及与之相关的权利，由于受到法律的保护而形成的权威利益形态就是信息法益。② 认为在计算机犯罪中的保护法益之核心是信息权及其衍生出来的人身权和财产权。

随着计算机和网络技术以及大数据的发展特别是其中衍生的犯罪行为的变化，对有关计算机犯罪涉及的保护法益观点也在不断更新。有学者指出，计算机技术升级换代，云计算、大数据时代加速蜕变，先后经历以计算机信息系统为核心的网络1.0时代、以信息网络为核心的网络2.0时代、以网络数据（大数据）为核心的网络3.0时代三个网络代际，网络空间形态正在加速推进和成型；网络安全已经全面嵌入国家安全、公共安全与公共秩序以及公民的人身财产权益，网络安全秩序已经成为生产生活的"必需品"，特别强调网络空间中安全法益的保护及扩容，在此基础上主张创制专门的网络刑法典。③有学者以我国刑法第二百八十五条和二百八十六条规定的计算机犯罪的相关数据犯罪为出发点，提出了数据安全法益的主张，并认为数据安全法益是基于数据自身内容、使用价值和侵害风险所进行的独立规范评价，能更合理地解释数据犯罪的构成要件。④ 有学者从网络空间犯罪的角度展开分析认为，计算机数据和信息系统安全是独立的公共法益，应当给予全面的刑法保护。⑤也有学者认为，在复杂的web3.0时代的犯罪以网络作为犯罪空间，刑法保护网络空间秩序，但需要以侵犯网络秩序的行为是否具有现实危害性或者

---

① 于志刚：《虚拟空间中的刑法理论》，中国方正出版社2003年版，第16—17页。
② 高德胜：《信息犯罪研究》，博士学位论文，吉林大学，2008年。
③ 孙道萃：《网络刑法知识转型与刑法回应》，载《现代法学》2017年第1期。
④ 杨志琼：《我国数据犯罪的司法困境与出路：以数据安全法益为中心》，载《环球法律评论》2019年第6期。
⑤ 皮勇：《论中国网络空间犯罪立法的本土化与国际化》，载《比较法研究》2020年第1期。

紧迫的现实危害性为定罪标准。①

从上述我国学者对计算机犯罪保护法益的观点可以总结出,在我国对计算机犯罪保护法益的认识主要体现在以下三个方面:其一是社会层面的管理秩序;其二是计算机本体层面的信息安全;其三是对于计算机所有者或合法使用者层面而言的数据信息所有或专有权及其衍生的价值。法律从广袤的生活秩序、规则习俗中选取了应该和值得保护的对象并加以成文化。法律规则不过是总体习俗中的一个确定的形式。② 因此,从法律本身的性质而言,其是社会秩序保护性规则的总和。就刑法作为最后保障法的角色和功能定位而言,其所进行的规制都是对社会秩序具有决定性和强制性的维系和维护,其中自然包括管理秩序。因此,上述关于计算机犯罪保护法益的观点中认为是操作应用计算机的正常管理秩序的表述显无必要,这没能反映出计算机犯罪保护法益的具体性和明确性。所有犯罪都破坏或侵害了社会的管理秩序,计算机犯罪也不例外。不能因为计算机犯罪具有技术性特征和表现形式比较特殊而专门突出强调其危害了社会管理秩序。法益具有构成要件的解释机能,这也即我国传统刑法学上所说的犯罪客体具有的两个意义:罪与非罪和此罪与彼罪的区分。③ 管理秩序或公共秩序论使得计算机犯罪的保护法益显得空洞,不能完全而正确地指导对有关计算机犯罪的行为构成的充分解释。

从计算机数据信息本身而言,探讨计算机犯罪的保护法益具有重要意义。计算机技术所呈现出来的最大特征便是电子数据信息,而计算机犯罪的侵害对象基本上都是围绕这些电子数据信息而实施。无论是非法入侵计算机系统还是制造传播计算机病毒等,都是表现为对计算机数据信息的窃取、复制、损害、修改或者输送等。打击计算机犯罪目的就是保护数据信息。我们必须成为数据信息的良好管理员,敬重这些数据信息,最重要的是谨慎地对数据信息及其体现的权益加以保护,同时包括

---

① 刘艳红:《Web3.0时代网络犯罪的代际特征及刑法应对》,载《环球法律评论》2020年第5期。

② [英]马林诺夫斯基:《原始社会的犯罪与习俗》,原江译,法律出版社2007年版,第35页。

③ 参见赵秉志、鲍遂献、曾粤兴、王志祥《刑法学》,北京师范大学出版社2010年版,第168页。

其持有人或所有者。① 现代社会中，计算机数据信息所体现出来的重要意义在于信息的独享和专有以及由数据信息所延伸出来的财产权利。因为电子数据信息在现代社会是一种技术成果，具有同财物一样的价值。未经授权或没有法定原由不得侵害他人计算机数据信息，这涉及对数据信息安全性的保护。计算机数据信息作为无形物与有形实体物一样代表着一种经济财产，可以给所有或合法持有人带来经济上的利益。这些无形的数据信息在计算机空间具有价值是因为其表征着一种财产利益，人们可以拿来在现实世界中花费使用，那些软件、域名以及纯粹的信息等，本身都具有经济价值。② 这些情况说明需要法律涉及对数据信息价值性的保护。计算机犯罪的刑法规制就是实现对计算机数据信息安全性和价值性的双重保护。因此，本书认为计算机犯罪的保护法益是计算机数据信息安全和数据信息产生的财产性利益。

从前述大陆法系和英美法系关于计算机犯罪的规制来看，大部分国家都经历了沿用本国传统刑法到专门制定或修订刑法来处理的过程。专门对计算机犯罪进行立法，其目的并非随心所欲，更不是为了跟风或赶时髦。随着现代计算机技术的发展，现实与虚拟相互对应。这也使得犯罪的对象由现实社会当中的有形物延伸到了虚拟空间的无形体。以电子脉冲的形式存在于计算机系统中的数据信息带给了人类全新的景观，也给既存的法律蒙上了难以涵盖的阴影。传统的法律在新兴的技术犯罪面前，显得苍老残喘。我们的法律就仿佛在甲板上吧嗒吧嗒挣扎的鱼一样，这些垂死挣扎的鱼拼命喘着气，因为数字世界是个截然不同的地方。③ 制定于计算机技术发展之前的刑事法律在对付这一新兴的犯罪面前总是显得力不从心。将传统的犯罪条文的规定与特定的计算机犯罪相匹配是相当的困难。④ 因为这些法条所涵摄的范围都是现实社会中的有形物体，将之使用于虚拟空间中的无形物，往往是牵强附会甚至是无法

---

① Donn B. Parker, *Fighting Computer Crime: A New Framework for Protecting Information*, Wiley Computer Publishing, John Wiley & Sons, Inc., 55 (1998).
② Marc D Goodman and Susan W. Brenner, The Emerging Consensus on Criminal Conduct in Cyberspace, *International Journal of Law and Information Technology*, V. 10, No. 2, p. 145 (2002).
③ [美]尼古拉·尼葛洛庞帝：《数字化生存》，胡冰、范海燕译，海南出版社1997年版，第278页。
④ Tunick, Computer Law: An Overview, *Loy. L. A. L. Rev.*, No. 13, 315, 325, 1980.

达到预期效果。没有专门的打击计算机犯罪的刑法条文而去指控涉及复杂的计算机技术的犯罪行为简直就是冒险。① 规范的目的在于实现法律的良好而正确的适用，以恢复和实现社会的正义与公平。但传统刑法在规制计算机犯罪方面存在的难以有效适用的状况，显示出达不到其应有的规范目的，传统的行为构成不能符合新生的犯罪情况，法益保护不能周延，出现法律漏洞。在此基础上，为了填补刑法法律漏洞，以制定新的刑法规范，确立新的行为构成来满足并符合新型犯罪的情况，实现法益的全面而周详的保护，是计算机犯罪法的规范目的所在。

第四节　本书研究对象与范围

计算机技术的进步使得计算机犯罪也跟着发展变化，其不但内涵复杂而且会随着技术的逐步成熟而不断的升级翻新。技术支撑型的犯罪在范围上总是不断进化发展，这既是技术变化的功能性结果，又受到社会与新技术交互活动的影响。② 就计算机犯罪本身的名称而言，在不同时期都经历着不同的称谓。早期的描述有"计算机犯罪""与计算机有关的犯罪"或"利用计算机犯罪"。当数字技术普遍应用以后，对这一犯罪的用语诸如"高科技犯罪"或"信息犯罪"又增加并收入到字典词汇库中。因特网的出现，又把这类犯罪称作"网络犯罪"（cybercrime），还有的称谓如"虚拟空间犯罪""IT 犯罪""信息技术犯罪"等。③ 目前，就连相关权威的官方文本也对这类犯罪有不同的说法，在欧洲委员会制定的《计算机犯罪公约》中对这类犯罪的用语接受的是"Cybercrime"，而美国《计算机欺诈与滥用法》中则使用了"Computer Crime"。我国 1997 年刑法规定的则是计算机犯罪，其目的主要是保护计算机信息系统的安全。但我国立法对于计算机犯罪的规定有一个发展的过程，即一开始仅仅是保护计算机信息系统安全的计算机犯罪，到后

---

① Volgyes, The Investigation, Prosecution, and Prevention of Computer Crime: A State-of-the-Art Review, *Computer-Law Journal*, No. 2, 385, 1980.

② G. Urbas and K. R. Choo, Resource Materials on Technology-Enabled Crime, *Technical and Background book*, No. 28, 5 (AIC, 2008).

③ S. W. Brenner, Cybercrime Metrics: Old Wine, New Bottle? *Virginia Journal of Law and Technology*, No. 9, 4 (2004).

来则包涵了规制在网络环境下的计算机和网络犯罪的新兴形态。因此，我国有学者指出：如果说 1997 年刑法主要是对计算机犯罪的规定，那么，此后的《刑法修正案（九）》则完成了从计算机犯罪到互联网犯罪的立法嬗变。① 这些称谓和说法各有理据，在计算机和因特网结合的环境下，有的称谓侧重于计算机，而有的说法又偏向于因特网，甚至有的用语采取了新的办法，如"赛博犯罪"，以此来表示这一犯罪是计算机和因特网的集合。

我们从上述计算机犯罪用语的多样性就可以知道计算机犯罪的复杂性和发展性。实际上，随着技术的发展，谁也不能确定在接下去的时间里人们又会对这一类型的犯罪根据当时的具体情况给出别的称谓。这就导致了一个困局的出现：自计算机犯罪产生以来，人们对计算机犯罪的概念本身并未达成统一的认识。正因为如此，很难给计算机犯罪下一个确切的定义。② 计算机犯罪的复杂性有时甚至是一种难以描述的现象，其没有一个全面而又能够独立展现出准确合理的让大家都接受的概念。③ 另外，由于计算机本身包含着不同的技术性特征，人们对计算机本身的认识也存在着差异，即对于计算机本体的定义也并不完全相同。④ 不过，即使是基于这样的情况，这也并不影响人们对计算机犯罪的认识和对之有效地进行相应的法律规制。这是因为各国可以根据自己的情况作出决定和规定。这可以通过以下表述得到说明：考虑到信息技术的发展，欧洲议会通过 1989 年建议以来有关犯罪的增加，信息时代无形财产的重大价值，以及进一步促进研究和技术发展的愿望和潜在的高风险，建议各国应当根据各自的法律传统、文化和兼顾现行法律的适用情况来考虑作为犯罪惩罚的行为。⑤

虽然在计算机本体及其犯罪的准确称谓和精确定义上不能达成一致，但大家对计算机犯罪的分类还是形成了比较广泛的共识。一般而

---

① 陈兴良：《网络犯罪的刑法应对》，载《中国法律评论》2020 年第 1 期。
② Joseph M. Olivenbaum, Ctral – Alt – Delet: Rethinking Federal Computer Legislation, Seton Hall L. Rev., No. 27, 575, 576（1997）.
③ Marc D Goodman and Susan W. Brenner, The Emerging Consensus on Criminal Conduct in Cyberspace, International Journal of Law and Information Technology, V. 10, No. 2, 145（2002）.
④ 至于计算机本身的定义及其法律规制中的选择将在下文中详细阐述。
⑤ 国际刑法学会：《国际刑法学会关于打击电脑犯罪的建议稿》，王世洲译，载《我的一点家当：王世洲刑事法译文集》，中国法制出版社 2005 年版，第 166 页。

言，计算机犯罪包括三种类别，美国司法部将其归纳为：第一类，以计算机为目标的犯罪，指计算机或计算机网络成为犯罪行为的对象，例如黑客入侵、恶意软件、程序或 Dos 操作系统攻击等；第二类，以计算机为工具的犯罪，将计算机作为工具实施原来就存在的传统犯罪。比如，儿童色情、追踪、著作权侵犯以及诈骗等；① 第三类，计算机的使用作为犯罪的附带情形，指计算机既不是攻击目标，也未作为工具，而是用来提供犯罪证据，诸如在计算机中发现谋杀犯的地址、被害人与加害人之间的对话等，在这些情况下计算机不是构成犯罪的因素，而是犯罪证据的贮存器。② 纵然这是美国司法部对与计算机有关的犯罪所作的分类，但就计算机犯罪的全球化样态而言，上述分类与其他国家与地区相比，大同小异。美国司法部对计算机犯罪的上述分类也得到了其他一些国家如澳大利亚、加拿大以及英国等的赞同并在其国内也按此区分，同时这一做法在国际社会也得到采纳。③ 在计算机犯罪分类明确的基础上，不再去纠缠于这类犯罪的具体定义，而如何通过法律对之进行分门别类的恰当规制才应该是主要而核心的问题。因为，历史研究清楚地表明"计算机犯罪（computer crime）""计算机相关犯罪（computer related crime）"和"网络犯罪（cybercrime）"这些术语不再简单地指一种新型犯罪，它们包含各种各样的新现象，既包括新型犯罪也包括与计算机数据和系统相关而实施的传统犯罪。④ 鉴于上述分类的世界主要模式和计算机犯罪的多样性和复杂性，本书将研究对象仅限于上述第一类，即以计算机为目标的犯罪。主要涵摄的范围为那些针对计算机信息系统的软件及数据信息与程序资料等实施的犯罪行为，具体方向是美国刑事司法对这类犯罪的规制及其与中国的比较。对这一比较研究的建构将在下一节详细阐述。

---

① 在美国立法中，关于将计算机作为工具实施原来就存在的传统犯罪的相关规定分析，参见拙文《美国政府规制计算机网络犯罪的立法进程及其特点》，载《美国研究》2017 年第 1 期。

② Computer Crime and Intellectual Property Section, US Department of Justice, *The National Information Infrastructure Protection Act of* 1996, Legislative Analysis (1996). 参见 http://www.cybercrime.gov/1030analysis.html.

③ A. Rathmell, *Handbook of Legislative Procedures of Computer and Network Misuse in EU Countries*, Study for the European Commission Directorate-General Information Society, 16 (2002).

④ ［德］乌尔里希·齐白：《全球风险社会与信息社会中的刑法》，周遵友、江溯等译，中国法制出版社 2012 年版，第 301 页。

计算机技术的不断进步和更新换代决定了无法通过单纯的技术手段本身来遏制计算机犯罪。历史和经验已经证明，没有一个计算机系统会被制造得绝无安全隐患。基于程式代码方式设计的"安全系统"总是在不可预测的攻击中暴露出其在设计、操作或运行中的缺陷和脆弱性。新技术既给计算机使用者带来了机会，也给犯罪人创造了条件。新的技术通常带来了兴奋与价值也产生了不可预知的安全威胁。[①] 解决计算机犯罪问题不能仅靠技术性的办法，这需要从法律、政策与技术等多方面综合治理。[②] 因而，适用法律来规制计算机犯罪便成为社会最主要的选择，但法律在计算机时代也受到很大的影响。计算机技术的广泛运用改变着人们过去的生活与交往方式，也改变着社会的运作模式，这也体现在其对既存法律体系的冲击等方面。不断增强而又更加便利的计算机访问和对法律所保护的文本材料可大范围复制等情形给知识产权法与著作权法带来了新的挑战。当公民在计算机时代成为文本、声像以及图画的制造者和大量传播者，其个人受宪法所保护的言论自由权利因既有的对商业出版与传播的管制而会产生抵触。同时，保存在计算机或网络数据库中的私人资料在越来越开放和层出不穷的计算机网络使用手段下会受到不断的侵扰甚至泄露，个人隐私的保护也给法律提出了严峻的问题。同样，如上所述，因计算机技术滥用而导致的犯罪也给生成于计算机技术之前且用于规制传统犯罪的刑法带来了极大的挑战。刑法作为"万法之盾"，在众多部门法律受到冲击并随之改进的同时，也应该而且必须"迎难而上"，作为"最后手段原则"合理地组织起对计算机犯罪的反应。

第五节　本书研究进路及架构

作为法治后进国家的中国，在刑事法领域正处于理论建构和法制建设逐渐形塑自我品格的准完善期，刑事理论与司法经验还不很成熟完备。但是，随着经济的快速增长和技术的飞跃发展，计算机在近年来以惊人的速

[①] Michael Lee, Sean Pak and Tamer Francis, Electronic Commerce, Hackers and the Search for Legitimacy: A Regulatory Proposal, *Berkeley Technology Law Journal*, No.14, 864 (1999).

[②] Dorothy E. Denning and Peter Denning, *Internet Besieged: Countering Cyberspace Scofflaws*, Addison-Wesley Professional, preface at xi (1997).

度应用于各行各业。虽然农业社会与工业社会乃至信息社会的形态在地域广袤的中国都交互存在着,但是计算机的运用则贯穿于这些不同的社会形态中,在各自领域发挥着不同的重要功用。计算机运用的世界化进程将处于转型期的农业态、工业态以及信息态中国迅速地席卷进全球化的浪潮,计算机犯罪也同时见缝插针地在中国生根发芽进而传播蔓延甚至到处开花。当改革开放的大门初开时,虽然计算机技术在西方工业化先进国家已经蓬勃发展,但我们对此还没有太多的概念,计算机犯罪更似乎不曾耳闻。20世纪80年代初期,我国计算机的发展才刚刚起步。[①] 因此在1979年刑法典中根本没有关于计算机犯罪的立法规定。当国外对计算机犯罪的立法与研究都比较成熟和积累了相当的经验之后,我国刑事法学界与司法实务界才于20世纪80年代中后期开启对这一犯罪研究的大门。适逢1997年刑法修订,在新刑法典中终于规定了有关计算机犯罪的条文。从比较法的角度来看,总体上来说我国刑事法对于计算机犯罪的规定还基本上处于初级阶段。

正如前文所述,美国是世界上第一台计算机的诞生地,也是世界上计算机犯罪的最早发生地。美国联邦对计算机犯罪的立法和司法反应在世界上都属于较早的国家。联邦对计算机犯罪的刑法规制从1984年第一部专门的计算机犯罪立法至2008年第五次修正案出台,在近三十年来立法随着计算机技术进步而不断更新,建立起了比较成熟完善的刑事法律规范体系。同时,在司法实务中也积累了相当丰富的经验,形成了计算机犯罪立法推动司法,司法判例又丰富立法内涵的互动局面。虽然我国关于计算机犯罪的立法在2007年《刑法修正案(七)》和此后的《刑法修正案(九)》中作出了部分的修改,但随着中国经济和技术的日益发展以及计算机使用得越来越普及,规制计算机犯罪的中国刑法不断受到挑战。为了更好地适用刑法关于计算机犯罪的规定,最高人民法院和最高人民检察院于2011年8月1日公布了《关于办理危害计算机信息系统安全刑事案件应用法律若干问题的解释》。这是自1997年刑法规定计算机犯罪后我国最高司法机关首次根据立法作出的解释。但相比较美国联邦于1984年制定、历经五次修正而内容细密的"计算机欺诈与滥用法"和大量的司法判例而言,以三个条文和一个司法解释组合成的中国计算机犯罪规制体系显得

---

① 李文燕:《计算机犯罪研究》,中国方正出版社2001年版,第40页。

相当单薄。因此，以比较研究和系统分析的方法，对美国联邦计算机犯罪的刑法规定①及相关司法判例予以深入探讨，并结合中国刑法中关于计算机犯罪的法条规定进行对比分析，最后对中国计算机犯罪法中的有关含义予以阐释并对进一步的完善提出修正建议，是本书的基本进路。

我国学界自20世纪80年代开始研究计算机犯罪以来，取得了不少理论成果。据不完全统计，到目前为止，与计算机犯罪相关的研究论著共计约80余部，博士、硕士论文100余篇，学术期刊文章超过1000篇。这些研究成果对惩治计算机犯罪起到了一定的指导作用，为进一步深入研究这一类型的犯罪奠定了较为丰实的资料基础。从发展脉络上来看，大致分为四个研究阶段，即20世纪80年代末90年代初为计算机犯罪研究的起步阶段；90年代初至1997年新刑法的制定为立法建言献策阶段；新刑法颁布实施至2000年前后为法条阐释研究阶段；2000年前后至今主要表现为从计算机犯罪的法条本体分析扩展到网络犯罪以及虚拟空间犯罪和信息数据犯罪的有关研究。然而，纵观我国国内关于计算机犯罪研究的文献，对于专门研究美国计算机犯罪刑法规制的则比较少。这些文献主要对美国计算机犯罪立法梗概、立法样态与特点、计算机犯罪处罚等作出了简单初步的介绍，但都没有予以深入的展开。另外，这些关于研究美国计算机犯罪规制的学术论文由于其所引用、参考的资料大部分都是中文资料，直接的英文文献使用不是很多，由于外语方面的一些限制，有些论文在作出介绍和评析时，还存在着翻译或理解上的不足甚至是偏误。

从目前我国既有的研究成果来看，涉及美国计算机犯罪刑法规制研究的文献资料主要有：吉义《美国计算机犯罪情况点滴》（1992）；毕惜茜、姜平《美国计算机犯罪的刑事立法述评》（1993）；张健、张亚光《美国计算机犯罪的刑事立法》（1996）；栾志红《美国关于"未经授权访问计算机罪"的立法及其特点》（2002）；郑景元、刘华《中美计算机刑事立法的比较及给我国的借鉴》（2003）；童德华《美国反计算机犯罪的立法介评》（2005）；吴金龙、许景新《美国计算机欺诈的罪犯及手法分析》（2005）；张琳《美国计算机犯罪立法的发展与启示》（2006）；刘晓丽、

---

① 美国关于计算机犯罪的立法分为联邦和州两部分，相关介绍可参见 Susan W. Brenner, State Cybercrime Legislation in the United States of America: A Survey, *Rich. J. L. & Tech.*, No. 7, 28 (2001). 本书重点研究美国联邦关于计算机犯罪的立法，即美国《联邦法典》第18编第1030条。

张丽云《美国计算机犯罪立法情况概览》(2007);张樊、王绪慧《美国网络空间治理立法的历程与理念》(2015)等。系统深入地研究美国联邦关于计算机犯罪的立法及其规制情况对于我国计算机犯罪法的提升具有重要意义。因为,科技的发展虽然是全球化的,但也存在着不均衡性与差异性。在信息化时代下,针对科技犯罪的立法并非像传统犯罪的规制那样简单容易,需要一个过程去了解和总结。通过结合我国国情并在此基础上借鉴美国等这样的法治前发国家关于计算机犯罪的立法,可以避免我们走不必要的弯路和付出无须的代价和成本。同时,鉴于计算机网络的国际性特征,立法上的同步和同态有利于我们加强国际合作以及建立平等的对话基础,更有利于全面彻底地遏制计算机犯罪。

本书主要以面与点的结合方式研究美国计算机犯罪的刑法规制。面,即是指对美国计算机犯罪的立法背景、立法情况及其立法发展予以探讨,从而形成美国联邦计算机犯罪法(以下简称计算机犯罪法)的整体面相。点,即是在总体上了解计算机犯罪法的基础上对该法进行深入解剖。以其最重要的且具有基础性地位的罪行规制方式为范本并结合典型的司法判例展开纵深研究,从而达到对美国计算机犯罪刑法规制的精细解读。研究美国联邦计算机犯罪的刑法规制,首先须将方向聚焦在计算机犯罪法的起因及发展这个问题点上,这也就是本书第二章要探讨的问题。联邦对计算机犯罪的刑法规制历经了以传统刑事犯罪来认定到制定专门的计算机犯罪法来处理的过程。计算机犯罪在美国发生以后,司法实务的早期对策是通过适用传统的或既有刑法来加以规制。这些刑法主要包括入室盗窃(burglary)与非法入侵(trespass)以及偷盗(theft)。但这些刑法在打击计算机犯罪行为上都因为存在着行为构成与犯罪事实不相吻合的情况,给司法机构在办案过程中带来很大的麻烦与困难。在分析上述传统和既有刑法的缺陷与不足之后,进一步剖析联邦对计算机犯罪的问题解决进路,那就是制定专门的计算机犯罪法。在"美联邦计算机犯罪法的产生"这一部分,主要阐述立法提案与制定过程和1984年第一次颁布的计算机犯罪法的内容及其条款关系。随着计算机技术的发展以及犯罪手段的更加复杂多样,联邦计算机犯罪法也紧接着不断跟进修正。在1986年,经过多方建议和充分论证之后,美国国会对1984年法进行了第一次修正,并将该法正式定名为《计算机欺诈与滥用法》(*Computer Fraud and Abuse Act*),该法被编入美国《联邦法典》第 18 编刑事法律部分,位列第 1030 条。① 第二章后面的"立法发展"部分即对"计算机欺诈与滥用法"从 1986 年到 2008 年的五次重大修正的原因及其修正内容进行详细考察。

计算机犯罪法的整体面相探讨之后即是对该法具体规制的要点进行分析。非法计算机访问、使用计算机诈骗、造成计算机危害是计算机犯罪法规制的三个基本罪行,本书对该法点的分析即由这三个基本罪行展开。非法计算机访问行为的研究位于本书第三章。就计算机访问行为本身而言,其不存在犯罪与否的评价,这如同刑法上规定的持有行为一样。构成计算机犯罪的访问行为在计算机犯罪法中的规定是"未经授权"与"超越授权",也即只有在这两种情形下,计算机犯罪行为才是非法。因此在第三章重点讨论的问题便是"未经授权"与"超越授权"。在美国,法院判断是否授权的依据主要有三个:程序编码设限、服务协议设限以及代理人法则的考量。在程序编码设限的分析中,首先探讨其基本意涵,然后结合美利坚诉莫里斯案(U. S. v Morris)对其加以具体阐释。"服务协议设限"和"代理人法则"这两者在其基本意涵的分析之后,根据美利坚诉洛莉菊案(U. S. v Lorri Drew)案和赛佳德仓储中心公司诉赛福佳德自存仓储公司案来详细阐述其在司法上的判断方式。在此基础上来考察刑事案件和民事案件中"未经授权"的判断标准选择。在刑事和民事案件下,美国法院确立了不同的判断依据。未经授权与超越授权虽然由法律明文规定,且"超越授权"还有专门的定义,但两者的关系值得研究。接着是分析两者之间存在的问题,在相互关系的判断上美国学界的观点和司法实务的判解。最后从计算机犯罪法关于非法访问的行为类别划分来思考其价值。本书认为这种划分主要在刑法适用,刑罚目的和保护发展这三方间具有重要意义。

使用计算机诈骗的行为在大多数国家的计算机犯罪法都有规定,美国也不例外。本书第四章主要探讨的即是这一行为。美国刑法关于计算机诈

---

① 在美国《联邦法典》中,"计算机欺诈与滥用法"被编入位置的英文表述是"Title 18, §1030",其中的"§"是英文"section"的缩写代号,由于计算机犯罪法在《联邦法典》中只有一个整体条文且序号被标为 1030,故本书将"§"翻译为条,而不是节。因为在 1030 这个序数的下级位项上设置的是(a)(1)—(a)(7);(b)(1),(b)(2);(c)(d)……(g)等序数,而没有单独的以英文表示条的"Article"来标示,且在"§1030"之后紧接着的是"§1031",故而本书认为将其对应翻译为"条"可能更为妥当。

骗的规定在《计算机欺诈与滥用法》中,也即1030条(a)(4)款,触犯该款都构成重罪。虽然美国计算机犯罪法的名称为《计算机欺诈与滥用法》,但真正规定计算机诈骗的条文仅1030条(a)(4)款这一个规定。第四章的开头首先探讨计算机诈骗的基础观念,然后初步分析计算机诈骗与普通诈骗的关系及相关的立法考察。之后分析计算机诈骗在美国计算机犯罪法中的立法源起与内容及主要行为形式。除了计算机诈骗以外,在美国法律中还有关于电信诈骗(《联邦法典》第1343条)的规定。计算机诈骗与电信诈骗的关系值得研讨,其主要原因在于计算机诈骗的条文是在电信诈骗和非法计算机访问两个条文的基础上设立的,其相互间是否具有竞合及规制冲突不无疑问。同时,1030条中的(a)(2)款与(a)(4)款之间也存在着相同的构成要件,其关系也需厘清。计算机犯罪法关于计算机诈骗的规定具有其特色,相比较与欧陆及其他英美法系主要国家而言,值得比较分析。在法条分析比较之后,重点根据美联邦诉库宾斯基案(U. S. v Czubinski)的判解对该款规定的细节予以更详细的解读。库宾斯基案的判决虽然对计算机诈骗的规定本身没有多大影响,但其涉及的问题导致了美国国会在新的立法中规定了此案存在的无法规制但又不属于计算机诈骗的情形。

计算机犯罪的后果成为计算机犯罪法规制的第三个重要基本罪行。在本书第五章涉及的内容即是造成计算机危害。造成计算机危害的行为主要有传播和访问,因此在第五章开始即讨论传播的意涵以及其判断。造成计算机危害行为的主观要件在计算机犯罪法中规定了三种:故意、轻率及严格责任。首先阐述故意的规定,然后结合美利坚诉卡尔森案(U. S. v Karlson)来分析故意在计算机危害案件中的认定。其次是关于轻率的探讨,其法条规定轻率的主要原因以及意义。严格责任在计算机犯罪法中的规定是其最大的特点,这凸显了立法机关对计算机危害打击的刑事政策。通过法条对严格责任规定的分析之后,以美利坚诉萨布兰案(U. S. v Sablan)来分析其具体的认定和判解。计算机犯罪法将造成计算机危害的后果分别规定为损害(damage)和损失(loss)。在早期的计算机犯罪法中损失是规定在损害的内涵之中的,后来立法修正单独作出规定。在主观要件的分析之后,即是对危害后果的详细解读和探讨。其一是损害的规定和意涵以及相关案例(美利坚诉米蒂拉案)分析,其二是损失的规定意涵,重点讨论了美利坚诉米德尔顿案(U. S. v Middleton)。该案的判决促使了立法机关专门对损失另外作出规定。另外，关于损失的计算方式，本书还结合美国法院的一系列案例对之进行了深入的考察。

在本书第三章至第五章讨论完计算机犯罪法规制的三个重要基本犯罪行为之后，第六章则重点关注犯罪的责任后果。一般而言，犯罪的责任后果即是指因犯罪行为而应承担的由国家施以的刑罚。犯罪即对应着刑罚。但在计算机犯罪法所规定的责任后果中，除了刑罚处罚外还包括民事赔偿，这也是美国计算机犯罪规制中又一大特点。在刑法条文中同时规定民事赔偿条款，这在其他国家刑法关于计算机犯罪的规定中并不多见。计算机犯罪的刑事责任区分为轻罪和重罪两类。在第六章中首先探讨构成轻罪的情况：非法计算机访问和造成计算机危害；然后分析重罪情形：非法计算机访问，使用计算机诈骗和造成计算机危害。正如前文所述，使用计算机诈骗在计算机犯罪法中规定的都是重罪，本书中也将分析立法如此设置的缘由。在造成计算机危害的重罪情节中分别研究造成计算机损害和损失的重罪情节及其设置的背景。刑事责任后果分析之后，即是对民事赔偿的探讨。根据1030条（g）款的规定，在计算机犯罪中遭受"损害或损失"的被害人可以提起民事赔偿。在第六章的"民事赔偿"部分将对规定该部分的缘由及具体内涵予以分析研讨。刑罚惩处与民事赔偿一起构成了计算机犯罪法的责任后果体系，特别是民事赔偿措施极大地缓解了司法审判的压力和提高了计算机犯罪被害人提起诉讼的积极性，有利于计算机犯罪的全面规制。

经过对美国计算机犯罪法及其规制情况全面深入的研究之后，本书在第七章开始论述美国计算机犯罪法和中国计算机犯罪法的相关比较以及对中国计算机犯罪法有关法条及司法解释的理解。首先对美国计算机犯罪法规制的特点进行总结，这些特点包括犯罪行为类别的不同区分，使用计算机诈骗的特别规定，立法专门定义相关术语，行为犯与结果犯的设立，民事责任的补强措施，法院判决法律条文化等。其次对两国计算机犯罪法中的法条规定进行相应比较，主要有：中国计算机犯罪法的内涵及其关系辨析；"未经授权"和"超越授权"与"违反国家规定"的比较，接着探讨中国司法解释中"未经授权"与"超越授权"的意涵；之后便在法益理论下分析计算机诈骗行为在中国刑法中的定位与定性；美国计算机犯罪危害规定中的"损害"与"损失"与中国计算机犯罪司法解释中关于"损失"的规定比较及对中国立法的启示。最后，对美国计算机犯罪法的合理借鉴，建议在中国计算机犯罪法中设立刑罚外处理方式，即民事赔偿的设置。研究美国计算机犯罪刑法规制的目的在于充分地了解和掌握国外法治先进体系的计算机犯罪规制状况，为我国计算机犯罪法的发展提供素材和参考。因此，第七章在总结美国计算机犯罪法的基础上分析研究中国计算机犯罪法的相关法条及司法解释内涵，探求其中可能的完善之路，是该章的主要论题。

计算机的使用是现代社会最普遍的人类行为之一，使用计算机涉及的主要问题就是计算机技术。从刑法规制的角度而言，对计算机技术的滥用就可能会构成计算机犯罪。但技术的发展是一个不断从未知走向已知的过程，在未知的探索阶段有时可能会出现技术不当使用即技术滥用。这就涉及科技发展与刑法规制间的矛盾。两者间的关系和取舍以及度的恰当把握，值得研究。另外，从公民社会的角度而言，现代人的交往交际和言论思想以及生活中有很多属于个人私密的材料都表现于或存储于计算机虚拟空间中。因此，在计算机犯罪的设定与规制上对于个人隐私、言论、通讯自由权利的保护存在着一定程度的冲突。如何协调上述这些矛盾与冲突，给刑法提出了新的问题。这就是本书第八章结语中所探讨的刑法在规制计算机犯罪中的地位与作用。

第二章

美国联邦计算机犯罪的立法及发展

虽然计算机犯罪最早发生在美国，但美国联邦在规制计算机犯罪的问题上并没有一开始就旗帜鲜明地针对这类犯罪进行特别立法，而是从当时既有的刑事法规范中寻找问题解决的出路。因为计算机犯罪大多都表现为滥用计算机技术获利并给他人造成经济损失从而涉及侵犯各种公私财产，所以联邦司法机关在案件处置上自然就首先选择适用与财产犯罪有关的刑事法规定。由于计算机犯罪衍生出来的新型模式，尤其是电子数据所表现出的无形物情态，使得用来规范有形实体物的传统刑法在适用上很不理想，给司法办案机关带来不少麻烦与困难，有的甚至是根本无法判决。既有刑事法律存在的缺陷与漏洞带来的规制不力和计算机犯罪的高发与恶劣使得美国联邦立法机关在经过多方权衡取舍之后不得不作出立法的决定。从1977年第一次提案到1984年计算机犯罪法的出台，在长达7年之久的磋商酝酿之后，美国联邦开启了以专门刑法来打击计算机犯罪的进程。随着计算机技术的进步，计算机犯罪的不断升级变化，立法也相应地重启修法程序，对计算机犯罪法进行逐步的更新。本章将通过以历史考察和综合分析相结合的方法详细研究美国联邦计算机犯罪的立法背景、立法提案、立法制定以及法律修正及其内涵，全面地分析探讨这一立法发展过程。

第一节 立法背景：计算机犯罪的传统刑法规制

20世纪70年代初以后，滥用计算机进行犯罪在美国开始变得越来越明显，造成的危害也越来越大。1977年8月的统计表明，由于计算机滥用行为而导致的损失高达1亿美元，其中还不包括发生在1973年造成20

亿美元损失的"公平基金诈骗案①"（the Equity Funding fraud）。在之前的整整 11 年里，平均每年因计算机犯罪而损失约为 500 万美元，而在刚过去的五年中则增加到每年 1000 万美元。② 计算机的速度以及储存能力等这些特点使之成为很有价值的工具，然而这种优势也使计算机成为潜在的犯罪源头，证据表明现在的计算机犯罪正变得越来越严重。③ 但是，这些在 70 年代关于计算机犯罪危害的数据所显示的还只是根据被报道和被查获起诉的情况来作出的粗略结论。据统计，在每一百起计算机犯罪中，只有一件被发现。④ 由于查明和报告的案件并不是全部，因此在社会实际中发生的计算机犯罪及其危害更大。另外，相比较于传统犯罪，计算机犯罪不但是低风险且更容易得逞，造成的损失也更多。在计算机发明以前，个人单独犯盗窃等罪所得逞的财物在很大程度上受到物理因素的限制，罪犯只能窃走他力所能及的东西。然而，用现代计算机技术则可以轻松地在毫无觉察的情况下盗走对以前来说根本不可能想象到的钱财。一项研究表明，银行抢劫案件的平均损失是 1 万美元，而使用计算机对银行诈骗的损失均值高达 19.3 万美元。⑤ 面对如此严峻猛烈而又复杂深邃的计算机犯罪，联邦及各州迅速作出反应，在各自的管制范围内对这些造成危害的计算机滥用行为予以严厉打击。

一 传统刑法的适用：早期的对策

  计算机犯罪的高发和迅猛迫使司法机关努力采取相应措施进行有力的压制。不断遭到损失的受害人和社会大众也希望通过借刑事法律的威

---

  ① 在 1973 年发生的导致 20 亿美元损失的"公平基金诈骗案"给当时的美国商业社会带来很大的震动，该案主要是美国公平基金公司利用计算机炮制出假的保险单，然后卖给再保险人。在公平基金公司计算机中记载的保险单总计有 9 万来张，但其中有 6 万多张是通过计算机伪造。联邦对这次计算机滥用诈骗案提出 22 项指控，进行了至少 50 次主要的法律诉讼，涉嫌该起诈骗案的人数多达上百人，其中 20 多人受到刑事审判。参见 Donn B. Parker, *Crime by Computer*, Charles Scribner's Sons, 118-74（1976）。
  ② Susan Hubbell Nycum, Legal Problems of Computer Abuse, *Washington University Law Quarterly*, No. 3, 526（1977）.
  ③ August Bequai, *White-Collar Crime: A Twentieth Century Crisis*, Lexington Books, 107（1978）.
  ④ Robert M. Couch, A Suggested Legislative Approach to the Problem of Computer Crime, XXXVIII, *Washington and Lee Law Review*, 1176（1981）.
  ⑤ Federal Computer System Protection Act: Hearings on S. 1766 Before the Sub-commission on Criminal Laws and Procedures of the Judiciary, 95th Congress, 2nd Session 4.

慑锋芒来打击计算机犯罪者依托新兴技术而不断张狂的气焰。从上述报告和统计可以看出在早期的计算机犯罪中主要是涉及经济财产的案件。在当时美国还没有计算机犯罪专门立法的情况下,起诉和审判这类犯罪行为自然就依据既有的与财产犯罪有关的法律来处理。同时,在一开始的时候,还有观念认为计算机犯罪不过就是"新瓶装旧酒"。计算机犯罪并不是什么新类型的犯罪,它们只不过是在现今的计算机和电子通讯等这些高科技发展下创造出来的新鲜东西,与传统犯罪没什么两样。[①] 因此,在这种观念下用既有的法律来对付这一犯罪也相应地获得支持。美国的法律众多,就相关的可能用来规制计算机犯罪的联邦法律而言就有四十来个。[②] 当然,这些法律并不是一开始就设计来规制计算机犯罪行为的,其在制定的时候,计算机都还尚未问世。在这些可能和可以适用的法律中,主要用来管制与计算机犯罪有关的法律包括非法入侵(trespass)、入室盗窃(burglary)以及偷盗法(theft)等。适用这些法律的主要原因在于其规定的行为构成与计算机犯罪中的侵财行为比较接近,只有通过选取这些相似的规定才有实现规制的可能。

非法入侵、入室盗窃以及偷盗等这些法律一开始都是在普通法上的规定,其各自具有专门的内涵和指向范围。非法入侵主要是针对行为人未经许可进入他人住宅或类似空间;入室盗窃则更简明,一般是指非法进入他人房屋或类似住地内实施盗窃等行为。偷盗在法律传统中不是单一的犯罪,在普通法上包括盗窃、侵占、挪用、诈骗等规定。[③] 因为这些法律都不是专门用来打击计算机犯罪的,所以当司法机关在进行诉讼的时候,首先"必须对计算机犯罪有关的行为进行分析分类,然后为了达到诉讼目的尽力地将其硬塞入(shoe-horn)可以适用的法条中"。[④] 这种"硬塞"的做法能够勉强对某些计算机犯罪行为进行惩处,一定程度上缓和了社会因计算机犯罪而惊恐的张力,但实际上这种对策却没能从根本上解决问题。

---

① Douglas M. Reimer, Judicial and Legislative Responses to Computer Crimes, *Insurance Counsel Journal*, No. 7, 406 (1986).
② Susan Hubbell Nycum, The Criminal Law Aspect of Computer Abuse, PartⅡ: Federal Criminal Code, *Rutgers J. of Computer & L.*, No. 5, 297 (1976).
③ Wayne R. LaFave, *Criminal Law*, 4th ed., West, a Thomson business, 918-957 (2003).
④ Elizabeth A. Glynn, Computer Abuse: The Merging Crime and the Need for Legislation, XII, *Fordham Urban Law Journal*, 77-78 (1984).

法官们竭力去找法，不得不依靠剪切和复制电信诈骗、偷盗法等法条中的构成来将各种各样的计算机犯罪行为定性在这些法条规定中。① 在经过适用之后，发现这些法律来规制计算机犯罪并不恰当。非法入侵和入室盗窃与计算机犯罪行为是形同而质不同，虽差之毫厘却谬以千里。偷盗法虽可扩大适用到计算机犯罪，但却让裁判机关不得已而要采取一些司法手法去建构无可预知且比较虚的判决。② 这些情况的出现使得早期对计算机犯罪的打击在轰轰烈烈中启动，却在法律适用效果不佳的状态下曲曲折折地艰辛进行。显然，传统刑法的适用存在着种种麻烦与重重困难。

二　传统刑法的窘境：存在的问题

虽然既有的刑法可以用来规制一些特殊的计算机犯罪行为，但毕竟引用的这些法条中的行为构成要件与刑罚规定都不是为计算机犯罪量身定做。在这种状况下，就只有充分地发挥司法办案者的主观能动性，需要处心积虑地将案件事实与法定行为要件进行对接，但往往都会碰到事实与要件不相符合的情况。不但公诉人在将计算机犯罪事实归入到传统犯罪的构成因素中经常遇到困难，而且判处的刑罚也与计算机犯罪的严重性不相适应。③ 罪刑不相适应的出现成为适用传统刑法来判处计算机犯罪的第一个问题。这一问题虽然存在，但至少还能实现对犯罪的惩处，在一定程度上达到初步的刑法规制效果。重要的是当行为构成与案件事实不相符合或很难符合的时候，案件的审判就会受到致命的影响，要么不能实现判决；要么做出的判决结果很离谱。因为现存刑法没有规定对计算机信息的保护，所以对于给被害人造成的危害就评价为盗用了被害人的计算机使用时间——其测算下来也就是几毫秒，而不去关注信息本身的价值。④ 这是传统刑法适用存在的第二个问题，也是最为严重的问题。从法律条文规定来看，既有刑法本身并没有错误，而是将其用到并不该用或不能用的地方才

---

①　John Roddy, The Federal Computer Systems Protection Act, *Journal of Computers, Technology and law*, No. 7, 352 (1980).

②　Orin S. Kerr, Cybercrime's Scope: Interpreting "Access" and "Authorization" in Computer Misuse Statute, *N. Y. U. L. Rev.*, No. 78, 1605, (2003).

③　August Bequai, *Computer Crime*, Aero Publishers Inc., 371-73 (1978).

④　Amalia M. Wagner, The Challenge of Computer-Crime Legislation: How should New York Respond?, *Buffalo Law Review*, No. 33, 788 (1984).

产生了不足,导致法律适用的缺陷和不确定性。这些传统刑法(在语言上)的不确定性所产生的代价并不是由司法者来承担,而是由计算机犯罪的受害人和社会大众来承受,他们的利益也因此在法院的审判中被排除在外。① 这些问题的存在使得传统刑法在计算机犯罪面前陷入窘境,只能有针对性地发挥法益的保护作用。

在前述计算机犯罪的分类中,以计算机为工具类型的犯罪,能够比较容易地适用传统刑法。因为使用计算机来实施传统类型的犯罪不会对现有刑法构成多大冲击,其犯罪的基本行为事实还是没有变化,尽管罪犯使用了计算机这类的工具。例如贪污罪,无论是将公款直接据为己有还是做账时使用计算机篡改账务内容,都不影响贪污罪的成立。只是在某些情况下因使用计算机及其网络而使得案件情况变得比较复杂,给侦查起诉增添麻烦与困难。但总的来说传统犯罪的本质还是如此,不因计算机的使用而改变。但是在以计算机为目标的犯罪类型中,因计算机技术的滥用而产生了新型犯罪,这就对传统刑法提出了挑战。这类犯罪是故意或过失地妨碍计算机的正常运行,干扰其功能,破坏、盗取其中的数据信息等,从而给他人造成损害以及损失。发生在计算机虚拟空间中的这类新型犯罪所涉及的对象都是程序系统和数据信息之类的无形的电子或磁性脉冲,与传统刑法所保护的有形实体物存在着重大差别。虽然同样是因犯罪而受到经济财产方面的损失,但以数据信息等形式存在的无形体在传统刑法关于财产的要件中没有相应的规定。这就产生了上述第二个问题所涉及的情形,犯罪事实与法定行为构成的不对称。这种不对称主要表现在将非法入侵、入室盗窃以及偷盗法适用于这类犯罪的情形。

(一) 适用非法入侵与入室盗窃法的困难

非法入侵和入室盗窃这两个犯罪主要是在各州刑法中予以规定。在美国联邦刑法中关于非法入侵和入室盗窃的条文在规制范围上很窄,仅仅是用来保护某些联邦土地和其他的一些应受保护的财产。根据美国《联邦法典》第 18 章第 1382 条的规定,任何人在美利坚合众国的管辖范围内,以法律或法规禁止的目的进入任何陆军、海军或者海防保留区以及邮政、要塞、兵工厂、庭院、驻地、设施等即为非法入侵。② 另外,根据美《联邦

---

① Ingraham, On Charging Computer Crime, *Computer-Law Journal*, No. 2, 429, 436 (1980).
② 18 U. S. C. § 1382 (2006).

法典》第 1165 条的规定，任何人未经许可进入印第安人的土地也是非法入侵。① 非法入侵的规定总体上是处罚那些故意进入或拒不退出属于他人的住所地，尽管知道房屋所有人禁止其作出如此行为。② 入室盗窃在普通法上是禁止在夜间以实施犯罪为目的，在未经许可下"破坏并进入"（breaking and entering）他人的房屋住所。③ 现代刑法关于入室盗窃的规定更倾向于突出在未经授权或同意的情况下进入他人房屋或被占用的设施，同时意图进入后犯罪。④ 由此可以看出，入室盗窃的规定与非法入侵一样，都强调进入房舍的行为未获许可或批准。但与非法入侵又不同的是，入室盗窃还要求进入后意图进行犯罪，通常受到的都是比较严厉的惩罚。非法入侵与入室盗窃的规定为计算机犯罪中的侵入行为的定性提供了对比解释的可能性，因为两者之间在内涵上似乎具有某些相同之处。这也是司法机关在一开始存在的想法，试图在计算机犯罪行为和这两个犯罪规定之间找到链接。

从表面上来看，非法入侵与入室盗窃的规定可能会在逻辑起点上以提供财产犯罪的模式来惩治和威慑计算机犯罪。因为多数的计算机滥用行为都被认为其类似于非法入侵。计算机犯罪并不是独特得需要修改现行刑事法律来适应，实际上很多"计算机犯罪"都相应接近于传统犯罪，尤其是非法入侵或盗窃。⑤ 这种比较的方式就是说计算机的使用者超出其使用权限就像是非法入侵者超越权限而进入到了别人的房屋或土地上。比如黑客，就是侵入了计算机的虚拟空间。这种黑客行为很明显可以与现实世界中的非法入侵相类比：两者都是行为人设法进入一个地方——侵入物质性的场所或虚拟的环境——都没有合法取得授权。⑥ 同样地，黑客攻入计算机并企图进一步犯罪也与怀着其他犯罪目的破门者有相似之处。但相似总归相似，在司法上使用非法入侵和入室盗窃法条来处理这类犯罪相当的少。因为非法入侵与入室盗窃的法条范围很显然不能涵括计算机滥用行

---

① 18 U.S.C. § 1165 (2006).
② Model Penal Code § 221.2 (1962).
③ Wayne R. LaFave, *Criminal Law*, 4th ed., West, a Thomson business, 1107 (2003).
④ Model Penal Code § 221.1 (1962).
⑤ Joseph M. Olivenbaum, <CTRL><ALT><DEL>: Rethinking Federal Computer Crime Legislation, *Seton Hall Law Review*, No. 27, 578-579 (1997).
⑥ Susan W. Brenner, Is there Such a Thing as "Virtual Crime?", *California Criminal Law Review*, No. 4, 80 (2001).

为。根本的缘由就在于这两项规定都只能适用于物质世界，而不是虚拟空间。质言之，非法入侵的行为构成规定行为人的身体要进入他人的房屋或处所中，这对入室盗窃而言更是如此。另外，非法入侵与入室盗窃的规定都在于强调行为人本身的非法进入，而重点不是在于对他人财产权利的侵害。这些限制性条件就使得两个法条很难适用于计算机犯罪，最根本的原因就在于计算机的使用者在犯罪时本身并没有进入被攻击的计算机中。

（二）适用偷盗法的困惑

相对于非法入侵和入室盗窃法条而言，偷盗法的规定没有对行为人本身作出特定的要求，法定行为要件的限制性不是很绝对，因而在计算机犯罪的控审中适用得比较多。前文已述，偷盗法是一个包含众多财产犯罪的"家族法"，旗下包含盗窃、侵占、挪用以及诈骗等罪。根据权能和权限，美国联邦及各州都有各自的刑法。各州刑法在偷盗罪的规定上范围较宽，而联邦的规定则比较窄，这反映出宪法对联邦刑法的限制。① 联邦刑法中的邮件诈骗（mail fraud）和电信诈骗（wire fraud）是最宽泛的偷盗罪法条，用于打击发生于州际之间的诈骗财物的行为。这两个法条规定，通过发送州际电讯、无线广播、电视通信或者将盗获的物品经过联邦或州际邮政运送，意图进一步实施诈骗计谋而获取钱财。② 基于法条宽泛适用面广这一原因，在偷盗法中被司法机关经常用来起诉计算机犯罪的条款就是邮件诈骗和电信诈骗。邮件诈骗和电信诈骗是检察官追诉计算机犯罪的很有价值的基本武器，因为其中的法定行为构成能够基本上符合要求，对之进行展开也不需要延伸和存在解释上的难度。③ 这里所谓的解释就是指将邮件诈骗和电信诈骗中的行为构成转换成符合计算机犯罪中的事实性要素。邮件诈骗中需要宽泛地解释什么样情况的邮递才符合计算机犯罪，而在电信诈骗中则要扩大解释财产（property）的定义。④ 邮件诈骗要求行为人通过邮政的手段实施，但如果遇到行为人不是通过邮政而是其他手段，则该

---

① Sara Sun Beale, The Unintended Consequence of Enhancing Gun Penalties: Shooting Down the Commerce Clause and Arming Federal Prosecutors, *Duke Law Journal*, No. 51, 1644-46 (2002).

② 18 U.S.C. § 1341and 1343 (2006).

③ George McLaughlin, Computer Crime: The Ribicoff Amendment to United Stated Code, Title18, *Criminal Justice Journal*, No. 2, 224-225 (1979).

④ Elizabeth A. Glynn, Computer Abuse: The Merging Crime and the Need for Legislation, *Fordham Urban Law Journal*, XII, 80-81 (1984).

条也无法适用。在邮政诈骗中要求有证据证明行为人是通过邮政寄运的方式而实施诈骗计划,如果没有邮运存在,也就意味着与计算机相关的犯罪行为不受刑事制裁。① 故而在大多数情况下,电信诈骗成为最主要的计算机犯罪威慑工具。

以偷盗法为依据认定计算机犯罪行为的理据相当简单:通过对使用计算机的合法性的排除,进一步确定被告人构成偷盗,原因就是窃取了属于他人的财产。这一判定思路表面看来貌似合理,但实质上却带出了更困难的问题:如何解释财产性利益(property interest)与怎样判定这一财产何时被窃取。② 偷盗法中规定的是实际存在并可识别的财产,甚至在一些条文中明确规定的是"物",这样才可能在窃取过程中拿走属于他人的东西。③ 这在传统的侵财型案件中很容易理解,比如我的 iPad 被他人偷走了,很容易就可以看出我对其控制已经不存在,也很清楚就区分出我的财产权是否被剥夺。在某些涉及侵犯无形物的案件中,也可以用传统刑法来解释,比如偷电的行为。这在德国和日本都曾出现过争议,但后来还是用传统的盗窃罪规制。原因就在于电能在单位量下是一定的,虽然无形但其所包含的电子量恒定不变。偷接线路而未经许可与合法使用者分享电流,实际上是给他人的用电量造成减损和带来经济负担,侵害了他人对电量所拥有的财产权。用更简单形象一点的比喻就像是盗接了他人水管,无论是给用水人增加了用水量或在水量恒定情况下造成用水人的应有水量减少,都是构成对合法使用者的盗窃。但在计算机犯罪中,受到侵害的数据信息等则无法与水、电这样的例子等同。

计算机犯罪中所涉及的不是实在的有形财物,而是以数据信息表现出来的财产性利益。因为计算机滥用中所侵害的东西与既有的法律关于财产规定的类别与形态并不很符合,比如计算机程序或软件,其可能只以电子脉冲或磁性方式存在于储盘中。即使这些程序或软件被盗用,原件依然存

---

① Staff of Senate Commission on Government Operations, 95th Congress, 1st Session, Staff Study of Computer Security in Federal Programs 6 (Commission Print 1977).

② Orin S. Kerr, Cybercrime's Scope: Interpreting "Access" and "Authorization" in Computer Misuse Statute, *N. Y. U. L. Rev.*, No. 78, 1609, (2003).

③ Orin S. Kerr, Note, The Limits of Computer Conversion: United States v. Collins, *Harv. J. L. & Tech.*, No. 9, 205, 209 (1996).

在，没有被夺取。① 这些程序软件的电子数据信息虽然通过犯罪方式从一台计算机中经由电话线路（因为当时还未出现因特网）被复制转移到另外的计算机中，但并没有对原来的程序作任何改变，其依然好端端地在原来计算机中运行着。当时所出现的通过侵入计算机窃取他人的程序软件之类的情况，主要是行为人为了节约研发时间以及避免自己写软件可能出现的失败而枉费投入。早期的计算机软件开发既复杂又漫长，从制作到调试运行少则需要数月，多则数年。在程序软件刚开始出现的时候，著作权法、专利法等也如刑法一样，都还没有将其纳入保护范围。② 同时，信息被认为具有财产性利益，其远远超出了专利法、著作权法以及商业秘密法的保护范围。③ 因为这与大多数西方法律体系对信息的设想是相矛盾的，其认为信息是属于公共利益而不应该像有形财产利益那样予以专门的保护。④ 从程序软件所代表的经济价值来看，确实值得刑法保护，但从现行刑法的规定来着手怎样把偷盗罪中关于犯罪对象是有形的物质性的财物的法条规定适用到计算机犯罪中的程序软件等这些具有财产性利益的无形物上，确实给美国法院在判解的过程中带来了相当大的麻烦与困难。

法院为了实现案件的了结，又能够使相关的计算机犯罪行为得到惩处，在案件处理的过程中，一般按照两个步骤来进行。首先是确立计算机软件等数据信息具有财产性利益。法院作出推理认为所有的计算机都具有潜在的经济价值，故而视其具有财产性利益，并以此推论使其符合偷盗法中关于财产的相关规定。于是乎，一系列的判例就出现了，例如：查看他人计算机中的数据符合财产的要求；⑤ 储存于计算机中的数据属于财产。⑥ 在确立计算机犯罪中具有被侵犯的财产性利益之后，法院就竭力解释计算机滥用行为是如何在事实上使他人丧失了其财产，这是第二个步骤。但从判例来看，这些解释都很乏力，当司法机关在好不容易认定计算

---

① Michael Gemignani, Computer Crime: The Law in'80, *Ind. L. Rev.*, 6No.13, 89, 690 (1980).

② Harold L. Davis, Computer Programs and Subject Matter Patentability, *Rutgers Journal of Computers and Law*, No.6, 1 (1977).

③ Leslie Wharton, Legislative Issues in Computer Crime, *Harvard Journal on Legislation*, No.21, 249 (1984).

④ Ulrich Sieber, *The International Handbook on Computer Crime: Computer - Related Economic Crime and the Infringements of Privacy*, John Wiley & Sons, 56 (1986).

⑤ United States v. Seidlitz, 589 F. 2d 152, 160 (4th Cir. 1978).

⑥ United States v. Giard, 601 F. 2d 69, 71 (2d Cir. 1979).

机犯罪的行为人所侵犯的对象属于法律规定的财产之后，遇到的最大麻烦就是并不能非常清楚地说明行为人是如何夺走他人的财产。因为在涉及的案件事实中，虽然有计算机犯罪的被害人，但其计算机中的信息数据原件依然存在，这种情况下也就不能圆满地判定为何属于偷盗。大多数的情况下，原本打算以偷盗法中的盗窃等类似罪名来判决这类案件的进程都会在这关键的第二步中"死机"，从而导致司法机关又不得不"重启"诉讼程序，设法依照电信诈骗的规定来结案。美利坚诉赛迪里茨案[①]（United States v. Seidlitz）是最早的关于计算机犯罪适用传统刑法判决的案例之一，也是在当时引起广泛关注的焦点案件。

  该案的主要案情是：1975年1月1日，赛迪里茨开始在位于马里兰州的一家名为"理想系统公司"（Optimum Systems Inc.）的计算机系统服务企业担任项目副主管。理想系统公司与联邦能源局签订项目合作协议，负责该局在马里兰州罗克维尔市（Rockville）的计算机中心系统的设备维护。赛迪里茨就在该项目中协助计算机软件配备并安装到能源局的上述设备中，同时他还负责该公司整个中央计算机系统的安全。基于其副主管的身份，在职期间他具有登入公司全部计算机系统和操作一个属于该公司被命名为"WYLBUR"的软件的权限。在1975年6月，赛迪里茨从理想系统公司辞职并在弗吉尼亚州的亚历山大市（Alexandria）开办了自己的计算机公司。从理想系统公司出来以后，赛迪里茨为了使自己公司发展壮大而通过之前在理想系统公司所拥有的登录该公司计算机系统的账号和密码对该公司系统多次进行非法访问。当时因为还没有因特网，计算机之间通过电话线并使用调制解调器（modem）实现链接。赛迪里茨分别在位于马里兰州的家里和位于弗吉尼亚州的办公室对理想系统公司的计算机系统非法登录访问，获取到该公司重要的服务数据和下载了上述名为"WYLBUR"的软件。经过理想系统公司的多次追踪和在联邦调查局（FBI）的协助调查下，赛迪里茨的犯罪行为被查获并随之于1976年2月3日被起诉。

  但让控方颇为难的是他们无法根据马里兰州刑法关于偷盗罪的规定来起诉，因为该法中关于财产的定义不包括计算机程序软件。同时也未能按

[①] United States v. Seidlitz, 589 F. 2d 152, 160 (4th Cir. 1978).

照在州际间转移盗窃财物的法律提起诉讼。① 最后控方根据电信诈骗法的规定,指控赛迪里茨在州际之间通过电话网络诈骗理想系统公司计算机系统中以信息形式存在的财产。这一指控得到马里兰州地方法院的支持。赛迪里茨不服判决,随后上诉到第四巡回法院。第四巡回法院维持原判,但其认定被窃取和计算机信息和下载的计算机软件"WYLBUR"属于财产的论证值得关注:理想系统公司投资了大量的财力去提升其计算机系统,因为拥有"WYLBUR"软件,该公司享有数百万美元的竞争优势,其竭力防止除了顾客和雇员之外的人使用该公司的系统等这些都充分说明被赛迪里茨获取的数据和软件是属于理想系统公司的财产。② 然而,赛迪里茨的行为显然没有剥夺理想系统公司的数据和软件,他仅仅是下载和复制了这些东西,而原件依然在该公司。这一行为虽然危害到了理想系统公司的财产性利益,但却无法清楚地说明他是怎样"拿走"了属于该公司的财产,也就无法判定其构成盗窃之罪。法院最后只能依据电信诈骗的规定,认为赛迪里茨在弗吉尼亚州使用州际电话线路诈骗了位于马里兰州的理想系统公司。

法院的具体认定过程为:首先,电信诈骗法条禁止任何人以实施诈骗或为获得钱财为目的以不实的、欺骗性的理由或表述使"文本、信号、标志、图画或声音"通过电信通讯得以在州际之间传播。其次,赛迪里茨使用了非法登录的账号和密码构成电信诈骗罪规定中的"不实的、欺骗性的理由或表述"这一要件。再次,赛迪里茨利用位于弗吉尼亚州的办公室中的电话线路去登入位于马里兰州的理想系统公司的计算机系统和他输入计算机指令的行为很明显地满足了法条中所规定的"使'文本、信号、标志、图画或声音'通过电信通讯得以在州际之间传播"这一行为构成。最后,在本上诉审中,没有再对法条规定的行为构成和犯罪事实之间的关系提出异议。同时也没有人对赛迪里茨下载的电子数据和软件是否符合电信诈骗条文中"财产"的定义这一问题表示疑问。简而言之,本案将电信诈骗的规定适用于计算机犯罪中不存在实质的法律问题,故维持原

---

① Vlgyes, The Investigation, Prosecution, and Prevention of Computer Crime: A State-of-the-Art Review, *Computer-Law Journal*, No. 2, 398-399 (1980).

② United States v. Seidlitz, 589 F. 2d 152, 160 (4th Cir. 1978).

判。① 从上诉法院对本案的判解来看，定为电信诈骗罪其实也是不得已而为之的办法，刚好被告人的行为符合这一规定。这正如有学者所说，如果被告当时没有使用他位于弗吉尼亚州办公室的计算机而只是在马里兰州的家中通过电话线路联网登入理想系统公司的计算机，则对其指控就将会被撤销。②

司法机关对此类案件的判决总是"摸着石头过河"，经常出现适用偷盗法的困惑。面对如此困惑，法院倾向于以后果论罪的做法。当计算机犯罪行为给被害人造成损害时，就按照偷盗法来认定财物被窃取并苛以被告人刑罚；如果没有导致明显的实害，法院就判定无实质上的财产被偷，被告人也就无罪。这种判解的论证思路就是当被害人有价值的东西被弄丢，他就是被夺走了财产，因此实施损害的行为就是偷盗。这种推理在某些特殊的案件中可能成立，但并没有深层次的原则来判断是否在特殊情形下计算机滥用行为造成实害。③ 以既有法律来规制新出现的计算机犯罪行为，其优势在于被认为是对法律的延伸适用，而不是进行激进的法律改革。④ 但沿用既存法律规制新兴犯罪涉及罪刑法定和法条解释的问题。虽然法院发现可以将偷盗法的规定用来规制非法使用计算机、窃取计算机程序等行为，但成功地起诉计算机犯罪行为则要依靠法院充分自由地解释法条文本。⑤ 如果法院在自由的解释法条上不能取得成功，就可能存在着无法对计算机犯罪行为给予联邦刑事惩罚。换言之，既存的刑事法律的可适用性很大程度上取决于计算机犯罪的特定情形，法条中如果没有特定要件符合这些特定情形，则被告人就可能获得无罪判决。⑥ 为了解决上述难题与窘境以及更好地打击计算机犯罪，美国联邦司法实务部门和学界逐步开始主张新立专门的计算机犯罪法来规制这一新型犯罪。

---

① United States v. Seidlitz, 589 F. 2d 152, 160 (4th Cir. 1978).

② Vlgyes, The Investigation, Prosecution, and Prevention of Computer Crime: A State-of-the-Art Review, *Computer-Law Journal*, No. 2, 399 (1980).

③ Orin S. Kerr, Cybercrime's Scope: Interpreting "Access" and "Authorization" in Computer Misuse Statute, *N. Y. U. L. Rev.*, No. 78, 1611 (2003).

④ M. Wasik, *Crime and the Computer*, Oxford: Clarendon Press, 69 (1991).

⑤ Computer Crime, *Am. Crim. L. Rev.*, No. 19, 499, 502 (1981).

⑥ JohnRoddy, The Federal Computer Systems Protection Act, *Rutgers J. Computers Tech. &L.*, No. 7, 352 (1979).

三 问题解决的进路：主张新立法

在 20 世纪 70 年代末 80 年代初，随着对适用偷盗法等侵犯财产罪的传统刑法来规制计算机犯罪的做法越发不满，导致了在美国掀起是否需要制定计算机犯罪法的大讨论。① 反对立法的一些学者认为制定所谓专门的计算机犯罪法根本没有意义；而主张立法的一方则认为传统刑法的适用已经表明了其不能恰当的用来处理新型的计算机犯罪，应当进行立法。是否需要立法是根据法律有无缺陷来决定。在处理计算机犯罪的过程中，司法机关运用传统刑法作为主要的手段，将法律规定的内涵发挥到极致，尤其是关于财产的定义，作出了非常宽泛的解释，即使这样也未能在计算机犯罪的规制上达到很好的效果。从法条文义出发进行解释，必须以其字面含义为最大边界，这是罪刑法定的最低要求。这在对解释偷盗法时也应该如此，因为处理刑事犯罪的法律在解释上是非常严格的，对法条的通常理解（usual reading）如果表明一个确定的客体（object）不能够被涵括到法定的行为构成中，这一客体就不应该成为偷盗法中的主体（subject）内容。许多检察官和法官都不愿意接手计算机犯罪方面的案件，就如同很多学生不喜欢数学课一样；他们并不熟悉和真正理解这类东西。② 上述司法判例和分析充分表明，传统刑法在打击计算机犯罪方面是被用错了地方，面对的是在现代技术发展下衍生出的一个新兴犯罪形态，已经超出了这些法律力所能及的范围，从而表现出不可避免的缺陷，也因此才导致学界主张单独立法的呼吁。

在这一场讨论中，多数人的意见都倾向于能够以专门的计算机犯罪立法来打击越发严重的犯罪。大家对是否需要特别的法律来处理计算机犯罪进行了广泛的讨论，其基本共识是认为刑事司法者在目前很需要专门的法律来指引，以便能更好地对计算机相关的犯罪行为进行调查和起诉。③ 计算机犯罪法是非常需要的，就如刑法中有入室盗窃与非法入侵的法条一样，这也使得我们可以放弃适用入室盗窃或非法入侵的条款或者以偷盗法

---

① Stanley L. Sokolik, Computer Crime: The Need for Deterrent Legislation, *Computer-Law Journal*, No. 2, 353 (1980).
② Michael Gemignani, Computer Crime: The Law in '80, *Ind. L. Rev.*, No. 13, 689, 692 (1980).
③ Bureau of Justice Statistics, U. S. Dept. of Justice, *Computer Crime: Legislative Resource Manual*, iii (1980).

来简单地将每一种计算机犯罪的侵财者认定为窃贼。适用这些传统刑事法律经常给司法机关带来尴尬。例如，用意图获利的入室盗窃来判决计算机犯罪，就把行为解读成侵占了他人的房屋空间，接着认为这种占据具有财产性利益而符合偷盗法的规定。在这种情形下，犯罪的被害人就不得不去计算侵入所危害的财产和占据所持续的时间。指控也是围绕着这些价值按照偷盗来展开，而不是根据侵入行为本身来定性为一个独立的犯罪。这极其荒谬——如此判定要求被害人准备的是受到损害的证据而不是去管被害人真正担心的问题。[1] 计算机的使用者是最容易受攻击的被害人，因为其握有的敏感数据具有很大的潜在经济价值。通过制定专门惩治计算机犯罪的法律可以让社会公众、政府机构以及计算机的生产商加强所需要的安全。[2]

  计算机犯罪所表现出来的问题大部分要归结于刑法中所存在的缺陷以及立法上不情愿去改动。现行刑法在制定的时候还没有预见到有计算机滥用行为，而以现有的传统法条去处理这些行为，困难是显而易见的。确保计算机技术能有益且有效的利用，需要迅速制定新法。[3] 立法及司法不应当把计算机信息作为一般的财产，这会导致更多的麻烦。计算机犯罪法真正保护的对象是储存于计算机系统中的数据和记录，就如印刷在文件上的信息受法律保护一样：要是谁窃取了这些文件，就构成对有形财物的犯罪。传统法律不能够涵括窃取计算机中的信息或者非法访问并使用计算机的行为。[4] 既有的关于诈骗和盗窃的法律只反映了传统的关于财产的观念——有形的并常常是可以移动的实体物。然而，这种按照惯例所定义的财产已经在计算机时代不能被接受了，在计算机信息社会下登录程序或访问金融账号就像记一个数字那么简单。普通法以及现在的偷盗法等都不足以控制计算机滥用及其相关的犯罪行为。[5] 在专门立法的问题上，当时美

---

[1] Donald G. Ingraham, On Charging Computer Crime, *Computer-Law Journal*, No. 2, 429 (1980).

[2] Raysman and Brown, Computer Law: Evolving Statutes on Computer Crime, *New York Law Journal*, 1 (1983).

[3] Elizabeth A. Glynn, Computer Abuse: the Emerging Crime and the Need for Legislation, *Fordham Urb. L. J.*, No. 12, 100, 101 (1984).

[4] Leslie Wharton, Legislative Issues in Computer Crime, *Harvard Journal on Legislation*, No. 21, 249 (1984).

[5] Jill S. Newman, The Comprehensive Crime Control Act of 1984: Filling the Gap in Computer Law, *St. Louis Bar Journal*, 32 (1986).

国著名的计算机犯罪研究专家同时也是主张立法的主要领导之一的帕克教授（Donn B. Parker）认为：制定专门具体的法律可以集中关注计算机滥用中的社会和伦理问题；可以鼓励管理部门去建立起对职员的授权和非授权访问计算机的规则；可以避免曾出现的适用并不适合于计算机犯罪的刑法规定而产生的法律虚拟，同时可以对计算机犯罪的被告人以其所犯的具体罪行予以指控，诉讼就会变得容易也缩短了时间，从而节省司法资源。[①]

相反，否定进行立法的观点总是以现有法律为依据，为计算机犯罪行为的规制找出路。现有法律的规定已经完全能够涵盖计算机相关的犯罪，其足以打击此类行为，没有必要去进行新的立法。[②] 新的立法完全不需要，因为在计算机犯罪中出现的真正的法律问题是粗制滥造的起诉，不恰当的指控以及缺乏对法律的理解和掌握。[③] 立法者应该强调"犯罪行为的目的"，而不是一遇到计算机类的犯罪就全体紧张起来。司法工作者应该成为更好的计算机文化者，以便能够诠释在新技术发展下的法律原则，现有的法律完全能够包容现代的交易、活动以及与主流社会政策相符的计算机技术的情形。[④] 甚至还有学者将《联邦法典》第18编中的相关法条进行逐一分析研究，将这些法条分为7大类：1. 偷盗及其相关的法律；2. 滥用联邦通信线路；3. 国家安全犯罪；4. 非法入侵与入室盗窃；5. 实施欺诈性行为；6. 恶意损害及相关犯罪；7. 混杂在其他法律中的有关犯罪规定。认为在这7大类犯罪规定中有四十多个条文对诸如滥用计算机软件等行为的犯罪完全可以适用。[⑤] 不主张立法的理由都认为现有法律可以发挥其正常功用，关键在于司法者如何去使用，可在其理由当中也没有有力地提出如何让司法机关不再遭遇麻烦和困难而适用传统法律。同时，这些否认立法的主张毕竟只是少数，没能够也无法阻挡在美国进行计算机犯

[①] Donn B. Parker, *Fighting Computer Crime*, Charles Scribner's Sons, 244 (1983).

[②] Taber, *On Computer Crime (Senate Bill S. 240)*, 1 Computer - Law Journal, 517, 525 (1979).

[③] Taber, Misappropriation of Computer Service: The Need to Enforce Civil Liability, 4 Computer-Law Journal, 527, 528 (1983).

[④] Computer System Protection Act of 1979, S. 240: Hearing Before the Sub-commission on Criminal Justice of the Senate Commission on the Judiciary, 96th Congress, 2d Session, 8 (1980).

[⑤] Susan Hubbell Nycum, *The Criminal Law Aspect of Computer Abuse*, Part II: *Federal Criminal Code*, 5 Rutgers Journal of Computer & Law, 297 (1976).

罪立法的时代浪潮。

美国在出现计算机犯罪以后，司法中起初以扩张财产犯罪规定中的"财物"的定义来简单地适用传统刑法来对计算机犯罪所涉及的侵害予以补救。但经过实践证明这一做法并不奏效，反而产生了一些新的问题，后来放弃这种做法转而创设新的规定。这其中主要有以下几个原因。第一，不但是在界定"财产"这个概念上有问题，同样的困难还出现在其他要件上，诸如是否存在盗用，是否行为人具有永久剥夺的意图等。另外，财产犯罪的规定还不能涵括新类型的计算机犯罪行为，如对操作系统的攻击，其是阻碍系统工作，而不是修改或删除数据。第二，只是将储存在计算机中的信息认定为财物，但并没有将此一般地适用到储存在其他设备中的信息。同时，将数据简单地定义为财物，目的是与有形实体的财产犯罪相提并论，但却失去了对计算机犯罪行为根本的犯罪特性的彻底分析。第三，持续的适用既存法律实际上是一种无功的反应，会不断地纠缠于问题之中。另外，即使财产犯罪或相关法律能够在国内的语境下得到运用，但却阻碍了对计算机犯罪的调查和起诉的国际合作。[①] 到最后，关于是否需要立法的论争终以美国国会通过专门的计算机犯罪法而得以告一段落。美国从此开启以专门的计算机犯罪法来规制联邦计算机犯罪的司法进程。

第二节 立法制定：美联邦计算机犯罪法的产生

由于传统刑法在计算机犯罪规制上存在着种种缺陷，致使司法机关对这类案件的处理都不能完全以国家刑罚权来实现有效地打击犯罪从而恢复被侵害的社会正义这一刑事法治目的。计算机犯罪案件在很多情况下都没有按照定罪判刑的模式完成。只有极少数的关于计算机犯罪的指控是通过法院的刑事程序进行审判，因为各个诉讼机关都愿意将大量的案件通过庭外和解（consent decree）的方式结案。[②] 从数据上看，当时研究计算机犯罪的专家所统计的情况为：通过既有法律来判处计算机犯罪的被告人有罪的概率是五百分之一，而被处以监禁刑罚的则为千分之一。[③] 基于既有传

[①] Jonathan Clough, *Principles of Cybercrime*, Cambridge University Press, 42, 43 (2010).
[②] John P. Bellassai, Computer Crime, *American Criminal Law Review*, No. 19, 508 (1981).
[③] Congressional Record, S. 240, 96th Congress, 1st Session, 125 Cong. Rec. 710 (1979).

统刑法的先天缺陷、司法判案的不尽如人意和社会需要遏制高发犯罪以及各界对专门法律的强烈呼吁等方面的原因,美国国会在经过对多次提案的论证和修改的基础上,同时在一些州已经率先通过计算机犯罪法①的背景下,最终在1984年颁布了第一个联邦专门的计算机犯罪法:《伪造接入设备和计算机欺诈与滥用法》。虽然在当时美国一些州都已经颁布或正在制定计算机犯罪法,对于联邦政府再设立专门的计算机犯罪法是否有必要,国会的意见是:基于计算机的操作运行具有跨州和多州间的特征,尤其是随着计算机网络的发展,各个州都能一致地立法在打击计算机犯罪中应当是最有效的。然而要实现各州立法的一致性是不太可能的,因此联邦立法就非常必要,特别是在关于犯罪事实、相关概念以及证据等这些对技术依赖性很高的解释方面。②

一 立法提案与制定过程

在倡导联邦制定专门的计算机犯罪立法过程中,最早提出议案的是参议员雷比科夫(Ribicoff),他于1977年向参议院提交了标号为 S.1766 的《联邦计算机系统保护法案》(*The Federal Computer Systems Protection Act*)。促使雷比科夫提起该法律议案的原因是加利福尼亚州的沃德诉高等法院案(Word v. Superior)的判决所呈现出的法律问题。③ 该案主要案情为:被告人沃德是加利福尼亚州的一家名为 UCC 的计算机公司的员工。ISD 计算机公司是 UCC 的市场竞争对手。被告人通过特殊的电话拨号在线侵入 UCC 公司的计算机系统,从储盘中获取到一份专有计算机系统程序,并将其传送到位于 UCC 公司老板的计算机中,随后沃德又将这份程序打印出来并带走。在诉讼中,沃德请求法院撤销对其提起的违犯加州刑法典所规定的窃取商业秘密(trade secret)的指控,法院对其请求予以否决。法官根据法律规定认为将他人计算机程序拷贝并带走定性为窃取商业秘密是可以成

---

① 在美国各州都有关于计算机犯罪的立法,其中佛罗里达州于1978年最早制定,佛蒙特州在1999年通过计算机犯罪法,成为最后一个单独立法的州。参见 Orin S. Kerr, *Computer Crime Law*, 2nd ed., West, a Thomson business, 26 (2009).

② Amalia M. Wagner, The Challenge of Computer-Crime Legislation: How Should New York Respond?, *Buffalo Law Review*, No.33, 798 (1984).

③ Susan Hubbell Nycum, Legal Problems of Computer Abuse, *Washington University Law Quarterly*, No.3, 531 (1977).

立的。这在加州还是第一次根据该州刑法典把计算机程序认定为是商业秘密。然而,法官提出定性的依据是:仅仅将程序中的电子脉冲数据从一台计算机传播到另一台计算机并不构成本法上的窃取商业秘密罪,而是沃德把它打印出来带到其办公室的行为才构成犯罪。[1] 在该判决中值得重点注意的是其表明人们可以通过计算机显示屏去查看别人的程序,也可以使用和修改,但绝不要将其拷贝打印出来。同时这也表明法院认为电子数据这些无形物不符合刑法上所规定的财产概念,这些电子数据只有表现为有形实体物的时候,才成为法律所规定的财产。[2] 这一判决所反映出的法律漏洞对计算机系统程序的所有者而言,存在着潜在的危险。法律保护的不周延和不科学促成了新的提案诞生。

参议员雷比科夫在当时也是美国参议院常设的"参议院政府运作委员会"主席,他在1977年1月27日向参议院提交的法案的基本目的是"将那些滥用联邦政府、某些金融财政机构和其他涉及州际商贸实体的计算机系统的行为规定为犯罪"。[3] 在提案中,雷比科夫列举了五项主要的提案理由:1.计算机犯罪在政府部门和私人领域正成为日益严重的问题;2.这些犯罪让公众付出巨大代价,每一起计算机犯罪造成的损失都要比每一件其他的白领犯罪大得多;3.在与联邦有关的计算机程序、金融财政机构以及其他涉及州际商贸的实体中所发生的计算机诈骗记录、未经授权而使用计算机设备以及窃取金融信息、数据或其他有价资产的数量非常之大;4.计算机犯罪所直接涉及与州际商贸有关的机构,从而直接影响到州际商业;5.在现行联邦刑事法律之下追诉计算机犯罪的被告人相当困难。[4] "联邦计算机系统保护法案"主要对以下四个类别的行为规定为计算机犯罪:1.在计算机系统中写入欺诈性或不实的数据、信息;2.未经授权使用计算机及其相关设备;3.对计算机系统有关的文档进行篡改或损坏;4.无论以电子的或其他方式窃取钱款、金融信息、财物(prop-

---

[1] Computer Law Service Report [C. L. S. R.] No. 3, 206 (California Superior Court 1972).

[2] John Roddy, The Federal Computer Systems Protection Act, *Journal of Computers*, *Technology and law*, No. 7, 356 (1980).

[3] *Federal Computer Systems Protection Act of* 1977, S. 1766, 95th Congress, 1st session, 125 Cong. Rec. 7 (1977).

[4] *Federal Computer Systems Protection Act of* 1977, S. 717-718, 95th Congress, 1st session, 125 Cong. Rec. 7 (1977).

erty）、服务或者有价值的数据。在刑罚的设计上，该法案提出联邦法官可以根据犯罪的严重程度作出决定判处罪犯 15 年以上监禁及 5 万美元或者诈骗、窃取所得的一倍半到两倍的罚金。① 除了上述有关计算机犯罪的罪行和罪责规定外，法案还对访问（access）、计算机、计算机系统等十个术语进行了定义，其中最重要的一点是把"财产"的概念定义到包括所有"受保护的电子数据"。② 该法案计划将其作为对当时美国《联邦法典》第 18 编第 47 章的部分修正，增设成第 1028 条。

虽然这一提案作为缓解计算机犯罪问题所迈出的重要的一步得到了美国司法部和联邦调查局的称赞，但也遭到不少的批评。这些批评主要针对提案中的定义和法条中的用语不很准确和清晰，有些又显得太宽泛。理想的定义应该是既具有普遍性、简单又避免使用计算机技术中的行话。③ 法条的范围面太广，如"故意未经授权访问"这样的用语将会把那些"没有图财目的的偶然使用计算机的行为"也归入进去。另外，提案中的法条关于使用计算机去策划诈骗的规定，将会把任何一个设计了诈骗方案但事实上绝不会去实施的人也认定为罪犯。还有，将"计算机"定义为"执行逻辑的、数学的通过电子或磁性操作的具有储存功能的电子设备"会把诸如便携式计算器、可储存的打印机以及数字手表等都可以包容进去，从而在未经授权使用这些设备的情况下就构成计算机犯罪。④ 没有一个明晰的标准，对人们的行为而言起不了规范的指引作用，这也会使得提案会公开受到违反宪法上的明确性原则等方面的责难。⑤ 在听取这些批评的基础上，提案作了一些新的修改然后再呈到参议院司法委员会的刑事法小组委员会以标号为 S.240 举行听证，并由委员会主席拜登（Biden）组织征集企业行业部门对提案的意见。虽然很多意见都认为计算机犯罪是一个严峻

---

① Federal Computer Systems Protection Act of 1977, S.1766, 95th Congress, 1st session, 125 Cong. Rec. S712 (1977).

② Bureau of Justice Statistics, U.S. Dept. of Justice, *Computer Crime: Legislative Resource Manual*, 55, 56 (1980).

③ August Bequai, *Computer Crime*, Aero Publishers Inc., 4 (1978).

④ Cf. Taber, On Computer Crime (Senate Bill S.240), *Computer-Law Journal*, No.1, 532 (1979).

⑤ Federal Computer Systems Protection Act: Hearings on S.1766 Before the Sub-commission on Criminal Laws and Procedures of the Senate Commission on the Judiciary, 95th Congress, 2ed session (1978).

的问题,但把计算机犯罪作为一个联邦罪名在参议院没能形成共识,因此在当年的美国国会会期之间该提案并没有被纳入议程。虽然雷比科夫的提案没有获得支持,但"它应当被看作对计算机犯罪开战的关键的第一步,其与最开始的内容相比不断在精细"① 这一提案在联邦层面虽中途夭折,但其对推动很多州诸如亚尼桑拿、科拉尔多、密歇根、新墨西哥以及罗得岛等的计算机犯罪立法具有直接的影响和指导作用。②

尽管在美国参议院有参议员拜登及其刑事司法副委员会依然对计算机犯罪保持着很高的兴趣,但随着1981年雷比科夫作为参议员职位的退休,在参议院力图通过S.240号提案的势头很快就消淡。从此之后,计算机犯罪立法活动的中心阵地转移到众议院。③ 继雷比科夫之后,众议院议员内尔森(Nelson)成为计算机犯罪立法的主导者。内尔森曾作为州立法委员主要负责起草了美国第一个州计算机犯罪法:《佛罗里达州计算机犯罪法》。在1981年美国第97届国会期间,内尔森提交了标号为H.R.3970的《联邦计算机系统保护法案》,该法案的大部分内容以雷比科夫的S.240提案为基础,但在提交到众议院司法委员会之后,没有取得任何新的进展。④ 在经过进一步的研究和修改之后,内尔森于1983年再次提起该计算机犯罪法案。因为在1978年佛罗里达州立法中成功使用过一些策略,内尔森广泛地邀请了很多知名专家,包括当时美国最权威的计算机犯罪研究者帕克教授,一起共同努力支持这一提案。当各州关于计算机犯罪的立法都处于激增的时候,国会的立法进展却一直都显得非常的缓慢,其原因在于当时担心如设立计算机犯罪法会使联邦司法管辖伸得过远,也显得重复多余。尽管在听证会上众多具有感染力的陈述都声援制定联邦计算机犯罪法,但美国国会中的众、参两议院的司法委员会都

---

① *Federal Computer Systems Protection Act: Hearings on S. 1766 Before the Sub-commission on Criminal Laws and Procedures of the Senate Commission on the Judiciary*, 95th Congress, 2ed session (1978).

② Amalia M. Wagner, The Challenge of Computer-Crime Legislation: How Should New York Respond?, *BuffaloLaw Review*, No. 33, 799 (1984).

③ Richard C. Hollinger and Lonn Lanza-Kaduce, The Process of Criminalization: The Case of Computer Crime Laws, 26 *Criminology*, No. 1, 110 (1988).

④ 97 Congress, 1st Session 127 Congress Report H3141 (daily ed. March 31, 1982).

没有被说服而认为联邦政府应该在控制计算机犯罪方面担当特别的角色。① 立法提案进行到这个时候开始处于胶着状态，支持与反对的各方展开了深邃的论战与博弈。

当计算机犯罪法提案面临进退两难的时候，内尔森提出假设认为随着计算机的使用在社会大众中越来越普及，现在如不及时加以规制则会发生类似于国会曾遇到过的加强控枪立法时的冲突。② 他认为计算机犯罪不是计算机犯的罪，而是人借助计算机在犯罪，禁止计算机就如同禁止持枪权一样的不现实。计算机与枪支都有着潜在的危险，但社会上很多人都认为这两者属于基本的私有财产。因此，对于立法者来说应该不是需要不需要立法的争论，而是应该讨论进行到多大程度的控制比较合适的问题。③ 但是在缺乏足够有效准确和比较强硬的数据支持为何需要进行联邦立法的情况下，以及各州都风起云涌般地制定和通过计算机犯罪法，介于1983年和1984年之间在国会的立法审读还是进展缓慢。随着美国律师协会和其他公共以及私人团体直接关注并陆续出版有关计算机犯罪方面的调查报告，这些调查结果又被新闻媒体进行大量的转载报道和不断的渲染，尤其是关于青少年黑客犯罪行为的揭露，越来越多的普通大众开始高度关注计算机犯罪。美国国内声讨计算机犯罪的浪潮开始高涨，这使得计算机犯罪法提案的审批很快就发生了转机。同时，在1984年初全美热播的新电影《战争游戏》(*War Games*) 也为推动立法产生了很大的效应。该电影主要讲述一个青年计算机黑客在玩一个计算机游戏的时候，不小心闯入了美国国防部的计算机系统，差点就导致了美国与苏联之间的高热核原子战争。④ 因此，在以内尔森为主导的立法提案委员的努力下，在民众及媒体影视的强烈关注和影响下，社会形成的认识就是"计算机犯罪是一个主要的问题，需要及时地予以处理"。⑤ 于是，美国国会在1984年10月12日

---

① Richard C. Hollinger and Lonn Lanza-Kaduce, The Process of Criminalization: The Case of Computer Crime Laws, 26 *Criminology*, No.1, 110 (1988).

② 132 Congress Record H3277 (daily ed. June 3, 1986).

③ *Senate Report*, No. 432, 99th Congress, 2nd Session 2, reprinted in 1986 U.S. Code Congress and Administration News, 2482.

④ Joseph M. Olivenbaum, <CTRL><ALT><DEL>: Rethinking Federal Computer Crime Legislation, *Seton Hall Law Review*, No. 27, 596 (1997).

⑤ Richard C. Hollinger and Lonn Lanza-Kaduce, The Process of Criminalization: The Case of Computer Crime Laws, 26 *Criminology*, No.1, 107 (1988).

很快就通过了以内尔森提案为基础制定的美国联邦第一部计算机犯罪法。

纵然经过了较长时间的拖延和立法者在这一问题上的诸多顾忌和犹豫，但立法的通过最终表现出立法机关在计算机犯罪这一问题上的立场。正是因为计算机技术既可以将其积极性的一面用来服务，也可以被当作消极性的目的来利用，其数量的猛增和危害的严重迫使国会认为联邦制定有效的计算机犯罪法很必要，从而以立法来对全社会的计算机使用者表明在不久的将来这对他们大有裨益。① 众议院司法委员会在向众议院全体议员作的立法报告指出："联邦之前在打击计算机犯罪方面没有专门的法律。所有针对计算机有关的犯罪的法律适用都只能依靠既有的用来规制其他犯罪的法条，典型的诸如《联邦法典》第18编第1341条的邮政诈骗或者第1343条的电信诈骗。依照这些法律的结果是极大地挫伤了控检部门的积极性并使得很多与计算机有关的犯罪都逃脱了惩罚。主要原因就在于计算机犯罪中所涉及的财产形态与既有法律中的财产规定很不一致。联邦在计算机犯罪这一问题上需要有专门的立法，否则对于那些发生于州际或多州之间的犯罪就难以得到惩处。因此，经过立法委员会的推荐，再通过国会的制定和批准，确立了具体的计算机犯罪法。"② 基于此，在美国关于计算机犯罪立法取舍的长期争论正式落下帷幕，立法者最后选择了设立新的法律而没有采纳修改原有法律或在联邦不作出立法而应由各州来处理计算机犯罪的意见。

二 计算机犯罪法的内容

从上述关于计算机犯罪法提案一波三折的漫长议案过程和到最后戏剧般的逆转可以看出，立法的制定不是纯粹技术性的，其是各种力量（打击犯罪的力量、保护人权的力量等等）不断地勾兑、博弈、妥协和平衡的产物。最后推动立法通过的，不完全是因为官方的努力，还可能是社会舆论的压力和公众关注的张力等这些力合成的结果。当然，从计算机犯罪法的制定本身而言，其内容在长达7年多的时间里经过多方的论证和修改不断

---

① Dodd S. Griffith, The Computer Fraud and Abuse Act of 1986: A Measured Response to a Growing Problem, *Vanderbilt Law Review*, No. 43, 455 (1990).

② *House of Representative Report*, No. 98-984 (1984), reprinted in 1984 U. S. C. C. A. N. 3689, 3692.

得到充实完善；从计算机犯罪需要联邦规制的角度而言，前述分析表明其是不言而喻的，只不过最后的立法程序和选择已然超出犯罪问题的本身，而发展成为政治与政策性的筹码。美国国会在1984年通过的《全面控制犯罪法》中设立了有关计算机犯罪的条文。《全面控制犯罪法》是一部包含众多刑法条文的法案集，其中关于联邦第一个计算机犯罪的刑事立法位于该法律集的2102（a）节，具体名称为《伪造接入设备与计算机欺诈及滥用法》（Counterfeit Access Device and Computer Fraud and Abuse Act）。① 这一法条在随后的1986年修正时，正式定名为《计算机欺诈与滥用法》（Computer Fraud and Abuse Act，简称：CFAA），后于1988年被编入美国《联邦法典》第18编刑事法律部分，位列第1030条。《伪造接入设备与计算机欺诈及滥用法》成为美国联邦计算机犯罪法的雏形，其设计的规制范围和法条内容都比较狭窄和单一。

（一）1984年法的整体面相

1984年通过的《伪造接入设备与计算机欺诈及滥用法》（以下简称1984年法）一共设置了（a）至（d）四个条款，每一个条款又细分为几项。该法在根本上是限于用来保护联邦政府的计算机、国防与外交关系的信息以及金融财政机构或信用报告机构中的信息。② 主要包括三种基本的犯罪行为。第一，未经授权而故意访问计算机或者虽有授权但故意超越授权范围而有意获取美国国防或外交关系的机密信息，知道这些信息会对美国政府造成危害或有益于外国政府，该行为构成重罪。③ 第二，为了从金融财政机构或消费者报告机构中获取财务信息，在未经授权时而故意访问这些机构的计算机或者虽有授权但有意超越授权范围，其构成轻罪。④ 这一规定是为了保护金融信息。第三，为了使用、更改、破坏或者泄露属于联邦政府机关的计算机信息以及阻碍有权者使用属于或归于联邦政府机关

---

① Comprehensive Crime Control Act of 1984, Pub. L. No. 98 - 473, tit. 22, § 2102 (a), 98, Stat. 1837, 2190 (1984).

② A. Hugh Scott, *Computer and Intellectual Crime: Federal and State Law*, Published by BNA Books, 4-9 (2006 Cumulative Supplement).

③ Pub. L. No. 98-473, tit. 22, ch. XXI, § 2102 (a), 98, Stat. 1837, 2190 (1984). [contained in former § 1030 (a) (1)].

④ Pub. L. No. 98-473, tit. 22, ch. XXI, § 2102 (a), 98, Stat. 1837, 2190 (1984). [contained in former § 1030 (a) (2)].

的计算机，而故意未经授权或超越授权访问，其构成轻罪。① 另外，1984年法还将图谋或共同犯上述三种罪中任何一项的行为规定为犯罪。② 根据1984年法的整体规定，其不适用于对非政府机构的计算机及信息的保护。另外，也不处罚那些虽是未经授权访问，但只是单纯地使用计算机而不涉及任何诈骗、信息泄露、数据损毁或者窃取等行为。1984年法在刑罚的规定上，对上述第一种罪为10年以上监禁或1万美元罚金或犯罪所得（造成损失）的两倍，亦可并罚；第二和第三种罪都为1年以上监禁或5000美元罚金或犯罪所得（造成损失）的两倍，亦可并罚。同时，该法授权美国特工处（Secret Service）及相关机构负责侦查计算机犯罪，并进一步规定由美国总检察长（Attorney General）和财政部长共同协定确立特工处的侦查权限。③

（二）1984年法的具体内涵

在关于具体犯罪行为的规定上，1984年法一共有三个犯罪条款，即(a)(1)款、(a)(2)款和(a)(3)款。(a)(1)款禁止使用计算机非法获取有关国防机密、外交关系和原子核能方面的信息。这与原来的提案相比，作出了一些调整和修改。立法机关（美国国会）将该款中所保护的信息类别限制在有限的范围内是根据当时的相关法律作出的规定。众议院司法委员会把提案中本款的内容作出了一些修改，目的是使这些需要保护的秘密信息的定义能够与1980年国会所制定的《涉密案件程序法》（*Classified Information Procedures Act*）④ 中详细规定的概念保持一致。除此之外，司法委员会还在该款中增加了"背信"（bad faith）这个要件作为提起诉讼的前提条件，以至于不让1984年法在苛责上超出间谍法（Espionage Laws）规定的要求。(a)(1)款中关于"背信"这个要件的表述是，知道或有理由相信所获取的信息将会有害于美国政府或有益于任何外

---

① Pub. L. No. 98-473, tit. 22, ch. XXI, §2102 (a), 98, Stat. 1837, 2190 (1984). [contained in former § 1030 (a) (3)].

② Pub. L. No. 98-473, tit. 22, ch. XXI, §2102 (a), 98, Stat. 1837, 2190 (1984). [contained in former § 1030 (b) (2)].

③ Pub. L. No. 98-473, tit. 22, ch. XXI, §2102 (c), 98, Stat. 1837, 2190 (1984). [contained in former § 1030 (c)].

④ 1980年美国国会制定了《涉密案件程序法》，内容是关于涉密刑事案件的诉讼程序，包括审前程序、审理程序及上诉程序。在该法中详细地规定了秘密信息的定义和范围。具体可参见 http://en.wikipedia.org/wiki/Classified_Information_Procedures_Act.

国异邦。在间谍法中有关于"背信"要求的规定是源于 1941 年戈林诉美利坚案（Gorin v. United States）中，最高法院对间谍法作出解释认为需要行为人表现有"背信"的情节才可以实施刑事处罚。① 从上述关于对 (a)(1) 款规定的内容来看，司法委员会作出的一些修改和限制体现出当时国会所想要达到的两个目的：其一是减小法律的规制面，从而避免不必要的负面结果；其二是提供有力的法条语言为更好地打击使用计算机实施涉及国家机密的犯罪。

(a)(2) 款禁止在未经授权情况下使用计算机访问属于金融财政机构或消费者报告机构中的金融财务信息。在该款中所保护的信息是根据《1978 年金融隐私权法》（Right to Financial Privacy Act of 1978）② 以及《公平信用报告法》③（Fair Credit Reporting Act）中规定的类型来制定。同时，该款中的"金融财政机构""金融记录""消费者报告机构"以及"消费者"等术语的定义都是以上述两法中规定的为基准。事实上，(a)(2) 款是以《1978 年金融隐私权法》的内容为参照，将未经授权访问"金融财政机构"的计算机并获取到可查明的一个或五人以下团体的具体的金融信息的行为规定为轻罪。但有所区别的是，《1978 年金融隐私权法》只保护具体的个人。④ 同时，该款也参考《公平信用报告法》将未经授权访问"消费者报告机构"的计算机中与个人的信誉度、信用状况、信用能力、品格、一般信誉、特长或生活方式等方面的信息的行为规定为轻罪。虽然本款在制定时很大程度上参照了《1978 年金融隐私权法》和《公平信用报告法》的相关内容，但在保护范围上却比这两部法所规定的要大得多，其适用于所有的人。⑤ 众议院司法委员会在其立法报告中强调 (a)(2) 款的适用不包括因偶然获取或正当地获得的信息，同时也说明该款不能被解释为去禁止那些以合理的商业目的而访问计算机的情形。报告明确地表示该款的唯一目的就是打击计算机黑客行为和那些具有犯罪目

---

① *House of Representative Report* No. 894, 98th Congress, 2nd Session, 21 (1984).
② 《1978 年金融隐私权法》对"金融财政机构""金融记录"等作出了详细的定义。具体可参见 http：//en. citizendium. org/wiki/Right_to_Financial_Privacy_Act.
③ 《公平信用报告法》对"消费者报告机构"等作出了具体的界定。详细可参见 http：//en. wikipedia. org/wiki/Fair_Credit_Reporting_Act.
④ 12 U. S. C § 3413 (a).
⑤ *House of Representative Report* No. 894, 98th Congress, 2nd Session, 21 (1984).

的的非法访问金融信息的人。① 因此，与（a）（1）款相比，（a）（2）款不要求获取信息是意图造成伤害或损害，而只要有未经授权访问的行为即足以启动刑事问责。

第三款，也就是 1984 年法中的（a）（3）款将使用、修改、损坏或泄露属于或归于联邦政府使用的计算机中的信息，或者阻碍对这些计算机的合法访问，从而影响到联邦政府对计算机的正常使用的行为，规定为轻罪。该款的最后一句话限制了其规制的范围，要求政府部门需要提供证明未经授权访问的行为影响到政府计算机的运转。此外，如果政府对计算机的使用仅仅是在部分时段，则（a）（3）款也只有在对政府计算机的运行造成实质的影响的情况下才可以适用。根据司法委员会的报告，如果上述行为没有实质性地影响到政府计算机的正常工作，则未经授权访问的行为就应该评价为是（a）（2）款所禁止的行为。② 在 1984 年法中本来设置了对（a）（2）和（a）（3）款排除适用的情形，但在司法委员会的报告中只出现了对（a）（3）款排除适用情况的说明，未见对（a）（2）款的描述。同时又发现司法委员会的报告除了对（a）（3）款有适用例外的规定外，还对（a）（4）款也作出了说明，不过（a）（4）款在立法提案和司法委员会提交的报告中都存在，却在国会表决通过之前被删除掉了。于是（a）（4）款在 1984 年法中根本未能面世即被取消，在后来的修正案中又才又得以机会呈现在世人面前。关于该款的具体情况将在后文予以交代，此处不详述。至于为何在司法委员会的立法报告中只有对（a）（3）款阐明了排除适用的情形，有学者认为那可能是为了使该提案能够迅速地得到参议院的批准，从而能及时添加到《全面控制犯罪法案》中去，故而意外地将（a）（2）款也包括在排除适用的条款中。③ 这些也从一个侧面反映出当时提案在获得批准时的仓促，时间上已来不及进行最后考量。

排除适用（a）（3）款的情形包括，如果行为人获得授权访问政府的计算机，但其访问行为超出了授权的范围，但仅仅是使用计算机来做一些无害的行为，比如做家庭作业或者玩玩计算机游戏等。换言之，这种情况

---

① *House of Representative Report* No. 894, 98th Congress, 2nd Session, 21, 22 (1984).
② *House of Representative Report* No. 894, 98th Congress, 2nd Session, 22 (1984).
③ Dodd S. Griffith, The Computer Fraud and Abuse Act of 1986: A Measured Response to a Growing Problem, *Vanderbilt Law Review*, No. 43, 465 (1990).

也就是说对于那些有权使用政府计算机来办公的人而言，没有恰当本分地用计算机来干本职工作，而是利用有权访问的机会去做一些私人的事。正因为如此，司法委员会认为诸如此类的行为不足以动用（a）（3）款来实施刑事惩罚，而通过行政措施来解决比较妥当。① 如上所述，排除规则并不具有适用于（a）（2）款的逻辑性。司法委员会对该款的分析强调根据1984年法的规定，任何未经授权访问计算机获取信息的行为都受刑事处罚。这一条款不要求有"背信"这一要件才构成本款之罪，只将那些因正当商业目的的使用行为被技术性地解释为未经授权访问的情况予以免除。如果将（a）（2）款也作出像（a）（3）款那样的排除适用的规定，则会使得与（a）（2）款本身的规定相矛盾，也不存在着（a）（3）款那样排除适用的目的，因为（a）（2）款是打击所有的未经授权访问的行为。综合上述分析，1984年法中的（a）款虽然只设置了三个犯罪，但也作出了具体的分工，各自指向的领域和范围都不一样。同时这一款中三个条文的适用还受到其他有关法律规定内涵的限制，因而在实际运用上也并不会像在立法提案的论争中有些议员所顾虑的那样，使得联邦司法之手伸得过远。这也说明当时立法机关在计算机犯罪规制问题上的审慎性和相对未知性，毕竟是初创立法且也没有成熟的司法经验。

1984年法的（b）款主要将两种类型的行为规定为犯罪，即意图或共谋犯（a）款的行为。（b）（1）款禁止那些意图去犯（a）款罪的情况。② 意图犯罪类似于中国刑法中关于未遂犯罪的部分规定。具有意图实施违反（a）款的行为，则符合（b）（1）款的要求。除此之外，（b）（2）款则将那些共同谋划去犯（a）款之罪的行为规定为犯罪。③ 本款中关于共谋犯罪的规定模式与其他刑法中规定的相同，都符合共谋犯罪的理论原理。在1984年法中规定的共谋犯罪在用语上与其他刑法规定的相一致，可能是为了表明在计算机犯罪中的共谋犯也适用同类犯罪的相同标

---

① *House of Representative Report* No. 894, 98th Congress, 2nd Session, 22 (1984).

② Pub. L. No. 98-473, tit. 22, ch. XXI, § 2102 (b), 98, Stat. 1837, 2190 (1984). [contained in former § 1030 (b) (1)].

③ Pub. L. No. 98-473, tit. 22, ch. XXI, § 2102 (b), 98, Stat. 1837, 2190 (1984). [contained in former § 1030 (b) (2)]

准。① 作出与其他刑法关于共谋犯罪相同的规定，说明当时立法者认为这种类别的犯罪虽然是以计算机犯罪的形式存在，但在评价上应该与其他犯罪中的同类情况没有什么区别。从相互关系上来看，1984 年法中的 (a) 款和 (b) 款具有对应性，(b) 款作为对计算机犯罪的未完成形态和共同犯罪形态的规定，是对 (a) 款的进一步的补充。犯罪形态和犯罪形式的多样，必须根据不同的情况作出不同规定，这在计算机犯罪法中一开始就有体现。这一规定与先于计算机犯罪法存在且之前经常被用来打击计算机犯罪的电信诈骗罪规定相比较而言，具有更好的合理性。在电信诈骗罪中将意图和共谋犯罪的刑事处罚予以相同规定，同等对待。② 在计算机犯罪的立法制定中应该是注意到了这种不恰当性，才分别设立不同的条款。

  关于计算机犯罪的刑罚问题被设置在 1984 年法中的 (c) 款。该款将计算机犯罪的刑罚分为两个层次：轻罪罚与重罪罚。对那些第一次触犯本法的人适用轻罪罚，而对再犯或累犯者则苛以重罪罚。任何人违反 (a) (1) 款或图谋或共谋违犯该款的，初犯者将被处以 10 年以下监禁，并处或单处 1 万美元以下或犯罪所得的 2 倍的罚金；再犯者将被处以 20 年以下监禁，并处或单处 10 万美元以下或犯罪所得的 2 倍的罚金。③ 国家法益的重要性在上述 (c) 款的规定中再次体现，任何国家都是将其作为重要的对象加以严格保护。这些严厉的刑罚表明，不论以何种方式通过计算机滥用或欺诈而影响到国家安全或者外交关系都是罪大恶极的应受严惩。④ 相对于侵犯国家安全的犯罪而言，违犯 (a) (2) 款和 (a) (3) 款及其未完成或共谋形态的犯罪在惩罚上没有那么严酷。触犯这些犯罪的行为，初犯将被处以 1 年以下监禁，并处或单处 5000 美元以下或犯罪所得/造成损失的 2 倍之罚金；重犯者处以 10 年以下监禁，并处或单

---

① Joseph B. Tompkins and Jr. Linda A. Mar, The 1984 Federal Computer Crime Statute: A Practical Answer to a Pervasive Problem, *Computer-Law Journal*, No. 6, 469 (1986).

② 具体可参见美《联邦法典》18 U.S.C § 1029 条。

③ Pub. L. No. 98-473, tit. 22, ch. XXI, § 2102 (a), 98, Stat. 1837, 2190 (1984). [contained in former § 1030 (c) (1) (a) (b)].

④ Jill S. Newman, The Comprehensive Crime Control Act of 1984: Filling the Gap in Computer Law, *St. Louis Bar Journal*, 35 (1986).

处 1 万美元以下或犯罪所得/造成损失的 2 倍之罚金。① 从对（a）（2）款和（a）（3）款规定的刑罚罚金中可以看出一点细微的变化，即犯罪行为造成的损失也可以作为罚金计算的依据。这是因为在单纯的未经授权访问型的计算机犯罪中，存在着犯罪没有获得收益的情况，如黑客入侵，破坏了计算机系统或导致运行瘫痪，但黑客并没有图利；再例如计算机病毒，造成的损失更严重，而传播病毒者也可能一无所获。

在 1984 年法中的最后一个内容是（d）款，该款主要规定了联邦政府有权对计算机犯罪进行司法调查的部门。② 关于此款在前文已有所分析，此处不再赘述。另外值得注意的是在 1984 年法中还有一个隐性的规定，即在立法之中已经制定但没有被编纂入法典中。该条规定要求美国首席检察官在该法公布实施后的前三年内每年都须向国会作出关于适用本法进行指控诉讼的情况报告。③ 立法者作出如此设计是为了了解该法在实际运用过程中的具体效果和存在的问题，这再次说明当时的立法机关对计算机犯罪这一问题了解和掌握的不全面性与不彻底性，通过制定这样一些保障性措施，以便为进一步的发展和完善 1984 年法做好准备。后来的事实也证明立法机关的这些做法是完全正确的，1984 年法在瞬息变化的计算机技术时代很快就受到挑战。然而，就 1984 年法颁布的重要性意义而言，这是迈出的关键一步，为后来计算机犯罪法的逐渐完善成熟开启了成功之门。这一法律在当时是以开创性的起点在摸索中前进，因此就其本身价值而言怎么评价也不足为过。正如当时有学者所说，新制定的"伪造接入设备和计算机欺诈及滥用法"在现今普遍存在计算机滥用和欺诈行为的情况下，当然不可能是包治百病的"万灵药"（cure-all），但其却填补了许多在联邦和州法中都存在的法律空白。④ 总而言之，1984 年计算机犯罪法经历了马拉松式的立法征程，在其必然性的曲折发展中又恰逢偶然性的境遇，提案的通过颇具戏剧色彩。随着计算机犯罪的不断演化，也注定了在

---

① Pub. L. No. 98-473, tit. 22, ch. XXI, § 2102 (a), 98, Stat. 1837, 2190 (1984). [contained in former § 1030 (c) (2) (a) (b)].
② Pub. L. No. 98-473, tit. 22, ch. XXI, § 2102 (a), 98, Stat. 1837, 2190 (1984). [contained in former § 1030 (d) (2) (a) (b)].
③ Pub. L. No. 98-473, tit. 22, ch. XXI, § 2103, 98, Stat. 1837, 2190 (1984).
④ Jill S. Newman, The Comprehensive Crime Control Act of 1984: Filling the Gap in Computer Law, *St. Louis Bar Journal*, 35 (1986).

现代科技环境中诞生的计算机犯罪法"命运多舛",在发挥其功用的过程中受到诸多指摘而不断被修正。但也就是在那"凤凰涅槃"般的磨砺中,计算机犯罪法逐渐地丰满成熟,继而成为美国联邦打击计算机犯罪的中流砥柱。

第三节 立法发展:计算机犯罪法的五次大修正

1984年计算机犯罪法以其短小精简的面相问世,其中关于具体犯罪的三个条款所涵摄的范围非常有限。在前述美国司法部关于计算机犯罪的分类中已充分说明,这一犯罪可以根据不同的情况分为多种类别。但立法机关在制定计算机犯罪法的时候,只选取了危害国家安全、非法访问金融数据信息以及扰乱政府机构计算机系统这三个领域内的计算机犯罪作为规制的对象,设立成三个犯罪。在众多的计算机犯罪类型中,只有上述三个罪行被计算机犯罪法所包容,这反映出立法上对最重要法益优位保护的政策,也符合刑法作为"最后手段"使用的原则。在1984年法颁布的年代,计算机的使用在美国也还正在走向大众化,尚未完全普及;计算机技术的发展也还正处于不断发展更新阶段,尚未全面成熟。然而,信息时代的科技浪潮汹涌澎湃,以一日千里之势不断推动新兴技术的变革进步。从现代技术中孕育产生的计算机当然地成为这个时代的弄潮儿,在很短的时间里便不断地升级换代。计算机的进化也导致了计算机犯罪的进步。但规制计算机犯罪的法律却依然还保持着立法时的样貌与越来越陌生的计算机犯罪"打着交道",可规制的力度逐步地显得"渐行渐远"。法律需要跟进发展的要求显露无遗,只有对之进行修正才能继续有效地发挥其效用。发达的商业社会提供不起懒惰的坐等而期望那些不明确而又过失的法律被改造来矫正当初立法者根本没有料想到的犯罪。起草新的法律并最终对计算机犯罪法进行修正,是在信息时代社会急切需要的一种基本反应。[①] 因此,1984年法在新技术环境和新计算机犯罪形式不断变化的背景下被推上了修正之路。

---

① Douglas H. Hancock, To What Extent Should Computer Related Crimes Be The Subject of Specific Legislative Attention? *ALB. L. J. SCI. & TECH.*, No. 12, 124 (2001).

一 立法修正的原因

1984年联邦计算机犯罪法因处于初创性的尝试立法,打击面有限以及比较简单和不好操作,受到各方的批评。虽然1984年立法被当时的计算机业界看作重要的第一步而喝彩,但立法者以及计算机业内人士逐渐地认识到这一法律并不完备。许多立法者和行业分析家都主张这一法律应该扩大到用于保护州际商贸的私人部门的计算机。① 此外,各州以及联邦的执法部门对该法也加以非难,认为其具有结构性的缺陷,难以诉诸适用。② 美国司法部更是对1984年法的每一个条款加以分析,批判其中存在的问题和法条设置的科学性、合理性乃至准确性并提出相关的修法建议。③ 这些来自美国司法部和各界的批评与建议主要包括以下几个方面:关于对(a)(1)款存在的问题,美国司法部认为该款关于禁止任何人未经授权而获取机密信息的规定完全是累赘而根本没有必要。因为在其他的法律中已经有关于非法获取或扣留机密信息的规定,不管犯罪人是否使用计算机,并且这些法律中设置有相同甚至更严苛的刑罚。再者,由于该款与其他可适用的间谍法相比,其所规定的主观要件要求更高,使得控方很少选择适用这一条款。至于美国司法部所强调的(a)(1)款主观要件设置过高,是指该款要求被告人知道所获取的信息"是一定会"有害于美国政府或有益于外邦;而其他间谍法中只规定控方证明被告"有理由认为所获取信息可能会"有害于美国政府或有益于外邦。

关于(a)(2)款,美国司法部对其保护的涉及面加以批评,认为该款只保护确定范围内的一些被未经授权访问的金融和信用记录。由于这一条款是基于《1978年金融隐私权法》和《公平信用报告法》中的术语来作出的规定,所以其保护的仅仅是一些类型非常有限的金融和信用信息。为了限制对金融信息的保护范围从而使之能够被包含在《1978年金融隐私权法》中,(a)(2)款只禁止未经授权访问属于银行的计算机从而获

---

① Betts, Recent Computer Crime Legislation Viewed as First Step, *Computer World*, Oct. 22, 1984, at 11.

② Dodd S. Griffith, The Computer Fraud and Abuse Act of 1986: A Measured Response to a Growing Problem, *Vanderbilt Law Review*, No. 43, 466 (1990).

③ *Computer Fraud Legislation: Hearing before the Sub-commission on Criminal Law of the Senate Commission on the Judiciary*, 99th Congress, 1st Session, 25-38 (1985).

取一个或五人以下团体的账户信息的行为，结果就使得该款不保护公司企业的乃至银行自身在其他机构的账户或存贷款信息，因为这些信息都不受《1978年金融隐私权法》的保护。同样，（a）（2）款将其保护的信用信息限制在以《公平信用报告法》为基础的范围内，就使得该款只针对个人而缺乏对企业等法人组织的信用文件信息的保护。美国司法部认为没有任何正当理由将那些计算机化了的金融和信用信息限制在如此狭窄的数据信息类别范围之内，进而提出建议将本款的保护范围扩大到所有的金融和信用数据，无论其是属于私人还是法人团体。当然，美国司法部也提出意见认为如果（a）（2）款的目的就只是打击那些未经授权访问计算机而获取被联邦法律认定为是机密的私人信息的话，那么本款也应该扩大到保护其他相似的私人机密信息，如纳税申报信息以及人口调查信息等。

至于用来规制非法使用、干扰、破坏以及泄露政府机关计算机信息或阻碍政府机关合法使用计算机的（a）（3）款，美国司法部认为应当设置成为一个严格的非法入侵条款。正如该款现在所作的规定，其只有在行为人使用、修改、破坏以及泄露了储存于政府计算机中的信息或者阻碍到对这些计算机的合法使用的情况下才认定为是未经授权的非法访问行为。其实未经授权访问政府计算机系统的情形应该类似于在现实中非法进入政府机构的场所，因此提出建议：当控方在适用此款时不需要去表明具有结果性的一些要素存在，例如信息已经被修改或损坏等，即可对行为人提起诉讼。在前文中已阐述，非法入侵在刑法上重点评价的是其未经许可而进入的不法行为，美国司法部将（a）（3）款建议按照非法入侵的模式来设置，其效果将会是非常明显的：减轻了控诉机关的证明责任，也降低了入罪的门槛，使得对这类犯罪的打击将更加迅捷有力。同时，美国司法部认为在（a）（3）款中有的地方还存在着不明确的情况。根据该款的规定，属于或归于美国政府使用的计算机是其保护对象，也即禁止对这些计算机信息的非法访问等，但其中规定"此行为影响到计算机的运行"。[①] 如果从语法学的角度来分析，（a）（3）款中的这一规定是要求政府证明行为人的行为已经影响到了计算机的正常操作。然而，美国司法部真正担心的是该款在司法适用中可能会被解释为要求控诉机关去证明该款所禁止的行

---

① Pub. L. No. 98-473, tit. 22, ch. XXI, §2102 (a), 98, Stat. 1837, 2190 (1984). [contained in former § 1030 (a) (3)].

为实际影响到政府的计算机工作。① 确实，法条语言的模糊会造成各方解读的不一致，从而为司法活动徒增麻烦。

在对（a）款各项进行批评的基础上，美国司法部还对 1984 年法在未来的立法修正中提出了增设两个罪名和一个新的刑事处罚方式的建议。增设新的罪名包括计算机诈骗和毁坏财物罪；新的刑事处罚措施是指没收财产。主张设立计算机诈骗规定是因为考虑到如果犯罪分子使用计算机去违犯普通法上的罪名如偷盗或侵吞公款等将会使得现有的联邦计算机犯罪法无法规制这些行为。要实现对这些犯罪的打击，立法者就需要在 1984 年法中制定一个诈骗罪的条款，其可以依照联邦电信或邮政诈骗的规定来设立。但美国司法部又强调与邮政和电信诈骗的规定相比，在计算机诈骗中计算机只是一个工具。之所以要比照电信和邮政诈骗的规定来设立计算机诈骗是因为邮政和电信这两个诈骗罪具有相当丰厚的成熟案例可以提供司法借鉴。在计算机诈骗条款的适用范围上，美国司法部认为联邦司法机关可以将本罪用于那些对属于或由联邦政府运行以及由联邦投保的金融财政机构的计算机实施诈骗的行为，或者对那些位于州际乃至多州之间以及外国的计算机进行诈骗的行为。由于各州之间司法具有多样性的特征，使得联邦司法对那些最为需要而州司法又无力进行调查与起诉的案件成为必需的后备。期望由一个州来调查与起诉发生在多州间的使用计算机诈骗罪是不现实的，因为各州的法律只在本州范围内有效。② 基于美国存在的联邦与各州分权的体系性特征，对于计算机诈骗这样的跨境型犯罪而言，通过联邦来处理具有其合理性与必要性。

除此之外，美国司法部还建议立法机关在对 1984 年法进行修正时，再增加一个重罪条款。设立该款去禁止那些故意在未经授权情况下对那些属于或由联邦政府运行以及由联邦投保的金融财政机构的计算机，计算机系统或储存在计算机中的数据的破坏行为。美国司法部认为对这些有限范围内的计算机及其系统和数据的保护是因为其明显具有联邦的利益，同时

---

① *Computer Fraud Legislation*: *Hearing before the Sub-commission on Criminal Law of the Senate Commission on the Judiciary*, 99[th]Congress, 1[st]Session, 32（1985）.

② *Computer Fraud Legislation*: *Hearing before the Sub-commission on Criminal Law of the Senate Commission on the Judiciary*, 99[th]Congress, 1[st]Session, 36（1985）.

这一增设的规定与各州在传统上保留的司法领域不会产生多大冲突。① 最后，关于前述的在立法修正中增设没收财产的规定，美国司法部认为可以对那些被指控触犯未经授权访问罪、计算机诈骗或者计算机破坏罪的被告人强制性地实施没收财产的刑罚。强制没收财产的刑罚规定将会对那些企图使用个人计算机或者小型的商用计算机去非法访问政府部门计算机的人产生特别有效的威慑。至于设置没收财产这一新刑罚的合理性，美国司法部认为可以通过法院以前对这类犯罪的判决结果表明其具有必要的正当性：在过去都没有倾向于将这类犯罪的被告人判决监禁之刑或苛以有意义的罚金。② 美国司法部作为主要负责保障法律施行的联邦政府部门，对于1984年计算机犯罪法进行了深入的剖析与细致的解读，对其中存在的不足加以严厉批评的同时也积极地提出建设性的修法意见，这对后来的立法修正起了基础性的作用，作出了重大的贡献。

除了上述美国司法部对1984年法提出相关修正意见外，来自实务界、立法界和学理界的专家、学者们也纷纷提出了自己的看法。一些学者批评1984年法对其中的一些关键性的术语没有予以充分而恰当的定义。美国律师协会刑事司法科计算机犯罪特别工作组的负责人汤普肯斯（Tompkins）认为1984年立法没有对条文中的重要术语如访问、授权等进行定义，明确这些术语的意思对于法条的理解非常关键，因为还没有形成大家普遍接受的法律概念。③ 因此，他提出建议对那些可能会引起歧义的词，诸如"访问（access）""授权（authorization）""影响（affects）"以及"使用（use）"等在修正法律的时候予以明确的定义。同时，该法没有对"未经授权"作出明确的规定，也未能以任何方式划定"授权访问"的界限。在黑客入侵的案件中对是否授权的问题是很明确的，但是当遇到员工使用单位的计算机的情况时就会对此产生歧义。根据1984年法的立法沿革来看，其很清楚地表明该法中的（a）（2）款不适用于那些依据明示或默许授权而以正当合理的目的访问的情况。然而，立法机关却没有规定哪

---

① *Computer Fraud Legislation*: *Hearing before the Sub-commission on Criminal Law of the Senate Commission on the Judiciary*, 99th Congress, 1st Session, 37 (1985).

② *Computer Fraud Legislation*: *Hearing before the Sub-commission on Criminal Law of the Senate Commission on the Judiciary*, 99th Congress, 1st Session, 36 (1985).

③ Joseph B. Tompkins and Jr. Linda A. Mar, The 1984 Federal Computer Crime Statute: A Practical Answer to a Pervasive Problem, *Computer-Law Journal*, No. 6, 475-76 (1986).

些是"正当合理的目的"。缺乏这一明晰的规定就使得（a）（2）款只能禁止故意未经授权访问的行为，也使得该款的有效性取决于用人单位对员工访问计算机信息权限规定的程度或有无。另外，汤普肯斯认为除了司法部所提出的新立法条的建议外，还应该设立一条对计算机犯罪的受害人和处理犯罪问题的司法部门予以民事赔偿的规定。同时，应让联邦调查局（FBI）成为主要的计算机犯罪侦查机关，因为1984年法主要保护的是重要的政府部门的计算机和机密信息。①

立法委员们也逐渐认识到1984年法有必要予以扩张修改，但对于该法具体需要延伸到什么程度却不甚明确。大多数的立法委员都支持将本法框定在保护联邦利益的范围内。② 参议员保罗·拉克索特（Paul Laxalt）当时任参议院刑事法小组委员会主席，他提出的问题则是国会如何去看待那些计算机犯罪行为所侵害的利益既不很明确地属于联邦，也没有明显地归于州或地方管辖的情况。拉克索特认为国会将那些未经授权访问、损害、破坏属于或归于联邦政府或联邦投保的金融财政机构的计算机系统、软件及数据的行为规定为联邦罪行完全具有正当性和合理性。他同时认为联邦可以对那些非法获取政府计算机信息的罪犯实施惩罚，是因为很明显这些计算机对联邦政府具有重要的利害关系。对于各州政府而言，其应该去规制那些使用私有计算机实施非法入侵、恶意破坏以及窃取等不涉及联邦计算机或信息的行为。③ 这一建议希望通过对1984年法的修改，使各州和联邦在计算机犯罪问题上划分出司法职权的界限，各自的分工得到明确。拉克索特参议员还担心的一个重要问题是对联邦政府司法机关拒绝受理的案件，各州或地方司法机关是否可以对这些计算机犯罪进行侦查和起诉。在联邦和州两套司法运作体系下，如果不能实现完全的衔接和互补，则可能会出现对某些犯罪打击的司法真空，这也是1984年法修正面临的重要问题之一。

关于这一问题，美国全国区际律师协会代表威廉·佩蒂（William

---

① Jeseph B. Tompkins and Jr. Linda A. Mar, The 1984 Federal Computer Crime Statute: A Practical Answer to a Pervasive Problem, *Computer-Law Journal*, No. 6, 480 (1986).

② *Computer Fraud Legislation*: Hearing before the Sub-commission on Criminal Law of the Senate Commission on the Judiciary, 99th Congress, 1st Session, 1 (1985).

③ *Computer Fraud Legislation*: Hearing before the Sub-commission on Criminal Law of the Senate Commission on the Judiciary, 99th Congress, 1st Session, 2 (1985).

G. Petty）也对此表示了关切。他认为关于司法管辖问题，必须在法律中规定联邦具有优先地位，因为审判惯例已经潜在地呈现出对州和地方诉讼活动的削弱。出现这样的情形是由于未经授权访问计算机的行为一般都是从非常远的计算机上通过连接电话线路完成的，而非行为人对被攻击的计算机直接进行的物理性访问。另外，受到未经授权访问的计算机可能会位于不同的司法管辖领域内，这使得经常很难判断未经授权访问的行为发端于何处。对计算机犯罪提起指控的检察官必须证明被告人的犯罪行为发生在所指控的司法管辖区域内，然而许多计算机犯罪都会出现州或地方检察官无法确定犯罪发生地而难以在本管辖区起诉的情况。同时，佩蒂认为设置联邦管辖优先这一法条还有其他方面的缘由。计算机犯罪的复杂性导致侦查与起诉都非常困难，地方执法机关在对付这一犯罪方面缺乏锻炼与经验。联邦政府优越的司法资源有必要用来更有效地打击计算机犯罪。地方执法部门在履行打击普通犯罪任务的情形下，承担不起用有限的资源来有效的规制计算机犯罪，特别是这些犯罪的侦查会涉及多个州和多个部门。最后，佩蒂建议在新的立法中应确定一个单独的部门去负责计算机犯罪的侦查，并利用丰富的司法资源确保对这类犯罪的成功起诉。

除此之外，联邦管辖优先的设定还可以确保有一个统一的关于犯罪性的定义。统一性的定义之所以成为必要是因为在目前的计算机犯罪法中没有这样的规定。在现代社会，随着商业和金融财政机构的发展不再由各州的地域所限制，针对这些机构的计算机犯罪都需要规制，无论其发生于哪个州，这都使得对计算机犯罪中相关术语统一定义的要求愈加明显。佩蒂还建议立法机关在对 1984 年法进行修正时可以足够地保持其灵活性，以便能够适应计算机犯罪的变化，就如司法部所提出的那样：对计算机诈骗条款的语言设置可以参考电信和邮政诈骗的规定，因为这样的灵活性立法可以承受技术进步带来的压力。反之，不能进行"亡羊补牢"式的立法，也即不能在特殊的犯罪被广泛报道了以后引起轰动才进行立法增修，这种僵化的做法只会导致立法的无效和过时。[①] 在众多的立法建言和呼吁下，国会清楚地看到 1984 年法确实需要做出修正。正如有学者所说，对计算机犯罪法作出细微的修正具有几个方面的好处：减少了对法条需要阐释的

---

① *Computer Fraud Legislation: Hearing before the Sub-commission on Criminal Law of the Senate Commission on the Judiciary*, 99th Congress, 1st Session, 42 (1985).

数量；也降低了法条被宣布违宪的风险还让司法机关能够更加有效地适用新的法律打击计算机犯罪。① 法律规定的不全面和模棱两可既使得法条的功能大为减损，也使得法律适用的效果大打折扣，失去了法律本身的价值。特别是对于动辄出入人罪的刑事法律而言更需谨慎，尽量避免不清楚的规定而引起歧义，也需要把应该规制的对象纳入其范围，否则就必须予以废除或修改。

二　五次大修正的内容

（一）第一次大修正：1986年"计算机欺诈与滥用法案"

基于上述这些批评和建议，同时也为了使计算机犯罪法发挥更好的保护作用，美国国会在经过比较充分的论证和准备之后，于1986年在通过的"计算机欺诈与滥用法"（以下简称1986年修法）中对这些问题进行了详细的修正，形成了现今美国计算机犯罪法的基本框架和体系。1986年修法删除了一些容易引起歧义的法条用语，犯罪行为规定得更加有条理，新作了一些术语的定义，扩大了法律的规制范围，将那些重大的新型计算机犯罪包容到修正后的法条中。② 1986年修法增加了三个新的规定，其相应地被编列入美国《联邦法典》第18编第1030条的（a）（4）至（a）（6）款。③ （a）（4）款规定了联邦计算机诈骗罪，实质上这是把电信诈骗与未经授权使用计算机两个法条中的有关部分相结合而组成的新规定；④ 新增的（a）（5）款禁止对属于"具有联邦利益的计算机"信息的修改、损坏或销毁，同时也禁止对这些信息合法使用的干扰和阻碍。新增的（a）（6）款规定禁止对计算机访问密码的非法交易。在对原有法条的修改上，总体而言主要体现在以下七个方面：⑤ 第一，取消了（a）（1）和（a）（2）款中让人费解的"先是有权访问计算机继而又超过了这个授权而行为之"的表述，继而规定了更加简明的"超越授权访问"。

---

① Jo-Ann M. Adams, Controlling Cyberspace: Applying the Computer Fraud and Abuse Act to the Internet, *Computer and High Technology Law Journal*, No. 12, 434（1996）.
② Jeseph B. Tompkins, Jr. and Frederick S. Ansell, Computer Crime: Keeping Up with High Tech Criminals, *Crime Justice*, 32（winter 1987）.
③ 18 U.S.C. § 1030（a）（4）-（6）（Supp. IV 1987）.
④ Orin S. Kerr, *Computer Crime Law*, 2nd ed., West, a Thomson business, 71（2009）.
⑤ Dodd S. Griffith, The Computer Fraud and Abuse Act of 1986: A Measured Response to a Growing Problem, *Vanderbilt Law Review*, No. 43, 474（1990）.

第二，把（a）（3）款修改成严格入侵条款，只要未经授权访问就是犯罪。第三，删掉了（a）（2）和（a）（3）款中排除适用的规定。第四，删除了（a）（3）款中关于泄露信息的规定，目的是保护那些揭露政府不法行为的人不被追究。第五，把（a）（2）和（a）（3）款中的主观要件由"明知"（knowingly）改为"直接故意"（intentionally）。第六，删除了1984年法中关于共谋犯罪的规定。第七，关于罚金刑不再单独制定在法条中，而以《联邦法典》第18编中关于罚金的规定为准。

由于1986年修法奠定了"计算机欺诈与滥用法"，也即美《联邦法典》第18编第1030条的基础性地位，故而本书对此次修法将予全面的分析和阐述。具体来讲，1986年修法包括以下几个方面的内容：（a）（1）款基本上保留了原来的样貌，唯一变动的地方就是把法条关于授权的表述由"先是有权访问计算机继而又超过了这个授权"改为"超越授权访问"。① 对于（a）（2）款重点修正了犯罪主观方面的要求，由"明知"改为"直接故意"，同时删除了本款定罪以《1978年金融隐私权法》为参照的规定。② 立法者将本款中的主观方面要件进行修改的原因有两个。其一，立法的意图是本款只禁止那些具有明显故意的未经授权访问，而不是那些由于失误、疏忽而造成的行为；其二，立法机关认为在计算机技术这一独特的环境下，使用"明知"这一主观要件标准来判断计算机犯罪不很妥当。③ 作出主观要件的修改还在于《众议院刑法典报告》中曾对"明知"表述为：如果行为人认识到某种结果会伴随其犯罪行为发生，不管他是否希望该结果发生，对此应属于明知。该报告担心"明知"这一标准可能会导致将那些不小心访问到他人计算机文档或数据的人认定为犯罪。④ 同时，参议院也认为这一顾虑是非常正当合理的，此种情况表现为当某人被授权登录使用某计算机的时候结果超过授权而错误地从同一个

---

① *Computer Fraud and Abuse Act*, §2（c），1986, contained in former §1030（a）（1）.

② *Computer Fraud and Abuse Act*, §2（a）（1），1986,［contained in former §1030（a）（2）］.

③ *Senate Report*, No. 432, 99th Congress, 2nd Session 2, reprinted in 1986 U. S. Code Congress and Administration News, 5.

④ House Commission on the Judiciary, *Criminal Code Revision Act of* 1980, House of Representative Report No. 1396, 96th Congress, 2nd Session（1980）.

终端进入到他人可访问的计算机系统。① 立法者因此选择"直接故意"的标准将联邦刑事司法集中用来打击那些在没有被授权的情况下具有特别明显的意图去访问他人计算机信息数据的行为。

1986 年修法在（a）（2）款的内容上不再以《1978 年金融隐私权法》规定的对"金融财政机构"和"金融记录"为参照，而是将这些术语专门规定在新立的（e）款中。（a）（2）款在 1984 年立法中是出于保护个人隐私的缘由，禁止侵犯公民在金融财政机构中信用记录、计算机化了的数据信息等。在 1986 年修法中，立法机关继续扩大对这方面的隐私权的保护，而将金融记录的范围包含至金融财政机构中的所有客户类别：个人、合伙人以及企业法人。因此，立法机关对"金融财政机构"与"金融记录"作出了比《1978 年金融隐私权法》中所规定的更宽面的解释。另外，美国司法部曾担心（a）（2）款中关于"获取信息"的规定在司法过程中会被理解为需要控诉机关证明数据信息已经实际被转移才能构成本罪。立法机关也对此作出了回应，参议院在其报告中明确地指出（a）（2）款规定中所禁止的"获取信息"这一要件包括对"数据信息单纯的查看"，再次强调本款的立法目的是为了保护隐私。② 从参议院的立法报告可以看出，（a）（2）款的规定在入罪门槛上相当的低，只要是未经授权访问他人计算机系统中的信息数据，哪怕只是仅有的一瞥也违犯本款的规定。这充分体现出在现代经济社会中的金融信息不断计算机化的情况下，为了确保个人和法人等的金融信息在计算机系统中的安全性，对这些涉及个人隐私的金融信息保护的分外严格。

在（a）（3）款上，1986 年修法将该款原来的条文内容全部更改。彻底翻新的（a）（3）款禁止对属于或归于联邦政府使用的计算机的单纯的非法访问行为，同时又将这些行为限制在实施非法访问的人不是政府职员且对美国政府中的部门或机构的计算机没有访问权限的情况和虽是政府职员但跨越自己所供职的政府部门非法访问的情形。③ 立法上作出如此限制

---

① *Senate Report*, No. 432, 99th Congress, 2nd Session 2, reprinted in 1986 *U. S. Code Congress and Administration* News, 6.

② *Senate Report*, No. 432, 99th Congress, 2nd Session 2, reprinted in 1986 *U. S. Code Congress and Administration News*, 6-7.

③ *Senate Report*, No. 432, 99th Congress, 2nd Session 2, reprinted in 1986 *U. S. Code Congress and Administration News*, 8.

是为了本款不至于把那些获得授权访问的政府职员等也纳入规制的范围，本款主要针对的是政府部门以外的人。立法通过如此设定是认为政府职员在本部门的计算机上仅仅是超越授权的访问不值得动用刑法。因为在一个政府部门中的职员有权使用特定的计算机，其一般地超越访问的权限而不恰当地查看了本部门内部的信息数据的行为用行政处罚程序解决即可。这样就可以避免将政府职员只是很轻微地未经授权使用本部门计算机或文档资料的行为指控为犯罪，此举也表明本款不适用于政府职员越权使用计算机访问而揭发政府部门内部的不端行为。① 相反，本款却规制政府职员未经授权访问其他政府部门或机构的计算机及其数据的行为。立法认为政府职员利用本部门计算机去未经授权访问属于其他部门或机构的计算机信息与非政府职员的外部人（outsider）的非法访问行为无异。当然，立法机关也承认作出职员对政府部门内和部门间非法访问归咎的区分，在某些情况下可能会使得有些职员在本部门内严重的未经授权访问行为逃脱（a）（3）款的刑事制裁，但其可按照其他刑法条款惩处。另外，新的（a）（3）款也表明控方只需证明政府的计算机之一受到影响即可。同时，如同（a）（2）款一样本款将主观要件由"明知"改为"直接故意"。②

（a）（4）款是1986年修法中的新成员，其首次规定了联邦计算机诈骗罪。从本款的立法沿革来看，其强调在实施诈骗的过程中使用计算机来窃取财产，使用计算机是构成本罪必不可少的要件。立法上没有完全遵循邮政和电信诈骗规定的模式，是为了避免将那些与意欲实施诈骗完全无关的计算机使用行为也纳入到此款规制，因为一旦违反本款即构成重罪。③ 另外，立法将（a）（4）款在法条语言上的表述体现出其与规制使

---

① Senate Report, No. 432, 99th Congress, 2nd Session 2, reprinted in 1986 U. S. Code Congress and Administration News, 8.

② Senate Report, No. 432, 99th Congress, 2nd Session 2, reprinted in 1986 U. S. Code Congress and Administration News, 8.

③ 立法没有完全按照邮政诈骗和电信诈骗的模式来设置（a）（4）款，是担心若按照如此制定则会将那些意图实施诈骗行为，但只是单纯地使用计算机来作记录或算计犯罪的所得的情形也认定为计算机诈骗。对于这种在诈骗过程中使用计算机的行为不能按照（a）（4）款来论处。参见 Senate Report, No. 43299th Congress, 2nd Session 2, reprinted in 1986 U. S. Code Congress and Administration News, 9.

用计算机非法入侵的窃取行为的条款相区别，① 认为计算机诈骗行为在整体上比非法入侵更严重，在立法评价上也应有所区别。② 虽然多次非法入侵所导致的计算机使用时间的损失足以符合联邦起诉的条件，但把这些行为按照未经授权使用计算机的条款来惩处更为恰当。因此，立法在 (a)(4) 款中要求控方需要证明被告人未经授权访问计算机并具有诈骗的意图，该未经授权访问的行为促进了诈骗的实施，以及犯罪人未经授权访问的行为是意图或已经获取到有价值的东西（something of value）而不是单纯地使用计算机。(a)(4) 款作为新的重罪条款只包括对"与联邦利益有关的计算机"的侵犯，至于何为"与联邦利益有关的计算机"则在 (e) 款中有所定义。最后，在本款主观方面要件的设置上，立法以信用卡诈骗罪为参照，将主观方面规定为"明知且有意进行诈骗"（knowingly and with intent to defraud）。③

1986 年修法增加的 (a)(5) 款将故意的，未经授权的更改、损害或者销毁与联邦利益有关的计算机信息以及故意的、未经授权的阻碍对与联邦利益有关的计算机的正常使用的行为规定为犯罪。④ 本款设置的目的如同 (a)(3) 款一样，主要是针对非属于联邦政府的外部人的犯罪行为，该款规定外部人的行为构成犯罪包括两种情况。第一，当上述犯罪行为在一年之内给被害人造成 1000 美元或以上的损失时；第二，当上述犯罪行为所侵犯的数据与医疗治理相关时，无论造成多少损害都构成本罪。立法在制定时将本款中的损失规定为包括对计算机使用时间丢失⑤、重新设定

---

① 在美国，立法上认为任何使用计算机非法入侵的行为都可以看作窃取财产。原因有二，其一是故意侵入他人计算机，行为人至少可以获取到怎样攻入其计算机或系统的信息；其二，任何一次的侵入都包含着对他人计算机使用时间的占用。参见 Senate Report, No. 43299th Congress, 2nd Session 2, reprinted in 1986 U. S. Code Congress and Administration News, 9-10.

② Computer Fraud and Abuse Act, §2 (d), 1986, contained in former § 1030 (c).

③ Senate Report, No. 43299th Congress, 2nd Session 2, reprinted in 1986 U. S. Code Congress and Administration News, 10.

④ Computer Fraud and Abuse Act, §2 (d), 1986, contained in former § 1030 (a)(5).

⑤ 未经授权的计算机使用者会给计算机服务商增加成本，因为其独占了访问服务的信道，对于这种阻碍访问信道的行为将构成 (a)(5) 款规定的未经授权使用计算机之罪，也就包含了对占用计算机使用时间的入侵行为，从而排除了 (a)(4) 款在此种情况下的适用。参见 Senate Report, No. 43299th Congress, 2nd Session 2, reprinted in 1986 U. S. Code Congress and Administration News, 11.

程序、再次储存数据以及机主的相关网络通信使用费①等这些的花费。在(a)(5)款的第二项中,规定了对有关医疗治理的计算机数据的更改、损害或者销毁的行为构成犯罪并且不要求对他人造成任何的经济损失。立法上认为擅自篡改或破坏计算机化的医疗数据的情节本身就极其严重,用不着要有造成损失的情况就可以入罪。在司法过程中,控方也不需要证明病人因上述犯罪行为而被给予了错误或有害的治疗,因为这一行为所产生的潜在危害已经足以启动刑事问责。② 1986 年修法将未经授权访问计算机给被害人导致的损害作为结果犯处理,按照具体的损失情况来分别定罪,即以 1000 美元作为分界点。1000 美元以下的为轻罪,以上则为重罪;而对于篡改医疗数据的则作为行为犯处理,一旦实施这一行为即构成犯罪。

(a)(6)款是 1986 年修法增加的三个新条款中的最后一个,该款禁止对用于登录的计算机账户密码进行非法交易。立法增加这一规定主要是为了防止黑客通过网络平台非法买卖计算机登录密码。(a)(6)款可适用于行为人故意且意图进行诈骗,非法交易计算机登录密码或信息,从而导致对联邦计算机未经授权的访问。③ 关于本款中"密码"的含义,从立法上来看其不仅指简单地使他人能够访问计算机的字母,还包括其他的能够登录计算机及其系统的设置和指令。同时,本款还可以适用于非法交易计算机登录密码从而对州际之间或外国商业造成影响的情形。在本款中"非法交易"(trafficking)的含义是指将计算机密码转让或处置给他人,或者为了非法访问而获得对密码的控制。④ 这一定义是仿照信用卡诈骗罪中关于密码非法交易的规定而设立。⑤ 另外,1986 年修法删除了(b)款中关于共谋犯罪的规定,同时也对(c)款关于刑罚的规定作出了部分的

---

① 在黑客攻击行为中,因黑客在攻入与电信网络相通的被害人的计算机系统时用自动拨号设备与被害人使用的调制解调器相连接,从而给被害人产生额外的通信网络接入使用费。参见 *Senate Report*, No. 432 99th Congress, 2nd Session 2, reprinted in 1986 *U. S. Code Congress and Administration News*, 11.

② *Senate Report*, No. 432 99th Congress, 2nd Session 2, reprinted in 1986 *U. S. Code Congress and Administration News*, 12.

③ *Computer Fraud and Abuse Act*, §2(d), 1986, contained in former § 1030(a)(6)(B).

④ *Senate Report*, No. 432 99th Congress, 2nd Session 2, reprinted in 1986 U. S. Code Congress and Administration News, 12.

⑤ 参见 18 U.S.C § 1029 (1988).

修正。取消1984年法所设立的具体的共谋犯罪规定并不是不认为这一犯罪形态在本法中是犯罪，而是直接依照美国法典第18编刑事法部分中关于共谋犯罪的整体规定来处罚，在计算机犯罪法中不再单独列出。同样，关于罚金刑的规定也作出与共谋犯罪相同的处理。在刑罚的修改上，由于新增加了三个条款，也相应地设置了（a）(6)款的轻罪和（a）(4)以及（a）(5)款的重罪的刑罚，在这些刑罚中都对初犯和再犯分别作了不同层次的规定。①

1986年通过的"计算机欺诈及滥用法"作为对1984年立法不足的批评和应对时代发展而作出的回应，做出了许多重大的修正，完善和充实了计算机犯罪法的内涵。除了上述的修改和增加之外，1986年修法还增加了专门用来定义本法中所使用的相关术语的（e）款。该款主要对"与联邦利益有关的计算机""政府""金融财政机构""金融记录""超越授权"以及"美国政府部门"等作出了详细的定义。② 在最后，1986年修法增加（f）款作为特殊情况下的免责条款，该款规定：联邦、各州以及地方执法机构所进行的合法的调查、保护或者情报搜集的行为不受本法规定之约束。1984年颁布的计算机犯罪法在1986年大修正之后，于1988年、1989年和1990年分别作出了一些细小的修正。1988年修正将（a）(2)款规定的范围扩大到所有的金融财政机构，而不仅仅是可以发行信用卡的机构。1989年修正将（e）(4)款（a）项中的"银行"的表述改为"机构"，同时删除了该款中的"账户由联邦储蓄贷款保险公司投保的机构"。1990年修正将计算机犯罪法关于参考《原子能法》中的"r"段落改正为参考该法中的"y"段落，③ 同时在（e）款关于"政府"的定义中增加了"政治实体"（commonwealth）这一政府存在形式。④ 1986年修法是对1984年立法的"脱胎换骨"式的更改，其不但正式确立了计算机犯罪法的专有名称，还将该法的范围大大拓宽，法条设置也相对更加合

---

① *Computer Fraud and Abuse Act*, §2 (f), 1986, contained in former §1030 (c).
② *Computer Fraud and Abuse Act*, §2 (g) (4), 1986, contained in former §1030 (e).
③ 《原子能法》中的"y"段对"受限制的数据"（restricted data）作出了定义，包括三个方面：1. 有关设计、生产或使用原子能武器的数据；2. 关于特殊核材料制作的数据；3. 涉及使用特殊核材料产生能量的数据。参见42 U.S.C §2014 (y).
④ Jo-Ann M. Adams, Controlling Cyberspace: Applying the Computer Fraud and Abuse Act to the Internet, *Computer and High Technology Law Journal*, No. 12, 424-425 (1996).

理,确保了该法在司法中的可用可行。

(二) 第二次大修正: 1994 年"暴力犯罪控制与法律执行法案"

"计算机欺诈与滥用法"在 1986 年立法作出重大修正之后,历经 1988 年、1989 年和 1990 年三次对其中部分法条用语和定义等的细微修改,于 1994 年通过的"暴力犯罪控制与法律执行法案"中又对其进行了重要的补充。"暴力犯罪控制与法律执行法案"也是一部包含众多刑法条文的法案集,在时任美国总统克林顿的签署下通过,当时该法案中最著名的就是联邦攻击性武器禁令。[1] 在该法案集编号为 290001 的章节涉及计算机犯罪条款,标题为"1994 年计算机滥用修正法案",其中对"计算机欺诈与滥用法"进行了两个方面的增修。其一是关于 1030 条 (a) (5) 款中的计算机犯罪损害,除了之前规定的因故意行为造成损害构成犯罪外,增加了因过失以及既不是故意也不是过失的情况(即英美刑法上的"严格责任"——引者注)所造成的计算机损害行为都构成轻罪,填补了该款之前在损害规定上的法律漏洞。因此,1994 年修法将 1030 条 (a) (5) 款规定为两个层次的犯罪:故意行为构成重罪;过失和严格责任行为构成轻罪。轻罪规定是在 1986 年修法的基础上衍生出来的,当时立法并不处罚在访问计算机系统的过程中造成的非故意的损害。[2] 另外是在 1030 条中增加一款与刑事惩罚相平行的民事赔偿规定,允许计算机犯罪的被害人根据该规定对犯罪人提出损害赔偿诉求。[3] 这一次修正案反映出立法对计算机犯罪打击力度的进一步加强,尤其是关于造成损害的主观要件的规定,从故意到过失以及严格责任,法网逐渐变得厉而又严,充分说明其对计算机犯罪的刑事政策倾向于保护范围的扩大和保护标准的提高。

立法机关在 1994 年修法中对计算机犯罪认定的评价没有对"未经授权访问"作出更多的说明,而是关注于主观要件和造成的结果。这是由于随着计算机技术的发展,计算机犯罪的手段越来越复杂,立法上已经注意到计算机访问行为已经难以用固定的法条语言模式来加以概括描述。在 1994 年修法对 1030 条 (a) (5) 款进行修正的时候,本次修法的发起人

---

[1] William Jefferson Clinton, Remarks on Signing the ViolentCrime Control and Law Enforcement Act of 1994, *U. DaytonL. REV.* , No. 20, 567 (1995).

[2] Reid Skibell, Cybercrime & Misdemeanors: A Reevaluation of the Computer Fraud and Abuse Act, *Berkeley Technology Law Journal*, No. 18, 914 (2003).

[3] *Computer Abuse Amendments Act of* 1994, Pub. L. No. 103-322, tit. XXIX, 108 Stat. 2097-98.

参议员利希（Leahy）认为：根据1986年法的规定，对计算机犯罪的指控必须确认被告人以"未经授权访问"侵扰了与联邦利益有关的计算机。然而，计算机犯罪的行为人已经发展出了新技术型的工具，其可以复制并传播破坏性程序或代码并对远程计算机发出攻击而产生损害，在这一过程中犯罪人的行为并不是普通意义上的"访问"。本次修正案对"计算机欺诈与滥用法"（a）（5）款的修改集中于具有危害意图的主观方面和导致的损害结果，而不去处理属于技术性概念的计算机"访问"。[①] 因此，在对（a）（5）款修订的过程中，开始是关注于对信息的访问行为，但后来改变方向而去强调故意或过失的传播程序或命令从而导致计算机损害。这样，相对于"访问"，"损害"就更简单也更具有法律意义，司法机关在办案的过程中也就有一个比较明确的规范概念和可以衡量的度。因为，损害作为一种结果性的要件使得在司法过程中更直观，更好掌握具体的执行标准。1994年修法所增设的与刑事惩罚相对应的民事赔偿救济规定，对计算机犯罪的被害人而言具有重要意义，其不但可以弥补因犯罪所受到的损失，更能激发计算机犯罪的被告人积极地提起告诉，主张自己的权利。

（三）第三次大修正：1996年"国家信息基础设施保护法案"

1996年美国颁布了"经济间谍法案"，在其子项的"国家信息基础设施保护法案"中又对"计算机欺诈与滥用法"予以了重大修正。这次修正在以下几个方面对该法条进行了不同的扩展。首先，增加了一款新的规定，即（a）（7）款，禁止使用计算机进行敲诈勒索。其次，对（a）（2）款的修改，将保护信息的范围由原来的财政机关、发卡机构和消费报告机构扩大到"任何类别的任何信息"（any information of any kind），只要这些信息是属于州际或国际交往中的即可。同时，增加了该款中的损害情形：除了金钱损失（本次修正由原来的1000美元提高到5000美元）、医疗损害修复或治疗方面的损失外，增加了"导致他人身体伤害"或"威胁到公共卫生和安全"。再次，还在本款中规定了由轻罪变成重罪的情节：如果轻罪行为是为了进一步实施其他任何犯罪或民事侵权行为，为了贪财的目的或者获取的信息价值超过5000美元。[②] 最后，在（a）（4）与（a）（5）款中，把1986年修正案中规定的"与联邦利益有关的

[①] 140 *Congress Record*, S12, 312 (daily edition, August 23, 1994) (statement of Sen. Leahy).

[②] 18 U.S.C. § 1030 (a) (2) (B) (C) (Supp. II 1996).

计算机"改为"受保护的计算机"。"与联邦利益有关的计算机"这一用语被认为太狭小了,其会导致那些攻击本州内的计算机的黑客逃脱惩罚,即使他们影响到了州际交易。① 这两者的关键区别就在于前者要求计算机是用于两个或以上的州,而后者基本上就不要求计算机是"使用于"州际之间。因为每一台连接到因特网上的计算机都是使用于州际交易或交流,那样一来似乎每台上网的计算机都是"受保护的计算机",其都可以受到1030条的规制。② 这一修改之后,受保护的计算机范围就大大拓宽,只要链接入网的计算机都涵括其中,包括家用电脑。

1996年修正案体现出立法机关将《计算机欺诈与滥用法》扩张到用来对政府部门和州际商贸这两个类别逐渐增多的计算机的保护。③ 本次修法新增加了(a)(7)款,其禁止使用计算机进行敲诈勒索。立法之所以会制定该款是为了打击计算机技术环境下的敲诈行为,其表现为黑客把他人计算机系统造成瘫痪,然后再勒索对方,要求对方交纳钱款才将计算机恢复到正常状态。④ 根据美国司法部的调查,对联邦和私人计算机实施这一类型的敲诈犯罪行为越来越严重。⑤ 立法机关根据司法部的建议认为增设这一具体的犯罪有其必要性,因为在《霍布斯法》(Hobbs Act)⑥ 中没有清楚地规定计算机敲诈方面的犯罪。在(a)(2)款中将原保护的计算机对象范围扩大为"受保护的计算机",是因为立法机关认为社会经济各个领域越来越依赖于计算机,将保护的犯罪不再限制在一定的范围而是扩展到联邦政府部门、州际或国际商贸领域以及州际与国际交流等方面的计算机完全具有正当性和合理性。⑦ 1994年修法还对(a)(3)款作出了两个方面的更改。首先,在该款中原来规定非法入侵政府部门的计算机要求"不利于"(adversely)计算机的运行,在这次修法中将"不利于"这一

---

① *Senate Report*, No. 104-357, at 10 (1996).

② Orin S. Kerr, Vagueness Challenges to the Computer Fraud and Abuse Act, 9*Minn. L. Rev.*, No. 94, 1568 (2010).

③ *Senate Report*, No. 104-357, at 6 (1996). 详细可参见 http://www.usdoj.gov.criminal/cybercrime/s982.html.。

④ Pub. L. No. 104-294, tit. Ⅱ §201 (1) F., 110 Stat. 3491 (1996) [current 18 U.S.C. §1030 (a) (7)].

⑤ *Senate Report*, No. 104-357, at 12 (1996).

⑥ 《霍布斯法》位于美国法典第18编第1951条,是以国会议员山姆·霍布斯的名字命名,该法主要规制在州际商业中的敲诈勒索行为。详细可参见 http://en.wikipedia.org/wiki/Hobbs_Act。

⑦ *Senate Report*, No. 104-357, at 7-8 (1996).

词删除。根据新修的本款规定,对政府计算机的任何非法访问行为都是犯罪,从而使犯罪的入罪门槛更低。其次,用"非公用的计算机"(non-public)一词取代了在本款中原来使用的"美国政府部门或机构的计算机"这一比较累赘的表述。①

除了上述立法更改之外,1996 年修正还对 1030 条(a)(5)款进行了结构和内容上的重大调整。本款在 1996 年修正中被设定成三个犯罪类别:两个重罪和一个轻罪。立法为了能使本款在更宽广的范围内适用,对每一个犯罪都规定了不同的主观方面要件。② 第一个重罪条款是 1030(a)(5)(A)款第一项,规定任何人通过明知(knowingly)传播破坏性程序而故意(intentionally)导致计算机损害的构成本罪。本项在新设置的三个犯罪条文中主观要件的要求是最高的,即传播和损害行为都要求是故意。同时,本项也是仅有的一个规定对内部人与外部人都适用。③ 举个例子说,假如张三在工作中不知道在某一封电子邮件中含有病毒,而将该电子邮件转发给了同事的计算机。在这一行为过程中,张三只是想转发邮件,而没有传播病毒的故意,所以在主观要件上其并不符合 1030(a)(5)(A)款第一项重罪规定中的故意传播破坏性程序这一要件。反之,如果张三知道该封邮件附有病毒,也晓得发送含有病毒的邮件会导致损害,那么他将邮件转发出去的行为即满足本项规定的故意传播这主观要件。张三要构成本项规定之罪,还必须具有造成损害的故意。如果张三意图通过转发这封含有病毒的电子邮件去销毁某计算机中的数据,那么他的这一想法就满足本项规定中对损害的主观要件要求。在张三的行为既满足传播又符合损害的故意要件之要求后,即构成本项规定之重罪。但是,如果张三不知道该病毒是有害的,也没有打算损害计算机数据,即使张三有意把该病毒发送出去,其行为也不符合本项之规定。

1996 年修法将(a)(5)(A)款第二项作为第二个重罪规定适用于那些故意(intentionally)未经授权访问计算机而过失造成损害的情形。立法机关认为非法入侵计算机行为过失地导致损害的苛责性足以以重罪论

---

① Pub. L. No. 104-294, tit. II § 201 (1) c, 110 Stat. 3491 (1996).
② Orrin Hatch, The National Information Infrastructure Protection Act of 1995, *Senate Report*, No. 104-357, at11 (1996).
③ Orrin Hatch, The National Information Infrastructure Protection Act of 1995, *Senate Report*, No. 104-357, at11 (1996).

处，降低导致损害这一主观要件的目的是打击外部的攻击，即黑客入侵行为。① 1030条（a）（5）（A）款第三项规定的轻罪适用于故意未经授权访问计算机而造成损害，该项对损害没有主观要件的要求。在本款中的第二项与第三项都只适用于外来的侵害，即适用于外部人（outsiders）。触犯这两项规定之罪，要求行为人需要实施发送邮件、访问网页或其他进入计算机系统的方法。举例来说，假设李四刚学会怎么发送电子邮件，就向一个特定的地址发了一封。李四的行为中的主观方面就符合未经授权访问计算机系统的规定，因为他意图通过发送邮件而侵入到该计算机系统。如果该封邮件含有病毒并导致计算机损害，虽然李四当时知道邮件中有病毒但以为其是无害的，那么他这一行为过程所体现出的主观方面要件就符合第二项重罪规定中的过失的要求。如果李四完全不知道邮件中附有病毒，他发送邮件导致损害的行为就构成第三项规定的轻罪，损害的造成对李四而言既无故意也无过失。通过前述（a）（5）（A）款关于主观要件不同层次的设定，体现出立法机关对不同的犯罪主体予以区别对待的刑事政策立场。来自外部的诸如黑客一类的攻击行为，犯罪的起刑点很低；而对于内部员工的犯罪行为则起刑点较高。

（四）第四次大修正：2001年"美国爱国者法案"

随着2001年9月11日美国纽约世贸中心和五角大楼先后遭到恐怖袭击，警醒之中的美国国会在不到两个月之内就通过了专门针对恐怖犯罪的"爱国者法案"。② 在这一法案的第814部分，标题为"制止与预防网络恐怖主义"的条文中对"计算机欺诈与滥用法"进行了相应的修改。其中最重要的修改是把"受保护的计算机"的定义扩大到包括位于美国国境以外的计算机。详言之，其修改增加的内容为："处在美国以外的对美国国内的州际或国际交易与交流有影响的计算机"。③因此，这一修正就意味着美国国内的司法部门可以对那些攻击并损害外国计算机而其又影响到国

---

① 18 U.S.C. § 1030 (a) (5) (B).

② 该法案的全称是"以适当而必要之方式团结与增强美国遏制恐怖主义法案"，英文为：*Uniting and Strengthening America by Providing Appropriate Tools Required to Intercept and Obstruct Terrorism Act*，简称 USA PATRIOT.

③ Pub. L. No. 107-56, § 814 (d) (1), 115 Stat. 384.

内交易与交流的黑客进行起诉。① 该法案还在 1030 条（a）（5）款中增加了构成重罪的情节：如果行为导致属于或归于司法行政、国防或国家安全的计算机遭受损害。同时，修正案还对之前法条规定中的"损害"进行了新的定义，其中不再包括"损失"，对"损失"又给予了单独的定义。根据新的定义，"损失"不仅包括被害人针对计算机犯罪采取的措施和修复犯罪损害的合理的费用，还包括失去的收入和其他因中断服务带来的损害性结果。② 另外，2001 年修正案对 1030 条（c）款也进行了两方面的改动：其一是对传播计算机病毒造成损害的初犯的法定最高刑由 5 年上升为 10 年；其二是对再犯的法定最高刑由 10 年上升为 20 年。虽然"爱国者法案"是在"9·11"之后的一部紧急的反恐立法，但关于对"计算机欺诈与滥用法"中的修正早就被美国司法部列入其立法议程，与反恐战争没有太大的关联。③ 所以，这次计算机犯罪法修正案的顺利通过是恰逢反恐的锋芒，"生而逢时"，呼之即出。

在 2001 年修正案之前，1030 条（a）（5）款仍然在主观方面的要件上还存在着一些不确定性因素。该款规定造成"损害"是由故意或过失等造成。在 1030 条（e）（8）款关于损害的定义中确立了其最低起点，诸如造成的金钱损失在一年内累计达 5000 美元以上，危害医疗诊断、治疗而造成身体伤害，或是威胁公共卫生或安全。出现的问题就是罪犯行为的故意是指向不确定的损害还是意图造成某一具体类型的满足上述起点要求的损害。换个角度说，司法机关在指控罪犯的时候，比如黑客，是否需要证明其故意的行为就是要造成累计达 5000 美元的损害。④ 2001 年修法把前述关于"损害"定义的各项起点要求移除，而在（a）（5）款中直接单独予以规定，使其与包含主观要件的条文分开。这一改动之后法条就更加明确了，行为人只要有造成某些损害的故意即可，而不需具体的符合上

---

① Department of Justice, Computer Crime and Intellectual Property Section, *Field Guidance on New Authorities That Relate to Computer Crime and Electronic Evidence Enacted in the USA Patriot Act of* 2001, at Section 814. E, Nov. 5, 2001. http://www.cybercrime.gov/PatriotAct.htm.

② Pub. L. No. 107-56, §814 (d) (5), 115 Stat. 384.

③ A. Hugh Scott, *Computer and Intellectual Crime: Federal and State Law*, Published by BNA Books, 4-15 (2006 Cumulative Supplement).

④ Department of Justice, Computer Crime and Intellectual Property Section, *Field Guidance on New Authorities That Relate to Computer Crime and Electronic Evidence Enacted in the USA Patriot Act of* 2001, at Section 814. E, Nov. 5, 2001.

述起点的损害。因此,修正后的1030条(a)(5)款的内涵为:行为人故意造成某些损害,这些损害事实上满足前述各种起点之一就符合本款要求。[①] 另外,在本次修正案中还在1030条(e)款增加了关于"有罪"的新的定义,其除了认为联邦犯罪为有罪以外,还包括州刑法上的某些犯罪,作此规定的目的是对那些再犯者苛以更重的刑罚。[②] 在1994年修法中增加的民事赔偿条款在本次修正中也作出了部分的更改。修正后的1030条(g)款将提起民事赔偿的范围限制在(a)(5)款新规定中的因计算机犯罪行为造成的损害类别中,也即只有符合(a)(5)款中有关损害类别的规定才可以提起民事赔偿请求。同时,对于因计算机硬件或软件的生产或设计失误造成的损失不能按照本款规定提起民事赔偿。

(五)第五次大修正:2008年"身份盗窃与赔偿法案"

美国最新一次对"计算机欺诈与滥用法"的修正案是2008年9月,其修正的内容位于当年9月颁布的"前副总统保护法案"(*Former Vice President Protection Act*)下属条文项的"身份盗窃与赔偿法案"(*Identity Theft Enforcement and Restitution Act*)中。这次最新修正主要包括三个方面。第一,把1030条(a)(2)款中的"州际交流"这一要件删除。根据修改后的规定,未经授权访问任何受保护的计算机并获取任何类别的信息,无论是属于州际还是州内都将按照本条款惩处。[③] 第二,本次修正案又对1030条(a)(5)款予以扩充。将计算机犯罪损害不满5000美元的行为规定为轻罪。同时,又规定对造成10台以上的计算机破坏的构成重罪,其设计在于打击诸如"僵尸网络"这样的犯罪。[④] 第三,再次对"受保护的计算机"的定义予以扩展。立法机关把1996年修正案对1030条(e)(2)款(B)项中的"受保护的计算机"定义中规定的"使用于州际或国际交易或交流的计算机"改为"使用于或者影响到州际或国际交易或交流的计算机",增加了"或者影响到"这几个字。[⑤] 这一细微的修改看似没有多大变化,但在某些情况下却存在着重大差别。使用"影响到州际交易"这一表述是立法机关为了尽量地使之涵括《商业条款》(*Com-*

[①] 18 U.S.C. §1030 (a) (5).
[②] Pub. L. No. 107-56, §814 (d) (1), 115 Stat. 384.
[③] Former Vice President Protection Act of 2008, Pub. L. No. 110-326, 122 Stat. 3561.
[④] Former Vice President Protection Act of 2008, Pub. L. No. 110-326, 122 Stat. 3561-62.
[⑤] 18 U.S.C §1030 (e) (2) (West 2000&Supp. 2009).

merce Clause）① 所能允许涉及的内容。换言之，在本次修法关于计算机的保护范围上，以"影响州际交易"为判断标准之一，而"影响州际交易"又是根据美国宪法中的《商业条款》的范围来确定。

现代商业条款原则赋予美国联邦政府有权"规制那些对州际商贸有重要影响的纯粹的地方政府的经济行为"。这一原则表现在真正的适用上就是美国国会可以规制任何类型的足以影响到州际商贸的经济行为。② 例如，在刚萨尔斯诉雷奇（Gonzales v. Raich）一案中，最高法院的判决认为国会可以规制整个地方性的经济行为。比如种植大麻这样的经济行为，在理论上国内生产的大麻数量会对全国大麻经济的供需产生影响。尽管种植大麻完全是地方上的行为，国会依然可以对之进行规范。因此，以商业条款原则为参照使得"受保护的计算机"的范围非常宽泛。因为这一定义将所有国内外的只要对州际商贸或通信交流造成影响的计算机都包括在内。在当今互联网如此普及的时代，计算机都是与网络相接，而根据《商业条款》原则下的"受保护的计算机"这一定义，接上网的计算机只要影响到州际商贸或者通讯就符合1030条（e）(2)款的要求。同时，在现代商业社会中计算机无处不在，即使是使用于州内的计算机也通常对州际之间产生影响。在州内制作并使用的计算机信息数据很容易就会被转移到州外，违反州内计算机的安全，也会在整体上使其他州受影响。③ 事实上，计算机的使用在当今已经完全突破了空间领域的限制，俨然形成了一个可以相互贯通的有机整体。因此，2008年修正案对1030条（e）款的这一修改结果就最终使得"计算机欺诈与滥用法"适用于所有的计算机，无论是美国国内还是国外。

美国国会在2008年对《计算机欺诈与滥用法》所涉及的有关法条实施了重要修正之后，至今10余年来再未对之进行修改。但是，其间关于

---

① 《商业条款》是美国宪法中所列举的权力，该条款规定美国国会有权规制与外国政府、某些州之间以及印第安人部落之间的有关商业行为。详细参见 http：//en. wikipedia. org/wiki/Commerce_Clause.

② Gonzales v. Raich, 545 U. S. 1, 17 (2005), quoting Perez v. United States, 402 U. S. 146, 152 (1971).

③ Press Release, U. S. Attorney's Office, Dist. of Mass. , Former Inmate Sentenced for Hacking Prison Computer (December 22, 2009). 参见 http：//www. cybercrime. govt/janoskosent. pdf.

修法的呼声一直不断①，特别是在著名的美利坚诉斯沃茨案（United States v. Swartz）② 发生之后，有关各方对再次修改该法的呼吁更加强烈。同时，随着计算机网络安全威胁的不断增大，奥巴马担任美国总统期间，曾提议开展对该法的修订工作，后来因种种原因在国会未能启动而被搁置。③

本章小结

本章对美国联邦计算机犯罪法的产生及其发展进行了全面而又细致的梳理考察和分析研究。计算机犯罪的产生给传统刑法的有力适用带来了极大的挑战，使得美国联邦司法机关在对这一以新兴技术为支撑的犯罪规制上处处显得捉襟见肘，难以达成良好的惩治效果。随着计算机犯罪的越发迅猛和传统刑法适用的越发艰难，主张制定专门的计算机犯罪法的呼声逐渐成为主流共识。但是，计算机犯罪法的立法之路在美国也走得比较漫长和曲折。在历经了长达七年之久的反复酝酿和多次博弈，美国联邦关于专门惩治计算机犯罪的名为《伪造接入设备与计算机欺诈及滥用法》的刑法规定终于在1984年得以确立并开始适用。由于该法的创立是建立在计算机技术的应用尚处于发端阶段和计算机犯罪还属于低技术层次的基础之

---

① 参见 Tiffany Curtiss, *Computer Fraud and Abuse Act Enforcement: Cruel, Unusual, and Due for Reform*, Washington Law Review, Vol. 91: 1813 (2016).

② 本案主要案情为：亚伦·斯沃茨（Aaron Swartz）是一名计算机天才，年少时就因开发计算机程序而成名。14岁与他人合作开发出了著名的程序设计语言规范，后来被称为"丰富站点摘要"（Rich Site Summary）的重要算法，是社交网站Reddit的创始人之一，其人生抱负是希望在互联网实现网络信息开放和免费共享。2013年，因从与麻省理工学院（MIT）联网的计算机上用自己编写的程序，海量下载非营利学术期刊网JSTOR的学术文章并打算分享给大众，而被马萨诸塞州的联邦检察官以其实施非法获取"受保护的计算机"中的信息和不计后果地损坏"受保护的计算机"等行为，指控其违犯《计算机欺诈及滥用法》等法律在内的多项罪名。被检方指控后不久，亚伦不堪压力，在位于纽约布鲁克林的家中自杀身亡，时年26岁。由此激起计算机技术界、司法实务界以及法学界等多方面人士的声讨，主要的舆论都认为对亚伦的指控有失公允，全美网络图书协会还追授亚伦专门奖章，他的一些支持者甚至还做出了比较极端的行为，比如向控方和麻省理工不断发送谩骂邮件、发动黑客攻击等。亚伦之死，促进了美国有关方面对《计算机欺诈及滥用法》的深入思考和重点关注与探讨，也曾被美国国会列入修法议程，但最终还是未能实现。详细参见 Austin C. Murnane, *Faith and Martyrdom: The Tragedy of Aaron Swartz*, 24 FORDHAM INTELL. PROP. MEDIA & ENT. L. J. 1101 (2014).

③ SECURING CYBERSPACE-President Obama Announces New Cybersecurity Legislative Proposal and Other Cybersecurity Efforts. 参见 https://obamawhitehouse.archives.gov/the-press-office/2015/01/13/securing-cyberspace-president-obama-announces-new-cybersecurity-legislat.

上，故而在内涵和外延上都比较单一和狭窄。随着计算机技术的突飞猛进以及计算机犯罪形式的不断升级翻新，让规制这一犯罪的专门法律不断地受到挑战：比较单一的行为构成和有限的规制范围逐渐地不能满足日益多样的犯罪事实和发展情况。这使美国联邦立法和司法部门都认识到，必须相应地对计算机犯罪法进行修正和完善才能实现这一犯罪的彻底规制。于是从 1986 年到 2008 年，美国联邦对计算机犯罪法先后进行了八次修正，其中五次作出了重大的修改。经过这五次的重大修正之后，美国联邦计算机犯罪法基本实现了内容规定上的精细合理和范围规制上的全面彻底，在计算机犯罪的打击和遏制上发挥着重大作用。美国联邦计算机犯罪法的立法及发展，对我们的立法和司法可以得出如下的启示：规制计算机犯罪的法律必须随着计算机技术的进步而相应地更新修正。这种带有很强的科技性特征的刑法规定不能一味地强求法律的固定和力求通过解释来加以弥补其中的缺陷，因为其规制对象的技术升级或翻新必然导致法条漏洞或规制范围不足，而这些漏洞与不足只有通过修法才能加以填补和扩充。这就是规制技术型犯罪的刑事法的发展特征和趋势，由此才能全面而良好地实现刑罚的目的。

第三章

非法计算机访问犯罪的规制

计算机犯罪虽然是现代科技革命下在电子信息技术发展中催生出来的新型犯罪形态，但其作为刑法所规制的对象，依然与传统犯罪一样具有相同的构造。"无行为则无犯罪"，计算机犯罪也必须通过行为人实施的犯罪行为才能构成。这一犯罪的成立必须符合刑法所规定的构成要件。行为概念是在说明犯罪成立时必须作为根据依靠的一个基础概念，① 行为在犯罪论乃至于在整个刑法学中都具有基础的作用。② 计算机犯罪的刑法规制以及计算机犯罪的刑法学研究都离不开对其犯罪行为的评价。只有在计算机犯罪行为确立的基础上才能展开对这一犯罪的判断与问责。美国《联邦法典》第18编第1030条的计算机犯罪法也首先对其构成犯罪的行为作出了明确的规定。根据该法，构成计算机犯罪的基础性行为包括"未经授权访问"（access without authorization）与"超越授权访问"（exceeding authorized access）。访问是现代交互式计算机工作的基本原理，即人们在人机界面下通过对计算机的访问实现计算机的使用。因此，访问行为本身并不能作为认定计算机犯罪成立的基础，只有在"未经授权"与"超越授权"情况下的非法访问行为才属于计算机犯罪行为。在1030条规定的7种犯罪中，除了1030（a）（5）（A）（i）与（a）（7）款所规制的计算机犯罪类别比较特殊以外，③ 其他的犯罪都以"未经授权"或"超越授权"访问作为犯罪成立的基本要件。因此，何为美国计算机犯罪法中的"未经授权"与"超越授权"是本章的论述重点。

---

① 王世洲：《现代刑法学（总论）》（第二版），北京大学出版社2018年版，第78页。
② 陈兴良：《行为论的正本清源——一个学术史的考察》，载《中国法学》2009年第5期。
③ 1030（a）（5）（A）（i）款禁止未经授权传输指令而导致计算机危害；1030（a）（7）款规定的是以技术威胁危害计算机进行敲诈。

第一节　计算机访问及犯罪行为

构成计算机犯罪的非法访问行为包括"未经授权"与"超越授权"。如前一章所述，1030 条（a）款规定了 7 种犯罪行为，其中（a）（1）至（a）（3）项所规定的犯罪是直接以非法计算机访问作为犯罪成立的要件，而（a）（4）与（a）（5）及（a）（6）项的犯罪规定中则以非法计算机访问作为基础要件，再增加构成具体个罪的要件（如诈骗、计算机危害等）形成不同的犯罪类别。非法计算机访问犯罪中，（a）（1）项规定的是未经授权或超越授权访问计算机获取有关美国国家安全与机密信息的行为；[①]（a）（2）项规定的是未经授权或超越授权访问属于金融财政、政府部门或者其他受保护的计算机并获取其中的信息的行为；[②]（a）（3）项规定了未经授权访问非公共使用的专用于或归属于美国政府部门及其他行政机构的计算机。[③] 非法访问计算机而获取国家安全与机密信息犯罪虽作为第一项规定在 1030 条（a）款中，但其在司法中几乎没有适用过，而（a）（2）项则是 1030 条规定中使用频度最高的犯罪条款，（a）（3）项由于规定的计算机范围限于政府部门，其也不是很常用。[④] 作为非法计算机访问犯罪中最主要的（a）（2）与（a）（3）项，虽然都是以访问行为的非法性来构成犯罪，但其也有区别。这两项之间的区别主要包括以下几个方面：其一，（a）（3）项的适用范围要比（a）（2）项窄，其只涵括政府部门的计算机；其二，根据（a）（3）项的规定，其是单纯的入侵性条款，即只要非法访问计算机即构成犯罪，而不像（a）（2）款那样还要求行为人获取信息；其三，（a）（3）项只要求非法访问行为由"未经授权"构成，而没有"超越授权"的要求。

1984 年立法时就设有（a）（2）项的规定，（a）（3）项是在 1986 年修法中新增加的条款。在（a）（3）项颁布的时候，关于其适用范围立法机关专门作出过解释。由于美国司法部等部门担心该项在实务中可能导致

[①] 18 U.S.C. § 1030 (a) (1) (West 2000 & Supp. 2009).
[②] 18 U.S.C. § 1030 (a) (1) (West 2000 & Supp. 2009).
[③] 18 U.S.C. § 1030 (a) (1) (West 2000 & Supp. 2009).
[④] Orin S. Kerr, *Computer Crime Law*, 2nd ed., West, a Thomson business, 27 (2009).

理解上的分歧，即对于本项规定的非法访问是仅仅指那些单纯的侵入联邦政府计算机的行为，抑或除此之外还包括进一步的对于侵入之后的涉及信息的使用、修改、破坏或者泄露等行为。为了消除这些顾虑和避免出现理解不一致，立法机关当时就对本项之内涵作出了说明：这一项新的规定只是关于非法访问的侵入性犯罪，适用于那些未经授权而访问联邦计算机的行为。① 因此，本书认为在1030条（a）款所规定的非法访问计算机犯罪中，（a）（1）与（a）（2）项是相对的非法访问犯罪条款，（a）（3）项是绝对的非法访问犯罪规定。相对的非法访问条款比绝对的非法访问规定的入罪门槛要高，但无论如何这几项关于计算机犯罪的规定都涉及非法访问行为。关于计算机非法访问行为的正确认定离不开对计算机访问行为的分析。因为计算机访问行为并不是行为人本身进入到计算机内部中去。在1984年计算机犯罪法制定的时候，立法者为了将该法规制的计算机犯罪和那些把计算机当作工具实施的传统犯罪相区别而与非法入侵住宅的犯罪作出过类比：本法所禁止的行为就如同那些"破坏并侵入"（breaking and entering）的行为，而不是使用计算机（如同使用枪一样）去犯罪的情况。② 但类比不是等同，在前述关于计算机犯罪适用传统刑法规制所存在的问题即可说明非法计算机访问行为的特殊性。

一 计算机访问行为的概念与内涵

访问（access）本来是用于现实物质世界中的一个概念，其被引入计算机数字语境中用来表示人机界面活动的过程。1030条没有对"访问"作出明确的规定，把这一任务留给了司法实践根据具体情况来作出判断。虽然"访问"是"计算机欺诈与滥用法"中的重要概念，但法条并没有明确对其予以定义，留给判例对其加以说明。③ 由于本条规定中的计算机犯罪刑事责任的归咎并不是依赖于如何对财产性利益进行定义，也不是根据机主的某些权利被侵害而确定。法律所关注的是被告人对被害计算机的

---

① *Senate Report*, 99-432 (1986), reprinted in 1986 U. S. C. C. A. N. 279, 2484.
② *House of Representatives Report*, No. 98-894, at 20 (1984), reprinted in 1984 U. S. C. C. A. N. 3689, 3706.
③ A. Hugh Scott, *Computer and Intellectual Crime: Federal and State Law*, Published by BNA Books, 4-16 (2006 Cumulative Supplement).

"访问"行为,并进而判断其是否属于有权的访问。① 因此,访问的厘清对于计算机犯罪的认定具有基础性的支撑作用。目前对计算机访问作出专门性且比较权威和统一的描述的是欧洲委员会于 2001 年通过的《计算机犯罪公约》中的规定。根据该公约,"访问"包括输入于计算机系统的全部或部分(硬件、组件、系统中存储的数据、程序目录、与数据有关的内容);还包括对其他计算机系统的输入行为,这些计算机系统经由因特网或局域网链接,至于输入行为是远程的还是利用诸如无线等方式在所不问。② 欧洲委员会所作出的关于计算机访问的行为的描述揭示了在电子数据环境中人机互动工作的特点,即计算机访问是人对计算机系统的数据指令输入行为。但这种数据指令的输入行为从形式和实质两个层面去分析又会对计算机访问行为的判断产生不同的结果。

形式层面的分析是根据计算机接受与传播指令的工作原理来对访问行为作出的观察。计算机系统在运行过程中以"0"和"1"的代码组合方式相互之间通过发送和接受信息完成通讯交流。例如当某一用户访问网站时,其使用的计算机便向运载该网站的计算机发出访问指令,请求载负网站的计算机发回网页数据,当这些数据被发回到用户的计算机上时,其界面即显示出网站内容。③ 从计算机运行的角度而言,计算机访问就是行为人与计算机之间实现的人机对话性的交流。这种人机对话实现的访问主要包含两种方式,其一是访问者向计算机输入命令(command),指示计算机根据其命令操作某项任务,计算机根据指令要求作出运行;其二是用户向计算机发出指令请求发回信息,计算机对此作出反应,向使用者传回相关信息。形式层面的计算机访问行为体现出的是使用者与计算机之间的相互关系,其从计算机运行的物理功能出发来看待访问行为。只要有使用者对计算机的指令输入行为,计算机对此作出任务处理就形成访问。因此,形式层面的计算机访问行为实际上与计算机使用行为没有什么差别。当计算机的使用者向计算机输入命令请求,计算机对此作出回应,然后根据指令运行相关任务即是访问,而不论在此过程中是否完全实现使用者的访问

---

① Orin S. Kerr, *Computer Crime Law*, 2nd ed., West, a Thomson business, 27 (2009).

② Cybercrime Convention, Explanatory Report, [46]. 参见 http://conventions.coe.int/treaty/en/reports/html/185.html.

③ Preston Gralla, *How the Internet Works*, 8th ed., Que, 130 (2006).

目的。

实质层面的分析是以计算机访问行为是否具体达到了访问的效果而作出的观察。访问的判断是看使用者是否实际上进入了计算机系统。比如某一用户想使用一个受账号与密码保护的网站，于是先向计算机输入指令，该计算机根据其指令向目标网站计算机发出请求，当用户的计算机界面上显示出该网站的登录网页时，其要求输入有效账号和密码。这个时候的计算机网页界面如果同现实生活中的情况作对比，就相当于是面对着一个上了锁的门。向网页中输入有效账号与密码就相当于使用钥匙去开门锁。[1] 使用者输入正确的账号密码就是对计算机的访问，反之如果输入错误的账号与密码则不是计算机访问行为。从实现访问目的的角度来看，实质层面的计算机访问就是需要对数据信息的获取。即使有人机互动的过程，而没有实现访问目的，也不是访问行为。形式层面与实质层面的计算机访问判断方法对于同一个行为的认定具有差别。就如上述登录有账号与密码的网页例子而言，使用者向计算机输入命令要求传回设有账户密码的网页界面。这一过程，从形式的判断来看其无疑属于计算机访问，因为用户发出了指令，计算机对此也作出了反应。但从实质的判断来看，这一过程还不算是计算机访问，因为尚未进入欲查看的网页内部，这如同现实中到了上有锁的门前，还没有开锁从门进去。至于应以形式的还是以实质的访问判断作为标准，在司法实务的判例中各有体现。

由于1030条在立法时没有规定何为"访问"，司法判例对此作出了动词性的解读。"访问"一词在计算机犯罪法中被认为是一个主动式的动词，意思是"获取路径进入"。因此，如果被动地接受来自其他计算机的信息——但该信息不是通过直接访问那台计算机获取，也没有唆使他人去访问那台计算机，与其他人也没有代理关系——就不属于"访问"，即使接收者知道信息来源于那台计算机。[2] 被认为对"访问"作出了最全面讨论的判解是堪萨斯州最高法院在1996年 State v. Allen 一案中的判决。[3] 在该案中，被告人艾伦（Allen）使用自己已连接上了调制解调器的计算机不断地对南贝尔电话公司用来控制长途电话并可以让用户拨打免费长话的

---

[1] Trulock v. Freech, 275 F. 3d 391, 409 (4th Circuit 2001).
[2] Role Models America, Inc. v. Jones, 305 F. Supp. 2d 564-68 (D Maryland 2004).
[3] 260 Kan 107 (SC Kans 1996).

计算机进行拨号操作。南贝尔电话公司中的这种计算机设置为那些意图不付费而拨打长途电话的人提供了可乘之机。当艾伦在拨打该计算机所控制电话系统时，其屏幕提示需要输入账号与密码。因艾伦不是该公司长话用户，于是他便随意地猜测了几个账号与密码试图登入。后来案发，艾伦被指控未经授权访问南贝尔电话公司计算机，违反了堪萨斯州计算机犯罪法的规定。在审理过程中，控方指出艾伦猜对了账号密码，但后来删除了登录的相关记录。但法院所调取的证据表明，艾伦只是重复拨号多次性地进入了账号密码的提示界面，每次拨打过程几乎都不到半分钟。

在庭审中，艾伦辩称没有证据表明他已经拨通接入了贝尔电话公司的计算机。同时，他还认为控方所依据的关于"访问"的定义太宽泛。控方所据以认定艾伦"访问"成立的依据是堪萨斯计算机犯罪法中的规定：访问是指对计算机的接入、发出指令、通信、储存数据、检索信息以及其他的使用任何计算机资源的行为。① 这一定义是该州对前述雷比科夫提案中"访问"意涵的接受。法院审理认为，该规定中的"访问"的指称内涵范围太大，违反了明确性原则。如果按照上述只要"接入"计算机的情况都算是"访问"的话，那么任何未经授权的与计算机联讯的行为都将被认定为犯罪。② 鉴于此，法院拒绝适用这一定义，进而采取了普通的文义解释来说明"访问"。"访问"在韦伯斯特词典中的解释为"自主的或能够去获取或使用"。③ 法院适用这一词典解释，认为除非艾伦在账号密码的提示界面下输入了恰当的账号密码，他才可以被认为是能够使用到南贝尔电话公司的计算机或者获取到电话的免费拨打。但没有证据表明他已经使用合适的账号密码登入了电话公司计算机系统，尽管有多次试图登录的行为，所以不能认为艾伦已经访问了电话公司的计算机，这应该与通常对"访问"的理解一致。④ 虽然艾伦案适用的是堪萨斯州计算机犯罪法，但对计算机访问这一行为本身的认识在联邦和州之间没有区别。通过本案的判解可以看出，在访问行为的认定上，堪萨斯州高等法院接受的是实质判断标准。

---

① Kansas Statute Annotated §21-3755（a）(1). 参见 http：//kansasstatutes.lesterama.org/Chapter_21/Article_37/21-3755.html.
② State of Kansas v. Allen, 260 Kan 107, 113（SC Kans 1996）.
③ Webster's New Collegiate Dictionary, Merriam-Webster+ Inc. 7（1981）.
④ State of Kansas v. Allen, 260 Kan 107, 114（SC Kans 1996）.

在联邦地方法院关于 Moulton v. VC3 案中也作出了与上述堪萨斯州最高法院相似的判决。该案是关于两家计算机安全公司之间的民事纠纷，其中涉及对访问行为的认定。① Moulton 案的判决适用了 1030 条在 1994 年修正案时所增加的民事赔偿的规定，以此来实现对被害人的救济。② 本案的主要案情是：A 公司诉称，B 公司的员工使用"端口扫描"（port scan）技术对 A 公司的计算机进行扫描。"端口扫描"是一种普通的网络安全测试，其通过发送请求到每一个目标计算机的端口，查看该端口是否打开并准备接受紧随的通信。每一台连接到因特网的计算机都有 65 535 个端口，远程访问即通过端口进入。端口其实就是一种电子门，打开的端口就像现实中没有上锁而开着的门，因此就存在着安全隐患，侵入者经常使用端口扫描来查看目标计算机的防范弱点。当进行扫描的时候，打开的端口就会向发出请求的计算机作出回应提示其开放状态，反之，关闭的端口则会向扫描计算机发出错误的信息。③ 在本案中 B 公司员工使用"端口扫描"技术窥视 A 公司的计算机，查看其是否存在安全漏洞。法院作出判决认为 B 公司的这种仅仅是端口扫描行为不能认为是访问了 A 公司的计算机。④ 上述艾伦案与 Moulton 案中虽然都有计算机的接受请求与发出指令情况，但法院都是根据实质判断对计算机访问行为作出了判定。因此，计算机访问的实质判断标准也可以看作是对访问的狭义解释。

实质的判断标准也并非为所有法院都接受，在下述两个判例中就呈现出了关于访问的认定以形式判断为依据的情况。第一个判例是华盛顿州最高法院对 State of Washington v. Riley 案的判决。⑤ 本案中被告人莱利（Riley）使用自己的计算机去连接西北电讯公司的计算机，企图拨打免费长途电话。西北电讯公司长途电话计算机控制系统设置有登录要求，合法用户需要输入六位有效密码才能使用长途电话服务。被告人莱利在自己计算机中装上了数字组合程序，其可以随机生成六个数字码。于是被告人便依

---

① Moulton v. VC3, NO.1: 00CV 434 – TWT, 2000 WL 33310901（N. D. Ga. November 7, 2000）.

② 18 U.S.C § 1030（g）（West 2000 & Supp. 2009）.

③ Marshall Brain, *How Ports Work*. 参见 http://www.digitalearth.net.cn/readingroom/Webgis/Work%205.htm.

④ Moulton v. VC3, 2000 WL 33310901, at 6.

⑤ State of Washington v. Riley, 846 P 2d 1365（SC Washington 1993）.

靠这个程序随机生成的密码不断地试拨电讯公司的长途电话系统。该案案情与上述艾伦案非常相似，且华盛顿州计算机犯罪法中关于"访问"的定义与堪萨斯州的规定也基本相同。① 莱利被指控侵入计算机系统罪，但本罪的成立需要确认被告人未经授权故意访问西北电讯公司计算机系统。在诉讼中莱利辩称他并没有访问计算机，其行为就和打普通电话没什么区别。华盛顿州最高法院根据法条规定判决认为莱利的行为属于访问。法院的判决认为：莱利以随机产生的六位数字企图登入西北电讯公司计算机系统而不断地输入的行为符合"对计算机的接入或其他的使用任何计算机资源"的规定。莱利每次输入的代表用户使用的六位数字都是对控制长途电话计算机的接入，因此莱利的行为符合法律关于访问的规定，侵入计算机系统罪也因此成立。②

第二个判例是由联邦地方法院判决的 American Online Inc. v. National Health Care Discount Inc. 案。③ 本案也是有关民事诉讼纠纷，但涉及对访问的认定。在该案中，原告美国在线公司（American Online Inc.）诉称被告全国健康保健折扣公司（National Health Care Discount Inc.）聘请专门的机构通过获取美国在线公司的客户邮件地址并对之发送大量的宣传保健公司业务的垃圾邮件。美国在线公司认为全国健康保健折扣公司的上述行为违反了本公司的服务协议条款，属于未经授权访问美国在线公司计算机系统的行为，其符合1030条（a）（5）款（C）项规定的情况。④ 美国在线公司请求法院认定上述发送垃圾邮件的行为是否符合"访问"的要求并作出即决判决。法院未赞同美国在线公司即决判决的请求，但对"访问"作出了肯定判决。法院的判解认为，虽然1030条没有对"访问"作出定义，但就一般的含义而言这一用语是当作及物动词表示"获取路径进

---

① 华盛顿州计算机犯罪法关于"访问"的定义是：访问是指对计算机的接入、发出指令、通信、储存数据、检索信息以及其他的使用任何计算机资源的行为，这些行为是直接或以电子手段方式进行。参见 Wash. Rev. Code Ann. § 9A. 52. 010（6）（West 2003）。华盛顿州计算机犯罪法的定义也是对雷比科夫提案中"访问"意涵的接受。

② State of Washington v. Riley, 846 P 2d 1373 (SC Washington 1993). 当然，法院在判解中还作出说明，计算机犯罪法并不认为那些重复拨打占线电话的行为构成犯罪，因为侵入计算机系统罪的规定要求有其他的犯罪目的。

③ 121 F. Supp. 2d 1255 (ND Iowa 2001).

④ 1030条（a）（5）款（C）项的规定是，未经授权故意访问受保护的计算机，并造成损害。同时，美国在线公司的计算机使用与州际和国际间商贸，根据1030条的规定符合受保护计算机的要件。

入","访问"在这里是指"自主的或能够对某物加以使用"。从1030条规范的目的来看,当某人从自己的计算机中发出电子邮件,然后该信息通过的计算机的传送直至最终到达目标。在此过程中,发信者是对所有这些相关的计算机都在加以使用,因此也就是在"访问"这些计算机。① 从法院的判解中可以看出,虽然这一认定过程如艾伦案一样,对"访问"都采取的是普通文义解释,但本案中的法院却得出了完全不同的判决结果。这充分说明解释者所秉持的立场,即是采取形式的还是实质的判断标准,对同一问题会有不同的解释结论。

上述案例因采纳不同的判断标准而得出不同的判解,但究竟应该以形式判断还是实质判断的标准来确立"访问"的内涵,目前因美国最高法院尚没有对此作出解释,故而各级法院在司法中依然如上述判例那样作出不同的认识。美国当代著名计算机犯罪研究专家克尔(Kerr)教授主张司法机关应对"访问"一词以形式判断为标准进行广义解释。用户在任何时候向计算机输入指令,且计算机对此作出了执行就属于访问行为。因此,访问的定义就是任何客观的成功地与计算机发生的交互式活动。② 关于采取广义解释的理由,克尔教授认为:首先,1030条所规定的非法计算机访问的构成要件是"未经授权访问",将"访问"进行广义解释,而对"未经授权"采取限制性的狭义解释,更好地使1030条的适用范围不至于过于宽泛。其次,如果以实质判断标准对"访问"作出狭义解释,则会出现认定上的麻烦。因为各个不同的用户与计算机之间的交互活动千差万别,很难从中把某些行为提取出来认为其不符合计算机犯罪法的规定而排除出去。典型的计算机使用行为包括使用密码登录、查看储存于服务器中的文件、网上浏览以及发送电子邮件等。如果将其中之一认为不是访问行为,则所有的上述这些活动都会被排除在计算机犯罪法之外,这使得计算机犯罪法所禁止的超越权限使用计算机的行为就难以实现规制。最后,将计算机的使用方式作出不同区分并非一成不变,尤其是随着技术与网络的迅速发展,对访问进行实质的判断很难具有确定性甚至会导致擅断。③

---

① 121 F. Supp. 2d 1272-73(ND Iowa 2001)。

② Orin S. Kerr, Cybercrime's Scope: Interpreting "Access" and "Authorization" in Computer Misuse Statute, *New York University Law Review*, No. 78, 1647, (2003).

③ Orin S. Kerr, Cybercrime's Scope: Interpreting "Access" and "Authorization" in Computer Misuse Statute, *New York University Law Review*, No. 78, 1647-48, (2003).

克尔教授的上述主张与分析是非常正确而有意义的，以此进一步分析我们会发现其实在计算机访问中包含着对计算机不同程度的使用，这从上述案例的判解中也可以看出。因此我们可以把访问的形式判断和实质判断标准转换成对计算机使用不同层次的解读。第一层次的"使用"是以字面含义为限，认为任何对计算机的输入所产生的互动就是在使用该计算机。这种广义的解释在莱利案中可以得到很好的说明。莱利使用计算机拨号的行为就被认为是符合访问的情况，至于他是否进一步的如有权使用者那样获得了长途电话服务则在所不问。向计算机输入数字并使之作出了反应就是访问了计算机。第二层次的"使用"则是根据实在的结果，认为行为人必须能够真正用到计算机中的程序或数据。在艾伦案中的判解即表明被告人因为没有获得像有权使用者那样的服务，即使有输入密码的行为也引起了计算机的反应，但并没有达到使用的目的，故而不认为是访问。对计算机"访问"作出广义的解释有助于避免纠缠于对哪些技术性问题属于访问的争论中，而使得把重点放在余下来的构成要件上。这些构成要件决定着行为的犯罪性且有助于避免法条的过于宽泛。[①] 这里所述的决定行为犯罪性的构成要件即是"未经授权"与"超越授权"，其是非法计算机访问犯罪中的核心要件。因为如果不以"未经授权"与"超越授权"为依据，无论对"访问"作形式的还是实质的判断都不会产生计算机犯罪法上的犯罪行为。

二 构成犯罪的访问行为：未经授权与超越授权

根据 1030 条的规定，计算机访问行为本身不是犯罪成立的决定性要件，构成犯罪的访问行为必须是未获得授权。换言之，如果是计算机系统的所有者或者合法权利者授权许可对计算机的访问，则不存在犯罪行为。[②] 如"访问"一样，1030 条也没有对"未经授权"作出定义，但对"超越授权"作出了规定。[③] 对于"未经授权"，司法判例认为其虽然没有

[①] Jonathan Clough, *Principles of Cybercrime*, Cambridge University Press, 39 (2010).

[②] Cybercrime Convention, *Explanatory Report*, [47]. 参见 http：//conventions.coe.int/treaty/en/reports/html/185.htm.

[③] 1030 条 (e) (6) 款对"超越授权"作了如下定义：已经获得授权访问计算机，并利用这一授权访问去攫取或修改计算机中的信息，但行为人没有被授权做出如此的攫取或修改。参见 18 U.S.C. § 1030 (e) (6) (2008).

在法条中作出规定，但一般都认为"授权"是从通常意义上去理解，不存在也不会产生任何技术性或含糊的内涵，因此也就没有必要对陪审团作出在该用语含义上的指引。① 尽管法院在较早期适用1030条的判解上认为对这一问题不需要去进一步作出解释，但后来随着计算机技术的发展和1030条不断修正增加新的内容，使得这一问题逐渐变得比较棘手，在司法中实际上存在着认定上的诸多分歧。在决定计算机访问具有犯罪性的"未经授权"和"超越授权"这两个要件中，关键的就是对"授权"的认定。质言之，是否授权和是否超出了授权的范围就影响着访问行为的性质，决定着行为的违法性与否。是否授权成为访问违法性的判断依据。因此，对授权的理解与判断就显得至为重要，确立了授权也就给访问行为作好了定位。在授权厘定的基础上再分析是否给予了授权或是否超出了授权的意思范围，就可以给无色的计算机访问行为添加上犯罪的有色元素。同时，在计算机虚拟环境中的授权与现实世界中的授权是否相同，需要进一步的探讨，不能简单等而视之。

现实社会中的传统犯罪可以与非法计算机访问犯罪相比拟的应该是非法侵入住宅罪等这样的未经权利人许可而进入型的犯罪。正因为这两种环境下的犯罪在表现形态上极其相似，而使得在美国早期没有专门的计算机犯罪法时，司法机关即"借用"这些传统犯罪法条来打击计算机犯罪。② 在现实社会中，人们对于自己的住宅等私人的相对封闭的空间与场所都具有明确的权利与权限意识，会告知他人是否可以进入或者继续停留在自己的住宅等类似地方。非法入侵犯罪的法律条文也会明确具体规定该罪的构成要件是侵入者没有获得权利人的同意或者没有其他正当理由而进入或停留在他人住宅等私人地方。简言之，就是无权进入或无理由拒不退出。在这个过程中的授权也就仅仅是与他人自身出现在一定的场所而紧密相关，是否得到授权可以很容易地作出评价。因为现实社会中长久以来所形成的社会文明规范与行为准则使得绝大多数的人都懂得没有他人的同意不得擅自进入属于他人的宅地。正如美国《模范刑法典》所规定的那样，权利人通过口头表态或者依法作出禁止进入的告知以及合理的提示，抑或

---

① United States v. Morris, 928 F 2d 504, 511（2nd Circuit 1991）.
② 关于美国司法机关在早期适用传统刑法打击计算机犯罪的具体情况，请参见前一章。

设置了与外界隔离的防止外人进入的设施都表明没有授权的存在。① 一般而言，判断是否授权的典型情况就是权利人在住宅外的围栏上挂着"禁止进入"的标识，正常人如置若罔闻闯进，则构成非法入侵。

现实生活中存在的是否授权比较容易区分和确定，主要原因在于有物理空间场域和人体本身作为有力的判断依据，即以人的身体事实上进入特定的场所为基础，只要权利人对此行为有否定的意思即可判断授权的不存在。但同样是授权，其在虚拟空间中对访问行为的正当与否的判断则比较困难。计算机在现代社会已经成为人们日常生活的普及品，每天都有数以亿计的用户在通过计算机实现访问行为，划分出访问行为授权与非授权的界限是相当重要的。这是因为根据1030条的规定，确立哪些访问是"未经授权"或者"超越授权"通常决定着行为的犯罪与否。如果不能够正确而准确地对计算机虚拟空间中的"授权"作出明晰的区分，则会影响到访问行为的正确定性。同时，由于计算机网络环境下的访问行为不存在着像现实生活中的侵入行为那样需要人身体自身参与，而只是通过计算机的交互反应来完成访问的目的，使用者的访问是通过计算机界面得以完成。换言之，在计算机系统间的交互反应这一前提下，使用者根据自己的访问需要而发出指令让计算机执行，计算机运行命令并获取相关路径，再传播回来信号资料完成访问任务。但由于计算机网络的虚拟性特征，使用者在通过计算机执行访问行为的时候，对于被访问计算机所设置的一些限制进入的路径可以通过技术方式"绕行"，从而使得其中的授权情况表现得非常复杂。下面举一例予以说明。

在伯克利即将要毕业的法学院学生查理正在写一篇关于"三K党"（Ku Klux Klan）② 的学位论文。由于查理的导师没有分配给他一个专用的伯克利学生账户，他为了在因特网上查询资料便使用自己的美国在线（American Online）③ 账户登录。美国在线的用户服务协议条款中有注明：禁止使用

---

① Model Penal Code § 221.2 (2) (1962).
② "三K党"（Ku Klux Klan，缩写为KKK），是美国一个奉行白人至上主义的民间组织，也是美国种族主义的代表性组织，起源于美国南北战争以后。"三K党"是美国最悠久、最庞大的恐怖主义组织。参见 http://en.wikipedia.org/wiki/Ku_Klux_Klan.
③ 美国在线（American Online）是美国时代华纳的子公司，著名的因特网服务提供商。可提供电子邮件、新闻组、教育和娱乐服务，并支持对因特网访问。美国在线服务（AOL）公司是美国最大因特网服务提供商之一。参见 http://en.wikipedia.org/wiki/AOL.

美国在线账户去张贴、传播或促进任何有关非法、有害、威胁、辱骂、骚扰、诽谤、淫秽、仇恨、种族的等相关引起反感的内容。① 通过美国在线账户接入因特网后，查理找到一个关于三 K 党的网站，其主页上对话框显示"只授权白种人至上主义者访问该网站，非白人至上主义者访问即属于未经授权。点击'同意'即表明你同意你是白人至上主义者"。虽然查理不是白人至上主义者，但他还是点击了"同意"并开始检索网页。该网站还和其他与三 K 党有关的网站相链接。当查理点击其中一个链接时，其进入到了一所大学所属的网站中，该网站是有关三 K 党历史的研究。但这一网站要求使用者登录时需要输入账号与密码，查理并没有这所大学网站的账号与密码，于是便随意猜测了几个。幸运的是他猜对了账号和密码进而登录访问到网站中的内容。于是，查理便从这些网站中复制到很多资料，同时还通过邮件发送给最好的朋友简妮的计算机账户中。但简妮早就有言在先，不要发送有关三 K 党研究的资料给她。②

在上述例子中，查理的访问行为一共涉及四个场域的计算机。第一个是其使用账户登录的美国在线的计算机系统；第二个是通过美国在线服务器进入有关三 K 党资料的网站；第三个是从三 K 党资料网站的链接中进入一所大学所属的关于研究三 K 党历史的网站；第四个则是把复制到的相关资料发送到他的朋友简妮的电子邮箱中。这四个环节都存在着访问行为，至于这些访问行为的性质，即是否存在着授权需要进一步分析。首先，查理使用美国在线的网络服务，传送有关三 K 党的资料，但美国在线的客服服务条款中明确规定禁止传播有关仇恨或种族歧视等方面的引起反感的内容。查理的行为很显然已经违反了美国在线的服务协议条款。其次，在登录三 K 党网站时，查理点击了"我同意"，但实际上他本人并不是白人至上主义者，他的这一行为就与三 K 党网站的访问许可要求不符。再次，在通过链接进入大学网站时，他并没有该大学的有效账号密码而是以随意猜测的账号密码登录，伪装成合法的用户，从而与大学对用户设置的权限要求不符。最后，查理把复制到的资料通过电子邮件发送到他的朋

---

① 美国在线客户服务条款之行为规则。参见 http：//www.aol.com/copyright/rules.html.
② 本例子是在美国发生的真实案例，在本书中作了部分简化和改动。参见 Orin S. Kerr, Cybercrime's Scope: Interpreting "Access" and "Authorization" in Computer Misuse Statute, *New York University Law Review*, No. 78, 1622-23, (2003).

友简妮的计算机账户中,而简妮却并没有赞同这样做,也违背了她的意思。上述这些访问行为都存在着与相关权利人的意思相反的情况,但这些能否都被认定为是未经授权或者超越授权,不能简单地根据是否违反服务协议或者获得同意等而得出结论,这正是在计算机网络虚拟空间中认定访问行为是否非法的特殊性所在。

从上述例子可以看出,授权在计算机虚拟空间中的表现形式多种多样,而不像在现实生活中对他人进入自己住宅行为的许可类型那样比较单一。权利人可以在计算机网络中根据具体情况和自己的喜好设置授权形式,如上述三K党要求同意是"白人至上主义者"才能获准进入网页。除此之外,还包括设置账号密码、在网站中列出服务条款协议、使用者与权利人之间订立先在的契约合同等五花八门的授权方式。随着计算机网络技术的不断发展,相应的各种授权方式也会发生变化。在这些纷繁复杂的授权方式下,如何确认哪些授权符合1030条的规定至为重要。因为1030条作为美国联邦计算机犯罪法,规制的是犯罪行为。同时,在1994年修法中又增加了民事赔偿的规定,故而使得本条成为既打击犯罪行为又可以用来救济因计算机犯罪受到损害与损失的被害人。因为美国国会在立法时没有对授权作出明确的规定,而是开放给司法部门去根据具体情况作出解释。[①] 1030条虽然含有民事赔偿的规定,但其本体还是一个刑法条文,其最重要和最主要的功能还是用来打击计算机犯罪,民事赔偿只是其辅助的救济措施。[②] 基于1030条既是刑事法规范也可以提起民事诉讼的规定特征,自1030条颁布实施以来,美国司法机关经过近30年来的法律适用,对计算机访问的授权与否这一问题的认定上根据不同情况发展出了不同的判断方法,形成了不同的判解。

第二节 计算机访问授权的判断依据

由于1030条既可以作为联邦主要用于打击计算机犯罪的刑法,也可

[①] Dov S. Greenbaum, The Database Debate: In Support of an Inequitable Solution, Alabama Law Journal Science and Technology No. 13, 431, 499 (2003).

[②] Katherine Mesenbring Field, Agency Code, or Contract: Determining Employees' Authorization Under the Computer Fraud and Abuse Act, *Michigan Law Review*, No. 107, 835 (2009).

以让那些因计算机犯罪而遭受损失的被害人以本条规定之权利被侵犯为理由而提起民事诉讼。因此在司法实践中对于计算机访问的授权认定就存在着不同的判断依据。同时，1030条中所规定的"未经授权"与"超越授权"访问计算机这两种非法计算机访问是针对不同的行为人而言的。本书上一章在分析阐述1030条的立法制定及发展时已提及本条规定在适用上作出了"内部人"（insiders）和"外部人"（outsiders）的区分。这一区分在计算机犯罪法规制上的主要表现就是："外部人"因访问行为是"未经授权"而违反本法，"内部人"是那些获得了一定授权的计算机使用者，但在访问过程中超越了使用权限而触犯本法之规定。[①] "外部人"主要是指那些如黑客、此部门的员工使用计算机访问彼部门的计算机等情形；"内部人"主要是指那些公司企业的雇员、代理人等。这种在立法上作出内、外部人的区分和1030条既是刑法规定也可以用作民事诉讼的特点，决定了在司法实践中对计算机访问授权的认定判断的复杂性。根据美国不同法院作出的判例综合起来看，目前关于授权的判断依据主要有三种：第一种是根据程序编码设定的权限为准；第二种是以服务协议条款的规定为参考；第三种是以代理人法的规定为依据。下文分别对这三种判断依据的基本意涵进行分析并结合相关的典型判例展开全面的阐述。

一　根据程序编码设限作出判断

（一）程序编码设限的基本意涵

计算机系统的权利人为了防止非法的访问等侵入行为会通过设置程序编码的形式来实现和加强对计算机的保护。这种权限设置通过技术性手段把相关的安全程序安装到计算机的硬件和软件中。安全程序的主要功能就是以编制好的路径方式或账号密码等来对每一个用户的使用权作出限制，只有根据计算机的权利人所设定的访问方式如输入账号密码才能正常地实现对计算机的访问和使用。这种以程序编码方式对每一个用户设定的表现为账户密码等方式的做法就是为了排除那些随意或故意去访问他人计算机

[①] *Senate Report* No. 104 - 357, at 11 （1996）. 可参见 http：//thomas. loc. gov/cgi - bin/cpquery/?&dbname=cp104&sid=cp1048G4aK&refer=&r_n=sr357. 104&item=&&&sel=TOC_45112&.

的行为。① 这种对访问设定权限的做法在那些相对独立和私密的计算机工作环境中经常使用。1984年美国国会颁布1030条的时候即确定本条最首要而基本的规制对象就是那些涉及私密领域的计算机,之所以是私密领域是因为政府以及金融机构等的计算机都以程序编码设置了诸如账号、密码之类的严格登录要求,从而能够保护其中的重要数据,不开放给社会大众访问。② 如果使用者不根据程序编码所设定的访问路径,如按要求输入有效账号密码等,而是以其他的技术性手段,如传播病毒或以电子排码方式不断攻击登录界面直至猜测到有效账号密码获得访问等,③ 则会产生对访问的授权是否有效的判断。关于以程序编码所设定的权限为依据对计算机访问行为的授权作出判决的最著名且影响深远的判例是美利坚诉莫里斯案(United States v. Morris)。

(二)典型判例:美利坚诉莫里斯案④

1. 基本案情

1988年秋,莫里斯就读康奈尔大学成为该校一名计算机科学专业的博士研究生。由于莫里斯的父亲是大学计算机教授,使得莫里斯从小就受到这方面的熏陶而对计算机特别感兴趣。本科毕业于哈佛大学的计算机专业后又历经几个相关工作岗位的锻炼,使得莫里斯在计算机方面的操作经验和专门技能造诣非常深厚。入学康奈尔之后,该校计算机科学系给他分配了一个用户账号,其明确地授权他可以使用康奈尔大学的计算机网络。莫里斯在学习中与研究生同学就计算机网络的安全性问题进行多方面的探讨,并展现出他在突破安全漏洞方面的能力。1988年10月,他开始设计一个计算机程序,即后来广为众知的网络"蠕虫"(worm)或者"病毒"(virus)。莫里斯设计该程序的目的是证明当时的计算机网络安全措施不足以防范他所发现的安全漏洞。他所选择的证明方法便是把蠕虫发布到计算

---

① John R. Vacca, *Computer and Information Security Handbook*, Morgan Kaufmann, 128 (2009).

② Patricia L. Bellia, Defending Cyberproperty, *New York University Law Review* No.79, 2164, 2254, (2004).

③ Nicholas R. Johnson, "I Agree" to Criminal Liability: Lori Drew's Prosecution under §1030 (a)(2)(c) of the Computer Fraud and Abuse Act, and Why Every Internet User should Care, *Journal of Law, Technology & Policy*, 583 (2009).

④ United States v. Morris, 928 F. 2d 504 (2d Cir. 1991). 参见 http://www.loundy.com/CASES/US_v_Morris2.html.

机网络中。他计划把蠕虫程序安装在一台联网的计算机上后经由一条全国性的计算机网络传播。这条因特网所链接的单位主要有各大学、政府机关以及军事机构等重要的国家基础部门，这些联网的计算机之间可以相互交流和传播信息。莫里斯希望蠕虫程序能够在网络中广泛传播且不会引起察觉。因此在设计时就考虑到让该程序的运行基本上不占据计算机的操作时间，这样就不会干扰计算机的正常使用。除此之外，莫里斯还将程序设计得难以检测和读取，使得其他的程序员不能轻易地就将此蠕虫"查杀"掉。

为了确保蠕虫程序在同一计算机上不多次复制，莫里斯将程序设置成每在一台计算机上传播时都要"询问"该机是否已经有了一个副本。如果蠕虫程序在同一计算机上多次复制会很容易就被检测到也会使计算机运行减缓并最终导致系统的崩溃。于是，蠕虫程序在传播中就会"询问"计算机，如果回答是"没有"，该程序即复制到计算机上，反之则不进行复制。但是，莫里斯又担心其他程序员会在计算机的安全措施中对蠕虫程序这一询问都作出"有"的回应而最终查杀掉该程序。为了规避这种保护，蠕虫程序就被设计成每隔 7 次收到"有"的回复后就自动进行复制。但后来的结果表明，莫里斯低估了蠕虫程序访问计算机的次数，计算机感染的次数远远超出他所设想的每 7 次一遍的复制速率。另外，根据莫里斯的设计，该程序在计算机关闭后可以被清理掉，因为计算机一般在连续运行一两周后都会关停一下。如果莫里斯能够正确地估算到感染的速度的话，这种方式其实是可以阻止蠕虫程序在计算机上的大量累积的，但却事与愿违。莫里斯发现一共有四种方式可以让蠕虫程序侵入计算机网络。其一是利用计算机发送和接收电子邮件程序中的缺陷或漏洞。其二是通过指示服务守护进程（finger demon）程序中的漏洞进行传播。其三是经由"可信主机"（trusted hosts）的特征传送。在"可信主机"特征下，使用者在此计算机上的一些权限可以被允许使用到彼计算机上，而不需输入密码等。其四是利用密码猜测程序，该程序将不同的字母进行多次组合排列以最终与合法使用者的账号密码相匹配，从而获得像合法使用者一样的对计算机的访问权限。

在完成对蠕虫程序的全面设计之后，莫里斯在 1988 年 12 月 2 日将该蠕虫程序通过麻省理工学院（MIT）的一台计算机接入因特网，由此开始大范围的在网络中传播。选择在麻省理工释放蠕虫程序的原因是为了掩盖该程序来源于康奈尔大学，也就很难发现是由莫里斯所为。很快，莫里斯就发现蠕虫程序在网络中对计算机的传播和感染速度大大超过了自己原计划中的设想。结果，在美国全国范围内的大多数计算机都受到严重冲击，要么出现运行瘫痪，要么就存在不断的"死机"现象。当莫里斯意识到问题的严重性以后，立即联系他在哈佛大学的同学商量解救的办法。最后，他们通过哈佛大学的网站发出匿名告知，其详细地向计算机的程序员们说明如何进行蠕虫程序病毒的查杀和避免再次感染等防范措施。然而，由于蠕虫病毒的发酵效应实在太厉害，在网络中呈现一发不可收拾的状态，海量的感染导致因特网也发生传播阻塞，故而莫里斯及其同学从哈佛发出的匿名告知信根本就无法及时传送出去，等到大家接收到信息时，为时已晚。这起蠕虫病毒导致大量单位的众多计算机受到感染，包括重点大学、军事机关以及医疗研究机构等。根据估算，蠕虫病毒给各个机构的计算机造成所的损失从200美元到53000美元不等。案发后，莫里斯被指控未经授权访问计算机而有罪，陪审团裁定认为其违犯了1030条（a）款（5）（A）项。最后纽约州北区地方法院于1990年5月16日判处莫里斯3年缓刑，400小时社区服务，罚金10050美元以及有关的监督管理费。莫里斯不服判决，遂向联邦第二巡回上诉法院提起上诉。①

2. 法院判解

联邦第二巡回上诉法院经审理认为：被告人莫里斯在因特网中故意释放蠕虫病毒，造成教育机构及军事机关等单位的计算机瘫痪和功能损坏，给联邦的计算机网络造成严重危害，陪审团作出的关于莫里斯"未经授权"访问计算机的行为触犯了1030条（a）款（5）（A）项的裁定证据确实充分，因此维持原判。联邦第二巡回上诉法院对于维持原判给出了充分的判决理由。这一判决理由的主要内容为：根据联邦计算机犯罪法CFAA的规定，1030条（a）款（5）（A）项惩罚的是行为人"故意未经授权访问与联邦利益有关的计算机"的行为。② 本案的上诉人莫里斯虽辩

---

① United States v. Morris, 928 F. 2d 504 (2d Cir. 1991).
② 18 U.S.C § 1030 (a) (5) (A) (1988).

称①他的行为至多算是"超越授权"而不是本项规定的"未经授权"访问计算机。同时，莫里斯还辩称指控他"超越授权"访问计算机的证据不足，他有权提请对陪审团作出以他辩护意见为参考的指引。但我们经过调查评定认为根据传统标准，证据是确实充分的。莫里斯获得授权可以使用康奈尔、哈佛以及伯克利这三所大学的计算机，这些计算机都已接入因特网。在此基础上，莫里斯有权通过网络与其他计算机用户交流，其交流方式是发送电子邮件（send mail）或者查询其他计算机用户的某些信息。因此，问题的关键就在于莫里斯传播蠕虫病毒的行为是构成"超越授权"访问还是"未经授权"访问。在参议院关于本条的报告中强调1030条（a）款（5）（A）项和新规定的（a）（3）款一样，主要是针对"外部人"，诸如那些缺乏授权而访问联邦计算机者。② 但参议院报告也声明，对于1030条（a）（3）款的适用范围，既包括那些完全是政府部门以外的犯罪人，也包括那些在部门间进行访问行为的冒犯者。③

莫里斯根据引述参议院报告的第一部分来辩称他的行为应该属于超越授权访问，因为他已经获得授权访问与联邦利益有关的计算机。然而，上述参议院报告的第二部分已经表明国会并没有在有一定权限和完全没有权限访问联邦计算机这两者之间划出一条明确的界限。国会的立法意图是，那些有权访问一部分与联邦利益有关的计算机的行为人在未经授权时访问别的与联邦利益有关的计算机即应按照1030条的规定问责。对此，国会还专门以一个判例作为例示。该判例主要案情是一个在农业部的工作人员使用该部的计算机在未经授权情况下去访问联邦调查局的计算机而被法院以1030条判决。现有证据足以让陪审团认定莫里斯使用电子邮件和指示服务守护进程这两项功能时构成了未经授权访问。在某些使用电子邮件或者指示服务守护进程进行访问的案件中可能会很难分清其属于未经授权还是超越授权，但在本案中莫里斯的行为完全符合未经授权访问的情况。这是因为莫里斯在使用电子邮件和指示服务守护进程进行访问时，丝毫没有

---

① 在本案中，莫里斯除了提出认为自己是已经得到授权而至多是超越授权的辩护外，还对1030条（a）款（5）（A）项中的主观要件的理解提出了不同的看法。由于本章只探讨关于计算机访问的授权，而不涉及主观要件的分析，其将在后面相关章节中予以交代，在此不展开。参见United States v. Morris, 928 F. 2d 504（2d Cir. 1991）. 判决中的第一部分。

② *Senate Report* at 10, U. S. Code Cong. & Admin. News at 2488.

③ *Senate Report* at 8, U. S. Code Cong. & Admin. News at 2486.

根据这两项程序的"预设功能"（intended function）进行使用。他既没有发送或接收电子邮件，也没有去搜寻其他计算机用户的信息，取而代之的是他发现在这两个应用程序中存在安全漏洞，并把这些漏洞作为实现未经授权访问其他计算机的特殊路径。①

除此之外，对陪审团的裁定的支持也不仅仅是依靠莫里斯使用了电子邮件和指示服务守护进程这两个程序。正如地方法院在审判时否决莫里斯关于无罪辩护的判解：虽然有证据可以表明被告人在第一台计算机中插入蠕虫病毒②是一般地超越了他的访问授权范围，但是证据也表明该蠕虫病毒是设计来传播到其他计算机中的，而在这些计算机中他既无账号也无任何授权，无论是明示的还是隐含的，同意他释放这种病毒。另外，也有证据表明被告人通过设计的病毒所获得访问的一些计算机中并没有账号密码，而是通过专门程序来猜测获得登录。因此，这些证据都完全支持陪审团关于被告人未经授权访问计算机的结论，而不能支持仅仅是超越了授权范围的主张。根据莫里斯使用电子邮件和指示服务守护进程以及利用"可信主机"特征及密码猜测程序这些情况，陪审团作出了合理的结论，因而对莫里斯提出证据不足的辩解不予支持。莫里斯在证据不足辩解未获支持的情况下，进而竭力辩称他的行为不应该适用1030条（a）（5）款，而是构成（a）（3）款规定之罪。他的这一让步掩饰了他关于自己是超越授权而不是未经授权访问的辩解。因为1030条（a）（3）款与（a）（5）款都不处罚超越授权访问计算机的行为。这两个条款都只处罚行为人未经授权访问某些计算机。（a）（3）款保护的是政府部门及其相关机构的计算机；（a）（5）款保护与联邦利益有关的计算机。③ 如果像他所辩称的那样，其违犯了（a）（3）款，那么他在因特网中传播蠕虫病毒并使之感染到诸如国家航空和宇宙航行局（NASA）等联邦部门计算机的行为

---

① United States v. Morris, 928 F. 2d 505 (2d Cir. 1991).
② 20世纪90年代使用的计算机数据移动存储设备是3.5英寸的磁性软盘，莫里斯制作好蠕虫病毒后即将之存储于这种软盘中，然后等到向因特网传播时，便将该软盘插入联网的计算机上运行。详细说明请参见http://en.wikipedia.org/wiki/Morris_worm.
③ 1030条（a）（3）款与（a）（5）款除了规制的计算机范围不同外，最大的差别是（a）（3）款规定只要有未经授权访问政府部门计算机的行为就构成该款之罪，而要构成（a）（5）款规定之罪除了未经授权访问这一要件外，还需要造成计算机危害。简言之，两个条款一个是关于行为犯的规定，一个是关于结果犯的规定。参见18 U.S.C § 1030 (a) (3) 与18 U.S.C § 1030 (a) (5) (2006).

也就符合了（a）（5）款规定的"未经授权访问"这一构成要件。

为了摆脱因主张违犯了1030条（a）（3）款而表明自己有"未经授权"访问的不利后果，莫里斯狡猾地声辩他的行为不在（a）（5）款的规制范围内。他认为（a）（5）款只适用于那些完全对任何联邦计算机都没有访问权限的人，而不是像他那样的。确实，国会在制定（a）（5）款时的基本考虑是将本款适用于那些未经授权访问任何联邦计算机的情形。参议院作出的报告规定："1030条（a）（5）款将针对'外部人'，诸如那些没有获得授权而去访问任何联邦计算机的人"。① 但国会所说的该款"针对"那些"外部人"并不意味着其适用范围就只能限于这些人。国会也注意到，最容易导致联邦计算机危害的就是那些在任何计算机上都没有获得授权而使用的行为。但这当然不意味着会将那种有权访问政府部门计算机但却导致了国防机构计算机损害的行为人排除在惩罚之外。国会制定（a）（3）款并在其中设置了轻罪去处罚那些故意在未经授权情况下的访问行为；规定（a）（5）款并设置了重罪是为了打击那些故意未经授权访问而导致美国的或任何与联邦利益有关的计算机损害或损失超过1000美元的行为。国会制定的这两个条款是用来惩罚那些如莫里斯一样的人，其有权访问一部分联网的计算机但又在缺乏授权的情况下访问了另外的计算机，从而违犯了（a）（3）款，或者如果导致计算机损害或损失在1000美元以上即违犯了（a）（5）款。

莫里斯在诉讼中还提出在一审中的地方法院应该根据他的辩护请求向陪审团作出指引，他仅仅是实施了超越授权的访问行为，并且法院应该对"授权"的内涵向陪审团作出说明。当时在审理过程中，纽约州北区地方法院认为没有必要去给陪审团作出关于"授权"定义的引导。我们对此表示赞同。因为"授权"就是一个普通的用词，其并不存在任何技术性的或歧义性的意思，法院不需要根据规定向陪审团作出关于该词含义的指导。对"超越授权访问"的含义作出指导会有误导的风险，使得陪审团会认为莫里斯的行为不应该受到如此指控，如果他的某些行为被认为符合"超越授权"这一要件的话。当然，即使"超越授权"被用来描述他的某些行为，但根据法条规定他也会被认为有罪，因为他还实施了其他在没有获得授权情况下的访问行为并导致了损失的发生。除此之外，地方法院也

---

① Senate Report at 10, *U. S. Code Cong. & Admin.* News at 2488.

恰当地拒绝了莫里斯提出的关于对陪审团作出"未经授权访问"的含义的指引。莫里斯所提出的含义指引内容为:"要成立缺乏授权这一要件,控方须在除了有合理的怀疑外,还要证明莫里斯先生是属于'外部人',也就是说他对任何的联邦计算机在任何情况下都没有获得授权访问。"正如前述根据立法沿革的分析所表明,国会并没有打算将那些有权访问此联邦计算机进而实施了无权访问彼联邦计算机的行为排除在犯罪打击的范围之外,从而使其免受刑事追究。因此,基于上述理由,维持地方法院的判决。①

3. 法院判解评析

在美利坚诉莫里斯案中,审判法院发展创设出并应用了一项新的关于判断何时是未经授权访问的规则,即"预设功能"(intended function)检验标准。根据法院的判解,莫里斯的行为属于未经授权访问是因为他利用了几个程序的漏洞而没有按照这些程序的预定方式去进行访问。正如法院所指出的那样,莫里斯使用这些计算机程序"与它们的预设功能没有任何关系"。② 这是因为他所使用的 SENDMAIL 程序是专门用来收发电子邮件的,而指示服务守护进程(finger demon)程序是让用户向其他使用者询问信息。但是莫里斯"既没有发送或接收电子邮件,也没有去搜寻其他计算机用户的信息,取而代之的是他发现在这两个应用程序中存在安全漏洞,并把这些漏洞作为实现未经授权访问其他计算机的特殊路径"。③ 虽然第二巡回上诉法院没有就"预设功能"标准展开详尽的论说,但其主要是从计算机使用团体中的一般行为规范中发展出来的。根据这些规范,计算机软件的制作者设计出的程序都是为了运行既定的功能,计算机网络提供者提供并许可用户使用这些程序的功能。提供者一般都会无保留地授权用户在计算机上使用这些程序的预定功能,但并没有授权用户去发现并利用程序中的漏洞而运行其非预设的功能。④ 因此,当计算机的使用者利用程序漏洞并以此非预定的方式去访问计算机就形成

---

① United States v. Morris, 928 F. 2d 511 (2d Cir. 1991).
② United States v. Morris, 928 F. 2d 511 (2d Cir. 1991).
③ United States v. Morris, 928 F. 2d 511 (2d Cir. 1991).
④ Pekka Himanen, *The Hacker Ethic: and the Spirit of the Information Age*, Random House, 121 (2001).

"未经授权"。① 莫里斯案②的判决以"预设功能标准"作为评判依据,形成了新的关于"授权"认定的判例,对于后来司法适用和立法修正都有很深远的影响。

二 根据服务协议设限作出判断

(一) 服务协议设限的基本意涵

除了通过设置程序编码来设定访问的限制外,在计算机网络中还存在的对访问行为进行限制或作出相关要求的便是服务协议条款。凡是使用过计算机的人在访问网站或者下载传播某些文档资料时都会经常遇见其中设定或弹出的对话框,要求使用者必须阅读有关的服务协议条款,在选择"同意"或"已经阅读并知道访问的权利与义务"等这一类的条目之后,才能继续进行接下去的访问行为。在美国司法实务中适用 1030 条时,关于判断计算机访问行为是否授权或者越权的根据就包括服务协议条款。在访问行为被认定为是未经授权之前,需要确定行为人违反了计算机网络服务协议的规定。③ 这就意味着那些存在于计算机网络中的明确的或者含糊的服务协议条款对于使用者的访问行为的授权与否具有决定作用。这种情形下的解释所发生的案例通常涉及网络服务商或者网站提供者,他们与用户之间存在着协议或者服务条款,也包括那些雇员与原单位之间的案件,因为他们之间订有雇用合同或者员工手册。在涉及雇佣关系的案件中,这些合同从保密协定到员工手册等呈现出多样形式,在计算机非法访问案件中法院只是从中考察所需要的能够表明未经授权的部分。④ 服务协议和程序编码设限具有重要的区别。用现实世界中的情况来作一个比喻的话,计算机访问行为中的程序编码设限和服务协议设限的区别就像是使用上锁的

---

① Orin S. Kerr, Cybercrime's Scope: Interpreting "Access" and "Authorization" in Computer Misuse Statute, *New York University Law Review*, No. 78, 1632, (2003).
② 莫里斯在本案中被判缓刑,但是其制作的蠕虫病毒因成为计算机世界第一次大范围内的病毒传播而被记入史册。莫里斯本人后来也致力于对计算机病毒等方面的研究,现在是麻省理工学院的著名教授。详细参见 http://en.wikipedia.org/wiki/Robert_Tappan_Morris.
③ Orin S. Kerr, Cybercrime's Scope: Interpreting "Access" and "Authorization" in Computer Misuse Statute, *New York University Law Review*, No. 78, 1637, (2003).
④ Katherine Mesenbring Field, Agency, Code, or Contract: Determining Employee's Authorization Under the Computer Fraud and Abuse Act, *Michigan Law Review*, No. 107, 827 (2009).

紧闭的门将陌生人拒在外面和在前门入口处贴一张告知"闲人免进"。① 至于行为人在计算机访问行为中违反了上述的服务协议条款，是否可以作为认定 1030 条中规定的"未经授权"的依据，进而认定为刑事犯罪，在美利坚诉洛莉·德鲁案中有明确的体现。

（二）典型判例：美利坚诉洛莉·德鲁案（United States v. Lori Drew）②

1. 基本案情

在 2005 年，位于密苏里州的达内普勒市（Dardenne Prairie）的 13 岁少女梅根·美尔（Megan Meier）与同城的洛莉·德鲁（Lori Drew）的女儿建立了网络友谊关系。据梅根的母亲蒂娜·美尔（Tina Meier）说，到了青春期的梅根感觉进入七年级后一片糟乱，尤其对体重特别敏感，千方百计想法减肥保持身材。梅根与洛莉·德鲁的女儿在网上一度关系很火热，但后来因梅根转学到该市的其他学校就读，双方开始逐渐交恶，遂断绝来往。2006 年 9 月，梅根的父母允许她在大型社交网站聚友网（MySpace）上实名注册了自己的账户。不久，梅根便在聚友网中收到一个名叫乔希·埃文斯（Josh Evans）的交友请求。乔希·埃文斯在聚友网中的形象是一名 16 岁的男孩，从其照片中可以看出他健壮的身材和一头棕色卷发与有神的蓝眼睛，因而显得英俊而极富魅力。少女梅根便很快与这位网络中的帅气少男交往起来。梅根很纯真地在网上与乔希·埃文斯交流个人信息，逐渐地加深了解对方，而乔希也表现出对梅根颇有好感，使得梅根非常倾慕。然而，令梅根意想不到的是她在聚友网中所深度交往的"帅哥"其实是一个虚构的人物。乔希·埃文斯本无其人，而是洛莉·德鲁为了试探梅根在与其女儿交恶后是否对她的女儿说一些恶毒谣言，便伙同家人从网上下载了一张其他男孩的照片，在聚友网中使用假名"乔希·埃文斯"注册杜撰出了这样一个青春帅男。截至 2006 年 10 月 16 日，梅根与乔希·埃文斯在网上密切交往了 29 天，前 28 天都很友好，但在 16 日那天"乔希"突然对梅根施以恶言中伤。

不但如此，"乔希"还在聚友网中散播说"梅根是'荡妇'（slut），梅根是'肥婆'（fat）"等，同时"乔希"还鼓动在线的其他好友对梅根

---

① Orin S. Kerr, Cybercrime's Scope: Interpreting "Access" and "Authorization" in Computer Misuse Statute, *New York University Law Review*, No. 78, 1646, (2003).

② United States v. Drew, 259 F. R. D. at 449 (C. D California, 2009).

进行谩骂攻击。在"乔希"最后发给梅根的一条消息中这样写道:"每个人都知道你是怎样的一个人,大家都非常恨你,没有你的存在这个世界将会更美好"。① 遭此恶劣欺辱,梅根备感绝望,继而在家中卧室上吊自杀身亡。在得知梅根的自杀死亡消息后,洛莉很快将聚友网中的"乔希"账户删除。梅根在网络上被愚弄而受欺辱自杀的事直到当地报纸报道后才引起美国全国媒体的关注。当地媒体开始报道时只知道梅根因在聚友网上交友不顺而自杀,还不清楚其真实情况,因而并没有将这一事件背后的隐情及洛莉·德鲁的详情公开。然而洛莉及其家人使用"乔希"网名在网站上攻击梅根时还有其他人在线关注,因此知道事件真相的人愤而通过博客把事件原委给抖了出来,继而在全美掀起了一场舆论风暴。② 更让人难以接受的是密苏里州司法机关无法对洛莉提起指控,原因在于梅根和洛莉所居住的密苏里州没有相关可以适用的法律来认定洛莉的行为构成何种犯罪。当地新闻发言人说"洛莉女士的行为是非常残忍的,也是很鲁莽的,但却并没有违法。"③ 于是一石激起千层浪,美国全国范围内都对此感到愤慨和不平,纷纷严厉声讨洛莉,甚至有人对之发出死亡威胁。④ 或许是迫于整个社会的舆论压力和公众的强烈谴责,美国检察官办公室(U.S Attorney's Office)开启了他们从未有过的刑事指控。⑤ 由于当时在密苏里州和美国联邦都没有直接的法律可以对洛莉这种恶劣行为提起控诉。为了实现对这一案件的规制,控方⑥辗转于 2008 年 2 月在加利福尼亚州洛杉矶市以洛莉违犯 1030 条而提起刑事诉讼。⑦

---

① Steve Pokin, A Real Person, A Real Death, *St. Peters Journal*, November 10, 2007, at A1.

② Tamara Jones, A Deadly Web of Decent: A Teen's Online "Friend" Proved False, And Cyber-Vigilantes Are Avenging Her, *Washington Post*, January 10, 2008, at C01.

③ Christopher Maag, A Hoax Turned Fatal Draws Anger but No Charges, *New York Times*, November 28, 2007, at A 23.

④ Kim Zetter, *Cyberbullying Suicide Stokes the Internet Fury Machine*, Wired.com, Threat Level Blog(November 11, 2007). 参见 http://www.wired.com/politics.onlinerights/news/2007/11/vigilante_justice.

⑤ Kim Zetter, *Experts Say MySpace Suicide Indictment Sets "Scary" Legal Precedent*, Wired.com, Threat Level Blog. 参见 http://blog.wired.com/27bstroke6/2008/05/MySpace-indictm.html.

⑥ 这里的控方是加州中心行政区的美国检察官办公室。

⑦ 控方在加利福尼亚州提起诉讼的原因是社交网站 MySpace 储存所有信息的中央服务器位于加州的贝弗利山庄(Beverly Hills),而洛莉·德鲁访问并在 MySpace 上注册的账户信息也就位于加州。同时,根据《计算机欺诈与滥用法》的相关规定,这一行为符合在州际间非法访问计算机的构成要件。

在本案中控方提出的理由是洛莉杜撰"乔希·埃文斯"假名身份信息注册以及从网上下载其他男孩的照片但未经其同意的行为，违反了聚友网网站中的服务协议条款（Terms of Service），因为该网站协议条款要求用户注册时必须输入真实准确的身份信息。控方进而认为洛莉违反服务协议条款就是未经授权或超越授权访问聚友网网站的计算机系统，并由此认定洛莉违犯1030条（a）（2）款（c）项和（c）（2）款（A）项的规定。根据1030条的规定，控方最终向洛莉提起违犯该法两项条款而构成重罪的指控。构成违犯这两项条款的是：其一，洛莉·德鲁超越授权访问聚友网网站计算机系统，并在聚友网网页中获取梅根·美尔的个人数据信息；其二，洛莉·德鲁利用所获信息进一步故意地实施情感伤害的行为。① 2008年11月26日，位于洛杉矶市的陪审团对洛莉作出违犯1030条的三项轻罪的裁决。陪审团认为控方所认定的洛莉意图通过聚友网网站发送信息伤害梅根·美尔的重罪指控不成立，认为洛莉在聚友网网站中虚构造假的用户文档这一行为违反了该网站的服务协议从而超越访问权限。② 本案辩方提出了两项辩护请求：其一，从刑法的解释上来看，网站的服务协议条款不能用来作为认定访问行为是否授权的依据。不管该网站的服务协议条款怎么规定，但许可洛莉等人在其中创建"乔希"账户并收发信息就表明聚友网在事实上已经授权访问其计算机系统。其二，从宪法性的问题来看，将1030条中构成未经授权访问的情形解释为可以包括违反网站服务协议条款违反了明确性原则。应该对之作出限制解释，不能包括违反服务协议条款的情形。③

2. 法院判解

法院经过审理查明：聚友网是一个大型的社交网站，在其中注册的成员可以创建一个个人账户并与其他人相互交往。在2006年的时候，某人若要想成为聚友网的成员，必须在其网站上注册并填写个人信息（诸如姓名、性别、出生日期、电子邮件地址、国籍、住址与邮编等）以及设置登录密码。除此以外，注册者还必须点击页面上的"你同意聚友网的服务协

---

① Indictment at 5, United States v. Drew, No. CR08-00582-GW（C. D. California, May 15, 2008）.

② Jennifer Steinhauer, Woman Found Guilty in Web Fraud Tied to Suicide, *New York Times*, November 27, 2008, at A25.

③ United States v. Drew, 259 F. R. D. at 464-465（C. D. California, 2009）.

议和隐私政策"对话框。在该网站中的"服务协议"是指"聚友网使用条款协议书"。当年的聚友网"服务协议"作出了如下规定:"协议条款对你使用本网站服务具有法律约束力。只有同意并遵守所有可适用的法律和本协议,才能获得授权使用网站的访问服务(不管你的访问或使用是有意与否)。使用本网站,你必须表明并保证:(1)所有提交的注册信息均真实有效且准确无误;(2)一直保持这些信息的可靠性;(3)年龄在14岁及以上;(4)使用本服务不得违反任何法律或规定。"聚友网的服务协议条款禁止在其网站上发布的内容比较宽泛,包括(但不限于):提供明知是虚假的、有误导性的或者促进虐待、威胁、淫秽以及诽谤等非法行为的信息;还包括在网站上使用未经权利人同意的照片以及在网站上从事未经本网事先书面同意的商业性活动。聚友网还规定其可以单方面修改协议内容并及时将新制定的条款公布在网站上。在当时,聚友网每天都会有大约 23 万个新用户注册,总的成员数超过了 4 亿,其中 1 亿多是来自世界各地。总体来说,聚友网只是很有限而无法全部监控新注册的用户是否遵守了上述使用条款,特别是在关于照片等的使用上。

在此基础上,法院根据控辩双方的意见和陪审团的裁决,作出了如下的判解。认定洛莉是故意未经授权或超越授权访问的唯一基础就是她在聚友网中以假的"乔希"账户和使用他人照片注册违反了该网的服务协议条款。因此,如果故意违反聚友网的服务协议不足以满足 1030 条 (a)(2)款(c)项规定中的轻罪构成要件的话,洛莉关于无罪的主张就应该得到支持。但是,本院认为根据法条规定,故意违反服务协议条款可能会构成对聚友网计算机系统的未经授权访问或者超越授权访问。从立法沿革或者 1030 条本身来看,国会制定该法并没有将该条中所使用的"授权"赋予特殊的内涵。在《韦氏新世界词典》(*Webster's New World Dictionary*)第 92 页中,"授权"的一般定义是:给予正式的许可或者批准。因而不能认为要根据法律的适用才能支持网站的所有者有权利许可社会公众访问其网站的信息、服务或者有关应用程序的范围。也不能否认网站的拥有者可以将网站使用的限制及约束性条件以如服务协议条款的方式通过书面告示置于网站的主页上。虽然在特殊的案件中会产生服务协议告知的充分性及/或用户对其同意的程度的问题,但基于公共政策的考量会相应地限制特殊约束性条件的适用。在关于此问题上,大量的法院判决都认为网站的服务协议条款能够说明对本网站有权访问的成立与否。很明显,聚友网的使用者服务协议条款能够确立该网站的访问者或者成员的访问授权及其范围。

但是，法院认为以此认定来作为违犯 1030 条中的犯罪规定并作为刑事处罚需要注意宪法上的明确性原则（void-for-vagueness doctrine）。计算机犯罪法作为刑法规定在认定犯罪和苛以刑罚的问题上必须考虑到其是否存在宪法性问题，即是否符合正当法律程序及其明确性原则的要求。在 Kolender v. Lawson 一案中，[1] 审判法院的解释认为：" 就一般而言，明确性原则要求刑罚条文所规定的犯罪必须足够明晰以至于普通大众都能够懂得哪些行为是禁止的；同时这也可以避免擅断和差别适用。虽然该原则强调对公民的实际告知（actual notice）和排除不公适用（arbitrary enforcement），但我们也看到最近以来该原则更注重的一面不是实际告知而是要求立法应对法律适用建立起最低限度的指引。如果立法不能提供这一最低限度的指引，刑法就会呈现无标准的适用，而使得警察、检方和法官根据自己的喜好来作出判断。" 于此，本案中所涉及的关键的问题就是以洛莉故意违反聚友网网站服务协议条款为依据来认定其违犯了《计算机欺诈及滥用法》中的轻罪条款并在此基础上按照相应的条款作出刑罚处罚，即 1030 条（a）（2）款（c）项和（c）（2）款（A）项的规定，这一做法是否与明确性原则相抵触。本法院认为如此认定违反了明确性原则，根本的理由就是在计算机犯罪法的适用中缺乏最低限度的指引，同时也缺乏对行为人的实际告知。这主要表现在以下两个方面。

第一个方面，缺乏定义性和实际性的告知。服务条款涵括于浏览包（browse wrap）或点击许可（click wrap）协议中，其和任何别的合同条款一样，限定着对网站及其附随计算机的授权访问范围。因而，问题就在于"一般智力"（common intelligence）的人是否能注意到违反服务协议条款合同会导致触犯 1030 条所规定的犯罪。如下论证表明，人们并不会认识到这一点。首先，初步的质疑就是法条本身的规定是否提供了足够的告知。在 1030 条（a）（2）款（c）项的法条语言中并没有清楚地表明（也没有含蓄地体现）该法将那些"违反网站服务协议条款合同的行为规定为犯罪"。通常情况下，违反合同并不会导致刑事追诉。因此，普通老百姓（ordinary people）都会认为违反合同条款的规定将导致民事责任而不

---

[1] Kolender v. Lawson, 461 U. S. 352, 357-58 (1983).

会想到有刑事惩罚。其次,如果网站的服务协议条款在确立何为"授权"或"超越授权"的基础上,还可以相应地用来决定某人访问该网站信息或服务的行为是否构成犯罪的话,那么1030条(a)(2)款(c)项就存在着不可接受的模糊性。因为其没有明确地规定究竟是违反任何一个还是所有的抑或某一些服务协议条款就构成未经授权访问。如果规定违反任何服务协议条款就可以构成未经授权访问,那么法条不明确的问题就可能得到解决;但这反而又使得法条变得极为宽泛并导致其违反了明确性原则中所要求的为刑法适用提供恰当的指引。最后,将违反服务协议条款作为构成1030条(a)(2)款(c)项犯罪的基础,其实就等于是让网站的所有者最终成为犯罪行为的定义者。这将导致更严重的模糊性问题。有些网站的服务协议条款本身表述就非常不清晰,使得访问者很难合理地确定这些条款的内涵。另外,有些网站所规定的服务协议条款范围及适用是其所有者根据自己的特定目的或喜好所制定,完全没有标准。①

第二个方面,缺乏对刑法适用最低限度的指引。如上所述,把任何违反服务协议条款的行为作为构成"未经授权"或"超越授权"访问计算机的犯罪构成要件,将会使得1030条(a)(2)款(c)项变得极为宽泛。这样做的结果就是导致大量无辜的计算机网络使用者成为该条所规定的轻罪罪犯。稍微看一看聚友网的使用者服务协议条款就可以知道其全面冗长而细得复杂的规定,如若违反则会导致潜在的刑事指控。举例言之:(1)一个求友者在注册时故意输入与自己身份不符的信息如年龄、身高或者面貌等,其违反了该协议中的"不得提交明知是虚假或欺骗性的信息"。(2)某学生偷拍同学照片并未经同学许可而放到聚友网上,其违反了该协议中的"未经他人同意不得张贴此人照片"。(3)父母为了让自己女儿生意更好,而通过聚友网大量发帖请求亲友及邻居等购买女儿的商品,这也违反了该协议规定的"禁止通过本网站提供的服务去发布广告诱导或游说本网的会员购买或销售任何产品"。然而,没有人去注意到也不会想到这些问题会导致犯罪。在本案中,梅根(当时是13岁)在聚友网上注册了自己的账户,这也很明显违反了该网的服务协议条款。因为,该网规定"14岁或以上的人"才可以成为其会员。但并没有人严肃地提出来说梅根的行为是犯罪或者说她应该受到刑事追究。

---

① United States v. Drew, 259 F. R. D. at 465 (C. D. California, 2009).

如果上述例子中的情况及任何违反聚友网使用者服务协议条款的行为都被认为是犯罪的话，那么在认定那些违反服务协议条款行为的刑事指控中就完全没有任何的限制或者标准。在网站中的所有的违反服务协议条款的行为，无论是从非常严重的（比如张贴儿童色情照片等）还是到一些微不足道的（例如在朋友不知情的情况下将她的照片放在网上），都将受到刑法的问责。总之，如果任何违反网站的服务协议条款的行为都被用来作为计算机犯罪法中所规定的故意未经授权或者超越授权访问的构成要件，其结果就会使得1030条（a）（2）款（c）项成为一款被滥用的法律。这一法律给警察太多的处理权而给那些期望使用计算机网络的公民太少的预警和告知。基于上述审理和分析，2009年7月2日，加利福尼亚州中心区联邦地方法院法官乔治·吴（George Wu）在赞同辩方意见的基础上认为如果以违反网站服务协议为依据认定1030条中规定的未经授权或超越授权访问，则会使该法条涵括范围非常宽泛。这种解释既无限制也无标准，因为各个网站的服务协议都不相同而且明细不一，以此为基础来解释计算机犯罪法违反了宪法上的正当程序和明确性原则。[①] 法院最后判决支持被告洛莉的请求，驳回指控，宣告洛莉无罪。[②] 这一判决严格按照宪法规则和刑法规定作出，控方最后也未再提起上诉。[③]

3. 法院判解评析

在美利坚诉洛莉·德鲁一案中，法院认为网站的服务协议条款可以用来设立访问的授权及其范围，但不能以违反服务协议条款为由来认为其违犯了计算机犯罪法中规定的未经授权或超越授权。因为网站服务协议条款属于一种合同，违反这种合同应该属于民事诉讼的范畴，而不能作为刑事案件来追诉。控方在本案中选择以《计算机欺诈与滥用法》来指控洛莉，并且将案件从发生地的密苏里州辗转到千里之外的加利福尼亚州，可见其用心良苦。洛莉的行为的确非常恶劣，而当时既有的刑事法律却不能对之予以惩罚，实在让人难以接受。这从美国社会大众的愤怒和对洛莉的强烈谴责来看即可反映出正义失衡而导致的社会不满。不管怎样说，洛莉对梅

---

① United States v. Drew, 259 F. R. D. at 467 (C. D. California, 2009).
② Alexandra Zavis, Judge Tentatively Dismisses Case in MySpace Hoax That Lead to Teenage Girl's Suicide, *Los Angeles Times*, July 2, 2009.
③ Prosecutors Drop Plans to Appeal Lori Drew Case. http://www.wired.com/threatlevel/2009/11/lori-drew-appeal/.

根·美尔的死负有不可推卸的责任。但控诉机关为了实现对犯罪人的惩罚而非常牵强附会地对计算机犯罪法作出前所未有的解读,从中体现出了控诉机关在洛莉的行为造成的社会危害非常严重的情况下,而对计算机犯罪法过分地做出了"实质解释"①。好在法院并没有采纳控方意见或者陪审团的裁决,而是以宪法上的明确性原则来判定以违反服务协议条款为依据来解释刑法法条的不恰当性,最终撤销了对洛莉违犯1030条的指控。虽然本案是一审,由加利福尼亚州中心区联邦地方法院判决,但是其作出的判解理由非常正确有力,强调了刑法解释的严谨性和合法性,秉承了刑法在法益保护和人权保障方面所必须遵循的基本原则。因而使得洛莉在一审之后由于控方未提起上诉即生效成为终审判决。由这一判决所形成的一个基本结论是:诸如服务协议条款这样的合同内容可以用来判断计算机的访问是否获得授权,但不能将其作为认定构成刑事犯罪的依据。

三 以代理人法的规定作出判断

（一）以代理人法作判断的基本意涵

以代理中的相关理念来判断计算机访问行为的授权与否是基于普通法上的代理人规则来作出的,并且适用这一法则来判断的案件主要涉及雇员对雇主的计算机访问行为是否未经授权或者超越授权。根据代理人规则,雇员与雇主之间存在着的代理关系确立了两者之间的特殊义务与责任,其并不以其他合同的方式呈现和执行。在代理中很重要的是雇员对于雇主具有忠实的义务,这一义务要求他的行为必须有利于雇主或者所在的企业。当雇员所获取的利益有悖于雇主时——例如雇员开始为雇主的竞争对手工作,那他代表雇主从事的授权性行为即终止。② 根据这种理念,把代理人规则引用到1030条规定中授权访问行为的认定这一问题上,就表现为当一名雇员使用雇主的计算机进行访问但并不是为了雇主利益时,即意味着他已不再是进行着授权的访问行为。美国的一些法院在审理雇员使用雇主的计算机进行访问所产生的涉及1030条中授权的认定时,便采纳了代理

---

① 关于刑法"实质解释",可参见拙文《形式与实质:刑法解释论的进路考察及选择》,载《当代法学》2011年第6期。

② William A. Gregory, *The Law of Agency and Partnership*, 3rd ed. West Group, 11 – 15 (2001).

人规则。因为这些案件大多表现为雇员通过访问其工作单位的计算机复制、修改或者删除这些计算机中的数据信息,然后辞职去与原单位有竞争关系的企业工作或者自己开设经营与原单位有竞争性的公司。在这种情况下,雇员所在的原单位或雇主即以违反代理人规则为由,并根据1030条的规定向法院提起控诉。华盛顿州西区联邦地方法院所审理的Shurgard Storage Centers, Inc. v. Safeguard Self Storage, Inc. 案是美国第一件也是影响深远的适用代理人法则判决的案例。①

(二)典型案例:赛佳德仓储中心公司诉赛福佳德自存仓储公司案②

1. 基本案情

赛佳德仓储中心公司诉赛福佳德自存仓储公司案是一起民事案件,但是其中的诉讼主要涉及对1030条中所规定的计算机访问的授权的认定。因为1030条中关于非法计算机访问的追究既包括刑事指控,也包括民事诉讼。在计算机非法访问中的受害人可以通过适用1030条的规定来实现民事救济。原告赛佳德仓储中心公司(以下简称原告公司)是美国的一家集全存和自存仓储③为一体的大型仓储企业。该公司在当时是仓储行业里的领头羊,其在美国和欧洲都占据着绝对份额的市场。赛佳德仓储中心公司成立于1975年,在过去25年来发展非常迅速而且业绩不断攀升,这主要得益于该公司在这一行业的"高进入壁垒"(high barrier to entry)④ 市场中所打拼出来的良好信誉与优

---

① Garrett D. Urban, *Causing Damage without Authorization: the Limitations of Current Judicial Interpretations of Employee Authorization under the Computer Fraud and Abuse Act*, William and Mary Law Review, No. 52, 1369, 1377 (2011).

② Shurgard Storage Centers, Inc. v. Safeguard Self Storage, Inc. 119 F. Supp. 2d 1121, 1125 (W. D. Wash 2000).

③ 全存与自存仓储的英文为"full storage"和"self-service storage",目前汉语词汇中没有一个确定而权威的对应翻译。全存是比较众所周知的仓储式服务,比如物流企业等。自存也称为"迷你存"(mini storage)主要流行于美国,国内目前对此还相对比较陌生,其主要是指仓储公司提供场地和空间并出租给一般的居民客户,租客可以将自己的家用物品或其他小商品等储存在租所中,自己保管并随时可以取用或查看。这种自存一般以月为单位作为租期。与全存不同的是,仓储公司员工一般不得进入租客储存物品的场所,仓储公司也不当然占有或控制这些租客的物品,只有在出租费未付的情况下,出租方可行使留置权。如果根据法律规定的留置权到期,租客仍未付款的,出租方即可拍卖那些物品以偿还出租费。详细介绍可参见: http://en.wikipedia.org/wiki/Self_storage。

④ "进入壁垒"(barrier to entry)是经济学上的一个概念,涉及市场中的垄断性问题。这一概念主要是指产业内既存企业对于潜在进入企业和刚刚进入这个产业的新企业所具有的某种优势的程度。换言之,是潜在进入企业和新企业若与既存企业竞争可能遇到的种种不利因素。进入壁垒的高低,既反映了市场内已有企业优势的大小,也反映了新进入企业所遇障碍的大小。参见Harold Demsetz, "Barriers to Entry", *American Economic Review*, No. 72, 47, 49-55 (March, 1982).

质的仓储服务。在推进业务拓展中，原告公司制定了详尽的市场规划，选择明确恰当的发展地区并评估在该地区的投资是否能够获得高回报。基于此策略，该公司安排出大量的人力物力组建了一个市场团队来实施发展规划，开拓新的潜在市场。这些团队很快就对市场了如指掌，查悉到潜在的投资地域并与同领域市场中的破产者以及经营者建立良好关系，以使得原告公司能够很好地掌握市场动向并处于优势地位。被告赛福佳德自存仓储公司（以下简称被告公司）成立于1997年，该公司是原告的直接竞争对手，其主要在美国境内和国外开展经营自存式仓储服务。

1999年的7月份前后，被告公司以高薪报酬买通了原告公司的一个地方部门经理埃里克·利兰（Eric Leland）及其他的几个员工，让他们为被告公司工作。因为埃里克·利兰在原告公司中属于管理层的地位，其对原告公司计算机系统中的机密商业计划、市场拓展规划以及其他的商业秘密等数据信息有全部的访问权限。虽然埃里克·利兰表面上还是在原告公司工作，但却"人在曹营心在汉"，他已经成为为被告公司效力的经济间谍。于是，利用在原告公司工作的职务之便，埃里克·利兰不断地将原告公司计算机中的各类商业秘密以及专有信息通过电子邮件发给被告公司。埃里克·利兰的这一行为既没有让原告公司知晓更没有获得其批准。在1999年10月，被告公司聘用埃里克·利兰为本公司正式员工，但其依然在原告公司上班并继续向被告公司发送上述有关信息。除了挖到埃里克·利兰以外，被告公司还以同样的手法多次将原告公司中的一些员工"策反"。这些被"策反"的员工在原告公司都能接触到该公司的商业运营模式以及经营战略等重要的经济信息，他们"潜伏"在原告公司不断地为被告公司提供这些信息。案发后，原告公司向华盛顿州西区联邦地方法院提起诉讼，并以1030条（a）（2）款（C）项为依据认为埃里克·利兰故意未经授权访问原告公司的计算机或超越授权访问该公司计算机并从中获取信息，这一行为违反了联邦计算机犯罪法中的非法访问规定。[①] 被告公司提出抗辩认为其员工埃里克·利兰没有未经授权或者超越授权访问原告公司的计算机，请求法院撤销原告公司

---

① Shurgard Storage Centers, Inc. v. Safeguard Self Storage, Inc. 119 F. Supp. 2d 1121, 1125 (W. D. Wash. 2000) [quoting 18 U. S. C. § 1030 (a) (2) (C) (2000)].

的诉求。①

2. 法院判解

华盛顿州西区联邦地方法院经过审理驳回了被告的请求,其主要控辩及判决过程如下。在本案的庭审中,被告公司认为原告公司的诉由中没有提出其前员工埃里克·利兰等人的访问行为是未经授权,相反,原告公司承认埃里克·利兰等对所传播给被告公司的信息完全可以在其工作期间访问。因而,原告公司提出的被告公司员工埃里克·利兰等违反1030条(a)(2)款(C)项的诉求不成立。对此,原告公司反驳认为当埃里克·利兰及其他被"策反"的员工为被告公司效力时,其对于原告公司计算机的访问就不再是授权访问。原告公司的理据是《关于代理的再次声明(二)》(*the Second Restatement Agency*)中的112条,该条规定"如果代理人在委托人不知道的情况下获取与委托相悖的利益,或者作出严重违背委托人的忠实义务行为时,除非得到委托人的同意,代理人的授权即终止。"② 除此之外,原告公司还以 United States v. Galindo 案的判决结论作为支持。United States v. Galindo 案是由第九巡回上诉法院判决,其主要案情是:一家珠宝公司授权其雇员T负责为该公司接收邮件,雇员T为了获取邮件内的有价物而伪造签名企图掩盖他已收取邮件的事实。雇员T被判邮件盗窃罪,法院的判决认为当雇员T使用欺诈性的手段获取邮件时,就不再是珠宝公司的代理人。基于此,原告公司诉称那些被"策反"的雇员在访问该公司计算机时,授权即已不存在。

法院经过对 United States v. Galindo 案的检视和对《关于代理的再次声明(二)》第112条的评定,最后采纳了原告公司关于对计算机访问行为授权的认定。法院判决认为,被告公司的员工在原告公司工作时利用原告公司授予的访问权限将原告公司的重要商业机密及其他相关资料通过邮件传送到被告公司,这一行为已经表明这些员工已经丧失了原告公司赋予他们的计算机访问的授权,因而构成1030条(a)(2)款(C)项中规定的未经授权访问计算机。法院在作出此判定的基础上,除了同意原告公司主张的代理人规则以外,还进一步分析《计算机欺诈及滥用法》的立法沿革及其修正

---

① Shurgard Storage Centers, Inc. v. Safeguard Self Storage, Inc. 119 F. Supp. 2d 1121, 1125 (W. D. Wash. 2000) [quoting 18 U. S. C. § 1030 (a) (2) (C) (2000)].

② *Restatement (Second) Agency*, §112.

内容来丰富其判决理由。在 1030 条的立法过程中，参议院的报告表明：1030 条（a）（2）款（C）项是用来保护那些使用于州际或国际商贸的计算机信息不被非法窃取。该项通过设置未经授权访问这一要件来禁止对无形的计算机信息加以保护，就如传统刑法保护有形实体物不被盗窃一样。计算机中的信息会涉及著作权法，因而窃取这些信息会牵连到著作权的保护。但 1030 条（a）（2）款（C）项所强调的核心问题在于滥用计算机去获取信息。行为人不恰当地使用计算机去获取诸如金融记录、政府机关的非机密信息和那些属于私人个体及公司企业的有价值的信息，将面临轻罪的惩罚；如果情节严重即会构成重罪。[1] 因此，从立法上来看 1030 条（a）（2）款（C）项除了对计算机的保护外，还保护知识产权，惩罚那些为了商业利益而非法访问计算机的行为。故而，本院判决不支持被告公司提出的辩护请求。[2] 判决宣告后，被告公司没有提起上诉，继而判决生效，原告公司获得相应的赔偿。

3. 法院判解评析

通过上述赛佳德仓储中心公司诉赛福佳德自存仓储公司一案的诉与判，可以看出该案中判断计算机访问是否授权所依据的代理人法则在解释上没有太多的限制。根据其判解，只要雇员使用雇主计算机的行为与雇主的利益不一致时，就可以认为该雇员已经不是雇主的忠实代理人，因而他对雇主计算机的访问就是未经授权。其中决定访问行为的授权与否的关键因素是雇员的动机，如果动机不纯就按照代理人法则认定不再具有授权的资格。因此，在赛佳德案中，华盛顿州西区联邦地方法院对"未经授权"采取了广义解释。[3] 由于本案是使用代理人法则来解释计算机访问未经授权的第一个案例，因此其也开创了对"未经授权"进行广义解释的先河。在随后的判例中，也有与该院同级或者更高一级的联邦法院采取广义解释的办法来认定计算机访问中的授权问题。虽然赛佳德仓储中心公司诉赛福佳德自存仓储公司是以 1030 条为依据提起的民事诉讼，但其中关于对计算机访问授权的认定也对后来的刑事案件在此问题上的判解产生了影响。前述的美利坚诉洛莉·

---

[1] *Senate Report*, No. 104-357, at 7-8 (1996).

[2] Shurgard Storage Centers, Inc. v. Safeguard Self Storage, Inc. 119 F. Supp. 2d 1121, 1125 (W. D. Wash 2000)

[3] Graham M. Liccardi, The Computer Fraud and Abuse Act: a Vehicle for Litigating Trade Secrets in Federal Court, *The John Marshall Review of Intellectual Property Law*, No. 8, 164 (2008).

德鲁案中控方关于以违反网站服务协议条款来认定访问的未经授权也多少受到赛佳德案的启示。但刑事追诉与民事救济不可同日而语，也就在判决结果上形成重大差别。至于以代理人法则来认定计算机访问的未经授权是否合理与可取，将在下文的"授权判断的依据选择"分析中具体探讨。

第三节　授权判断的依据选择

通过对上述关于计算机访问的授权在美国司法实务中运行的判断模式的分析研究，可以得出以下两个方面的结论。其一，关于计算机访问授权与否的判断从与计算机本体紧密相关的情况来看主要依据包括程序编码设限和网站服务协议条款，也就是说计算机的所有者或者类似的权利人可以通过设置程序编码或使用者服务协议条款来限制和规范他人对其计算机的访问范围与访问方式。相应地，计算机的使用者会因为规避设定的程序编码或者违反服务协议条款而被认为是无授权的访问行为，从而涉及滥用计算机并以 1030 条作为依据展开问责。详言之，以程序编码限定访问行为的做法就是计算机的权利人通过在软件程序中设置密码等从而限制使用者特定的计算机访问权限。[1] 行为人规避程序编码的方式主要有两种，一是假以他人身份登录，如未经同意使用他人密码或猜测出密码；二是从程序编码中找出缺陷，然后利用制作的程序攻入漏洞实现访问。[2] 前述判例中莫里斯释放蠕虫病毒的行为即是如此。使用者服务协议条款则是计算机的权利人通过制定相关使用合同来明确规定使用者的权利与义务。如果访问行为人与权利人先前存在合作关系，则合同表现为服务协议条款（Terms of Service），如果不存在即以使用协议条款（Terms of Use）的方式表现。[3] 但不管哪种方式，都是访问者没有按照其协议条款的规定来行使访问行为，如洛莉以虚假身份信息注册账户的行为即是。其二，除了程序编码设限与使用服务协议条款作为判断依据外，代理人法则成为在不属于上述两种判断依据下的一个替代性选择，使其主要用来解决雇员对雇主计算机访问的情形。这些判断依据在 1030 条计算

---

[1]　Lawrence Lessing, *Code and other Laws of Cyberspace*, Basic Books, 68-70 (2006).
[2]　Bruce Schneier, *Secrets and Leis: Digital Security in a Networked World*, Wiley, 175 (2004).
[3]　Orin S. Kerr, Cybercrime's Scope: Interpreting "Access" and "Authorization" in Computer Misuse Statute, *New York University Law Review*, No. 78, 1645, (2003).

机访问授权的认定中，因刑事追诉和民事案件的区别而有不同的选择。

一 刑事案件中授权判断的依据及意义

1030条作为美国联邦最重要也是最主要的计算机犯罪法，在打击联邦计算机犯罪中具有举足轻重的作用，尤其是该法在1996年修正中将计算机的范围由"与联邦利益有关的计算机"改为"受保护的计算机"，从而使得该法可以全面地延伸到所有的计算机。这对于计算机犯罪的有效规制和有力打击具有奠定基础的作用，但是在计算机已经作为广大市民日常生活所必需且每天都有数以亿计的人使用而言，其中必然存在着很多非正常地使用计算机的情况。但这些非正常使用计算机的行为并不全是严重的计算机滥用，也因此并不都要按照1030条的规定来定罪处罚。这就需要通过对这些行为进行选取，只有符合1030条所规定的构成要件的行为才能予以追究，这也是罪刑法定的题中之意。但是如上所述，1030条规定中确立计算机滥用的非法访问行为的核心要件是"未经授权"与"超越授权"，即以"授权"来作为访问行为性质的是否属于犯罪的"着色剂"。在上述典型案例中，莫里斯案肯定了程序编码设限作为未经授权访问计算机罪的判断依据，并从中发展出了"预定功能"的检验标准；相反洛莉案中否定了以使用服务协议条款为据认定访问属于未经授权从而构成犯罪，并以明确性原则为由进行了充分的说理。判例的态度表明程序编码设限可以作为刑事案件中授权判断的依据但使用服务协议条款则不宜采用。没有一个法院已经作出判决认为违反一个合同式的规定（不管是违反网站的服务协议条款还是其他）构成计算机访问的未经授权，从而以《计算机欺诈及滥用法》的刑法条文来治罪。[①] 以程序编码设限作为认定未经授权访问计算机犯罪具有其合理性。

美国虽然是属于英美法系，秉行判例法的传统，但英美法系的判例在现代时期已经不再创造新法。英国议会上院已经肯定了这样的法律观念：司法应该最好不要去产生出一些新的刑法规定，虽然在严格的意义上说其有权这样做。在我们看来，这一任务应该主要保留给立法者。[②] 英国议会上院所肯

---

① Nicholas R. Johnson, "I Agree" to Criminal Liability: Lori Drew's Prosecution under §1030 (a) (2) (c) of the Computer Fraud and Abuse Act, and Why Every Internet User should Care, *Journal of Law, Technology & Policy*, 577 (2009).

② Shaw v. Dir. Of Pub. Prosecutions, [1962] A. C. 220, 268 (H. L. 1961).

定的这种法律观念在大多数的西方司法体系中也同样得到了接受和认可。在美国的司法者们也不情愿去创造新刑法且不愿意适用尚未编撰成典的刑法条文。①《计算机欺诈与滥用法》作为美国联邦计算机犯罪法,历经七年艰难曲折的立法博弈而最后在美国国会戏剧般地得到通过,成为一部重要的打击计算机犯罪的刑法规定,最后被编撰入《联邦法典》第18编,位列第1030条。因此,美国联邦计算机犯罪法作为制定法与大陆法系国家的制定法一样具有共同的结构和特征。基于此,对于制定法的相关约束性条件,也同样适合于1030条。制定法由于具有成文性和定格性的特色,在适用的过程中对其文本语义的内涵无疑需要予以一定的解释,而作为万法之盾的刑法在发挥"最后手段"的法益保护与人权保障作用中,不但在解释上难免,而且在解释的要求上也更为慎重苛严。② 在对1030条规定中的计算机访问行为授权与否的解释时,必须严格按照刑法的性质和要求来进行,这也是美国法院判例所遵循的进路,也为美国学者所主张:法院在刑事案件中应仅以程序编码设限作为未经授权访问计算机的判断依据。③ 在刑事案件中,舍弃以服务协议条款而以程序编码设限作为访问未经授权的判断依据具有下列重要意义。

(一) 实现法益保护与人权保障的平衡

在刑事案件中以程序编码设限作为判断计算机访问的未经授权即意味着排除服务协议条款的适用。"未经授权"的确定可以通过莫里斯案所确立的"预设功能"标准或其他类似的如假以他人有效信息诈取登录的情况来检验。这一判断依据也很好地与前文中所采用的形式的访问概念相契合。换言之,当行为人规避程序编码或假以他人有效信息诈取登录访问计算机时,访问行为早就成立。因而不用像实质的访问概念那样须先去确认访问行为的有无再来看未经授权的存否,徒增麻烦。另外,这一判断依据的最大优益之处是可以很好地控制1030条的适用面,可以将那些"情节显著轻微危害不大的"计算机使用行为排除在刑法规制的范围之外。这是因为1030条在规制计算机犯罪中存在着既要实现对法益的有效保护又要

---

① Note, Common Law Crimes in the United States, *Columbia Law Review*, No. 47, 1332, 1334 (1947).

② 参见拙文:《形式与实质:刑法解释论的进路考察及选择》,载《当代法学》2011年第6期。

③ Orin S. Kerr, Cybercrime's Scope:Interpreting "Access" and "Authorization" in Computer Misuse Statute, *New York University Law Review*, No. 78, 1645, (2003).

体现对人权的有力保障。这是所有刑法都面临的两个既对立又统一的哲学问题。在如今的计算机网络虚拟空间的刑法规制中，这种对立与统一的关系具体表现为：一方面要保证广大的计算机用户尽可能地在网络世界中畅享自由，另一方面又要保护计算机的数据信息安全及其使用者的隐私；打击计算机犯罪行为可以有效地保护安全与隐私，但过分的刑法适用就会侵害计算机用户的个人自由。因此，这种相互牵扯而体现的潜在张力要求必须对犯罪的构成要件予以恰当的厘定，反映在1030条上就是"未经授权"的确立要符合刑法规制的要求。

计算机网络最重要的社会价值就在于其向人们展示了一个与现实世界不一样的活动空间，提供给了人们一个自由发表言论及其相关活动的平台。而今每天都有不计其数的用户通过计算机在全球范围内访问各种资源，交流分享各种信息。计算机网络的重要意义就在于其在源头设计上就提供了自由使用的价值。[1] 但是，计算机网络的社会价值还体现在其可以依赖于通过法律和技术的架构来保证广大的用户能在计算机中有自己安全而私密的领域，使其不受到非法的侵扰与干涉。[2] 然而，这两种价值之间存在着冲突。举例而言，黑客会认为自己具有探索性的计算机攻入行为是自由访问，但对于受访的被害者而言则会认为这是对其隐私与安全的侵犯。[3] 刑法的适用就需要游走于这两者冲突的边缘，而在1030条中的表现就是既要能够保证计算机网络开放的价值，又要保护其中的隐私及其安全。如果以网站的服务协议为依据来判断"未经授权"，则会赋予那些网站的所有者太多的权力去给计算机用户设定限制，规定他们可以做什么以及怎样去做，从而对计算机使用的自由价值作出非常大的让步而换回有限的隐私保护及其安全。另外，更为严重的问题是服务协议条款还会架空刑法规定，形成实质上的刑法内容。这正如在洛莉案中法院的判解指出的："将违反服务协议条款作为构成1030条（a）（2）款（c）项犯罪的基础，其实就等于是让网站的所有者最终成为犯罪行为的定义者。"[4] 这样做的危险性就在于其潜在地会将所有的计算机用户当作1030条规定的罪犯，

---

[1] Lawrence Lessing, Code and other Laws of Cyberspace, Basic Books, 8 (2006).
[2] Paul M. Schwartz, Internet Privacy and the State, *Connecticut Law Review*, No. 32, 815 (2000).
[3] Michael Lee et al., Electronic Commerce, Hackers, and the Search for Legitimacy: a Regulatory Proposal, *Berkeley Technology Law Journal*, No. 14, 845 (1999).
[4] United States v. Drew, 259 F. R. D. at 465 (C. D. California, 2009).

只要违反了服务协议条款的规定。

舍弃服务协议条款而取程序编码设限作为未经授权的判断依据可以在很大程度上缓解上述的矛盾与冲突，使得计算机网络的开放性和隐私与安全两方面都得到足够的重视。在以程序编码作为未经授权的判断依据下，计算机用户可以自由地使用网络、访问网站、收发邮件以及进行其他的诸如在聚友网（MySpace）或脸谱网（Facebook）等社交网站上自由地交流交往，而不用担心会因为违反使用服务协议条款等类似合约式规定而受到刑事追究。当然这并不意味着没有任何责任，计算机或网站的权利人对于违反其服务协议条款的行为人可以根据 1030 条的民事救济规定或者合同法等提起民事诉讼。如果违反服务协议条款所造成的后果特别恶劣，情节非常严重的，可以根据其他刑事法规定来惩治。洛莉案即是一个很好的例子，其虽然违反了服务协议但不能以 1030 条规定来提起刑事追诉，而是应该以其具体的犯罪行为——计算机网络欺辱来实现刑事惩治。[①] 同时，程序编码设限作为判断依据可以对那些在自己计算机及其网站中设定了访问限制的情况提供完整的保护。权利人通过程序编码以账号密码或防火墙等方式设定访问的限制，表明他们对计算机网络安全以及隐私的需求，不允许随便访问。如若其设定的程序编码受到规避而被迫访问，则可以启动 1030 条实现刑事规制而达到计算机安全与隐私的保护目的。总而言之，以程序编码设限作为计算机访问授权的判断依据既能实现法益保护又能体现人权保障。

（二）符合现代刑法中的刑罚目的要求

现代刑法理论一般都同意，刑罚目的是指国家运用刑罚所希望达到的目的。国家运用刑罚是为了履行和完成宪法赋予国家的保护社会和个人的任务，因此，在刑罚目的意义上所说的目的，指的是刑罚对社会和个人的影响效果。从国家这个刑罚行使者的角度看来，这种影响效果表现为两个方面：一方面是鼓励性的，也称积极性的目的，其含义是国家通过刑罚的运用在社会中鼓励产生某种效果；另一方面是阻碍性的，也称消极性目的，其含义是通过刑罚的运用在社会中阻挡某种状态的发生。[②] 刑罚作为对犯罪行为的责任后果

[①] 关于洛莉案发生后，美国对类似行为的反应与规制参见拙文：《权利与规制："非实名制"下的计算机网络欺辱犯罪研究——以美国法律规定及相关判例为分析进路》，载《重庆邮电大学学报》2012 年第 5 期。

[②] 王世洲：《现代刑罚目的理论与中国的选择》，载《法学研究》2003 年第 3 期。

的表现形式之一,在对犯罪实施惩戒的过程中必然具有其特定的目的。在绝大多数情况下,现代的刑事立法都对刑事责任的范围进行了限制,使其既能满足刑罚功利主义的要求也能达到刑罚报应思想的目标。① 刑罚功利主义的内涵主要包括威慑、犯罪人复归社会以及丧失犯罪能力。② 在计算机犯罪的语境中,最重要的刑罚目的就是威慑。通过刑法的适用来威吓那些行为人不去实施有害的行为,或者在一定程度上使得那些犯罪者选择实施危害较小的行为。③ 刑罚报应思想的目标是期望对犯罪的惩罚符合社会正义。④ 在刑罚报应思想下,对犯罪的刑事指控强调行为应受社会道德的谴责,通过惩罚这一值得谴责的行为表明社会对犯罪行为不讲道义的难以容忍和强烈否定。⑤ 在刑罚功利主义和报应思想下以程序编码设限来作为计算机访问授权的判断依据符合上述刑罚目的的要求。

正如在洛莉案中法院判解所提到的,违反使用者服务协议条款至多是属于民事法调整的范畴。⑥ 这是因为违反服务协议条款从根本上而言是违背了计算机所有者或相关权利人对访问者的诚实信用要求,这种违反与背离完全可以通过传统的法规如合同法等加以救济。诚然,在违反服务协议条款中有可能会涉及访问行为与计算机或网站的一些隐私政策相悖,但从风险性上来看其比较微小,不是直接地侵入到了私密的空间。换言之,当一个行为人超越了使用者服务协议条款的限制而访问了计算机或网站中的可以看得见的内容,虽然不符合该计算机或网站中的隐私政策,但其与那些设置了专门访问权限而不许可随便访问的计算机或网站所有者的隐私内容相比较而言,具有非常大的差别。在绝大多数的网站中如聚友网、脸谱网等都规定有隐私政策,⑦ 但其规定的隐私内容并非属于计算机网络所有

---

① Kent Greenawalt, *Punishment*, in 4 *Encyclopedia of Crime and Justice*, Macmillan Library Reference 1333, 1342 (Sanford H. Kadish ed., 1983).
② James Q. Wilson, *Thinking about Crime*, Vintage, 148-63 (1985).
③ Neal Kumar Katyal, Deterrence's Difficult, *Michigan Law Review*, No. 95, 2386-90 (1977).
④ Herbert L. Packer, *The Limits of the Criminal Sanction*, Stanford University Press, 37-39 (1968).
⑤ Jeffrie G. Murphy and Jan Hampton, *Forgiveness and Mercy*, Cambridge University Press, 128 (1990).
⑥ United States v. Drew, 259 F. R. D. at 465 (C. D. California, 2009).
⑦ 关于这些 Facebook 等社交网站关于隐私政策的具体要求,可参见 http://www.facebook.com/about/privacy/; http://www.myspace.com/Help/Privacy?pm_cmp=ed_footer; https://www.google.com/intl/en/policies/privacy/.

者自己的私密或不能公开的数据信息,而是对于一些属于本网站的内容不能随便复制转播(虽然是可以公开或半公开的访问)或者对他人的信息等不能任意通过该网站而获取以及对那些在网站中进行商业性行为所可能会涉及的秘密信息等的限制性规定,当访问行为与隐私政策相悖时,其所侵害的并不是访问对象(计算机或者网站)自身的完全具有隐私性而需要专门的安全保护的信息内容。

　　但是通过技术性等方式来规避设定的程序编码而突破计算机中设置的障限从而攫得访问的行为严重威胁到权利人的隐私利益及计算机数据信息的安全,其明显地体现出行为人具有严重的刑事犯罪性和非难可责性。[①] 从传统刑法的内涵来看,立法在对入室盗窃进行规定的时候,就注意到"闯入(或破门而入)"(break in)到一个受保护的场所或空间的行为具有特殊的含义。[②] "闯入"行为威胁到权利人在最私密空间的安全,他们通过建筑物或者其他有效的物理防范设施来与外在空间相隔开,但因"闯入"而使得这些保护隐私及财产的措施都无济于事。因此,现代刑法都强调:在保护那些被人们当作自己的"城堡"而享有安全和最值得珍惜拥有的私密空间时,刑法习惯而敏锐地对其给予更加特别的保护。[③] 在计算机虚拟空间中规避程序编码设限的访问行为也如"闯入"一样,破坏了他人对于自己隐私和数据安全保护的强烈意愿。因为很多计算机的权利人都将设置密码等措施的内容视为自己在虚拟空间的"私密家园",会毫不含糊地认为对这些"私密家园"未经授权的访问就是侵犯自己的隐私及其数据安全。这种突破程序编码设限的未经授权访问破坏了社会对于公民隐私和信息安全的正义期待,无论是从道义责任上讲还是以造成的危害性而言,都应施以刑罚的惩戒。通过以程序编码设限为依据来判断计算机访问的未经授权,将这类行为处以刑罚,既对犯罪者进行了应有谴责从而恢复社会期待的正义,还可以威慑潜在的犯罪人,使其不敢贸然犯罪,从而达到刑罚目的之要求。

　　(三)体现了刑法信条学上的根本内涵

　　刑法信条学,从其最基本的意义上说,是关于刑法基础理论的学

---

　　① Ethan Preston, Finding Fences in Cyberspace: Privacy and Open Access on the Internet, *Journal Technology Law & Policy*, No. 6.1, 3 (2000). 参见 http://grove.ufl.edu/~techlaw/vol6/Preston.html.
　　② Wayne R. LaFave, *Criminal Law*, 4th ed., West, a Thomson business, 884 (2003).
　　③ Model Penal Code § 221.1 cmt. at 67 (Official Draft & Revised Comments 1980).

问。① 刑法信条学是研究刑法领域中各种法律规定和各种学术观点的解释、体系化和进一步发展的学科。② 因而对刑法条文的解释属于刑法信条学的主要和基本内容之一。刑法的法条在司法适用过程中无疑都需要作出一定的解释，但对其解释在信条学上的最基本要求就是避免解释结论存在宪法性的问题。换言之，刑法条文的解释也就是对犯罪的司法概念的解释，其必须在刑法法益的指导下进行并且必须符合宪法性法益的要求。③ 在美利坚诉洛莉·德鲁案中，法院以控方对1030条的刑法解释不符合宪法的原则为由而驳回指控，其判解也明确地体现了对刑法信条学理念的遵守。在洛莉案中，控方对于未经授权访问的判断以服务协议条款作为解释的依据受到法院的否定是因为其不符合美国宪法的精神，同时单纯违反合同协议的情况也不符合刑法法益的保护要求。在计算机的访问行为中，会涉及言论的问题。如果以服务协议等类似合同契约作为解释未经授权的依据，会产生两个宪法性的问题。其一，对1030条作出如此解释之后就使之变得非常宽泛，而把那些非具有严重性的行为也当作犯罪处理，包括那些受到美国宪法第一修正案保护的言论自由行为。美国宪法第一修正案对于那些限制或干涉言论自由权利的法律实施宪法性的审查，如果发现这些法律实质性地制约了第一修正案的适用即认为其不具有合理性。

以合同式的服务协议条款作为未经授权的判断依据会产生随意出入人罪的问题。因为服务协议条款由计算机或网站的权利人制定，一旦以此为认定构成犯罪的基础，就实际上等于是让这些权利人来左右刑法。他们根据自己的利益来设定服务协议条款，把计算机访问的授权决定权控制在自己手中，如果有违反协议条款的访问行为出现，就可以根据1030条的规定启动刑事追究。在本章的开头曾提及三K党的网站规定的例子。按照该网站的规定，只有"白人至上主义者"才可以访问其中的网页内容。当登录到该网站的主页界面后，其对话框弹出的服务协议条款就会要求访问者选择同意上述规定与否，只有选择"同意"才能获得授权访问。但例子中的学生并非"白人至上主义者"却选择了"同意"，按照以服务协议

---

① 王世洲：《刑法信条学中的若干基本概念及其理论位置》，载《政法论坛》2011年第1期。
② ［德］克劳斯·罗克辛：《德国刑法学总论第1卷》，王世洲译，法律出版社2005年版，第152页。
③ 参见拙文《法益的无限性与有限性——以计算机诈骗行为的分析为例》，载《中国刑事法杂志》2011年第12期。

条款作为未经授权访问的判断依据,则该学生的行为就会变成犯罪行为。更重要的是,如果计算机网络的运营者在其服务条款中规定"只有宣扬基督教义者"才可以访问网站并发帖,那么一个虔诚的佛教信徒如果访问该网并发表关于佛教的教义,则也会成为未经授权访问,而引来刑罚之灾。这种随意限制公民网络权利言论自由的协议规定不但让广大的计算机使用者受到刑罚威胁,也为美国宪法第一修正案所严格控制并竭力摒弃。人们在计算机网络中拥有与现实世界一样的言论自由权利。① 因此,以服务协议条款为依据判断访问的未经授权这种解释进路为美国宪法所不容许。

以服务协议条款作为依据判断访问的未经授权所产生的另外一个宪法性问题即是其违背了明确性原则的要求。明确性原则的本旨强调刑事立法的条文及定义必须具体明晰,不能含混不清;刑罚权的行使与方式必须合理。对某一行为作出禁止或命令要求的刑法条文在语词上模糊得使一般智力(common intelligence)的人都必须猜测其意并在其适用上有不同的看法,就违背了最基本的正当法律程序原则。② 通常情况下,当我们在使用计算机访问各类网站时,几乎都不会去仔细关注或认真阅读这些网站的服务协议条款,即使偶有去详细阅读也会因其中出现的一些专有术语或晦涩用语而让人难以理解其义。一般情况下,在计算机访问的操作过程中,大多数用户都不能确信自己的访问行为是否都符合那些纷繁复杂的服务协议条款的要求。如果以服务协议条款作为未经授权的判断依据,那么这些内容繁复的规定在使用者看来只不过是一些平静地安躺在网站或计算机中的"摆设",但若违反这些平静的"摆设"就会在1030条规定的笼罩下成为凶神恶煞会眨眼的用来打击未经授权访问"犯罪"的利器。以违反网站服务协议为依据认定1030条中规定的未经授权访问,则会使该法条涵括范围非常宽泛。这种解释既无限制也无标准,因为各个网站的服务协议都不相同而且明细不一,以此为基础来解释计算机犯罪法违反了宪法上的正当程序和明确性原则。③ 总之,经过洛莉案的判决之后,没有一个被告人因违反网站的服务协议条款而被当作1030条(a)(2)款规定的犯罪来

---

① Watchtower Bible & Tract Society of New York, Inc. v. Village of Stratton, 536 U. S. 150, 164 (2002).
② Daniel H. Benson, *Hall's Criminal Law: Case and Materials*, The Michie Company Law Publishers, 24 (1994).
③ United States v. Drew, 259 F. R. D. at 467 (C. D California, 2009).

处理。① 在关于计算机访问中授权的判断上，美国法院通过判决明确地表明在刑事案件中只能适用程序编码设限作为判断的依据，这些判例成为新的规则，对后来的类似案件发生着重要的指引作用。

二 民事案件中授权判断的依据

通过前述对美国联邦《计算机欺诈与滥用法》立法过程的研究可以看出，在美国联邦惩治计算机犯罪的过程中并非一开始就存在着民事救济。随着1994年修正案在1030条中增加了民事赔偿的规定和1996年修正案以及2001年修正案分别对规制的计算机范围由"与联邦利益有关的计算机"扩大到"受保护的计算机"到最后包括"美国境外的计算机"后，"很快就导致民事案件的猛增，并且高过了刑事案件的数量"。② 形成民事诉讼多于刑事指控的原因主要是法院在案件审理中对于"未经授权"作出了比以往要宽泛的解释，使得更多的访问行为都包容其中。③ 在法院看来，对于适用1030条审理民事诉讼案件与适用该条审理刑事案件具有重大差别。被告人必须对自己的访问行为造成的损害向被害人进行赔偿是一回事，而被告人因自己滥用计算机而必须蹲监狱那又是另外一回事。④ 适用1030条中的民事赔偿规定来处理的未经授权或者超越授权访问计算机的案件主要涉及雇员对雇主计算机数据信息的转移窃取等情形。这些情形主要表现为，当雇员准备从原单位离职去与原单位有竞争关系的单位工作或者自办竞业性公司企业时，从原单位的计算机中带走或删除大量有价值的数据。原单位的雇主在发现这些重要数据遭到泄露或损失后，即以1030条中的民事规定起诉雇员使用该单位计算机进行访问的行为是"未经授权"。法院在审理这类案件时，对于"未经授权"的判断则不像刑事案件中对"未经授权"的判断那样受到严格限制。经过十来年的司法发展，美国法院对民事案件中"未经授权"判断的依据主要形成了两

---

① D. Money Laundering, Rule of Lenity, *Harvard Law Review*, No. 112, 475, n64 (November 2008).

② Peter A. Winn, The Guilt Eye: Unauthorized Access, Trespass and Privacy, *Business Lawyer*, No. 62, 1408 (2007).

③ Warren Thomas, Lenity on Me: LVRC Holdings LLC v. Brekka Points the Way toward Defining Authorization and Solving the Split over the Computer Fraud and Abuse Act, *Georgia State University Law Review*, No. 27, 385 (2011).

④ Orin S. Kerr, Cybercrime's Scope: Interpreting "Access" and "Authorization" in Computer Misuse Statute, *New York University Law Review*, No. 78, 1641-42, (2003).

种不同的立场：广义解释和狭义解释。

（一）广义解释的判断依据

广义解释在这里是指对"未经授权"的判断作出比较宽泛的理解，对计算机访问的"未经授权"作出广义解释的依据是代理人法则。上述赛佳德仓储中心公司诉赛福佳德自存仓储公司一案即是按照这一法则进行的判断。代理人法则强调作为雇员的行为人在开始完全获得授权访问受保护的计算机以及其中的数据信息资源，但这一授权终止于当雇员具有的主观意图是违背对雇主的忠实义务而进行访问时。赛佳德案是适用代理人法则的开创性案件，这使得接下来不同司法区域的地方法院在审理类似案件时，对赛佳德案判决结果持认同意见的追随者众多。[1] 但将代理人法则作为判断依据并具有重大影响的是联邦第七巡回上诉法院在 International Airport Centers, L. L. C. v. Citrin 一案（以下简称 Citrin 案）中的判决。[2] 该案的主要案情是，被告人 Citrin 是 International Airport Centers 房地产公司（以下简称 IAC 公司）的高级员工。在 Citrin 准备离职并自己开办类似公司前，使用一款永久删除程序把该公司给他用于办公的笔记本电脑中关于房地产投资和市场走向的重要数据全部删除，而这些数据在该公司并没有备份。案发后 IAC 公司向伊利诺伊州北区联邦地方法院提起诉讼，但该法院判决认为 Citrin 有权访问该计算机，IAC 公司遂向第七巡回上述法院提起上诉。第七巡回法院撤销了地方法院的判决，认为 Citrin 违反了 1030 条关于禁止未经授权访问计算机的规定。法院的判决理由是：当 Citrin 作出了不恰当的行为，决定辞职并删除这些数据的时候，违反了代理人法所要求的雇员的忠实义务，因此他就不再是授权访问该笔记本电脑。[3] 第七巡回上诉法院适用代理人法则在 Citrin 案中的判决确认了地方法院在赛佳德案的判解，也因此有更多的法院接受了第七巡回上诉法院更具有权威性的判决理由。

在广义解释中，除了引用代理人法则外，一些法院还以网站的服务协议条款或者雇主与雇员之间签订的雇用合同或员工手册中的保密协定为依

---

[1] Richard Warner, The Employer's New Weapon: Employee Liability under the Computer Fraud and Abuse Act, *Employee Rights and Employment Policy Journal*, No. 12, 19, n36 (2008).

[2] International Airport Centers, L. L. C. v. Citrin, 440 F. 3d 418 (7th Circuit 2006).

[3] International Airport Centers, L. L. C. v. Citrin, 440 F. 3d 420 (7th Circuit 2006).

据来判断计算机访问行为是否未经授权。以网站的服务协议条款来作为判断依据的案件中，America Online，Inc. v. LCGM，Inc. 一案是其代表。① 在该案中，网络服务商美国在线公司（AOL）以 1030 条（a）（2）款（C）项和 1030 条（g）款的民事规定向弗吉利亚州西区联邦地方法院起诉被告 LCGM 公司。AOL 诉称被告公司 LCGM 违反 AOL 公司的网站服务协议条款规定，搜集 AOL 公司上万名客户的电子邮件地址并向这些邮件发送几千万份色情广告的垃圾邮件。② 法院支持了原告 AOL 公司的诉由，并作出判决认为：被告 LCGM 公司承认自己是 AOL 公司的客户成员，但其利用这一成员资格去大量搜集 AOL 公司客户的邮件地址，这一做法违反了 AOL 公司服务协议条款中关于禁止搜集其他用户资料的规定。因此，其利用计算机程序搜集邮件地址并发送大量垃圾邮件的访问行为属于未经授权。③ 但总的来说，法院并非在所有的民事案件中都以网站服务协议条款来认定访问的未经授权，作出如此认定的仅仅是那些涉及竞业关系和垃圾邮件的案件中。④ 以雇佣合同或员工手册中的保密协定为依据来判断未经授权的法院中，具有权威性的是联邦第一巡回上诉法院对 EF Cultural Travel BV v. Explorica，Inc.，一案的判决。该案中，前雇员辞职后与原公司签订保密协定，但其利用自己先前在该公司工作所知悉的密文代码设计出相关程序可以更有效地获取该公司网站中的信息。虽然该公司网站是对外开放的，但法院认为前雇员违反保密协议并使用该公司的机密信息的行为属于未经授权访问。⑤ 这一判决也对后面法院在类似案件上的认定起到了例示的作用。

（二）狭义解释的判断依据

对于以第七巡回上诉法院为首的广义解释，并非所有法院都接受。在佛罗里达州中区联邦地方法院关于 Lockheed Martin Corp. v. Speed 一案中则对访问的授权判断采取了与广义解释相反的做法。在该案中洛克赫德马丁

---

① America Online, Inc. v. LCGM, Inc, 46 F. Supp. 2d 444（E. D. Va. 1998）.
② America Online, Inc. v. LCGM, Inc, 46 F. Supp. 2d 448（E. D. Va. 1998）.
③ America Online, Inc. v. LCGM, Inc, 46 F. Supp. 2d 450（E. D. Va. 1998）.
④ Nicholas R. Johnson, "I Agree" to Criminal Liability: Lori Drew's Prosecution under § 1030 (a) (2) (c) of the Computer Fraud and Abuse Act, and Why Every Internet User should Care, *Journal of Law, Technology & Policy*, 576 (2009).
⑤ EF Cultural Travel BV v. Explorica, Inc., 274 F. 3d 577, 581-82（1st Circuit 2001）.

公司（Lockheed Martin Corporation）诉称其中的三个员工被斯彼得（Speed）公司收买后在他们离职去该公司前滥用他们拥有的"完全访问权"，从原告公司计算机中复制了大量的专有数据信息。① 本案与赛佳德案的案情极其相似。原告洛克赫德马丁公司在其诉由中认为，根据赛佳德案与Citrin案的判解，这三个雇员的访问授权终止于他们有意窃取该公司的重要信息并转发给该公司的竞争对手。然而，法院并没有接受原告公司所提出的赛佳德案与Citrin案的判决理由。法院认为应该对1030条中的"未经授权"以"通俗易懂的语言"（plain language）来解释，而不需要依靠"外在的素材"来作出判断。通过引用词典中关于"授权"的定义，法院判决认为这些雇员属于授权访问，也没有超越授权范围，因为洛克赫德马丁公司许可他们访问案件所涉的信息。法院作出了不支持原告公司诉由的四个判决理由：第一，代理人法则的适用不恰当地扩张了"未经授权"的内涵，并侵蚀了"超越授权"的概念。第二，与国会对此的立法意图相比，以代理人法则为判断的解释包含了更宽的"不正当访问行为"。第三，以代理人法则为依据的解释为雇主起诉雇员打开了方便之门，但从1030条的立法过程来看，并没有清楚地表明可以这样做。第四，对法条的广义解释并不适合存疑有利于被告的原则，其如果用于本条的刑事案件中是恰当的。② 本案判解对"未经授权"作出的狭义解释与赛佳德案和Citrin案的广义解释形成鲜明对比，成为狭义解释的开山之作。在后来的案例中，其他一些联邦地方法院也开始以此为参照作出类似的判决。

佛罗里达州中区联邦地方法院作为"第一个吃螃蟹"的法院将"未经授权"以普通用语含义的观念出发根据字典意思作出了狭义解释。但使狭义解释成为更具有权威性的判例是联邦第九巡回上诉法院于2009年9月对LVRC Holdings LLC v. Brekka 一案（以下简称Brekka案）的判决。③ Brekka案的主要案情是：被告人布勒卡（Brekka）是原告LVRC公司的员工，他在职期间把公司的一些文档发送到了自己的私人邮件中。此后不久，布勒卡便从该公司辞职去经营自己开办的从事与原告公司一样的

---

① Lockheed Martin Corp. v. Speed, No. 6: 05 - CV - 1580 - ORL - 31, 2006 WL 2683058 (M. D. Florida, August 1, 2006).

② Lockheed Martin Corp. v. Speed, No. 6: 05 - CV - 1580 - ORL - 31, 2006 WL 2683058 (M. D. Florida, August 1, 2006).

③ LVRC Holdings LLC v. Brekka, 581 F. 3d 1127 (9th Circuit 2009).

咨询业务的企业。LVRC 公司提起诉讼认为布勒卡为了将来自己从事与本公司具有竞争性的业务而在职期间访问本公司的机密信息，属于1030条规定中的"未经授权"。① 第九巡回上诉法院根据1030条的文义对"未经授权"作出了符合一般用语的解释。法院也是以字典中的"授权"概念为基础，认为在雇用职业语境中的授权的意义就等于"许可"（permission）。同时，在1030条中没有一个用语表明违背雇主的利益就决定雇员的授权被终止。因此，布勒卡从一开始就获得LVRC公司的许可使用计算机，他的使用和访问是获得授权的。该院还进一步说明：1030条中的"未经授权"就是没有获得任何许可，"超越授权"就是获得许可访问计算机，但没有许可访问数据信息。② 在作出这一判决时，第九巡回上诉法院也驳回了原告公司提出的关于适用 Citrin 案判解的请求，并不接受第七巡回上诉法院以代理人法则为依据作出的广义解释。

Brekka 案判决之后，在美国法院中形成了以第七巡回上诉法院为代表的广义解释和以第九巡回上诉法院为首的狭义解释的对峙。这两种解释形成的判例使其他法院在审判中各自根据自己的立场进行不同的选择，如今在美国法院中初步形成两派之势。鉴于广义解释和狭义解释并存的现状，美国有学者专门对这两种解释的情况从 2000 年到 2010 年这 11 年间在联邦巡回上诉法院和地方法院之间的判决结果做出了统计。从 2000 年到 2006 年，有 11 个案件判决接受了广义解释，3 个案件采纳的是狭义解释。在 2007 年中，有 4 个法院的判决是广义解释，3 个法院将"未经授权"进行狭义解释。2008 年与 2007 年的情况相同，4 个广义解释和 3 个狭义解释。但是到了 2009 年，法院对于解释的立场选择发生了变化，有 6 个案件是广义解释，而 11 个案件判决选择了狭义解释。在 2010 年年底的时候，只有 2 个法院判决是广义解释，11 个法院判决接受了狭义解释。③ 从这一统计结果来看，美国联邦两级法院系统在适用 1030 条处理的民事案件中，对于"未经授权"的解释在 11 年来历经了从广义解释到狭义解释的逐渐过渡的历程。出现这种情况的原因是在 2009 年以前，联邦法院系

---

① LVRC Holdings LLC v. Brekka, 581 F. 3d 1132 (9th Circuit 2009).
② LVRC Holdings LLC v. Brekka, 581 F. 3d 1133 (9th Circuit 2009).
③ Thomas E. Booms, Hacking into Federal Court: Employee "Authorization" under the Computer Fraud and Abuse Act, *Vanderbilt Journal of Entertainment and Technology Law*, No. 13, 565 (2011).

统中只有第七巡回上诉法院对"未经授权"作出了解释,形成了"一枝独秀"。其权威性比联邦地方法院要高,故而其他的联邦地方法院在判决这类案件时,当然以第七巡回法院的判决为重要参考。

但是在 2009 年第九巡回法院对 Brekka 案以狭义解释为依据作出的判决生效后,形成了新的与第七巡回法院的判决一样具有重要影响力的判例,使得那些联邦地方法院不再唯第七巡回法院的"马首"是瞻,大多数都选择接受了第九巡回法院的判解。除了上述广义解释和狭义解释在美国联邦法院系统中占据主要阵地之外,美国联邦第二与第五巡回法院选择了"第三条道路":以立法沿革为出发点,对法条进行历史解释;同时也检视雇主和使用数据的雇员之间的关系状况。这两个法院将这种解释判断依据称为"预设使用"(intended use)分析。[1] 这一判断的思路源于莫里斯案中的启示,将雇员访问雇主计算机并使用数据的情况进行考察,分析其对数据的使用是否符合雇主预先设定的目的。这一分析模式虽然在表面上看似与上述两种判断方式不同,但实际上根据其分析的进路来看还是属于广义解释的范畴。总的来说,由于民事案件中的审判不像刑事案件那样必须严格遵循罪刑法定,其受到的限制因素相对较少,因而在美国的法院判解中对于"未经授权"的广义和狭义解释两种路径还会继续平行存在。有学者通过对美国最高法院过去作出的解释进行对比研究,认为最高法院最终会采取狭义解释。[2] 但无论如何,这一对峙也只有等到美国最高法院对此问题作出解释后才得以收场。

第四节 未经授权与超越授权的关系

由于美国国会在制定 1030 条时,没有对"未经授权"予以明确的定义,因而出现了上述一系列的关于对访问行为授权与否的司法判解,并且在刑事案件和民事案件中的认定各不相同。计算机犯罪以及其他非属于犯罪的计算机滥用行为都是依托于技术的发展而变化。换言之,随着计算机

---

[1] Ambrose V. McCall, Which Rule of Statutory Interpretation Applies to the Computer Fraud and A-buse Act, *The Federal Lawyer*, 31 (2011).

[2] Thomas E. Booms, Hacking into Federal Court: Employee "Authorization" under the Computer Fraud and Abuse Act, *Vanderbilt Journal of Entertainment and Technology Law*, No. 13, 569-570 (2011).

技术的更新，这些犯罪或者非属于犯罪的滥用行为也会在新兴的技术环境下升级，各种不同的行为手段层出不穷。立法机关根本不可能以一个固定时期且处于计算机技术发展初期的关于对"未经授权"样态的认识来诠释当时和未来的行为模式。鉴于这种情况，美国国会在立法时便将"未经授权"的定义作了保留，交给司法机关根据具体情况在发展着的实践中去作出恰当的判决。同时，美国又属于判例法国家，这些司法判决所形成的不同判例对于推动和促进人们在"未经授权"的认识上具有重大意义。事实也证明，美国国会当时的判断和作出的决定是明智的，从1946年第一台真空电子管计算机问世到今天的第四代大规模集成电路计算机，[1] 其已经发生了翻天覆地的变化，并且在与网络技术的链接下呈现出来的访问行为模式更加复杂多样。因而从1984年第一次立法至2008年第五次修正案的出台，立法始终都没有对"未经授权"进行过任何解释。但这一情况在司法实务中却发展得相当丰富，作出了许多甚为重要而又具有实用性的判例。根据美国法院的以往惯例，当司法实务对某一问题形成了比较成熟的认识或者出现重大分歧的时候，最高法院在最后作出最权威的司法解释。这应该就是英美法系国家如今判例不再创造新刑法，判例充实完善既有刑法的新式判例法模式的重要价值。

虽然在美国国会作为立法机关对"未经授权"没有作出定义，事实上也难以给出一个立法上的恰当定义，但关于"超越授权"立法却明确作出了规定。专门用来定义相关术语的1030条（e）（6）款中对"超越授权"的规定是：已经获得授权访问计算机，并利用这一授权访问去攫取或修改计算机中的信息，但行为人没有被授权做出如此的攫取或修改。[2] 这一定义看似很清晰，但在适用中却存在着不同的理解和看法。

---

[1] 计算机到目前为止所经历的四代分别是：第一代（1946—1957年）是真空电子管电子计算机，它的基本电子元件是电子管，内存储器采用水银延迟线，外存储器主要采用磁鼓、纸带、卡片、磁带等。第二代（1958—1970年）是晶体管计算机。晶体管计算机的基本电子元件是晶体管，内存储器大量使用磁性材料制成的磁芯存储器。第三代（1963—1970年）是集成电路计算机，其基本电子元件是小规模集成电路和中规模集成电路，磁芯存储器进一步发展，并开始采用性能更好的半导体存储器，运算速度提高到每秒几十万次基本运算。第四代（1971年以后）是大规模集成电路计算机。第四代计算机的基本元件是大规模集成电路，甚至超大规模集成电路，集成度很高的半导体存储器替代了磁芯存储器，运算速度可达每秒几百万次，甚至上亿次基本运算。参见雷震甲《计算机网络》，机械工业出版社2010年版，第11—17页。

[2] 18 U.S.C. § 1030 (e) (6) (2006).

1030条对于"未经授权"和"超越授权"的规定并非都同时存在于一个条款中,如1030条(a)(3)款只规定了"未经授权"访问即构成该款之罪,而1020条(a)(2)款既禁止"未经授权"也不允许"超越授权"的计算机访问行为。从这些规定本身来看,无法区分出"未经授权"和"超越授权"有什么差别。单纯从语义上而言,"未经授权"就是没有获得授权,而"超越授权"就是获得了访问的授权,但访问又超出了授权的范围。然而在具体的案件中,两者的区别并没有如语义的理解那么简单容易。"未经授权"与"超越授权"的差别如薄纸一张(book thin),但并非看不见。① 对于"未经授权"访问,一般的观点都认为虽然其没有明确的定义,但在适用上并不含糊,主要是打击那些诸如黑客一类的"外部人"在完全没有访问权时而侵入计算机系统的情形,而"超越授权"的理解和认定在事实上却不很明确。② 目前,关于这两者的关系,主要有以下两种不同的分析进路。

一 观点见解:未经授权与超越授权的区分

"超越授权"的立法定义给司法机关在认定上划出了一条大致的标准线,但是要恰当地区分出"未经授权"与"超越授权"还是需要判案法院根据案件实际情况作出比较贴切的判断,使之既能符合法律规定,又不至于出现疏漏。在这些司法判断中,逐渐形成了两种区分的方法。第一种以访问行为的性质作为基点进行区分。主张首先将"未经授权"访问的禁止范围限于那些规避程序编码设限的案件,典型的如莫里斯案的情况。作出这一限定之后,"超越授权"访问的禁止范围就在排除规避程序编码设限案件的基础上,至少包括那些违反服务协议条款或其他类似合同的计算机访问行为。这是由于我国(指美国——引者注)的本土语言在表达上的不精确性所导致出来的问题。简而言之,"未经授权"访问适用于那些外部人而不是内部人,而"超越授权"访问则包括内部人。③ 从这一主张来看,其对"未经授权"与"超越授权"的区分是按照行为人是否有

---

① International Airport Centers, L. L. C. v. Citrin, 440 F. 3d 418 (7th Circuit 2006).
② Susan Brenner, *Without Authorization*. 参见 http://cyb3rcrim3.blogspot.com/2009/01/without-authorization.html.
③ Orin S. Kerr, *Computer Crime Law*, 2nd ed., West, a Thomson business, 68-69 (2009).

授权作为前提。规避程序编码设限而访问计算机的行为完全不具有任何的授权，属于绝对的侵入性行为，这些行为也只有外部人才可能实施。当然，这里对外部人的区分只有相对性。如前文所述的在美国联邦农业部工作的职员使用计算机去访问联邦调查局，该职员相对于联邦调查局而言就是外部人。违反服务协议条款或雇用合同规定的行为人，一般都是先获得了计算机的访问授权，因而被认为属于内部人。通过对1030条的立法沿革的考察，可以说明上述主张的根据来源。

1984年立法时，在1030条中关于"未经授权"的最初立法语言表述是作出上述理解的主要原因。当时1030条（a）（1）款与（a）（2）款都规定了行为人未经授权访问与联邦利益有关的计算机和"已经获得授权访问计算机，但利用这一授权访问所提供的机会去实施授权所没有赋予的访问目的。"后来在1986年立法第一次对《计算机欺诈与滥用法》作出修正时，把这一句话修改成了一个短语："超越授权访问"并在1030条（e）（6）款中对之作出了专门定义。立法修正案颁布后的参议院修法报告指出这一修改仅仅是为了将法条设计得更简明，从而以"超越授权访问"取代了1984年法中比较累赘的表述，但立法修正并不改变法条原来的意涵。[①] 然而，1984年立法中的语言表述却很清楚地表明了"未经授权"与"超越授权"访问的差别：前者强调访问的获取，其可以包括那些规避程序编码设限的访问行为；后者所强调的则是利用访问去实现不恰当的目的，其可以指那些违反服务协议条款等的行为。[②] 在布雷格斯诉马里兰州一案中，[③] 法院判决认为程序管理员滥用了其老板的计算机并不是未经授权访问，而应该是超越授权访问。因此，在涉及诸如"内部人"违规使用或滥用计算机这样的案例时，法院的判决一般都倾向于其访问行为是超越授权而非未经授权。因为一开始就没有授权和一开始具有授权这两种情况毕竟是不同的，在法律评价上应该表现出区别。

第二种区分的方式并不根据访问行为的性质作出判断，而是认为"未经授权"与"超越授权"访问仅有的区别就是看计算机的使用者是否与计算机存在先在的关系。在此基础上进而认为这两者禁止的行为在实质上

---

① *Senate Report*, 99-432, at 9 (1986), reprinted in 1986 U. S. C. C. A. N. 2479, 2486.
② Orin S. Kerr, *Computer Crime Law*, 2nd ed., West, a Thomson business, 69 (2009).
③ Briggs v. State, 704 A. 2d 904 (Md. Ct. App. 1998).

其实是一样的：超过了授权范围的访问即是未经授权的访问。这种主张的主要论点如下：其一，尽管从立法沿革上看，对1984年立法用语的线索清理可能会看到有一些差别，但是法院事实上在案件判解中经常交互替换使用"未经授权"与"超越授权"这两个短语。众多法院已经作出判决认为违反合同式条款等类似规定的访问行为属于"未经授权"。这些已经成为生效判决的案件使得人们很难在"未经授权"与"超越授权"这两者之间划出一条明确的区分线。其二，以形式判断标准对"访问"作出广义解释之后，很难看出"未经授权"与"超越授权"的意涵有多大的区别。立法中对"超越授权"作出的定义在文本上完全没有多大意义，其内容规定当行为人做出了没有被许可的访问时即是超越了授权访问，这实际上就是在对何时构成未经授权访问的重复表述。其三，对"未经授权"的内涵解读为可以广泛地包括违反服务协议条款等合同式的访问行为会产生宪法性的问题，这种做法应该摒弃。① 概括地说，第二种主张认为"未经授权"与"超越授权"并没有什么差别，在本质上是一回事，并且对于这两者的判断依据只能以规避程序编码设限的情形作为标准。至于"未经授权"与"超越授权"的究竟是同还是异的关系，下文中美国联邦第九巡回上诉法院最新判决的一个案例对此作出了回答。

二 相关案例：美利坚诉罗沙尔案（United States v. Nosal）②

（一）基本案情

被告人罗沙尔是光辉国际咨询有限公司（Korn/Ferry International）（以下简称：光辉国际）的高管，其在光辉国际工作的时间大约始于1996年4月一直持续到2004年10月。光辉国际在美国是高管搜寻行业中的领军企业，主要为客户提供最有效的人才管理与领导力咨询服务，包括高管搜寻、人才管理与领导力咨询以及招聘外包、中层人才招聘等。③ 在2004年10月离职的时候，罗沙尔与光辉国际签订了《分离及总体转让协议》（Separation and General Release Agreement）和《独立承包协议》（Independent Contractor Agreement）。根据这两项协议，罗沙尔同意以独立承包人的身份

---

① Orin S. Kerr, *Computer Crime Law*, 2nd ed., West, a Thomson business, 69 (2009).
② United States v. David Nosal, No. 10-10038 (Apr. 28, 2011).
③ 详细情况参见 http://www.kornferry.com/About Us.

为光辉国际服务一年,且在此期间不得从事与光辉国际有相同经营性质的业务。作为回报,光辉国际同意支付给罗沙尔一笔分两次付清的报酬和外加订约期一年内每月支付 2.5 万美元的薪资。但是离开光辉国际后不久,罗沙尔便雇请了光辉国际中的三名员工帮他一起开始创办一家与光辉国际具有竞争性业务的公司。随后,罗沙尔与上述三名光辉国际的员工共谋并利用这三名员工在该公司具有的登录账号和密码获取了光辉国际计算机系统中的商业秘密和其他专有信息。特别是这三名员工将光辉国际计算机系统中一个名为"搜索者"数据库中的原始资料清单、通讯录等信息传送给了罗沙尔。"搜索者"数据库是一个"保存着各公司及高管信息的高度机密的专有数据库",其被光辉国际称作"世界上最全面的关于高管信息的数据库之一"。①

光辉国际对于"搜索者"数据库的使用有着诸多的限制:只有光辉国际员工的账号和密码才能访问;要求所有员工都必须签订协议,其中规定除非是为了光辉国际的正当业务,禁止使用和泄露数据信息;在每一份使用该数据库资料制作成的报告中都张贴了"光辉国际机密及专有"的字样;当登录该数据库时对话框会首先弹出告示,"访问光辉国际的计算机系统及其信息必须获得特别授权,如果没有相关授权而进行访问会受到纪律处分或者刑事追究。"② 2008 年 6 月 26 日,控方对罗沙尔及其同伙向加利福尼亚州北区联邦地方法院提起诉讼,指控罗沙尔等人违犯了 1030 条(a)(4)款的规定。罗沙尔提出指控不成立,辩称 1030 条是用来打击那些诸如黑客一类的计算机犯罪行为,其不适用于雇员不恰当的或者违反保密协议要求的访问雇主计算机信息的行为。换言之,光辉国际的这几名员工既不是"未经授权"也没有"超越授权"访问,因为他们已经获得访问的授权。地方法院起初否决了罗沙尔的辩护理由。然而,就在该院作出否决后不久,联邦第九巡回上诉法院即作出了 Brekka 案的判决,其对"授权"进行了狭义解释。③ 于是罗沙尔根据 Brekka 案的判解提请法院再次考虑他的辩护理由。法院同意该请求,并认为 Brekka 案判决认定

---

① United States v. David Nosal, No. 10-10038, at 5522 (Apr. 28, 2011).
② United States v. David Nosal, No. 10-10038, at 5522-23 (Apr. 28, 2011).
③ 关于 Brekka 案参见本章上一节内容,或参见 LVRC Holdings LLC v. Brekka, 581 F. 3d 1127 (9th Circuit 2009).

1030 条中的"超越授权"是"已经获得许可访问计算机的一部分或某些信息,但又访问了不同部分或其他的信息"。因此,法院作出判决:本案中的被告人已经获得访问"搜索者"数据库的授权,所以他们没有超越授权访问计算机。控方不服这一判决,遂向联邦第九巡回法院提起上诉。

(二)第九巡回法院的判解

第九巡回上诉法院在审理中认为:本案中所面临的争论不涉及罗沙尔及其同伙"未经授权"访问"搜索者"数据库的问题,我们必须要回答的是这些共谋者在光辉国际授权他们只能在限定范围内访问的情况下做出的访问数据库的行为是否超越了授权的范围。本院支持控方的上诉理由。根据 1030 条的规定,当雇员违反了雇主的计算机访问限制规定——包括使用限制,即属于"超越授权"访问。① 法院对此认定作出了充分的判决理由。首先,从 1030 条的法条用语文义上进行分析。根据 1030 条(a)(4)款的规定:以欺诈为目的,未经授权或超越授权访问计算机,该访问行为促进了故意的欺诈并获得任何有价值之物。所欺诈或获取之物如果仅包括对计算机的使用并在一年内未超过 5000 美元的除外。② 行为人要构成使用计算机诈骗罪的基本构成要件之一是访问的"未经授权"或超越授权"。立法虽然没有定义"未经授权",但对"超越授权"作出了规定。③ 在上诉中,控方提出罗沙尔对"未经授权"的理解将使得法条定义中的"如此"显得多余而无任何意义。法院赞同这一主张,在对"超越授权"定义中的"如此"一词进行分析时,法院以《韦氏国际英语大词典第三版》对该词的解释为基础进行了论证。《韦氏国际英语大词典第三版》中"如此"一词的意思是:按照指示的或者建议的方式行事。④ 法院将这一词典解释纳入到法条定义中,认为:根据 1030 条(e)(6)款的规定,雇员的访问行为属于超越授权,如果雇员利用授权的访问去攫取或修改计算机中的信息,但访问者并没有被许可按照那样的

---

① United States v. David Nosal, No. 10-10038, at 5527 (Apr. 28, 2011).

② 1030 条(a)(4)款是有关使用计算机诈骗的规定,本书将在下一章中详细分析这一罪行,此处因是探讨授权的问题,故对此款只作概要介绍。

③ 1030 条(e)(6)款中对"超越授权"的规定是:已经获得授权访问计算机,并利用这一授权访问去攫取或修改计算机中的信息,但行为人没有被授权如此做出攫取或修改。参见 18 U.S.C. § 1030 (e)(6)(2006).

④ *Webster's Third New International Dictionary*, PhilipBabcock Gove, 2159 (2002).

方式进行攫取或修改。同时法院认为，绝不能将立法在法条中制定的任何一个词语作出无意义的解释。①

其次，第九巡回上诉法院对于加州北区地方法院在本案初审中引用该院在 Brekka 案中的判解表达了异议，认为其适用并不恰当。在 Brekka 案中，本院的判决结论是：雇员对于雇主计算机访问权的许可或终止由雇主来决定，这也成为判断雇员的访问是否具有授权的依据。基于"授权"在当代的一般普通意涵，我们的判解是当雇主允许雇员使用其计算机时，他就是在授权雇员访问。因此，对"超越授权"在逻辑上仅有的解释就是雇主已经对雇员使用计算机的许可加以了限制，但雇员违反或"越过"了这些限制。在 Brekka 案中，雇员完全可以自由使用公司的计算机。LVRC 公司既没有与 Brekka 签订书面的雇用协议，也没有发布员工行为准则而禁止将本公司资料发送给其他私人。因此，Brekka 的行为没有超越授权，也不是未经授权访问：他被允许访问 LVRC 公司的所有资料且没有违反任何的访问限制。但是在本案中，光辉国际对于员工的访问行为专门制定了计算机使用政策。在其公司的计算机系统，特别是"搜索者"数据库的界面上都明确而显著地标明了员工访问的限制性告知。罗沙尔等人利用已经获得的访问授权去骗取光辉国际的资料并违反了该公司的访问限制规定，他们对此毫无疑问已受到了公平的警告（fair warning），将会使自己受到刑事的追究。基于这一理由，本院也认为被告辩护理由中的"存疑有利于被告"原则（rule of lenity）不适用，该原则对于"未经授权"的解释具有效力，但其并不能用来反驳法条对"超越授权"的定义和 Brekka 案核心的合理性判解。因此，只要雇员明知雇主对于访问的授权设定有限制，而故意去违反这些限制时，就是"超越授权"访问。这是再简单不过的判断。②

最后，法院在作出上述论断的基础上，专门论述了罗沙尔在辩护理由中所提到的：如果以雇员违反雇主设定的权限来认定为"超越授权"访问会使无数雇员的访问行为成为犯罪，例如雇员使用办公用的计算机去查询私人电子邮件或者观看最新的 NBA 篮球总决赛等。对于这一辩护理由，法院认为不会轻率地加以否决。但是在本案中所涉及的 1030 条（a）(4) 款并不惩罚那些仅仅违反了雇主设定使用限制的超越授权访问行为。详言之，雇员

---

① United States v. David Nosal, No. 10-10038, at 5528（Apr. 28, 2011）.
② United States v. David Nosal, No. 10-10038, at 5532（Apr. 28, 2011）.

要构成该款规定之罪，必须符合以下三个构成要件：（1）违反雇主设定的访问限制；（2）具有欺诈的故意；（3）超越授权的访问行为促进了欺诈并获得任何有价之物。因此，具有欺诈的故意和因超越授权访问促进欺诈并获取有价之物这两个构成要件的存在不会导致如上罗沙尔辩护中所述的出现专断打击（orwellian）的现象。使用办公计算机只是一般地违反了雇主设定的访问限制并不构成1030条（a）（4）款之罪。法院在作出以上论述之后，于2011年4月28日作出判决：在Brekka案中本院作出判决认为行为人在没有获得任何目的的使用许可的情况下访问计算机属于未经授权。在本案中，我们进一步阐明：根据1030条的内涵，雇员在获得授权访问的情况下，违反雇主设定的访问限制规定即属于超越授权访问。因此，本院推翻地方法院的判决，认为罗沙尔等人构成1030条（a）（4）款之罪。[①]

（三）法院判解评析

罗沙尔案从案发到起诉再到最后的二审判决，历时三年多。其中关于其访问行为性质的认定出现了反复，单是在加州北区联邦地方法院就存在着先认为罗沙尔等人的访问行为是超越授权，但后来由于对联邦第九巡回法院在Brekka案中的判决理解不充分而又认为行为人属于授权访问行为。在上诉至联邦第九巡回法院后，该院首先纠正了地方法院的理解偏差，并作为Brekka案的主审法院详尽地阐释了该院在这一案件上的判解理由和结论，最后作出判决认为罗沙尔等人的行为属于超越授权访问。通过联邦第九巡回上诉法院对罗沙尔案的审理及认定过程可以看出，该院对于"未经授权"和"超越授权"作出了区分，认为两者并非具有相同的意涵。在判决中重申了对于1030条中未经授权的认定和进一步阐述了超越授权的判断依据，两者各不相同，并不能等而视之。因此，这一判决实际上支持了上述关于"未经授权"和"超越授权"的关系中的第一种观点。由于联邦第九巡回上诉法院对罗沙尔案作出的判决成为认定和判断"超越授权"的第一个上诉法院判决，其又形成了更具有权威性的判例，对其他法院，尤其是联邦地方法院的判决具有重要影响。同时，通过罗沙尔案的审理及判决还可以看出法院在以合同协议条款等访问限制规定作为判断"超越授权"时，并非认为只要这一要件即可满足犯罪。对于那些单纯地使用办公计算机去做一些私人事情，如看球赛等并不认为是"超越授权"访问的犯罪行为。这一判解类

[①] United States v. David Nosal, No. 10-10038, at 5534 (Apr. 28, 2011).

似于日本出现过的"一厘事件"判决，行为要具有可罚的违法性时才认定为犯罪。

本章小结

本章主要研究了美国联邦计算机犯罪法所规定的基本犯罪行为之一，即非法计算机访问。访问是人们实现计算机使用的根本方式，只有通过人机界面的互动和计算机对人的指令的执行，才可以形成对计算机的访问。根据1030条的规定，构成计算机犯罪的前提必须是非法访问，即访问行为是"未经授权"或"超越授权"。除此之外的访问行为并不具有违法性或非难可能性。因此，在关于访问的定义上，本书赞同形式意义上的判断标准，即任何客观的成功与计算机发生的交互式活动。这一选择可以有效地避免人们在访问这一构成要件的认定上存在的分歧和不必要的争议，同时将问题的重点放在访问的违法性判断上。由此使得违法性判断中的"未经授权"和"超越授权"成为犯罪认定的核心。对于计算机访问是否授权的判断，在美国的司法实践中基于刑事和民事案件的不同主要有三种进路：根据程序编码设限作出判断；根据服务协议设限作出判断；以代理人法则的规定作出判断。由于在刑事案件中动辄入罪，因此对授权与否的判断只能以程序编码设限为依据，这主要体现以下三个方面的重要意义：实现法益保护与人权保障的平衡；符合现代刑法中的刑罚目的要求；体现了刑法信条学上的根本内涵。民事案件由于其主体的平等性和经济赔偿性等特征，在授权与否的判断上则可以根据服务协议设限或以代理人法则为据进行访问行为违法性的判断。对于这三种不同的判断方式，本章分别以美利坚诉莫里斯案、美利坚诉洛莉案和赛佳德仓储中心公司诉赛福佳德自存仓储公司案等典型判例为基础进行了详细的探讨。"未经授权"和"超越授权"的区分也是以程序编码设限为标准：凡是规避程序编码设限的访问就是未经授权而除此之外的则可以认定为是超越授权。1030条关于判断计算机访问是否违法所设定的"未经授权"与"超越授权"要件与我国刑法中关于构成计算机犯罪所规定的"违反国家规定"具有异曲同工之处，同时也与我国最高人民法院和最高人民检察院新近颁布的《关于办理危害计算机信息系统安全刑事案件应用法律若干问题的解释》中所规定的"未经授权"与"超越授权"具有相同的意涵。对此，本书将在第七章中予以详细的比较研究。

第四章

使用计算机诈骗犯罪的规制

计算机诈骗是种类繁多的计算机犯罪中的一种形式。在犯罪的构造上,计算机诈骗与传统的诈骗犯罪具有一定的联系,但由于这一犯罪发生在计算机技术环境中,因而又与传统诈骗犯罪存在着重大区别。基于这一原因,无论是大陆法系还是英美法系国家的刑事立法都将计算机诈骗作为单独的犯罪予以规定,使其与传统的诈骗犯罪相行并列,用来专门规制计算机虚拟空间中侵犯他人财产型的犯罪。自计算机犯罪产生以来,计算机诈骗就成为这一新型犯罪族群中的一个重要分支。这是由于现代社会中的经贸交易、金融流通以及重要的信息处理等都主要依靠计算机来实现和完成,故而给犯罪分子使用计算机诈骗图财牟利提供了众多可乘之机。在计算机犯罪造成的损失中,最大的部分为使用计算机进行金融诈骗,其次是计算机病毒。[1] 计算机诈骗作为计算机犯罪的一种,自然离不开计算机犯罪中的构成要件属性。这种构成要件属性即计算机诈骗必须涉及计算机犯罪中的访问以及信息的输入与输出等这些基本的行为。本书在上一章具体阐述了美国计算机犯罪法中规定的构成计算机犯罪的非法访问行为,即"未经授权"与"超越授权"访问。非法访问行为也是构成美国计算机犯罪法中的计算机诈骗罪的基础性要件之一。虽然1030条的全称是《计算机欺诈及滥用法》,但其中真正关于计算机诈骗的规定却只是(a)(4)款。本章即以该款的内涵为核心展开论述。在对计算机诈骗的基本概念进行初步分析和考察大陆法系主要国家类似立法情况的基础上,结合法条内容与案例判解全面探究计算机诈骗在美国刑法中的规定情况及其规制特点。

---

[1] R. Richardson, 2008: *CSI/FBI Computer Crime and Security Survey*, Computer Security Institute, (2008).

第一节　计算机诈骗的基础观念

在计算机还是大型主机的时代，通过操纵计算机来实施诈骗构成的犯罪比较统一。但随着 20 世纪 80 年代以后计算机系统的多样化发展，计算机诈骗在如今已被用来描述经济犯罪领域中的多种案件形式。计算机诈骗虽然形式多样，但典型而范围广泛的案件都是关涉到对付款账单、公司企业中的薪酬票据的操纵以及银行账户中的余额及其款项的处理等，这些行为从过去到现在一直是计算机诈骗中的主要犯罪形式。[1] 在计算机发展的早期，计算机诈骗犯罪行为还主要是在使用计算机的相关单位或企业的内部发生。如 1966 年在美国最早发生的第一桩由联邦起诉的计算机犯罪即是银行工作人员在明尼苏达州明尼阿波利斯市使用计算机篡改银行记录。[2] 这种发生于单位内部的计算机诈骗一般危害不是特别严重，同时也易于侦查和防范。因特网的出现使计算机并入网际间运行，其广域开放性和世界连通性很快就使得计算机诈骗由内部转移到外向发展，并使之更加复杂多样。同样，第一起利用计算机网络实施计算机诈骗的犯罪行为也是在 20 世纪 70 年代发生于美国。[3] 犯罪分子在被害单位（人）的计算机系统之外使用并操纵其他联网的计算机来实施诈骗成为这一犯罪在计算机网络环境下的主要行为样式。通过计算机网络，犯罪分子利用计算机技术中的漏洞或缺陷以设计病毒、木马程序、钓鱼软件乃至假以他人的有效身份信息（身份盗窃）等五花八门的手段实施计算机诈骗行为。

一　计算机诈骗的定义

计算机诈骗的手段虽然形式多样，但从这一犯罪行为的基本样态来看这些手段只是实施计算机诈骗的外在表现，在根本上并无多大差别，都是期望通过影响计算机的资料处理过程而非法地取得他人的财产。因此，如下文所

---

[1] Ulrich Sieber, *Legal Aspects of Computer-Related Crime in the Information Society*: *Prepared for the European Commission*, 50 (1998). 参见 http://www.edc.uoc.gr/~panas/PATRA/sieber.pdf.

[2] Donn B. Parker, *Computer Crime*: *Criminal Justice Resource Manual*, 2nd ed., Office of Justice Programs, National Institute of Justice, U.S. Dept. of Justice, 5 (1989).

[3] Ulrich Sieber, *Legal Aspects of Computer-Related Crime in the Information Society*: *Prepared for the European Commission*, 50 (1998). 参见 http://www.edc.uoc.gr/~panas/PATRA/sieber.pdf.

述，各国立法关于计算机诈骗的规制在其构成要件的规定上都以"对计算机的不当影响"和"因此获取财产"这两个方面为核心进行法条的设计。"对计算机的不当影响"是指行为人通过上述手段对计算机中的数据信息等加以操作控制，使之与原来的程序指令不相一致，并作出与自己侵财目的相符的反应，从而由此到达获取他人财产的目的。因此，计算机诈骗作为计算机犯罪中的一种，必须涉及对计算机资料处理过程的影响；使用"诈骗"的称呼，在于影响计算机取得财产的过程，类似欺骗自然人而取得财产的过程。① 计算机诈骗虽然冠之以诈骗之名，但是对于这一犯罪的概念却并非如传统的诈骗犯罪一样，存在着对人的欺骗。在立法上，美国计算机犯罪法没有对计算机诈骗规定一个专门的定义。根据欧洲委员会于 2001 年通过的《计算机犯罪公约》中第 8 条的规定，与计算机有关的诈骗是指：为了获取不当的经济利益和相关好处而以欺诈或不实的目的通过任何的输入、更改、删除或控制计算机数据及其他任何干扰计算机系统功能的行为，故意地导致他人财产损失。② 这是至目前为止在世界上给出的全面而且比较权威的关于计算机诈骗的定义。虽然从这一定义中可以看出计算机诈骗并不相似于普通欺骗，但其与普通诈骗的关系与区别却值得进一步的分析探讨。

二 计算机诈骗与普通诈骗的关系

普通的诈骗罪可谓一个古老的犯罪，但是诈骗的定义却相当的令人困惑，诈骗是一个丧失了边界的"概念"。③ 在早期的普通法上，刑事诈骗仅限于指那些欺诈公共财产的行为。对于发生于私人个体之间的在整体上与公共财产没有任何影响的诈骗行为，则留给民事法律予以救济。④ 现今发生于私人之间的诈骗行为通常是以刑事犯罪按照联邦法律起诉。在美国联邦刑法中，诈骗（fraud）一词与"欺骗"（deceit）几乎没有差别。然而，要给诈骗下一个定义却非易事，其概念会随着该词在法条中出现的形式而有所改

---

① 谢开平：《电脑诈欺在比较刑法上之研究》，博士学位论文，台北大学法学系，2003 年。
② Convention on Cybercrime, at Chapter Ⅱ, Section 1, Title 2, Article 8. 详细参见欧洲委员会《计算机犯罪公约》：http://conventions.coe.int/Treaty/en/Treaties/html/185.html.
③ Ellen S. Podgor, Criminal Fraud, *American University Law Review*, No. 48, 730 n. 3 (1999).
④ J. W. Cecil Turner, *Kenny's Outlines of Criminal Law*, Cambridge University Press, 275 (1952).

变。例如，在共谋"欺骗美利坚"①的犯罪中，"诈骗"（defraud）一词的唯一含义就是指对政府部门职员不诚实的妨碍。不同的判例对于诈骗的认识也不一致，在某些判解中对于诈骗的定义不限于诈骗的方法，还包括诈骗行为造成的危害或者结果。例如，某些法院明确地做出判解认为仅仅是"行骗行为"还不等同于诈骗。控方根据同一法条指控不同案件中的诈骗犯罪时，也会引用不一样的诈骗理论或者意见。② 虽然法官们在有关诈骗的法条上存在着宽窄不同的适用，但普遍接受的观念是"看到就能理解"（I know it when I see it）。这一做法源于联邦第五巡回上诉法院霍姆斯（Holmes）法官的判解：法律没有对诈骗作出定义，也不需要定义；其像谎言（falsehood）一样历史久远，人们的智识对其完全了解。③ 这一判解成为美国法院在诈骗的认定上的一个风向标，排除了对于没有确定概念而无法定夺案件的顾虑。

除了上述法院对诈骗内涵的理解外，还有判解认为：对于诈骗并非需要一个技术性的标准来确定。通过社会大众的一般经济生活中的正直道德、诚实信用、公平正义等来判断足以应付这一问题。④ 由此观之，在美国关于诈骗的定义是非常丰富而不统一的。诈骗一词在模范刑法典、犯罪统计报告以及量刑指南这几个方面都有不同的阐释。⑤ 对于诈骗理解的和而不同成为英美法系中的主要特点。虽然其定义随语境不同而有差别，但是在基本内涵上诈骗都是指以不实行为获取他人的财产。在关于财产侵犯的问题上，美国刑事法规制重点关注的是他人财产的丧失。在今天的美国法官看来，陌生人侵吞他人财产和有委托关系的人侵吞财产，行为的危险性相似，性质和处罚上大致相同。区分以窃取的手段获取财产和以诈骗的手段获取财产的做法不过是为了立法上犯罪的类型化，从对侵害财产行为的道德谴责角度看，盗窃和诈骗取财产之间并没有那么显著的差别。⑥ 正因为如此，在美国刑法上的诈骗意涵广泛而复杂，有的时候与盗窃的意涵存在着交集甚至是重合。这一点

---

① 18 U.S.C. § 371 (1994).
② Ellen S. Podgor, Criminal Fraud, *American University Law Review*, No. 48, 739 (1999).
③ Weiss v. United States, 122 F. 2d 675, 681 (5th Cir. 1941).
④ Gregory v. United States, 253 F. 2d 104, 109 (5th Cir. 1958).
⑤ Ellen S. Podgor, Criminal Fraud, *American University Law Review*, No. 48, 743-747 (1999).
⑥ American Law Institute, *Model Penal Code and Commentaries* (Official Drafted and Revised Comments), Party II, Philadelphia, PA, The American Law Institute, 131-132 (1980).

从法律关于盗窃的规定上即可看出。偷盗法又包括盗窃、侵占、挪用、诈骗等规定。① 由于美国法关于诈骗的规定大多是仿照英国法的相关内容来制定。② 英国法对于诈骗没有形成一个明确的定义，但在诈骗上强调的核心要件主要是"欺骗"（deceit）或者在某些时候是"秘密"（secrecy）。③ 同样，在美国联邦刑法中诈骗一词通常与"欺骗"（deceit）作为同义使用。④ 因此，虽然在英美法系关于诈骗没有统一的概念，但在基本内涵上都认为是对于人的欺骗并取得财产。

　　大陆法系中关于诈骗的认识相对于英美法系而言更为清晰，主要的表现之一就是将诈骗罪与盗窃罪等财产犯罪作出了明显的区分。在关于盗窃罪法的规定中不会存在有关于诈骗的内容。这可能是因为大陆法系刑法完全由制定法延续而来，在各罪的规定上以不同的构成要件作出了比较严格的区分，各个犯罪的构成要件以保护法益为指导而制定，其所体现的罪质在法条上一般不会与其他犯罪的规定发生重合。英美法系由于秉行判例法的传统，早期案例规则所形成的判解并非如成文法那样特别严谨而规范。刑法上的判例发展到后来不再创造新法而是以制定法为依据不断丰富和发展制定法时，才逐步形成类别清晰而比较精准的各种犯罪规定。⑤ 大陆法系中关于诈骗在刑法理论与审判实践上形成的比较统一的认识是：普通诈骗罪的成立，就其犯罪动态流程而言包括：（1）行为人使用诈术；（2）因诈术而使他人陷于错误；（3）他人因为错误而为财物之交付，或其他的有助于行为人或第三人取得财产上利益之行为；（4）行为人或第三人因此取得财物或财产上之利益；（5）各个客观要件之间均须有连锁的客观要件存在。另外，行为人在主观上对于此等客观构成要件要素，均须具有认识。从这一流程来看，大陆法系中对于诈骗罪的认识比较简单明了，其主要是指行为人实施诈骗行为使他人陷于错误并因此而处分财产从而让行为人取得财物或财产利益的图谋得逞。

---

① Wayne R. LaFave, *Criminal Law*, 4th ed., West, a Thomson business, 918-957 (2003).
② Emiln McClain, *Treatise on the Criminal Law*, Eastern Book Company, 669-670 (1897).
③ James Fitajames Stephen, *A History of Criminal Law of England*, Macmillan AND. Co., 121-122 (1883).
④ Edward James Devitt, Charles B. Blackmar, *Federal Jury Practice and Instructions: Civil and Criminal*, West Publish Company, 118 (1977).
⑤ Note, *Common Law Crimes in the United States*, Columbia Law Review, No.47, 1332, 1333 (1947).

在英美法系中虽然对于诈骗的认识比较宽泛而无统一的标准，但是依然可以从该罪的构成要件上进行深入分析。英美法系中关于犯罪的构成要件主要分为主观要件（mens rea）和行为要件（actus reus）。这两个词源于拉丁文中的表述：actus non-facit reum nisi mens rea，其意思是，任何人不会因为纯粹的行为而招致犯罪的处罚，除非他同时具有犯罪的意图。① 虽然在立法与司法中没有一个严格的关于诈骗的定义，但可以根据法律词典的定义来展开分析，这符合一般大众对于诈骗的理解和期待。法律词典中对"诈骗"的解释是：以欺骗的行为，诸如故意扭曲事实并作误传或者隐藏事物真相，而不公平地显出优势以便有把握地取得他人的有价之物或者剥夺他人的权利。② 另外，学者对诈骗罪给出的定义是：行为人故意对事物的过去或现在做出虚假的陈述，意图欺骗被害人并因此使得被害人交付财物或任何有价之物。③ 行为人如果在排除合理性怀疑之外被证明符合如下四个方面的要件时，即构成诈骗犯罪。④ 包括：（1）行为要件，犯罪人对被害人进行虚假的陈述；（2）主观要件，犯罪人对被害人表述所知的虚假内容意图欺骗被害人；（3）附随情况（attendant circumstance），犯罪人的陈述是虚假的；（4）被害人被骗取了财产或其他有价之物。诈骗行为一般都是故意实施，其故意可以呈现在表面上也可以根据行为来推论。但是不能把故意与动机相混淆，动机促使某人实施行为，而故意则是指行为人完成行为的主观想法。⑤ 通过上述从主观要件和行为要件为核心来认定诈骗罪的论证可以看出，在英美法系关于诈骗的认定在原理上与大陆法系基本相同，都是指行为人以不实手段而骗取被害人的财产。

基于上述分析，普通诈骗罪是对于人的欺骗，因骗人而取财。计算机诈骗与普通诈骗在本质上是相同还是相异，需要进行对比分析。虽然在计

---

① Peter Gillies, *Criminal Law*, 4th ed., Lawbook Co. Australia, 126 (1993).

② Gilbert, *Law Dictionary*, Harcourt Brace Legal and Professional Publications, Inc., 124 (1997).

③ Wayne R. LaFave & Austin W. Scott, Jr., *Substantive Criminal Law* § 8.7, West Group, 468 (1986).

④ Susan W. Brenner, Is there such a Thing as "Virtual Crime", *California Criminal Law Review*, No. 4, 12 (2001).

⑤ Lucian Vasiu, *Dissecting Computer Fraud: From Definitional Issues to a Taxonomy*, Proceedings of the 37th Hawaii International Conference on System Sciences, 3 (2004).

算机诈骗中规定了"诈骗"或"欺诈"的情况，但其是否与普通诈骗的内涵相同，关键在于是否具备如普通诈骗那样的使他人陷于错误的构成要件要素。从常识上讲，这里所谓的错误指受骗者的认知与客观事实不一致。因而作为受骗者必须要有思考的能力，可以做出判断，分辨真假，才有可能上当受骗，从而发生认识上的错误。计算机作为一种类智能化或者半智能化的机器，在计算机诈骗犯罪中如果能够与普通诈骗相同，关键在于其有没有可能存在陷入错误的意思。质言之，计算机是否能被骗。无论是英美法系还是大陆法系，主流的意见都认为计算机之类的人工智能不同于人脑智能，不能成为欺骗的对象。关于欺骗的传统观念一直都认为，只有做出活动的人类才能够被骗。① 计算机处理任务一直是由人来操控，我们通常都是把人作为自己行为的作者或者主宰。当机器开始像人一样执行任务，有时好像还有主动的能力，我们必须做出决定是承认它们属于行为者还是仍然处于被行为者的地位。在当前的技术环境下，这可能还不是一个很严重的问题，但随着人工智能的发展，机器人以及"专家系统"（expert system）等的出现使得计算机可以被设计成为具有自主决断能力，从而取代了之前的计算机仅仅是根据程序来作出反应的境况。② 但不管计算机怎样发展，其始终是由人设计制造，这一人工智能受人操控，不可能替代人脑智能。不加以严肃认真思考而在刑法中将计算机作为类似人一样的对待是极其重大的错误。③

在英美法上看来，计算机与人具有本质的不同，因而在法律上也应该与对人的评价相区分，计算机诈骗不等于普通诈骗。④ 大陆法系在关于计算机诈骗的观念中，也与英美法系相同。电脑或其他利用电脑控制的机械设备，本身并不具有思考能力，而只能依照设置者预先所设定的程式进行工作。以自动提款机为例，其设计上是以使用者所插入的提款卡磁条中的资料，以及使用者所输入的密码，与预先储存于银行电脑系统中的资料进

---

① William L. Prosser, *Handbook of the Law of Torts*, West Publishing Company, 4th ed., 700 (1971).

② Johan de Kleer, E. Feigenbaum and P. McCorduck, *The Fifth Generation: Artificial Intelligence and Japan's Computer Challenge to the World*, Artificial Intelligence, 223 (1984).

③ Leslie Wharton, Legislative Issues in Computer Crime, *Harvard Journal on Legislation*, No. 21, 247-48 (1984).

④ 关于英美法上计算机诈骗与普通诈骗的关系，下文中对美国计算机诈骗分析时将作出进一步的阐述。

行对比，如果两者内容相符，自动提款机即允许使用者使用提款机的各项预定功能而进行各种交易活动，至于使用者是否为真正拥有使用权利之人，则已经超过提款机所预设的辨别范围，而非提款机所得辨别的对象。换言之，提款机对于使用者是否为真正拥有使用权利之人，并无辨别的能力。既然没有辨别能力，即不能陷于错误。也就是说，对于电脑或者机械行使诈术，因为电脑或机械不可能陷于错误，而没有构成普通诈欺的可能。① 机器不能被骗，只有对自然人才可以实施诈骗罪中的欺骗行为；利用电子计算机、自动取款机等机器非法占有他人财产，不能成立诈骗罪。② 普通诈欺与电脑诈欺的区别，应当是以行为对象来作出区分：当行为人针对自然人使用诈术时，即为普通诈欺；对于电脑进行操作时，即为电脑诈欺。③ 从前述论证可以看出，在计算机诈骗中虽有诈骗之名，但并无被骗之实。只是行为人使用了虚假的资料或通过不当的操作来影响计算机程序。

当然，也有主张认为，有必要肯定智能化机器被骗的可能性，对机器实施诈术可以构成诈骗罪。④ 这种观点将计算机视为自然人的替代，认为在计算机诈骗中最终被欺骗的还是自然人。因此，主张对于计算机诈骗可以按照普通诈骗的规定来处理。计算机诈骗只是在犯罪手段上与普通诈骗不大相同，故而可以适用普通诈骗罪规定的构成要件来对其加以刑事问责，并不需要制定单独的法律来规制计算机诈骗。⑤ 行为人在诈骗罪中实施欺骗的故意表明行为人打算给被欺骗的人的合法权利、利益、机会或者好处等造成一定的损害后果，并且这种意图明显是使用禁止的方式来实现。⑥ 普通诈骗与计算机诈骗在行为的主观要件方面都具有欺骗的故意，并且在结果方面也都表现为被害人的财产受到了损失。但两者最关键的一点就是欺骗的对象不同。普通诈骗是用虚假的陈述或材料让接受这一信息

---

① 谢开平：《电脑诈欺在比较刑法上之研究》，博士学位论文，台北大学法学系，2003年。

② 张明楷：《机器不能成为诈骗罪的受骗者》，载刘宪权主编《刑法学研究》第 2 卷，北京大学出版社 2006 年版，第 73—77 页。

③ 谢开平：《电脑诈欺在比较刑法上之研究》，博士学位论文，台北大学法学系，2003年。

④ 张小虎：《拾得信用卡使用行为的犯罪问题》，载《犯罪研究》2008 年第 5 期。

⑤ Susan W. Brenner, Is there such a Thing as "Virtual Crime", *California Criminal Law Review*, No. 4, 14 (2001).

⑥ L. Waller and C. R. Williams, *Criminal Law: Text and Cases*, 9th ed., LexisNexis Butterworths, 286 (2001).

的对方受到本真认识上的干扰，结果信以为真。但是在计算机诈骗中，是行为人所输入的数据信息或程序资料对于计算机而言是真实有效的，与计算机中存储的资料对比相同时，计算机才接受预先设计的指令行事。至于行为人输入的这些数据信息资料是通过技术手段的方式篡改抑或假以他人信息，则不是计算机本身所能认识，也不是事先设计计算机程序或指令的人所能预见，更谈不上因此而认识错误并交付财物。因而在计算机诈骗中并不存在人被骗的场合。

从哲学上来看，意识是人脑的机能，是人脑对客观世界的反映过程，意识从来都是社会的人的意识。① 没有意识的机器当然不会发生认识上的错误，也就不可能成为普通诈骗罪中的被欺骗的对象。电脑与自然人具有本质上的差异，所以，电脑遭人操纵与自然人受到欺骗，两者并不相同。再者，即使考虑电脑具有代替自然人的性质，而以评价的方式将电脑遭受操纵的情形归属于自然人，也应当局限在自然人藉由程式所表达的范围内。因此，即使采取电脑遭受操控应当被评价为自然人受到欺骗的立场，当行为人得以跳脱程式控制，反过来操控电脑时，必然已经突破了自然人藉由程式所做的限制，而不应再将已经超过意思所得延伸的部分，继续归属于自然人。所以，当行为人以电脑作为对象并得以操控电脑时，仍应认为没有自然人陷于错误，仅有电脑资料处理过程受到影响，而为单纯的电脑诈欺。再加上行为人若不能跳脱自然人藉由程式所做的限制，即无法操控电脑，也就无法对于影响电脑的资料处理过程并因此取得财产了。所以，纵使采取这种评价归属的观点，也应当认为普通诈欺与电脑诈欺的区分，仍应以行为对象系自然人或电脑作为判断标准。② 计算机诈骗的过程就是行为人通过对计算机中的数据信息进行技术上的篡改或者输入不当的资料使之作出与诈骗目的相同的反应，从而获得计算机对权利人财产的处分。另外，在普通诈骗中，被害人上当受骗一般都是与犯罪人有直接的交流沟通，但在计算机诈骗中通常不存在着丧失财产的权利人与犯罪人有接触或者通讯。因此，存在于现实社会里的普通诈骗与发生于虚拟空间中的计算机诈骗具有本质上的

---

① 李秀林：《辩证唯物主义和历史唯物主义原理》，中国人民大学出版社 1995 年版，第 57—58 页。

② 谢开平：《电脑诈欺在比较刑法上之研究》，博士学位论文，台北大学法学系，2003 年。

差异，法律评价应有所区别，不能以传统的诈骗罪法条予以规制。这也成为多数国家进行专门的计算机诈骗立法的重要原因。

三 计算机诈骗的立法概览

由于计算机诈骗与普通诈骗在其犯罪构造上并不完全相同，因而普通诈骗的构成要件并不能涵括计算机诈骗行为，故而在大陆法系和英美法系国家的刑事法中都对计算机诈骗这一犯罪行为制定了专门的法条予以规制。计算机诈骗作为单独的立法在其发展史上也如计算机犯罪的立法一样，在各个国家都经历了一个过程。这是因为计算机犯罪作为在信息时代的新兴科技发展下的副产品，对于社会造成的"毒副作用"也只是在20世纪中后期才逐渐发作并越发严重。正如前文所述，在计算机犯罪的早期，社会对其控制和打击基本上是援用既有的传统刑法。作为计算机犯罪之一种的计算机诈骗因为涉及对于他人财产的侵犯，故而在其规制上更是以财产犯罪的法律如盗窃或者诈骗等类似规定来予以处理。但是由于这一犯罪本身所具有的特征决定了引用传统刑法不足以治罪，有时甚至是无法治罪。因此，在对计算机诈骗有了充分的认识和积累了丰富的司法实践经验之后，各国开始纷纷制定专门的计算机诈骗法。计算机诈骗法的设计以普通诈骗作为参考，但又不完全效仿普通诈骗罪的规定，从而使得其规范内容具有很多自身的特点。本书以大陆法系中的德国与日本以及英美法系中的英国作为对计算机诈骗立法的概览考察，在此基础上再来深入研究美国联邦计算机犯罪法（即1030条）对计算机诈骗的规定和规制。

（一）德国

德国有关计算机诈骗的立法，最早可以追溯到1972年。[1] 由于当时德国刑法中的诈骗罪无法适用于计算机犯罪的范畴，对于新出现的计算机诈骗不能有效的规制，因而形成法律漏洞。当时的德国学说认为，填补漏洞的可能立法方式不外是以下几种：1. 填充既有的诈欺构成要件；2. 增订模仿诈欺的新构成要件；3. 扩张既有的僭越受给付（德国刑法第265条

---

[1] Bandekow, Strafbarer MiBbrauch des elektronischen Zahlungsverkehrs, S. 233, 1988. 转引自谢开平《电脑诈欺在比较刑法上之研究》，博士学位论文，台北大学法学系，2003年，第48页。

a）规定；4. 建构类似背信之构成要件。不过后两种想法很快就被放弃。① 关于计算机诈骗的立法，从1973年开始就已经有媒体、企业甚至邦议会、联邦议会等，对于法律政策表示莫大的兴趣；然而当时各邦的法务机关与联邦法务部则是采取反对与观望的态度。② 立法者及学者们的意见也不一致。在当时德国的第二次经济对策法的"参事官案"和"政府草案"的理由书及多数学者认为，在通过滥用计算机取得财产性利益的场合，由于诈骗罪是以人的欺诈与错误为前提的，否则，诈骗罪就不可能成立。因此，有必要增设计算机诈骗罪。但是，也有人提出，所谓计算机诈骗，无非是人与计算机分工，通过自动的数据处理完成的，最终的效果可以归属于计算机背后的人的欺诈与错误，至于这个人是谁用不着去调查，也没有必要去确认，对这类行为完全可以包容于传统的诈骗罪中。另有人主张，只要把现行法上的财物概念解释为包括转账金，就可以将那些采用非法手段把账上资金移动到"金钱债权"账户的行为，纳入传统的财产罪之中。③

计算机诈骗立法在德国进入实质性阶段是后来受到 Lampe 与 Sieber 的影响，并且在1976年对抗经济犯罪的"专家委员会"的建议下，明确地展开计算机诈骗的立法作业。委员会建议应当以刑罚制裁：以致富目的而藉由虚伪输入资料处理设备或对其工作流程之影响，导致影响财产之处分，损害他人财产之行为。希望以此条文掌握所有能够想象到的自动化过程操纵行为，并且确定新构成要件在前提与作用上，应当要填补刑法诈欺罪于计算机诈骗犯罪范畴所未能解决之漏洞。④ 德国计算机诈骗的立法在 Lampe 与 Sieber 的积极倡导下，从1975年开始正式进行论证和讨论，广泛征求各界意见并在德国联邦议会多次进行审读，最后于1986年5月通过并于同年8月1日起施行。德国刑法中的计算机诈骗规定在263条a，主要内容为：意图使自己或第三人获得不法财产利益，以对他人的计算机

---

① Lencker/Winkelauer, CR 86, S. 654f. 转引自谢开平《电脑诈欺在比较刑法上之研究》，博士学位论文，台北大学法学系，2003年。
② Mohrenschlager, Wistra 86, S. 129. 转引自谢开平《电脑诈欺在比较刑法上之研究》，博士学位论文，台北大学法学系，2003年。
③ [日] 阿部纯二等编：《刑法基本讲座》（第5卷），法学书院1993年日文版，第56—57页。转引自刘明祥《使用计算机诈骗比较研究》，载《网络安全技术与应用》2001年第12期。
④ Lackner, aaO, S. 43. 转引自谢开平：《电脑诈欺在比较刑法上之研究》，博士学位论文，台北大学法学系，2003年。

程序作不正确的调整，通过使用不正确的或不完全的数据，非法使用数据，或以其他手段对他人的计算机程序作非法影响，致他人的财产因此遭受损失的。① 从德国计算机诈骗的刑法条文内容可以看出，对于影响计算机资料处理过程而导致他人财产损失的计算机操控行为，立法希望涵括各种操控方式，以便于全面的打击和规制。因此，德国的计算机诈骗除了内容具体的三种形态：制作不实的程序、使用不正确或不充分的数据以及无权使用数据外，最后以一个类似于兜底性的"其他通过无权作用于操作过程而影响数据处理过程的结果"规定来作出补充，以防遗漏。

（二）日本

日本刑法主要继受于德国，不过在计算机犯罪方面的研究与法律制定也受到美国计算机犯罪立法的一定影响。日本学界在20世纪70年代初期即已开始从美国引介"电脑犯罪"的概念。② 在日本政府展开明确的立法活动前，警政单位与通产省等政府机关就已经在整理国内外计算机犯罪的案例（尤其是美国）、设置研究单位、提出犯罪对策或立法建议。1986年5月，推动电脑犯罪立法作业的法务省刑事局知会电脑制造商、使用者、全国法学单位等有关各界，就相关犯罪的立法提出意见与提案。在关于计算机诈骗的立法问题上，存在着几种不同的意见。一种意见认为，通过不正当使用计算机从他人账户上把钱转到自己的账户上使自己非法取得金钱债权这既不能定盗窃罪也不宜定诈骗罪，只有增设使用计算机诈骗罪才能合理解决这一问题。另一种意见认为对通过不正当使用计算机而侵害他人财产的案件，按传统的财产罪处理不会出现解释上的困难。因为在银行的存款仍然属于存款者占有，非法转移存款者的存款到自己的账户这就是一种夺取占有的财产罪。还有一种意见认为，通过滥用计算机而侵害他人财产的案件中，只有那种把金钱债权移动到自己或第三者账户的情形，传统的财产罪不能包容而要解决这一问题并不一定要增设罪名更不必要制定像现在刑法这样的复杂规定，只要

---

① 《德国刑法典》，徐久生译，北京大学出版社2019年版，第186页。
② ［日］石田晴久：《コソピュータ犯罪について》，载于《法律のひろば》，第24卷，第6号，1971年6月。转引自谢开平《电脑诈欺在比较刑法上之研究》，博士学位论文，台北大学法学系，2003年。

刑法中"存款视为财物"的简单规定就足矣。①

虽然关于计算机诈骗立法的意见不一，但经过日本刑事法部会五次会议审议后，全会一致同意而提出借由刑法的部分修正，而整备法则的纲要。在历时一年左右的酝酿和各部门协商之后，日本的计算机诈骗立法于1987年5月由日本国会众、参议院表决通过，并于当年6月22日起施行。根据《日本刑法》第246条之2的规定，使用计算机诈骗罪是指向他人处理事务使用的电子计算机输入虚伪信息或者不正当的指令从而制作与财产权的得失或者变更有关的不真实的电磁记录或者提供与财产权的得失、变更有关的虚伪电磁记录给他人处理事务使用，取得财产上的不法利益或者使他人取得的行为。②在日本使用计算机诈骗罪的典型行为表现有以下几种：（1）金融机构的职员给计算机输入虚假的信息或不正确的指令操纵计算机向自己或第三者的账户转移金钱债权；（2）通过拾得、窃取、伪造等途径得到他人现金卡后在自动取款、转账的计算机上使用，把他人现金卡上的金钱债权转到自己或第三者的账户上；（3）使用不正当制作的磁性电话卡等享受他人提供的服务的；（4）使用经过不正当的磁性处理的乘车券通过计算机自动检票，接受运输服务的；等等。其中前两种与后两种分别是日本刑法第246条之2规定的前段与后段所包含的内容。③日本在计算机诈骗犯罪的规定上与德国不同的是，其并没有在法条中全面规定各种操控计算机方式的立法模式，只规定了"输入虚伪信息"和"不正当的指令"两种类型。这一做法估计是考虑到计算机技术不断在发展而不作一刀切的规定，为法律的修正发展留下了空间。

（三）英国

英国作为英美法系的典型代表之一，在对犯罪的规制上既有普通法上的惯例与判例也逐渐发展出了一系列内容丰富的成文刑法。关于计算机犯罪，在英国早期的做法也是沿用传统刑法来予以规制。说实话，在《1990年计算机滥用法》（Computer Misuse Act of 1990）出台之前，既有

---

① ［日］阿部纯二等编：《刑法基本讲座》（第5卷），法学书院1993年日文版，第56—57页。转引自刘明祥《使用计算机诈骗比较研究》，载《网络安全技术与应用》2001年第12期。

② 《日本刑法典》，张明楷译，法律出版社2006年版，第218页。

③ 刘明祥：《使用计算机诈骗比较研究》，载《网络安全技术与应用》2001年第12期。

的刑法可以处理一部分由计算机滥用导致的犯罪问题。① 这里所述的《1990年计算机滥用法》即是英国在1990年颁布的专门用于打击计算机犯罪的刑法。② 但是在《1990年计算机滥用法》中只规定了三个罪条：(1) 未经授权访问计算机资料；(2) 未经授权访问计算机意图进一步犯罪；(3) 未经授权篡改计算机资料。③ 这三个犯罪条文主要针对的是非法计算机访问以及破坏计算机软件与数据信息等的犯罪行为，并没有明确规定计算机诈骗。虽然第2个条文规定了未经授权访问计算机并意图进一步犯罪，但并不是针对计算机诈骗这样的犯罪情形。第2条与第1条一样，主要打击的是犯罪预备性的行为。用法律委员会给出的例子来说，当黑客意图盗窃而搜索登录账户的密码的行为不会以盗窃未遂处理而是按照本条之规定来惩罚。至于利用计算机之类的机器来进行欺骗性的犯罪，形成的意见是只要将《盗窃法》（Theft Act）予以可能的修正即完全能够解决。④ 因此，英国虽然制定有专门的计算机犯罪法，但是在计算机诈骗的问题上一开始并不是按照计算机犯罪的性质来处理。

适用1968年《盗窃法》中关于诈骗犯罪的规定来规制使用计算机进行欺诈的情况通常被证明存在着很多问题。⑤ 这是因为在英国的判例认为机器不可能被骗。诈骗的发生必须是某个人或某一些人被欺骗。⑥ 同时，1978年《盗窃法》中对提供服务诈骗的规定也明确指出：某人向他人提供欺骗性的服务属于本法规定的犯罪。另外，在 Re Holmes 案中，法院的判解认为：我们接受广为众知的观念，法律规定不可能认为机器可以被骗。⑦ 鉴于判例的态度和适用《盗窃法》来规制计算机诈骗的困难，英国法律委员会在计算机犯罪法之后便开始着手诈骗类犯罪的立法规划，并于

---

① Tapper, C., Computer Crime: Scotch Mist? *Criminal Law Review*, No. 4, 76 (1987).
② 本书在第一章对此有比较详细的介绍，在此不赘述。
③ John Smith and Brian Hogan, *Criminal Law*, 8th ed., Buterworths, 724-728 (1996).
④ John Smith and Brian Hogan, *Criminal Law*, 8th ed., Buterworths, 727 (1996).
⑤ Stefan Fafinski, *Computer Misuse: Response, Regulation and the Law*, Willan Publishing, 92 (2009).
⑥ DPP v. Ray [1974] AC 370 (HL) 384.
⑦ Re Holmes [2004] EWHC 2020 (Admin); [2005] 1 WLR 1857, 1863.

2002年发布了《诈骗法报告》。① 经过 4 年多的努力，英国于 2006 年通过并颁布了《2006 年诈骗法》（*Fraud Act* 2006）。《2006 年诈骗法》取代了 1968 年和 1978 年《盗窃法》中所有的关于诈骗类的犯罪，在其中就有计算机诈骗的规定。② 在这些法条中与计算机诈骗相关的规定是第 2 条，"通过虚假呈现（representation）进行欺骗"。其中行为要件是制作虚假的表述或其他呈现；主观要件是不诚实地且知道作出的呈现是虚假的并意图获取或造成他人财产损失。主观意图既可以是明显的也可能是含蓄的。③ 第 2 条中的第（5）款规定：如果使用任何形式的可以用来接收、传播或对通讯作出反应的系统或设备来制作的虚假呈现，也是本条规定之内涵。④ 因此，诈骗行为可以通过虚假的电子呈现来得以实施。⑤ 除此之外，该法的第 6 条与第 7 条还处罚那些持有、制造或提供用来实施诈骗行为的物品（article），其包括"任何的电子形式的程序或数据"。⑥ 因此，在 2006 年之后，英国关于计算机诈骗的犯罪即不再以《盗窃法》的规定来处理，而是以《2006 年诈骗法》予以定罪问责。

第二节　美国计算机诈骗的规定

　　计算机诈骗不但在大陆法系主要国家如德、日刑法中有专门规定，在英美法系刑法中也有独特的法律体现。本书在上述内容中概要地考察研究了德国、日本以及英国关于计算机诈骗的立法制定过程及其主要内容。通过这一横向分析表明这些国家虽然属于不同的法系，但是对计算机诈骗都形成了比较一致的态度，即通过单独规定刑法条文予以规制，而不再依照传统的刑事犯罪来处理。尽管英国在 2006 年才完成这一立法，但其在立法上的转变更加鲜明地反映出适用《盗窃法》来打击计算机诈骗的路线行不通，在历经了几十年的司法实践后最终予以放弃而不得不采取制定新

---

　　① Law Com No. 276, Cm 5560, 2002. 参见 http：//www. publications. parliament. uk/pa/pa-bills/200506/fraud. htm.
　　② *Fraud Act* 2006. 参见 http：//www. legislation. gov. uk/ukpga/2006/35/contents.
　　③ *Fraud Act* 2006, s. 2（4）.
　　④ *Fraud Act* 2006, s. 2（4）.
　　⑤ Stefan Fafinski, *Computer Misuse*：*Response, Regulation and the Law*, Willan Publishing, 93（2009）.
　　⑥ *Fraud Act* 2006, s. 8（1）.

法的立场。同样属于英美法系的美国却没有像英国那样保守,在对待计算机诈骗的问题上毫不含糊,一开始在制定计算机犯罪法时,就在草案设立了计算机诈骗的规定。不过在1984年美国国会通过的《伪造接入设备与计算机欺诈及滥用法》中一共只规定了三个条款,即(a)(1)款、(a)(2)款和(a)(3)款,而原本在立法提案和司法委员会提交的报告中都存在的(a)(4)款,却在国会表决通过之前被删除掉了。[①] 当时被删掉的(a)(4)款正是关于计算机诈骗的规定。对于为何在立法通过前临时删除(a)(4)款,现已无法具体地考证其缘由。或许是当年美国国会认为关于计算机犯罪的立法经验还不是很成熟,而先做出最基本的规定,对于其他犯罪形态的规制暂时比较谨慎地作了一定的保留。

1984年立法没有将计算机诈骗规定在其中,使得问题很快就在司法实践中呈现。大量的计算机犯罪都涉及通过计算机来诈骗财产。鉴于此,在1986年修正案的提案中美国司法部就专门提出要求增设计算机诈骗的规定。主张设立计算机诈骗规定是因为考虑到如果犯罪分子使用计算机去违犯普通法上的罪名如偷盗或侵吞公款等将会使得现有的联邦计算机犯罪法无法规制这些行为。要实现对这些犯罪的打击,立法者就需要在1984年法中制定一个诈骗罪的条款,其可以依照联邦电信或邮政诈骗的规定来设立。但美国司法部又强调与邮政和电信诈骗的规定相比,在计算机诈骗中计算机只是一个工具。之所以要比照电信和邮政诈骗的规定来设立计算机诈骗是因为邮政和电信这两个诈骗罪具有相当丰厚的成熟案例可以提供司法借鉴。正如在第二章中所提到的,在计算机诈骗条款的适用范围上,美国司法部认为联邦司法机关可以将本罪用于那些对属于或由联邦政府运行以及由联邦投保的金融财政机构的计算机实施诈骗的行为,或者对那些位于州际乃至多州之间以及外国的计算机进行诈骗的行为。由于各州之间司法具有多样性的特征,使得联邦司法对那些最为需要而州司法又无力进行调查与起诉的案件成为必需的后备。期望由一个州来调查与起诉发生在多州间的使用计算机诈骗罪是不现实的,因为各州的法律只在本州范围内有效。[②] 于是,计算机诈骗的规定在

---

① Computer Fraud Legislation: *Hearing before the Sub-commission on Criminal Law of the Senate Commission on the Judiciary*, 99th Congress, 1st Session, 26-27 (1985).

② Computer Fraud Legislation: *Hearing before the Sub-commission on Criminal Law of the Senate Commission on the Judiciary*, 99th Congress, 1st Session, 36 (1985).

1986 年修正案中被正式确立，也即现在的 1030 条（a）（4）款。

一　1030 条（a）（4）款的内涵

虽然 1030 条的具体名称是《计算机欺诈与滥用法》，并且在该法中一共规定了 7 个罪名，但"诈骗"一词在这 7 个罪名中只有两个条款使用，其余 5 个条款都没有使用，这 5 个条款分别是（a）（1），（a）（2），（a）（3），（a）（5），（a）（7）款。[①] 使用"诈骗"一词的两款规定分别是（a）（4）与（a）（6）款，因为（a）（6）款规定的是为了欺诈而进行非法的密码及类似信息的交易从而影响到受保护的计算机。因此，在 1030 条中只有（a）（4）款是关于计算机诈骗的规定。该款规定的内容为：以诈骗为目的，故意未经授权或超越授权访问受保护的计算机，通过这一行为促进了意欲的诈骗并获得任何有价值之物；如果诈骗的对象及所获得之物仅仅是计算机的使用并且这一使用的价值在一年之内没有超过 5000 美元的则不受本款规制。[②] 根据这一规定，计算机诈骗犯罪的构成要件包括：（1）故意并以诈骗为目的；（2）未经授权或超越授权访问受保护的计算机；（3）促进诈骗的实现并获得任何有价值之物或者使用计算机价值在一年之内超过 5000 美元。[③] 这三个构成要件可以概括为主观要件、行为要件和结果要件。从（a）（4）款的规定来看，要构成美国计算机犯罪法上的计算机诈骗，必须要符合这三个构成要件。至于这三个构成要件各自的内涵，并非在 1986 年修法时就在法条中作出了全面而详细的规定，而是通过立法制定出核心条文与适用原则再由司法结合既有相关判例来丰富与完善。

关于主观要件中规定的"故意并以诈骗为目的"并不是计算机诈骗规定所独有，而是在其他法条中也有相同表述。在 1986 年修法过程中，立法机关的报告即对这一主观要件作出说明：在计算机诈骗中的"故意并以诈骗为目的"这一要件在适用标准上与 1029 条规定的信用卡诈骗犯罪

[①] George Roach and William J. Michiels, *Damage is the Gatekeeper Issue for Federal Computer Fraud*, Tul. J. Tech. & Intell. Prop., No. 8, 67（2006）.

[②] 18 U.S.C. § 1030（a）（4）（2006）.

[③] Charles Doyle and Alyssa Bartlett Weir, *Cybercrime: an Overview of the Federal Computer Fraud and Abuse Statute and Related Federal Criminal Laws*, Novinka Books, an Imprint Science Publishers, Inc., 29（2006）.

相同。① 信用卡诈骗罪中规定的"故意并以诈骗为目的"所表达的意涵是犯罪人对于自己行为的结果有明确的意识,即知道他人会上当受骗;同时希望这一结果能够发生,即行为人意图他人受到欺骗。② 立法机关在关于信用卡诈骗罪的规定上,对主观要件中的故意还作了进一步的阐释。信用卡诈骗犯罪的构成要件中的主观故意是指:(1)认识到其行为的本然性质;(2)在使用或者非法交易前,对于接入设备是伪造的等相关情况是明知的或者明确地相信。当行为人意识到上述这些情况存在的高度可能性时,即可以说明其具有故意的主观心态,虽然辩护方可以成功地说明故意不成立,如果其能够证明行为人在做出了合理的措施后而据以相信这些情况不存在。另外,在本法条中(指信用卡诈骗罪——引者注)使用的"目的"(with intent)和《模范刑法典》中使用的"目的"(purpose)是具有相同的应受谴责的心态。③ 美国关于信用卡诈骗罪的规定是与计算机犯罪法同时于 1984 年规定在《伪造接入设备和计算机欺诈与滥用法》中的,也就是说当年信用卡诈骗与计算机诈骗的规定是同时拟定,只不过信用卡诈骗制定后即于 1984 年颁布,而计算机诈骗却未能如期"降生"。因此,1986 年修法在制定计算机诈骗的主观要件时也就会很自然地做出与信用卡诈骗相同的规定。

根据立法机关作出的报告,制定 1030 条(a)(4)款是"惩罚那些使用计算机进行诈骗从而窃取他人财产的行为"。④ 在司法实务中,对于(a)(4)款所规定的计算机诈骗犯罪中的诈骗的解释是指进行犯罪行为的过程,其并不要求具有普通法上的诈骗犯罪的构成要件。⑤ 因为在计算机诈骗中并不是对于人的欺骗,而是通过未经授权或者超越授权访问计算机的方式去获取任何有价之物。在前述的赛佳德案例中,即按照这一解释进路作出了判解。法院认为被告赛福佳德公司以不诚实的方式去获取原告

---

① *Senate Report* No. 99-432, at 10 (1986); *House of Representative Report* No. 99-612, at 12 (1986).

② Charles Doyle and Alyssa Bartlett Weir, *Cybercrime: an Overview of the Federal Computer Fraud and Abuse Statute and Related Federal Criminal Laws*, Novinka Books, an Imprint Science Publishers, Inc., 30 (2006).

③ *House of Representative Report*, No. 98-894, at 16-17 (1984).

④ *Senate Report* No. 99-432, at 9 (1986), reprinted in 1986 U. S. C. C. A. N. 2479, 2486-87.

⑤ George Roach and William J. Michiels, Damage is the Gatekeeper Issue for Federal Computer Fraud, *Tul. J. Tech. & Intell. Prop.*, No. 8, 67 (2006).

赛佳德公司计算机中的信息，构成（a）(4) 款规定之罪。① 这里所谓以不诚实的方式即以诈骗为目的而未经授权访问，并在该访问过程中非法地获得赛佳德公司计算机中的重要数据资料。由于（a）(4) 款还规定，以诈骗为目的而未经授权或超越授权访问计算机须要获得"任何有价值之物"。司法判例对于"任何有价值之物"在其他的联邦刑事法条文中作出了非常宽泛的解释，就像对"财产"（property）的理解一样，故而对这一用语可以涵括妨碍计算机的行为几乎没有争议。② 因此，除了单纯的计算机使用在一年内没有超过 5000 美元以外，只要行为人获取到任何价值的东西即构成（a）(4) 款规定的计算机诈骗。这些任何有价值的东西主要是指类似上述案件中的数据资料，其能够给行为人带来经济利益，而给被害人造成既有的或潜在的财产性损失。

从保护法益上来看，（a）(4) 款所确立的计算机诈骗也是为了保护财产法益，确保他人的财产不会因为受到以欺诈为目的的非法计算机访问而遭受损失。虽然在英美法系刑法中并不讨论保护法益，同时在（a）(4) 款以及1030条中也没有涉及这方面的规定。但是在该款制定时，立法机关对于该款的主要作用做出了说明，从而体现出法益保护的理念。计算机诈骗应该被认为是一种经济犯罪，其设计就在于保护财产性利益（property interest）。③ 同时，该款在立法设定时即确立了明确的法益保护范围，不过在当时只是将受保护的法益作出了一定的限制。由于1986 年修法时，《计算机欺诈与滥用法》所保护的只是"与联邦利益有关"的计算机，故而在（a）(4) 款的计算机诈骗规定就保护的只是与联邦有关的财产利益。在这些有限的计算机类别中，非常明晰的是要保护联邦利益，使其不会因为计算机受到物理性的损毁以及其中的数据受到删除或更改而受到侵害。计算机诈骗这一规定所表现的只是联邦司法的一个最小限度的扩张，使其进入传统上这类犯罪是保留给各州进行司法的领域。④ 随着后

---

① Shurgard Storage Centers, Inc. v. Safeguard Self Storage, Inc., 119 F. Supp. 2d 1121, 1125–26 (W. D. Wash. 2000).

② W. Cole Durham, Jr. and Russell C. Skousen, The Law of Computer-related Crime in the United States, *The American Journal of Comparative Law*, No. 38, 574 (1990).

③ Computer Fraud Legislation: *Hearing before the Sub-commission on Criminal Law of the Senate Commission on the Judiciary*, 99th Congress, 1st Session, 37 (1985).

④ Computer Fraud Legislation: *Hearing before the Sub-commission on Criminal Law of the Senate Commission on the Judiciary*, 99th Congress, 1st Session, 37 (1985).

来在1996年修正案中把"与联邦利益有关的计算机"改为"受保护的计算机",(a)(4)款也相应地作出修改。这两者的关键区别就在于前者要求计算机是用于两个或以上的州,而后者基本上就不要求计算机是"使用于"州际之间。因为每一台连接到因特网上的计算机都是使用于州际交易或交流,那样一来每台上网的计算机都是"受保护的计算机",其都可以受到1030条的规制。① 因此,在上述修改之后,计算机诈骗的保护法益不但及于联邦利益,还包括所有的非与联邦有关的私人及团体等的利益。

(a)(4)款所规定的计算机诈骗犯罪的构成要件中,除了需要在主观要件上有故意并具有诈骗的目的以外,还有另外两个构成要件,即非法计算机访问和获得任何有价值之物。后面两个构成要件应该综合起来分析,其表明计算机诈骗不仅仅是未经授权的计算机访问就可以成立,也即"所获取之物"不只是未经授权的计算机使用。除了未经授权的访问行为是计算机诈骗的一部分以外,还需要其他的要件来补强。② 换言之,在(a)(4)款中规定的"非法计算机访问并因此促进了诈骗"要求计算机的使用是诈骗行为不可或缺的一部分。在计算机诈骗中,计算机的使用是构成该罪的核心要件之一,其强调在实施诈骗的过程中使用计算机来窃取财产,使用计算机是构成本罪必不可少的要件。虽然立法机关在制定该款时,曾以联邦电信和邮政诈骗条文作为参考。但立法上没有完全遵循邮政和电信诈骗规定的模式,是为了避免将那些与意欲实施诈骗完全无关的计算机使用行为也纳入到此款规制,因为一旦违犯本款即构成重罪。立法没有完全按照邮政诈骗和电信诈骗的模式来设置(a)(4)款,是担心若按照如此制定则会将那些意图实施诈骗行为,但只是单纯地使用计算机来作记录或算计犯罪的所得的情形也认定为计算机诈骗。对于这种在诈骗过程中使用计算机的行为不能按照(a)(4)款来论处。③ 把计算机仅仅是当作犯罪工具来实施诈骗犯罪不能认定为是计算机诈骗。这是因为(a)(4)款已经规定,诈骗意图的得逞是通过未经授权或超越授权访问计算

---

① Orin S. Kerr, Vagueness Challenges to the Computer Fraud and Abuse Act, *Minn. L. Rev.*, No. 94, 1568 (2010).

② Charles Doyle and Alyssa Bartlett Weir, *Cybercrime: an Overview of the Federal Computer Fraud and Abuse Statute and Related Federal Criminal Laws*, Novinka Books, an Imprint Science Publishers, Inc., 29 (2006).

③ *Senate Report*, No. 99-432, at 9 (1986), reprinted in 1986 U.S.C.C.A.N. 2479, 2486-87.

机。未经授权与超越授权访问计算机的过程就是通过规避程序编码设限或者突破使用限制等方式来实现对计算机的控制。通过这些方式来获取财产从而实现诈骗的目的才是计算机诈骗。

为了确保（a）(4) 款在规制计算机诈骗的过程中，不至于将那些单纯的侵入型计算机犯罪也纳入其中，该款最后设定了一年内计算机使用价值超过 5000 美元的才能作为计算机诈骗规定的"所获取之物"。立法将（a）(4) 款在法条语言作出如此规定是为了与使用计算机非法入侵的窃取行为的条款相区别。因为在美国，立法上认为任何使用计算机非法入侵的行为都可以看作窃取财产。原因有二，其一是故意侵入他人计算机，行为人至少可以获取到怎样攻入其计算机或系统的信息；其二，任何一次的侵入都包含着对他人计算机使用时间的占用。① 如果对计算机的使用价值不作出 5000 美元的门槛限制，则因未经授权或超越授权访问计算机而占用有效计算机使用时间的行为都可以被当作（a）(4) 款规定的计算机诈骗，因为计算机使用也会满足"任何有价值之物"的构成要件要求。以 5000 美元作为分界线即解决了这一问题，从而也允许对那些非法访问计算机的重犯提起计算机诈骗之诉。② （a）(4) 款在规定意图以诈骗为目的的基础上，将占用计算机使用时间而形成的价值作为计算机诈骗所获取的任何有价值之物是美国计算机诈骗法有别于其他国家的规定之处。这种做法既是为了实现（a）(4) 款与单纯规定计算机侵入行为的（a）(2) 款之间的协调，也是为了更加有利于打击单纯的侵入型的计算机犯罪：初犯按照（a）(2) 款处理，再犯或者重犯者在计算机使用价值上累计达到 5000 美元以上则按计算机诈骗惩罚。

将"使用计算机"的价值作为诈骗获取之物的规定则是 20 世纪 80 年代计算机使用经济的遗留物。物以稀为贵，在那个时候计算机比较罕见，其使用通常都会产生相当大的经济价值。未经授权访问计算机这一行为本身就会给机主增加成本。立法机关在制定（a）(4) 款时所发布的参议院报告对这一规定有专门的阐述。单纯地使用计算机或者计算机服务在其中会产生费用。仅仅是侵入他人的计算机系统会导致系统服务商提供一个"端口"（port）或者接入通道，这反过来会给计算机的有权使用者增加开

---

① *Senate Report* No. 99-432, at 9-10 (1986), reprinted in 1986 U. S. C. C. A. N. 2479, 2486-87.
② *Senate Report* No. 104-357, at 9 (1996).

支。同时，参议院司法委员会认为更为重要的是要对作为重罪处罚的以(a)(4)款为依据的计算机诈骗罪和单纯地在首次以轻罪处理的入侵计算机罪之间做出区分。如果将每一个单纯的侵入计算机的行为都认定为是意图诈骗计算机服务提供的使用时间，则体现不出两罪的区别。行为人不可能在不占用计算机服务所分配的时间而实现侵入访问，因此不作出上述区分就会把每一个未经授权的访问行为——不管是多么短暂——都当作计算机诈骗而构成重罪。立法对此加以区分十分必要而恰当，因此在(a)(4)款的规定中最后说明如果诈骗的对象和所获取之物仅仅是计算机的使用且一年之内并未超过 5000 美元的，不受此款之规制。① 关于计算机的使用价值，是由于未经授权或超越授权访问而占据了计算机的服务给有权者带来的损失。② 如莫里斯案中即把蠕虫病毒占据系统空间并最终导致大范围计算机系统瘫痪所造成的损失认定为是给计算机有权使用者带来的经济成本的增加。

二 计算机诈骗的主要行为形式

1030 条 (a)(4)款明确地规定了计算机诈骗犯罪的构成要件。构成要件（狭义）作为一种观念形象，是从社会生活中出现的事实加以类型化的，并且进而将其抽象化为法律上的概念，成为犯罪的客观轮廓与指导形象。从广义上看，构成要件是指犯罪成立条件，而狭义上的构成要件则是指刑法分则条文关于具体犯罪的规定。③ 构成要件是对犯罪事实和行为在刑事法律上的定型。因此，1030 条 (a)(4)款作为计算机诈骗犯罪定型性的规定，彰显的是这一犯罪的一般性质和类型化的特征。在现实生活中，计算机诈骗的具体犯罪表现形式或曰行为方式存在着多样性。根据 1030 条 (a)(4)款的构成要件性规定来对计算机诈骗犯罪的主要形式予以研究考察，有利于对该罪的全面认识和更进一步的理解计算机诈骗的法条规定。按照刑法学上对犯罪行为的分类，其一般可以分为作为和不作为两种类型，但并非所有的犯罪都存在着这两种行为形式。计算机诈骗既可

---

① *Senate Report*, No.99-432, at 10 (1986), reprinted in 1986 U. S. C. C. A. N. 2479, 2486-87.
② 关于未经授权或超越授权访问计算机而带来的计算机使用的损失将在下一章详细分析。
③ 参见拙文《罪状、构成要件与犯罪构成——概念梳理、关系考察与性质厘清》，载《政治与法律》2010 年第 8 期。

以通过实施积极的犯罪行为去实现,也可能会以消极的不作为而达到犯罪目的(比如在电子商务中负责销售的职员故意对销货退回不在计算机中作出记录而使自己从中获得利益等)。当然,对于计算机诈骗的不作为是否存在尚可论争,但可以通过积极的作为去实施这一犯罪却并无异议。基于此,本书对计算机诈骗犯罪主要形式的分析以作为犯罪为基础展开论述。

1030 条在立法制定及其发展中对于计算机犯罪有"内部人"和"外部人"的区分。① 这一立法理念在莫里斯案中曾有过论及,在计算机诈骗中这一区分也有着重要的体现。计算机诈骗的犯罪人可以从"内部人"和"外部人"这一分类中体现出比较明显的差别。一般而言,计算机诈骗通常是"内部人"所为,他们若有诈骗意图则更有可能实施侵入性的行为。因为他们对工作中所使用的或者工作环境中存在的计算机系统比较了解,知道计算机或者某些环节上存在着缺陷或者疏漏,同时他们也更容易掩盖自己的行为而不留下多少犯罪的踪迹。不过从已发生的计算机诈骗案例来看,这一犯罪也有"外部人"实施而得逞。相对于内部人而言,外部人并不熟悉诈骗对象的计算机系统,但是他们可以通过两种方式来实施犯罪。第一种是假冒有权使用者,即通过假借有权使用者的相关资料信息来实现对计算机的操纵从而进一步实施诈骗侵财;第二种是探测出计算机系统中存在的弱点,即以这些系统缺陷为突破口而通过技术手段实现未经授权的访问。除此之外,还存在着"内部人"和"外部人"相互勾结,共同进行计算机诈骗。这种内外勾结的案例如:在一个名为"大众货币汇率"(Volkswagen Currency Exchange)的公司中,四个职员与外人合谋创设出虚假的外汇交易,然后将其掩饰成真实交易,并通过汇率变化之间的差异来窃取利益,其行为主要包括篡改计算机程序和删除磁条记录。②

根据 1030 条(a)(4)款的规定,计算机诈骗的构成要件中的访问行为包括"未经授权"和"超越授权"。"超越授权"访问是在有权访问的基础上,没有遵守访问的限制而突破访问权限的情况,一般在认定上相对比较简单,比如罗沙尔案的判决。"未经授权"则因为是没有任何的访

---

① *Senate Report*, No. 104 - 357, at 11(1996)。可参见 http://thomas.loc.gov/cgi-bin/cpquery/? &dbname=cp104&sid=cp1048G4aK&refer=&r_n=sr357.104&item=&&&sel=TOC_45112&.

② Peter G. Neuman, *Computer Related Risks*, Association of Computing Machinery Press, 258 (1995).

问权而通过各种手段来获得非法的访问，因此这一行为表现比较复杂。下面则以"未经授权"作为分析进路，探讨（a）（4）款规制下的计算机诈骗的主要行为手段。"未经授权"访问得以实现的手段主要可以分为两种：冒充（masquerade）和漏洞利用（vulnerability exploitation）。[1] 冒充是指在未经授权的情况下而假冒有权使用者或者其他实体而访问计算机。因为有权使用者在权限范围内不受限制，故而冒充者就对计算机实施攻击，企图通过这一方式获得有权者的权限而使用到计算机或者获得服务。冒充的访问行为又可以进一步地划分为模仿（impersonation）如使用别人的账号密码等和欺骗性攻击（spoofing attacks）。模仿主要是假以他人的账号密码而得以实现访问，所以在模仿中的犯罪手段又可以分为密码攻击（password attacks）和密码交易（password trafficking）。这种以冒充的方式来实现计算机诈骗的案例如：[2] 某金融顾问通过计算机转账诈骗联邦政府800多万美元。其犯罪手法是使用他人的用户名和密码登录金融机构的计算机将钱款划拨到与自己利益有关的私人公司账户上，同时为了规避查账追踪，他还使用了其他职员的登录码和密文指令。

由于在计算机诈骗犯罪中有许多技术性的措施可以针对密码攻击行为，因而也使得密码攻击的方式比较多样，最主要的可以分为三种：猜测（guess）、破译（crack）和采集（harvest）。[3] 猜测密码的手段既可以是通过人工的方式根据所获得的有关信息进行摸索性的试探，也可以是设计出专门的密码猜测程序通过数字或字母等的不断排列组合来实现，如莫里斯案中的行为方式。如果以猜测密码而实现计算机访问，说明密码设置得比较简单，在安全性上比较弱。破译密码是对密码文档，比如密码备份数据带（backup tape）进行访问然后通过技术手段解码而获得密码。密码采集的手段则比较常见和多样，比如通过网络蜘蛛、机器人程序以及嗅探器等方式进行攻击而获取密码。这种犯罪的手段因为比较隐秘和经常是在大范围内采集，因此在密码保护中不是很明显地能意识到。除了密码攻击之

---

[1] Ivan Victor Krsul, *Software Vulnerability Analysis*, Ph. D. Dissertation, Purdue University, 78-119, May 1998.

[2] Adam Graycar and Russell Smith R. *Identifying and Responding to Corporate Fraud in the 21st Century*, Speech to the Australian Institute of Management, 4 (2002).

[3] Peter G. Neuman, *Computer Related Risks*, Association of Computing Machinery Press, 267 (1995).

外，模拟的另外一种方式即密码交易则是行为人通过非法的密码买卖渠道而获得他人的密码。这种方式并不需要多少技术性的手段，但是对于计算机诈骗中的访问行为而言，同样是未经授权。密码交易与密码攻击在计算机诈骗的行为性质上具有相同的法律评价。这也是在 1030 条设置（a）（6）款来打击密码交易的原因之一。欺骗性攻击则并不是以各种手段模仿他人真实有效的密码资料，而是通过伪造以虚假的信息来冒充他人并获得访问进而实施诈骗。

虽然都属于"未经授权"访问的类型，但漏洞利用相对于冒充而言由于其包括对各种漏洞的探测更显得复杂。一般而言，漏洞利用是从计算机系统本身的状况出发来实施侵入性的访问行为。因为计算机系统及其程序不可能被设计得尽善尽美而毫无任何安全瑕疵。行为人正是基于这一点，在发展的技术条件下使用更新的技术手段来侦测漏洞和可能存在的利用条件。根据与诈骗结果最直接相关的财产侵犯来作出判断，漏洞利用可以分为以下四种：[①] 第一种是软件漏洞，如臭虫（bug）、后门（back door）等。臭虫是指计算机系统或程序中，隐藏着的一些未被发现的缺陷或问题。后门一般是指绕过安全性控制而获取对程序或系统访问权的方法。在软件的开发阶段，程序员常会在软件内创建后门以便可以修改程序中的缺陷。如果后门被其他人知道，或是在发布软件之前没有删除后门，那么它就成了安全风险。[②] 第二种是员工问题，即由于员工对错误的忽视或者出于对工作的不满而在计算机系统管理上出现的类似密码攻击性的行为，如已辞职的员工利用原有的账号进行诈骗性的行为。第三种是通过电讯交流而骗取到相关的漏洞信息从而得以非法访问。第四种是物理性干扰，即在电子访问无效的情况下，通过物理性手段对计算机系统实施影响，使其出现故障或缺陷而得以实现未经授权的访问，进而实施侵财行为。

1030 条（a）（4）款中规定的"未经授权"访问的主要手段在以上内容中进行了比较详细的论述和分析，接下来则是在此基础上探讨计算机

[①] Ivan Victor Krsul, *Software Vulnerability Analysis*, Ph. D. Dissertation, Purdue University, 120-24, May 1998.

[②] Erick Knight, *Computer Vulnerabilities*, 34-39（2000）. 参见 http://www.ussrback.com/docs/books/general/compvuln_draft.pdf.

诈骗的主要犯罪行为方式。一般而言，计算机诈骗的犯罪方式与其他种类的计算机犯罪相同，主要分为输入、程序与输出三个方面。[①] 在计算机诈骗中最严重的就是对计算机中的数据或程序进行操作而伪装成真实的转账交易，其通过未经授权或超越授权的访问攻入相关机构的计算机系统并操控其中的商业信息，非法地进行电子转账行为。[②] 输入型的诈骗（数据欺骗或者数字伪造）是计算机诈骗中最主要的表现形式。在这类诈骗中，行为人不诚实地输入不恰当的数据或者数据的不恰当形式如篡改存储的信息等，成为最常见的计算机诈骗犯罪。[③] 这种行为方式可以由任何人在获得访问后通过数据的不实输入而实现欺诈目的。例如在弗吉利亚州发生的这样一个案例：A 某是该州一家政府金融机构的职员，其在工作中具有访问和修改计算机系统中的数据状态的权限。A 某为了图利而将系统中账款支付的"已付"状态改为"未付"，进而将钱款转汇到自己的账户上。行为完成之后，A 某将转账记录删除，再把账款支付状态和日期改回到"已付"和原来的情况。[④] 数据输入型的计算机诈骗行为是在未经授权或超越授权访问的基础上所实施的比较常见的计算机犯罪，其也是 1030 条 (a) (4) 款规制的重点之一。

程序型的诈骗包括设计制作出一个可以窥视的程序进行诈骗，或者对既有的程序进行修改而实现诈骗。这种类型的计算机诈骗很难被发现，通常不会被意识到。[⑤] 实施程序型的计算机诈骗要求具有专门的计算机知识并且需要访问进入计算机的数据库或者软件中进行相关的程序改动。程序型的诈骗一般发生在专业的技术人员之间，由于其技术要求相对于其他的计算机诈骗而言要高很多，因此在计算机诈骗中没有输入型的诈骗那样多发。在程序型的计算机诈骗中，比较有影响和非常臭名昭著的是一种被称

[①] United Nations, Manual on the Prevention and Control of Computer Related Crimes, *International Review of Criminal Policy*, 8 (1994).

[②] AusCERT, *Australian Computer Crime and Security Survey*, 2002. 参见 http://www.auscert.org/Information/auscert_info/new.html.

[③] United Nations, Manual on the Prevention and Control of Computer Related Crimes, *International Review of Criminal Policy*, 10 (1994).

[④] Ellen S. Podgor, *International Computer Fraud: a Paradigm for Limiting National Jurisdiction*, University of California, Davis, No. 35, 279-80 (2002).

[⑤] United Nations, Manual on the Prevention and Control of Computer Related Crimes, *International Review of Criminal Policy*, 11 (1994).

为是萨拉米诈骗（salami fraud）的犯罪行为。萨拉米诈骗是通过设计计算机程序，从每一笔转账的钱款中骗取非常细微的零头并汇入到指定的暂记账户上。这种诈骗在每次的转账钱款中所骗取的金额极其渺小，一般是1分钱到1角钱，因而很难被觉察到。但是随着时间的推移，这种细水长流且积少成多的诈骗方式则会累积出相当数额的钱款。① 萨拉米诈骗类型的案例如：为了掩盖交易的损失，被告人B参与了一系列的虚假货币交易，这些交易被记录入B工作的银行计算机系统中。然后B又对银行计算机系统的程序进行修改，使之可以对每次的虚假交易作出跟踪记录并发给相应比例的小额红利。最后案发时B获得了高达65万美元的奖金红利，而事实上这是他通过修改程序并导致了近千万虚假交易损失的基础上所诈骗获得的财物。②

输出型的诈骗是指对计算机系统所输出的数据进行不实的修改或者封锁，进一步从中获得财产利益，从而达到欺诈的目的。输出型的计算机诈骗行为通常与输入型的诈骗相联系在一起，比如为了掩盖侵吞资金的事实，而对余额报告的数据进行修改或者转换，使之在计算机系统中表现出正常的状态。一般来说，对输出的数据进行篡改或封锁是为了掩护在输入的过程中曾作出的伪造数据的行为或者是为了设法阻止以及推迟监管者对于输入诈骗的检查侦测，从而为达到诈骗目的而获得有利的时间机会。犯罪人对输出的数据竭力进行不实的修改或封锁是为了使输出数据符合正常的数据要求。因为计算机的输出数据一般都被认为是准确而且真实有效的，其真实性是得到大家都认可的。③ 犯罪人正好利用计算机输出数据的公信力而从中作祟，实施诈骗行为。综合上述输入型、程序型和输出型三种类别的计算机诈骗的行为方式，可以得出的结论是其都是通过对计算机的程序以及数据资料的影响从而达到最终的诈骗财产利益的目的。因此，在1030条（a）（4）款规定下的计算机诈骗中，无论是未经授权还是超越授权访问，在表征上都是对计算机系统中数据信息加以操纵并以技术性攻击或者不实伪造等影响数据的输入或输出而完成诈骗行为。虽然这些行

---

① Salami Fraud: the Definition, 参见 http://www.investorwords.com/10973/salami_fraud.html.
② U.S. Department of Justice, 参见 http://www.usdoj.gov/usao/md/press_release/press02/john_m_rusnak_pleads_gulity.html.
③ Gordon Stevenson, Computer Fraud: Detection and Prevention, *Computer Fraud and Security*, No. 11, 13-14 (2000).

为手段会随着技术的发展而变得形式多样，但只要其在本质上符合法条规定的行为定型并满足构成要件即可归责。

三 法条关系辨析

通过前述对计算机诈骗立法沿革的分析可知，1030条（a）（4）款在制定时参照了电信诈骗等规定，同时还包含了非法计算机访问的内容，因而对于该款与相关法条之间的关系需要进行对比辨析。1030条（a）（4）款规定的计算机诈骗是（a）（2）款未经授权访问条文与其他诈骗罪法条的混合体（hybrid），这一点从（a）（4）款的法条内容上就很显而易见地可以看出。一方面，（a）（4）款所规定的内容与（a）（2）款具有非常明显的联系，两款都共同规定了最基本的犯罪行为，即未经授权与超越授权访问；另一方面，（a）（4）款对诈骗行为的禁止性规定与1343条电信诈骗的规定具有相同之处。质言之，（a）（4）款是电信诈骗中的"以诈骗为目的"和"获取任何有价值之物"这两个要件与（a）（2）款中的行为要件即"未经授权"与"超越授权"访问的结合。① 厘清（a）（4）款与其具有部分相同规定的法条之间的关系非常重要，目的是避免规定了相同或者相似的构成要件的法条之间在规制不同的犯罪或者相同犯罪问题上存在适用上的不合理甚至发生冲突。（a）（4）款在构成要件上既规定了未经授权与超越授权访问，也包括了诈骗的内容，且一旦符合该款即为重罪，从而形成计算机诈骗的特别规定。立法制定该款是为了弥补法律上出现的缺陷或漏洞，也即计算机诈骗行为既不能完全符合非法访问计算机罪的构成要件，也与电信诈骗等类似欺诈犯罪不完全相同。但立法也并没有另寻路径作出与上述两种犯罪在构成要件上完全不一样的计算机诈骗犯罪的规定，而是选择了以两种犯罪的规定相组合，因此才出现三个法条之间部分内容的相同与相似。

（一）1030条（a）（4）款与（a）（2）款的关系

1030条（a）（2）款规定的内容为：故意（intentionally）未经授权或超越授权访问计算机并因此获得（obtain）：（1）金融机构、银行与信用卡等发行机构以及消费者报告机构中记录的金融与财务信息；（2）任何

---

① Orin S. Kerr, *Computer Crime Law*, 2nd ed., West, a Thomson Business, 70-71 (2009).

美国政府或代理机构中的信息；(3) 与州际或国际交流有关的任何受保护的计算机中的信息。① 本款是关于基本的计算机非法访问的犯罪规定，其主要目的在于打击那些通过未经授权或者超越授权的方式而故意地访问上述计算机中的信息的行为。由于该款强调的是对上述机构中的信息的非法访问行为，故而只要浏览到这些信息就构成该款的轻罪。这是因为在金融和政府机构中的信息具有高度的敏感性，只要浏览或查看到这些文档资料就足以对这些机构的信息安全带来危害。因此，在制定该款时，美国国会就指明将这些数据从原位置带走或移离并不需要作为构成该款之罪的条件。② 同时在 1996 年修正案时立法机关的报告再次指出：(a)(2) 款中规定的"获得信息"包括仅仅是对信息的阅读，并不要求信息已被复制或者传播。这一点非常重要，因为在电子数据环境中，信息能够在"不被带走的情况下而受到窃取，且原始数据依然保留得很好"。③ 除了非法访问构成轻罪外，该款还规定了构成重罪的情形：如果非法访问行为是为了获得商业利益或者个人私利；或者为了进一步实施任何的违反美国联邦及各州宪法与法律的刑事犯罪或侵权损害行为；或者所获取的信息价值超过 5000 美元。

从上述关于 (a)(2) 款的立法内容与目的来看，该款在轻罪的规定上与 (a)(4) 款虽然都有"未经授权与超越授权访问"的构成要件，但两者最基本的区别是非法访问和检索浏览数据信息的行为在计算机诈骗中只是整个给被害人造成明显的损害行为的一个有机组成部分。如果没有给被害人造成损害的整体行为，而只是非法访问浏览阅读数据信息，则该行为属于一般的侵入计算机的犯罪，符合 (a)(2) 款轻罪的规定。立法在制定 (a)(4) 款时就注意到该款与 (a)(2) 款轻罪之间的关系问题。(a)(4) 款作为计算机诈骗犯罪的规定，是用来打击那些以诈骗为目的并通过计算机窃取财产的行为。④ 从这一点出发，就有利于区分使用计算机窃取财产和单纯的入侵计算机的行为。在故意入侵他人计算机系统信息数据的行为中，犯罪人至少是获得了怎样可以攻入该计算机系统的信息。

---

① 18 U. S. C. § 1030 (a)(2)(2006).
② *Senate Report* No. 99-432, at 6 reprinted in 1986 U. S. C. C. A. N. 2479, 2489.
③ The National Information Infrastructure Protection Act of 1995, *Senate Report*, No. 104-357, at 7 (1996).
④ *Senate Report*, No. 99-432, at 10 reprinted in 1986 U. S. C. C. A. N. 2479, 2489.

如果犯罪人在侵入行为中就获得到这些信息，则该行为应该被认定为是单纯的计算机入侵，以（a）（2）款轻罪论处。但由于在美国立法上认为任何使用计算机非法入侵的行为都可以看作窃取财产，① 这是源于早期计算机使用并不像今天那样普遍，因而其具有重大的经济价值而非法访问使用计算机会给权利人带来费用成本的增加和损失。因此单纯的入侵行为也会被认为是窃取了计算机使用价值，而构成计算机诈骗的重罪。为了实现（a）（2）款与（a）（4）款在犯罪规制上的协调而不发生适用上的冲突以及实现罪刑合理与均衡，立法在制定（a）（4）款时在最后的构成要件设定中把使用计算机的价值在一年之内不满 5000 美元的行为排除在该款适用之外，而留给（a）（2）款按轻罪予以处理。

1030 条（a）（2）款与（a）（4）款在法条规定的内容上也存在着一些细微的差别。首先是在主观要件上。（a）（4）款的主观要件要求是明知（knowledge）且意图进行诈骗，而（a）（2）款的主观要件则是直接故意（intentionally）地未经授权或超越授权访问计算机系统。② 此外，（a）（2）款中典型地规定了访问行为要涉及在州际或国际交流中的计算机，而（a）（4）款并没有作此特别的要求。虽然（a）（4）款与（a）（2）款在轻罪层面上的区分比较清晰和明确，但是在重罪的规定上却存在着大面积的重合。（a）（2）款重罪规定中的"非法访问行为是为了获得商业利益或者个人私利；或者为了进一步实施任何的违反美国联邦及各州宪法与法律的刑事犯罪或侵权损害行为；或者所获取的信息价值超过 5000 美元"这几个构成要件都与（a）（4）款的规定存在着一定的竞合，且在刑罚上也相同。在重罪情况下，（a）（4）款与（a）（2）款之间的区分就不是特别明显，可能会出现竞合适用的问题。但是根据立法沿革来看，似乎这一问题在立法时也有了比较清楚的阐明。在新规定的（a）（4）款中，要求行为人具有诈骗的意图，其意味着与（a）（2）款的区别，也即通过计算机非法获得财产促进了诈骗意图的得逞是（a）（4）款规定的本质。③ 立法报告从主观意图上对（a）（4）与（a）（2）款进行了区分，即如果在非法计算机访问中行为不是以诈骗为目的

---

① *Senate Report*, No. 99-432, at 9-10 reprinted in 1986 U. S. C. C. A. N. 2479, 2489.
② Orin S. Kerr, *Computer Crime Law*, 2nd ed., West, a Thomson business, 78 (2009).
③ *Senate Report*, No. 99-432, at 10 reprinted in 1986 U. S. C. C. A. N. 2479, 2489.

但获得财产利益或造成损害构成重罪的，以（a）（2）款论处。

（二）1030条（a）（4）款与1343条的关系

1343条是关于电信诈骗的规定，该条的具体内容为：任何人的下列行为将受到刑罚惩罚，实施或意图实施阴谋或诡计去进行诈骗或获取钱财，以虚假的或者欺诈性的说辞、表述或者允诺而使任何不实的文件、标牌、信号、图画或声音通过电缆、无线电或电视通信手段在州际或国际商贸中传播或被传送，从而到达上述诈骗钱财的目的。① 从前述内容可以看出，1343条规定的电信诈骗犯罪的构成要件是：其一，行为人是故意并且蓄意地设计阴谋诡计进行诈骗或者为了获取钱财而进行虚假的说辞、表述或者允诺；其二，行为人为了实施诈骗钱财而故意地在州际或国际商贸中将声音、图像以及文字等通过电讯传播或使其被传送。在电信诈骗的指控中控方不需要证明行为人意图实施诈骗的计划细节；不用证明通过电讯传播的材料本身是否真实；也用不着说明被指控的行为已经成功诈骗到他人；同时也不需证明行为人使用的州际电讯设施是企图完成诈骗的特殊且唯一的方式。控方必须做出证明的是行为人故意且蓄意地设计或意图设计阴谋进行诈骗以及证明行为人使用州际电讯设施与诈骗行为有紧密的联系，因为行为人要么传播了上述资料或者要么是使其被传送进而实现了诈骗的计划。② 电信诈骗的规定要求行为人必须通过州际电话或者电子通讯来进一步完成其计划好的诈骗图谋。③

1030条（a）（4）款中的"以诈骗为目的"和"获取有价值之物"的规定是参照电信诈骗的内容而生成的，同时在计算机诈骗中也存在着使用电子通讯的情况。因此，计算机诈骗行为也有可能作为电信诈骗处理。在1030条未制定时，美国联邦司法机关曾适用电信诈骗的条文来规制类似计算机诈骗的犯罪。新立计算机诈骗规定后，对于该款与电信诈骗罪之间的区别，当时立法机关的报告作出了说明。计算机诈骗中，计算机的使用是构成诈骗犯罪整体所必需的要件之一，其不是犯罪中的简单的辅助性作案工具。在电信诈骗中，行为人对于电信通信设施的使用仅仅是附带的（incidental）用于实施诈骗犯罪。因此如果在诈骗犯罪中不是通过未经授

---

① 18 U.S.C. § 1343.
② Legal Definition of Wire Fraud. 参见 http：//www.lectlaw.com/def2/w017.htm.
③ United States v. Ames Sintering Co., 927 F.2d 232, 234（6th Cir.1990）.

权或者超越授权访问计算机并影响计算机的程序信息，只是把计算机当作电讯媒介传播声像等资料而实现诈骗目的或获得钱财的，不属于计算机诈骗，应以电信诈骗等相关的法条予以规制。① 计算机诈骗参照电信诈骗的规定来设置，是因为电信诈骗的法条早于计算机诈骗法制定，其有着丰富和比较成熟的司法判例可供 "以诈骗为目的" 等要件的认定作参考。② 除此之外，计算机诈骗与电信诈骗规定的区别还表现在行为要件上。计算机诈骗的行为要件是未经授权或者超越授权访问计算机，而电信诈骗规定的行为要件则是以电缆、无线电或电视通讯在州际或国际商贸中传播声像等资料。同时，计算机诈骗要求非法访问行为进一步促进了诈骗，而电信诈骗的行为要件则无此规定。因此，从上述对计算机诈骗和电信诈骗的初步比较来看，计算机诈骗规定与电信诈骗虽有相同的部分内容，但却在规制上各有不同的内涵，不会发生适用上的竞合。

第三节　美国计算机诈骗的规制：以美利坚诉库宾斯基案为例

1030 条在 1984 年颁布时是应计算机犯罪规制之迫切需要而制定的，而（a）（4）款在 1986 年正式被规定在该条中，更加有力地对计算机犯罪的打击起到了很好的作用。不过由于在最初制定时，1030 条对于保护对象的计算机范围作了十分苛刻的限制和法条内容比较简单，因而符合该条规定并纳入其规制范围的案件不是特别多。1984 年《伪造接入设备与计算机欺诈及滥用法》颁布后，当年只有一个案件是以该法惩处的。③ 另据统计，从 1989 年 1 月到 1993 年 3 月之间，适用 1030 条来审判的案件仅有 76 件。对这些案件进行筛选后所取出的 50 件而进一步的研究表明，约有一半的判决是按照（a）（4）款规定的计算机诈骗来审理的。④ 但到了 1996 年 7 月，计算机犯罪的受理和判决量就增加到 174 件，其中计算

---

① *Senate Report*, No. 99-432, at 10 reprinted in 1986 U. S. C. C. A. N. 2479, 2489.
② *Senate Report*, No. 99-432, at 10 reprinted in 1986 U. S. C. C. A. N. 2479, 2489.
③ Joseph B. Tompkins, Jr. and Frederick S. Ansell, Computer Crime: Keeping Up with High Tech Criminals, *Crime Justice*, 30 (1987).
④ United States Sentencing Commission, *Computer Fraud Working Group*, Report Summary of Findings, 3 (1993).

机诈骗的案件占据着重要比例。① 后来随着1030条的不断修正，在计算机的保护范围和特别是增加了民事救济条款以及各级法院在适用1030条时进行了一定的扩大解释，使得纳入联邦管辖审理的计算机犯罪的案件猛增。法条修正与美国社会不断增长的计算机使用，使得1030条成为美国法典中适用范围最宽泛的刑事法条之一。② 计算机犯罪的增加也相应地使得计算机诈骗的案件不断出现并且占据着很大的数量，因此以（a）（4）款的规定为基准并结合相关司法实务的判例经验成为美国法院规制计算机诈骗的根本理路。

自1986年修法时正式确立了计算机诈骗的规定以后，在计算机犯罪中涉及侵犯他人财物与财产性利益的案件都可能以（a）（4）款处罚。这是由于1030条（a）（4）款在其规定上要求只要是以诈骗为目的未经授权或超越授权访问计算机而获取任何有价值之物（计算机使用一年不满5000美元的除外）的行为都按照本款来定罪处罚，因此在计算机犯罪中那些如为了获得不当利益而侵入他人计算机系统拷贝复制其中的具有重要财产性利益的数据信息在价值上超过了5000美元的都符合本款之规定。诈骗犯罪是一种零和博弈③（zero-sum），将自己的收益建立在别人损失的基础上。④ 可见这种犯罪的对法益的侵害性之恶劣与严重，也因此在1030条规定的刑罚中，对于计算机诈骗都是按照重罪处理。另外，由于计算机诈骗中关于诈骗的意图和获得财物的认定基本上都是以信用卡诈骗和电信诈骗法条作出的判例为参考，故而在法院审理被指控为计算机诈骗的案件中不但会按照（a）（4）款规定的构成要件来进行匹配，还要关注电信诈骗之类的重要判例来解决具体的事实性认定等问题。在美国以

---

① United States Sentencing Commission, *Report to the Congress: Adequacy of Federal Sentencing Guideline Penalties for Computer Fraud and Vandalism Offenses*, 2, 6 (1996). 可参见 http://www.ussc.gov/Legislative_and_Public_Affairs/Congressional_Testimony_and_Reports/Computer_Crime/199606_RtC_Computer_Fraud_and_Vandalism_Offenses.pdf.

② Orin S. Kerr, Vagueness Challenges to the Computer Fraud and Abuse Act, *Minnesota Law Review*, 1561 (2010).

③ 零和博弈又称零和游戏或零和赛局，与非零和博弈相对，是博弈论的一个概念，属非合作博弈，指参与博弈的各方，在严格竞争下，一方的收益必然意味着另一方的损失，博弈各方的收益和损失相加总和永远为"零"。双方不存在合作的可能。引者注。参见 http://zh.wikipedia.org/wiki/%E9%9B%B6%E5%92%8C. E5%8D%9A%E5%BC%88.

④ Reid Skibell, Cybercrimes & Misdemeanors: a Reevaluation of the Computer Fraud and Abuse Act, *Berkeley Technology Law Journal*, No.18, 923 (2003).

1030 条规定的计算机诈骗来审理的被指控为计算机诈骗的案件中，最具有影响力的是由联邦第一巡回上诉法院判决的美利坚诉库宾斯基案（United States v. Czubinski），[①] 下文即以本案的判解为进路阐述美国计算机诈骗的规制。

一　基本案情：美利坚诉库宾斯基案

被告人理查德·库宾斯基（Richard Czubinski）是美国国内税收署[②]（Internal Revenue Service）设在波士顿的纳税人服务部（Taxpayer Service Division）办公室的一名税收服务联系代表（contact representative）。库宾斯基的日常工作主要是回答纳税人咨询的关于税务申报方面的一些问题，同时为了解答这些问题他会例行地访问国内税收署计算机枢纽中的一个名为"综合数据检索系统"里的相关信息。作为服务联系代表，库宾斯基可以通过使用分配给他的有效账户密码、搜索代码以及纳税人的社会安全号从他在波士顿的办公室计算机上访问到任何人的个人税收申报信息。这些信息是被永久地保存在位于西弗吉利亚州马丁斯堡（Martinsburg）的上述"综合数据检索系统"中的"主文档"里。由于税收在美国是一个非常重要的问题，其中关于个人的税收信息更是受到严格的保护和控制。国内税收署有明确的规定，具有访问密码和代码的雇员不能在与本职工作无关的情况下访问"综合数据检索系统"中的任何文档。1987 年库宾斯基开始工作时即在《国内税收署关于工作规定的声明》中签了字，该规定包括以下的规则：雇员必须在每一步骤中都要努力确保联邦政府所有或租用的计算机中受保护的信息的安全并防止未经授权的泄露；雇员不得在工作目的之外使用该署的任何计算机服务。除此之外，库宾斯基还收到关于使用"综合数据检索系统"单独的特殊规定，其主要内容是：只能在为了完成工作所必需的情况下才能访问该系统。

在 1992 年，库宾斯基多次地对"综合数据检索系统"中的文档信息进行了未经授权的搜索。作为一名服务联系代表，他明知在自己工作范围

[①] United States v. Czubinski, 106 F. 3d 1069（1st Circuit, 1997）.
[②] 美国国内税收署是联邦政府的税收服务部门，是美国财政部下设的一个局，其在"国内税收委员会"的直接指导下开展工作。税收署的职能是进行税款征缴和负责《国内税收法》的执行及其在适用中的解释。参见 http://en.wikipedia.org/wiki/Internal_Revenue_Service.

之外作出不符合工作职责的通过计算机检索机密信息的访问行为违反了国内税收署的规定。库宾斯基的这些行为被发现是因为该署内部的审查检视员后来通过追踪系统监测到异样,其结果表明库宾斯基在1992年间频繁地进行未经授权的访问。这些未经授权的访问行为主要包括:参与大卫·杜克（David Duke）的总统竞选初选活动中的两名私人的个人纳税申报信息;一个区助理律师及其妻子的联合纳税申报信息,该助理律师曾在一起刑事重罪案件中指控库宾斯基的父亲,但该案与其父亲无关;波士顿市法律顾问吉姆·凯利（Jim Kelly）的竞选委员会的纳税申报情况,吉姆·凯利曾在之前波士顿2区议会议员席位的竞选上击败了库宾斯基;库宾斯基的一个弟弟的老师的纳税信息;一名波士顿房屋署的警官及其妻子的联合纳税申报信息,该警官与库宾斯基的一个弟弟同在一个社区的组织中活动;以及与库宾斯基曾经约会过的一名情人的纳税信息。除此之外,库宾斯基还通过未经授权访问,检索了该数据系统中的他所认识的其他一些熟人的个人税务文档。1995年,库宾斯基被指控电信诈骗和计算机诈骗的罪名。地方法院驳回了库宾斯基的辩护并判决这些罪名成立,库宾斯基遂向联邦第一巡回法院提起上诉。[1]

　　第一巡回上诉法院经审理查明,除了故意地忽视国内税收署关于查看税务机密信息的规定外,库宾斯基的非法访问行为并没有造成其他的问题。控方既没有主张也没有拿出证据表明库宾斯基在访问时泄露了这些机密的信息。控方唯一的一份可以反映出库宾斯基意图使用这些机密信息去进行犯罪性的行为的证据是在庭审中来自一个名叫威廉·穆勒（William Murray）的人的证词。威廉·穆勒是库宾斯基的一个熟人,其主要参加了库宾斯基在当地成立的三K党俱乐部中的"看不见的骑士"（Invisible Knights）活动以及与库宾斯基一起在大卫·杜克的竞选阵营中工作。穆勒作证说在1992年初的时候,库宾斯基曾在一场社交集会中声称他准备使用检索到的一些信息来建立起某些人的档案,这些人包括在"白种人至上主义运动"中活动的人。然而,单就穆勒的证词而言,法院并没有看到有相关证据说明库宾斯基在非法访问数据检索系统后的几年内已经创立了或者正在着手做那些档案（比如将他所浏览到的他人税务信息打印出来或者

---

[1] United States v. Czubinski, 106 F. 3d 1067 (1st Circuit, 1997).

作成记录），也没有证据证明库宾斯基将所检索到的任何信息分享给别人。除了穆勒以外，没有其他的证人来作证说确切地知道库宾斯基曾经声称要给三K党的一些成员创建上述"档案"，也即在涉及库宾斯基是否使用了非法访问到的信息上，控方只有穆勒一人的证词。

国内税收署内部监控的相关记录表明库宾斯基在1992年以后没有再进行任何未经授权的信息搜索行为。他也继续作为服务联系代表在波士顿办公室工作。直至1995年7月，当陪审团裁决同意对库宾斯基的电信诈骗和计算机诈骗的几项指控之后，库宾斯基即被波士顿的纳税人服务部办公室解职。控方的起诉书中关于违犯电信诈骗的指控部分认为，库宾斯基诈骗了国内税收署在机密信息方面的财产，其通过使用自己有效的密码去获取机密性的纳税人信息并将此作为基础进一步实施了：建立三K党成员的档案；搜索一名当地律师助理的个人信息，该律师曾指控过库宾斯基的父亲；查询曾经在波士顿市的议员竞选中击败自己的政治对手的负面信息。因此，这些行为符合电信诈骗中关于为达个人特殊目的而通过州际电讯设施未经授权访问机密信息的规定。关于计算机诈骗的指控部分认为，库宾斯基不仅仅是未经授权访问与联邦利益有关的计算机，还在此基础上检索搜寻了上述在电信诈骗指控中所罗列出的他人税务信息资料，并因此获得了有价值之物。[①] 简言之，控方指控库宾斯基的行为构成电信诈骗是因为他使用电讯设施使得那些个人税务信息在州际之间被传播；而构成计算机诈骗是因为他非法访问计算机并进一步检索机密资料，由此而获得财产上的利益。

二 法院判解

为了进一步说明电信诈骗和计算机诈骗的区别，本书将法院判解中对于电信诈骗的部分也在此进行阐述。法院认为要对电信诈骗的指控予以定罪，控方要达到排除合理怀疑（beyond reasonable doubt）的程度必须证明两个要件：1. 被告人具有明确的诈骗意图并且认识到也有意实施诈骗行为；2. 使用州际电信通讯进一步促进了诈骗行为。虽然被告人在一审中提出的辩护意见指出控方在证明第二个要件，即其行为利用州际电讯设施

[①] United States v. Czubinski, 106 F. 3d 1069 (1st Circuit, 1997).

的证据中存在缺陷，认为他所访问的资料通讯并非属于州际之间，但我们却发现上述第一个要件更具有决定性，并认为控方没有能够在达到排除合理怀疑的程度上作出证明被告人是有意地实施了符合电信诈骗规定的诈骗行为。不过上诉法院在一方面作出上述判断之后，在另一方面又认为控方正确地指出了机密信息也属于无形"财产"以及对这些机密信息未经授权的扩散或者其他使用会剥夺信息所有人的财产权。控方的这一结认定是来自卡朋特诉美利坚案（Carpenter v. United States）中的判解结论。该案判决认为电信诈骗是要求行为人剥夺了他人的财产，并且是通过不诚实或者施以诡计的方式，这才能符合电信诈骗中"设计诈骗"的规定。① 因此，根据卡朋特案的这一判例结论，在电信诈骗的语境中要满足该规定所指的"设计诈骗"这一要件必须足以证明出被告人是意图"剥夺"他人的财产权。

然而，控方在本案中未能根据电信诈骗的规定提出足够的理由认为库宾斯基所实施的仅仅是访问机密信息（而没有再进一步作出其他活动）的行为本身就等于是剥夺了国内税收署的财产。例如在卡朋特案中，记者将《华尔街日报》尚未出版的机密信息泄露出去后，转而与他人分羹获得了实际的利益。② 本院并不认为库宾斯基未经授权访问检索信息的行为构成联邦电信诈骗法上的"剥夺"财产，即使他施以花招意图来欺骗国内税收署以为他的访问行为仅仅是授权性的搜索他人税务资料。从既有的判例规则和正常的判断来看，要"剥夺"他人在机密信息上的无形财产利益从而符合1343条的规定，要么存在因被告人的非法访问行为而给信息的占有者造成明确的危害，要么行为人对信息的非法访问是意图进行有利益的使用，不管该使用从经济层面来看是否有利可图。在本案中，无论是国内税收署对于机密信息的"排他使用"权遭到侵犯还是库宾斯基从信息的非法访问中获得利益这些情况都缺乏证据说明，即无法证明库

---

① 卡朋特诉美利坚案是一起关于以电信诈骗罪等审判的案件，该案主要案情是：《华尔街日报》设置的投资建议专栏因对股市的分析非常准确独到而对于股市的价格走向有很大影响。该报在本专栏的撰写记者之一的一个名叫威兰斯（Winans）的人明知该报的专栏文章在出版前属于高度机密的信息，但他为了图利而与他人合谋将尚未发表的一篇关于股市行情重要信息的资料通过电讯传播给泄露了出去，从而造成《华尔街日报》重大的经济损失，但威兰斯却因此而从中获得好处。威兰斯等人后来被美国最高法院判决违反联邦保密法和电信诈骗法等。参见 Carpenter v. United States, 484 U. S. 19, 26 (1987).

② Carpenter v. United States, 484 U. S. 19, 27 (1987).

宾斯基"使用了"这些信息。因此，缺乏库宾斯基使用了或意图使用纳税人的信息（除了仅仅是浏览外）的证据，就不能证明其具有剥夺的意图，更不能表现出他是在实施诈骗。控方为了支撑他们关于库宾斯基违反机密而搜索的行为本身构成对财产的剥夺的观点而引证的判例事实上是支持了我们今天的判解，就本案的所有情形来看，其只能体现出被告人有进一步意图使用这些机密信息的可能。控方作出上述指控所依靠的最有力的判例结论源于美利坚诉赛迪尼茨案（United States v. Seidlitz）。在该案中一名曾在一家计算机公司工作的员工离职后又秘密地访问该公司计算机系统中的文件，虽然并无证据表明行为人出售或者使用了访问到的信息，但还是被判以电信诈骗罪。作出肯定判决的第四巡回上诉法院指出，陪审团可以合理地认为当被告人在攻击前公司的计算机系统时，他所意图检索的信息对于他自己已经开设的计算机公司而言非常有利。①

在当前的案件中，库宾斯基实际上通过欺诈性的方式访问了机密信息——他假装是在履行工作职责而使用国内税收署配给的密码等实施未经授权的访问检索。但不管怎么说，没有证据证明他企图通过泄露或使用这些信息而剥夺国内税收署的财产性利益。本案判决的认定是复杂的，因为对于电信以及邮政诈骗之类的案件所建立起来的广泛认可的判解是这类犯罪的成立不需要被告人成功地实施了意图诈骗的行为。控方既没有主张库宾斯基事实上已经建立了文档，也没有说明他使用这些信息做了其他的事。如前文所述，控方没有必要做这些，而他们必须要做的是证明行为人具有剥夺国内税收署财产的意图以及行为人使用了或者能预见到他会使用电讯设施进行信息传播从而完成诈骗的行为。但控方没有能够提出证据做出这些必需的证明。控方在本案中的致命性的缺陷是未能举证表明库宾斯基意图实施诈骗行为去剥夺国内税收署在机密信息上的财产性利益从而排除合理性的怀疑。如果有足够的证据表明库宾斯基为了达到个人的目的而意图创建文档或者将机密信息散布给第三者，则他未经授权访问信息的行为毫无疑问地属于为了促进剥夺国内税收署在机密信息上的财产性利益的犯罪行为的一个环节。仅仅是浏览他人可能存在特殊利益的税务信息的行为，虽然应受谴责，但不足以基于"剥夺无形财产"的理论而遭受电信

① United States v. Seidlitz, 589 F. 2d 152, 160 (4th Circuit 1978).

诈骗的惩罚。未经授权而访问他人税务信息的好奇心可能会使库宾斯基作为税收署的一名职员而被开除，但单就好奇心而言不能够说明其实施了重罪性的行为从而侵犯了税收署的财产。①

除了电信诈骗以外，库宾斯基还被控以计算机诈骗的罪名。这些被指控为计算机诈骗的行为事实与电信诈骗中指控的相同，而违犯的法条是1030条（a）（4）款。这一条款在之前从未在本院审判适用过。在本案中，库宾斯基毫无疑问是超越授权而访问了与联邦利益有关的计算机。在上诉中，库宾斯基提出辩解认为自己并没有获得"任何有价值之物"。本院对此表示赞同，从他查询那些纳税人的申报信息的行为来看，并不能满足（a）（4）款规定所要求的获取到"任何有价值之物"。信息的价值是与行为人的需要和目的相关，在本案中控方必须要作出证明的是按照诈骗行为的设计，那些纳税人的信息对库宾斯基而言颇有价值。然而，除了库宾斯基做出对认定计算机诈骗毫无意义的只是为了满足好奇心而非法访问了纳税人信息的行为以外，控方在此问题上没有能够完全成功地举证说明他还打算进一步实施别的行为。1030条（a）（4）款的法条语言在平常意义上强调计算机诈骗的构成不仅仅是未经授权的访问就足矣，也即其中规定的"获取之物"不应该只是未经授权的计算机使用。因此，这就要求除了未经授权访问计算机作为行为方式之一外，还需要其他的行为要件，但是在本案中却没有这些能够成立计算机诈骗的访问行为以外的要件。庭审中所呈现的证据没有一个是证明库宾斯基在未经授权访问计算机系统而浏览了朋友的、熟人的以及政治竞争对手的信息资料后还实施了别的行为，只能说明他因好奇而非法地进行了访问。

所谓进一步的或实施了别的行为是指现有证据不能表明库宾斯基在浏览了那些信息之后，又将之打印出来、记录下来或者加以使用等。凡是一个具有理性的陪审团在排除合理性的怀疑之外都不会认为库宾斯基打算使用或者泄露那些信息。不能以为了达到以（a）（4）款来做出指控的目的，而将仅仅是浏览数据信息的行为认为是获得了有价值之物。本案一审法院在否决被告人关于计算机诈骗不成立的辩护中作出的判解认为，具有机密性的纳税人信息本身对库宾斯基而言就是"有价值之物"，这是根据

---

① United States v. Czubinski, 106 F. 3d 1074（1st Circuit, 1997）.

控方的起诉书而做出的结论。当然，控方起诉状中具体地列举出了被告人使用信息的情况，诸如创建三K党成员的档案等，但是在庭审中控方所主张的被告人实施的这些行为都没有足够的证据佐证。如我们前面所述，根据本院在审判中所调取的证据来看，被告人在未经授权访问了国内税收署计算机系统中的机密信息之后，没有记录、泄露或者进一步地使用这些信息。因此，本院认为库宾斯基通过其超越授权的访问行为并没有获得"任何有价值之物"。[①] 从立法的沿革上来看，其进一步地支持了我们对（a）（4）款法条规定中的"任何有价值之物"的解读。在对法条的解释活动中，法条语言是最后的王牌，立法者的意见与评论只有在与1030条（a）（4）款法条语言的平义相一致时，才具有权威性和可信性。

从这一理念出发，我们对（a）（4）款的立法沿革及立法者对本款的评论进行考察，以此来进一步理解本款之内涵。1030条（a）（4）款是为了打击计算机犯罪中的侵财行为而制定，其重要的目的在于打击那些通过未经授权或超越授权的计算机访问行为而进一步地实施窃取他人财物或者财产性利益的行为。该款规定的计算机诈骗既要有侵财的意图，也要有通过不实的方式进行访问的行为，还要有在非法访问的基础上进一步实施图利的行为。虽然计算机的使用是必不可少的要件，但是后续的财产侵犯的行为也同样不可缺乏，也即必须要获取"任何有价之物"。本款在立法制定时，关于其适用的问题曾有参议院负责协助本款制定的参议员向国会提出建议，将该款用于惩罚那些企图窃取有价值的数据的行为，而不是去惩处那些仅仅是未经授权访问的行为。"我们提交的1030条（a）（4）款所规定的计算机诈骗的法案在根本上具有盗窃法的性质，其意涵是指行为人使用与联邦利益有关的计算机去不正当地从他人处获取有价值之物。因此，提案所制定的（a）（4）款在内容上即体现出了因窃取信息而作为重罪处罚和单纯的未经授权访问而以轻罪问责之间的区别。"[②] 通过审视立法者当时的这一建议，其以制定该款的立法目的和根据立法精神而作出，完全符合（a）（4）款法条语言的平义解释的要求，因此具有适用上的指导性意义。

同时，二审法院对立法者评论的采纳和作出其符合法条文义的判断也

---

① United States v. Czubinski, 106 F. 3d 1075 (1st Circuit, 1997).
② 132 Congress Record 7128, 7129, 99th Congress, 2nd Session (1986).

是建立在立法机关对于（a）（4）款内涵的说明之基础上的。在上述法条适用建议提交之后，参议院的司法委员会报告接受了这一建议并进一步作出了强调。（a）（4）款应该适用于那些通过未经授权访问进而实施窃取信息的行为。司法委员会一直都认为在计算机盗窃（computer theft）和计算机入侵（computer trespass）两者之间存在着重大的差别，因此才制定（a）（4）款来规制前者并按重罪处理，而后者以不同的条款以轻罪论处。在新制定的（a）（4）款中，其构成要件之一要求存在意图诈骗，这一要件维持了上述两者之间的差别。这一要件也表明行为人通过计算机不正当地获取财产而促进了诈骗目的的实现。[①] 出于相同的理由，我们认为庭审中的证据不能体现出库宾斯基的行为已经剥夺了国内税收署的财产，这正如我们在上述电信诈骗中所否决的那样。因此，我们认为库宾斯基的行为并不符合1030条（a）（4）款的规定，即他没有获取有价值的信息并进一步实施诈骗的行为。基于上述分析，本院判决撤销一审法院作出的否决被告人关于电信诈骗和计算机诈骗不成立的辩护的判决，而赞同上诉人库宾斯基的诉求，其不构成被指控的犯罪。[②] 库宾斯基案涉及1030条（a）（4）款的适用，经过第一巡回上诉法院的判决，成为了一个重要的判例，其最核心的判解即是：未经授权访问计算机而浏览了纳税人的文档，虽然其肯定是一个不适当的行为，但仅限于此而没有其他行为则不能受到联邦刑事重罪的指控，否则就是罪刑不相适应。

三 本书评析

美利坚诉库宾斯基案中，被告人库宾斯基利用在国内税收署的工作之便而未经授权访问了该署计算机系统中属于机密的纳税人信息，但他并没有向第三方泄露这些信息也没有加以别的使用。由于库宾斯基是白人至上主义者组织三K党的成员，控方便竭力地寻找出证据说明库宾斯基使用了这些数据信息去促进三K党活动的目的，而诉之以计算机诈骗等罪名。但结果却表明库宾斯基仅仅是滥用了他工作上的权限，就像是超额地随便签

[①] *Senate Report* No. 432, 99th Congress, 2d Session, reprinted in 1986 U. S. C. C. A. N. 2479, 2488.

[②] United States v. Czubinski, 106 F. 3d 1078 (1st Circuit, 1997).

发了一张信用支票给他的女朋友一样。① 二审法院，即第一巡回上诉法院撤销了对库宾斯基构成电信诈骗和计算机诈骗的指控，并认为他的行为是"完全出于好奇心"，其违反了部门的规章但还达不到诈骗罪的要求。② 二审法院认为构成诈骗罪的条件是："要么存在因被告人的非法访问行为而给信息的占有者造成明确的危害，要么行为人对信息的非法访问是意图进行有利益的使用，不管该使用从经济层面来看是否有利可图"。③ 法院的论证逻辑在于被告人并没有使用这些浏览到的数据信息，因而不能完全满足法条规定的构成要件。特别是在关于计算机诈骗的认定上，法院将1030条（a）（4）款中的"获取到任何有价值之物"解释为不仅仅是简单地浏览了数据，诸如打印、记录或者使用，还要能够表明这些数据对于被告人实施的诈骗行为具有重要的价值。④ 不过在评估控方的指控时，法院认为虽然事实上库宾斯基从未下载或打印出他所看到的任何数据，但通过对其行为前后的观察可以看出库宾斯基有作出这种行为的可能。但这只是可能而不是事实，不能将可能发生的情况作为事实来加以指控。

库宾斯基没有被二审法院判决认定为是计算机诈骗等罪，是因为该院强调其行为的主观意图，也即在案件事实中库宾斯基没有明确的侵财获利的行为打算。同库宾斯基案形成鲜明对比的是后来的美利坚诉爱瓦洛案（United States v. Ivanov）。⑤ 判决该案的法院认为爱瓦洛案与库宾斯基案最为关键的区别是被告人爱瓦洛不仅仅是未经授权访问计算机浏览了数据信息，还对这些数据实施了控制，因为他通过非法手段获取了对系统的根访问（root access）。根访问是一个用来描述访问权限的词汇，其意思是指具有这一访问权限的人和系统管理员一样可以有权更改密码或者破坏数据，一般的使用者没有这种权限。⑥ 在许多情形下，根访问都被用来实施计算机犯罪，但在爱瓦洛案以前，这种行为都没有被认为有足够证据可以提起

---

① United States v. Czubinski, 106 F. 3d 1078（1st Circuit, 1997）.
② United States v. Czubinski, 106 F. 3d 1078（1st Circuit, 1997）.
③ United States v. Czubinski, 106 F. 3d 1074（1st Circuit, 1997）.
④ United States v. Czubinski, 106 F. 3d 1074（1st Circuit, 1997）.
⑤ United States v. Ivanov, 175 F. Supp. 2d 367（D. Conn. 2001）.
⑥ The Meaning of Root Access. 参见 http://kb.eukhost.com/what-does-root-access-mean/.

违犯1030条中的诈骗犯罪之诉。① 相对于爱瓦洛案而言,库宾斯基在作案时也具有相似的权限去复制或者篡改国内税收署计算机系统中的机密数据信息,但因为其没有实施也不像爱瓦洛那样控制了数据信息。虽然爱瓦洛案中的被告人与库宾斯基一样,都非法访问并检索浏览了机密数据信息,但由于后续的行为不同(库宾斯基没有后续行为),故而在判决结果上就存在天壤之别(爱瓦洛被法院判决认为其构成计算机诈骗犯罪)。② 通过对上述判解的考察与分析可以看出,对库宾斯基案作出判决的二审法院严格地坚持了罪刑法定原则和以法条语言文字的普通含义为最大边界进行平义解释。

法院在最后还专门指出,电信诈骗与邮政诈骗等这些法条语言涵括范围比较宽泛,这既是福又是祸。所谓福是因为这些法条可以将那些新型的严重犯罪行为包容其中,从而弥补那些因为规定比较具体而无法打击这类犯罪的法条的缺陷。所谓祸,即是这些法条可能会被用来起诉指控那些在道德上具有可谴责性或者在控方看来具有社会危害性的行为,但并不能因为行为的这些特征而冲动地认为其构成联邦重罪并作出不合理的惩罚。本案在诉控中出现的情况则刚好落入了法条之祸的类型。③ 控方在一审和二审中都坚持其对被告人库宾斯基指控的罪名,主要原因之一就是控方认为被告人具有白人至上主义者组织三K党成员的这一身份,而冲动性地认为被告人未经授权访问国内税收署计算机系统的数据信息是为了使用于与三K党有关的活动。再加上有与被告人库宾斯基很熟的证人威廉·穆勒谈到曾听被告人说过要拿这些数据去建立三K党成员档案,使得控方更深信被告人浏览机密信息是为了进一步实施其他行为,从而以电信诈骗和计算机诈骗犯罪起诉。二审法院的判决在以"事实为依据,以法律为准绳"的基础上,撤销了原审法院的结论也推翻了控方的指控。综合全案情况来看,本案中被告人库宾斯基的行为就只是未经授权访问了国内税收署的计算机系统,并非计算机诈骗,本书认为按照1030条(a)(2)款轻罪的规定来定罪处罚更为妥当。

---

① Reid Skibell, Cybercrimes & Misdemeanors: a Reevaluation of the Computer Fraud and Abuse Act, *Berkeley Technology Law Journal*, No.18, 925 (2003).
② United States v. Ivanov, 175 F. Supp. 2d 367 (D. Conn. 2001).
③ United States v. Czubinski, 106 F. 3d 1078 (1st Circuit, 1997).

本章小结

　　计算机诈骗是 1030 条规制的第二个基本罪行之一，其基本的构成要件包括非法访问和诈取任何有价值之物。本章首先论证了计算机诈骗与普通诈骗的关系：普通诈骗是对于人的欺骗，因骗人而取财；而计算机诈骗只是行为人使用了虚假的资料或通过不当的操作来影响计算机程序而获利，其虽有诈骗之名，但并无人被骗之实。然后在考察大陆法系和英美法系主要国家关于计算机诈骗规定的基础上，详细研究了 1030 条关于计算机诈骗的规定。将使用计算机本身所产生或获得的利益或者给权利人造成的价值减损作为计算机诈骗所得的"有价值之物"来认定是美国有别于其他国家相应法条的最主要特色。最后以美利坚诉库宾斯基案为例来分析美国如何对计算机诈骗进行规制。将计算机诈骗作为单独的罪名加以规定，是包括美国在内的英美法系和大陆法系主要国家普遍采取的立法模式。通过 1030 条对计算机诈骗的规定可以看出其在构成要件上与普通诈骗存在着重大区别，不宜将计算机诈骗类型的犯罪按照传统刑法加以规制。据此，本书在我国现行刑法尚未规定计算机诈骗罪而无法作出直接的比较研究的前提下，于第七章中从法益无限性与有限性的角度探讨了计算机诈骗行为在中国刑法中的定位与定性。

第五章

造成计算机危害犯罪的规制

犯罪行为在任何时代都被强烈否定并受到刑罚的严厉惩处是因为其给社会和被害人都带来了严重后果。计算机犯罪也同样如此，不但犯罪手段会随着技术而变化发展并且在犯罪后果的表现上还存在着多种形式，其中最主要的就是造成计算机系统及其储存的数据信息的危害。这些危害既可能导致计算机系统无法正常的运行，也可能使得原本保存完好的电子资料无法再次使用，从而给权利人带来重大的损失。由于现代计算机都是通过因特网而链接形成的综合性计算机数据信息处理群，因此计算机犯罪行为有时在造成单机危害的同时也会形成波澜式的连锁反应而给其他众多的计算机带来破坏，典型的如施放计算机病毒的行为。这一犯罪后果的特殊表现情态使得各国在关于计算机犯罪的立法中，把造成计算机危害的行为都列为刑法规制和打击的重点。美国联邦计算机犯罪法对于造成计算机危害的规定从1986年颁布到2008年第五次修正案，作出了多次的修改和完善。本书在前两章主要论述了美国联邦计算机犯罪法规定中的非法访问和计算机诈骗行为，本章则以造成计算机危害的犯罪行为为核心展开分析。因为在1030条中，造成计算机犯罪危害的条款是除了非法访问（未经授权与超越授权）与计算机诈骗以外的第三个也是最后一种类型的关于计算机滥用犯罪的基本罪行规定。[1]

1030条中关涉造成计算机危害的法条是（a）（5）款，该款将造成计算机危害的行为规定为传播破坏性程序和未经授权的访问两种不同的形态。同时，（a）（5）款分别对危害行为和危害结果在主观要件上规定了故意、过失和严格责任等不同的层次。另外，在造成计算机危害的结果

---

[1] Orin S. Kerr, *Computer Crime Law*, 2nd ed., West, a Thomson business, 79 (2009).

上，分别制定了造成损害（damage）和损失（loss）两种类型。损害和损失在1030条（e）款中分别给出了明确的定义。其中，损害的定义为：对数据、程序、系统或信息的完整性或可用性的任何削弱损伤。[①] 损失的内涵为：任何被害人的任何合理性的付出花费，其不仅包括被害人针对计算机犯罪所采取的反应与措施的成本，评估计算机损害所需的开支和将数据、程序、系统以及信息等恢复到犯罪侵害以前状态的合理费用；还包括因计算机损害失去的任何收入或付出的成本和其他因中断服务带来的损害性结果。[②] 总而言之，1030条（a）（5）款在前述几个方面对造成计算机危害的情况作出了详细而特别的规定。这些规定所形成的每一个构成要件不但在立法上具有各自不同的定位，而且在司法实践中形成了丰富的内涵，随着判例的发展而不断被赋予新的含义，尤其是那些在1030条（e）款中没有做出专门定义的要件。下文即以（a）（5）款的各项规定中的构成要件为基点来展开研究美国联邦计算机犯罪法中对造成计算机危害的刑法规制。

第一节　造成计算机危害的行为

从立法制定来看，在各国的计算机犯罪法中对那些造成计算机危害的犯罪都强调行为人给计算机的权利人带来的不利后果，从而以此为出发点追究实施了危害行为的犯罪者的刑事责任，最终实现对计算机数据信息安全的法益保护。虽然美国关于计算机犯罪的法律分为联邦和州两个层次，但是在对造成计算机危害的规定上都可以分为两种类别。第一种规定方式是法条将规制的重点放在关注行为人使用计算机的权限上。这种规定方式的特点是将未经授权的访问行为作为法律禁止的基础性要件，然后再加上造成计算机系统危害或破坏的行为要件从而构成计算机危害的法条内容。第二种规定方式则是将法条规定的内容聚焦于行为人对计算机使用者权限的干扰或阻碍上。这种规定方式的特征是其并不要求行为人对计算机的访问是未经授权，而是注重于对他人计算机系统中数据信息未经授权的删除、损害、修改或者是致使被害人计算机中的文档以及程序等无法正常打

[①] 18 U.S.C. § 1030 (e) (8) (2008).
[②] 18 U.S.C. § 1030 (e) (11) (2008).

开运行等这种侵犯他人合法使用计算机的犯罪行为。① 当然，这两种类别的规定在司法实践中并非能够完全分开适用，因为行为人实施的计算机危害行为可以是在未经授权访问并破坏计算机数据信息的情况下而同时造成了对他人使用计算机权限的阻扰。鉴于这种情况，立法逐步将这两种类型的规定融合在一起，以同一法条来实现全面规范，1030 条（a）（5）款的规定即是如此。

1030 条（a）（5）款自 1986 年修法创立以来历经多次修改，最新的一次是在 2008 年 9 月颁布的《前副总统保护法案》(*Former Vice President Protection Act*) 所包含的《身份盗窃与赔偿法》中作出的修正。② 这次修正后到目前为止，(a)（5）款一直没有再被变动，因而确立了该款现今的稳定形态和具体面相。(a)（5）款禁止以下三种不同的计算机危害犯罪行为，该款惩罚任何人：(A) 明知（knowingly）实施传播（transmission）计算机程序、信息、代码或者命令的行为，因该行为而故意（intentionally）③ 导致未经授权损害（damage）受保护的计算机；(B) 故意未经授权访问受保护的计算机，并因该行为而轻率地（recklessly）导致损害；(C) 故意未经授权访问受保护的计算机，并因该行为导致损害和损失（loss）。④ (a)（5）款的这三项规定之间虽然存在着一部分的重叠，但其区别也是显而易见的。第一项所打击的主要是那些阻扰其他用户使用计算机的犯罪行为，如施放计算机病毒或者发动拒绝服务式（denial-of-service）的攻击等。该项规定值得注意的是"未经授权"一词不是指访问，而是指损害。也就是说，只有故意未经授权导致损害才构成本条款规定的犯罪，获得授权的损害不受追究，至于损害的前行为（传播破坏性程序等）是否为授权则在所不问。第二项则对访问行为要求是"未经授权"且没有"超越授权"的规定。第三项虽与第二项在前半部分相同，都要求未经授权的访问行为，但是在造成损害的主观要件上和危害结果上不相同，第三项对导致损害没有主观要件要求（即严格责任）且对造成的危

---

① Orin S. Kerr, *Computer Crime Law*, 2nd ed., West, a Thomson business, 79 (2009).
② *Former Vice President Protection Act of* 2008, Pub. L. No. 110-326, 122 Stat. 3561.
③ (a)（5）款中规定了 knowingly 和 intentionally 两种故意形态，本书将之翻译为直接故意和明知，因此在下文中凡是涉及法条中有 knowingly 和 intentionally 的表述时，即以明知和直接故意来对应翻译并体现出差别。
④ *Former Vice President Protection Act of* 2008, Pub. L. No. 110-326, 122 Stat. 3561.

害结果要求是损害与损失。

一 计算机危害行为：传播破坏性程序与未经授权访问

从前述（a）（5）款所包含的三项内容可以看出，该款规定的造成计算机危害的行为主要是两种：一是传播破坏性程序的行为，二是未经授权的访问行为。未经授权的访问行为是1030条对计算机犯罪规定的最基本的行为构成，本书第三章对该行为的认定与判断已作出了充分的论证，在此不赘述。传播计算机程序、信息、代码或者命令的行为是（a）（5）款规定的导致计算机危害的主要构成要件之一。传播是（a）（5）款第一项中造成计算机危害犯罪的最关键的构成要件。[①] 在阻扰计算机的合法权利人使用计算机的犯罪行为过程中，行为人通过传播具有破坏性或者干扰性的计算机程序数据等，造成他人的计算机瘫痪、系统崩溃等无法正常使用的情况，进而导致计算机危害的发生。虽然"传播"本身的语义在日常生活中比较简单而容易理解，但是在计算机工作环境下这一用语则有着非常丰富的内涵。尽管传播行为在（a）（5）款中是造成计算机危害犯罪的一个重要构成要件，但是这一极高的地位并没有使之在1030条（e）款中获得一个独立的"名片席位"。这一行为的法条存在状态如未经授权的访问，在1030条中都只有其名而无其义。换言之，立法机关在制定（a）（5）款第一项时，虽使用了传播一词，但并没有在1030条的（e）款中对其作出明确的定义。本书认为这不是立法的疏漏或失误，而是因为传播行为在计算机工作环境下具有多样性和变化性，就像未经授权的访问行为比较复杂而难以统一限定一样。传播行为的这种特殊性使得立法机关不能一刀切地概括性地作出一个能体现这一行为根本特征的精致的定义，而将其留给司法机关在发展着的技术语境中根据具体的情况作出判断和决定。

二 传播行为的判断与认定

由于立法没有对传播的具体内涵作出规定，这给司法实务带来了较大的解释空间，为司法判例应时应景的发挥和解决复杂疑难问题的作用创造了条件。根据1030条（g）款的规定，在计算机犯罪中遭受"损害或损

---

① Jonathan Clough, *Principles of Cybercrime*, Cambridge University Press, 109 (2010).

失"的被害人还可以主张民事赔偿。相应地在造成计算机危害的案件中，只要犯罪行为造成的损害符合 1030 条（c）（4）（A）款（i）项中列举的五种情况之一即可：1. 一年之内给一人（包括法人）以上造成的损害累计 5000 美元以上；2. 修改或破坏（或潜在的修改与破坏）与医疗检查、诊断、治疗或一人以上的护理的数据信息；3. 造成人身伤害；4. 对公共卫生或安全造成威胁；5. 对使用于国防、国家安全或司法行政部门的计算机造成损害。① 因此对于在造成计算机危害的犯罪中，针对行为人违犯（c）（4）（A）款（i）项而提起民事赔偿的主张也会涉及对传播行为的判断与认定。同时，对于传播行为的认定并不像未经授权访问那样存在着民事与刑事的差别。因为对传播行为的认定只是有或无的关系，而不像未经授权那样存在着多种判断依据。另外，与未经授权访问可以单独成罪的情况不同，传播行为本身并不能直接构成（a）（5）款规定的造成计算机危害之罪，要成立本罪还需要导致计算机"损害或损失"等构成要件。下面分别以 1996 年至 2006 年十年间发生在美国三个州的联邦地方法院的三个判决和第七巡回上诉法院的判决一共四个典型案例为对象来具体考察司法实务对（a）（5）款规定中的传播行为的判断与认定。

（一）地方法院的三个判解

第一个案例是加利福尼亚州中区联邦地方法院在 North Texas Preventive Imaging v. Eisenberg 案② （以下简称 Eisenberg 案）中对传播的判解。在 Eisenberg 案中，被告人是开发并出售相关软件的厂商，原告从被告那里购买了一套计算机软件以便改进自己的医疗诊断系统。但在使用过程中，原告对于该软件的功能并不满意并向被告提出解除双方之间的购买协议并要求被告退回高达 16 万美元的软件使用许可费。被告随后向原告通过邮政寄发了一张软盘，并告知原告该软盘可以"升级"其购买的软件。但事实上被告在该软盘中设置了一个程序，其在不久后的一个确定时间内会破坏掉原告购买的软件从而使之不能再使用。原告对此并不知情，收到软盘后即对软件进行"升级"。后来才发现被告在该软盘中储存的是一个被称为"定时炸弹"的程序。原告于是向法院提起诉讼，认为被告寄送含有破坏性程序的软盘的行为违反了 1030 条（a）（5）款第一项的规定。

---

① 18 U.S.C. § 1030（c）（4）（A）（i）（2008）.
② No. SA CV 96-71 AHS, 1996 U.S. District, LEXIS 19990（C. D. Cal. August 19, 1996）.

特别是该行为符合该项中"传播计算机程序、信息、代码或者命令"这一要件。① 法院在审理中对案件事实如何能够符合1030条（a）（5）款第一项规定的构成要件作出了解释上艰难的努力。因为本案中的"定时炸弹"并不是通过未经授权的访问而安装入原告的计算机中，也即不是通常意义上的以电子输送的方式进行的传播。本案中被告人制作并邮寄了软盘，而原告雇人接收并安装进计算机，其和一般理解的电子方式的传播具有重大差别。但法院最终认为：② 在抛出可以包含众多不同的"传播"方法之网的时候，1994年修正案将（a）（5）款的重点由未经授权访问的行为转移到行为人的主观要件上。因此，如果被告具有危害的故意，其邮寄含有恶意程序软盘的行为即构成传播。

第二个案例是新泽西州联邦地方法院在 Gomar Manufacturing Co. v. Novelli 案③（以下简称 Gomar 案）中对传播这一要件的解释。Gomar 案的案情与 Eisenberg 案基本相似。在 Gomar 案中的原告人从被告那里选购了一台由计算机控制的层压机。被告在该层压机的计算机系统中安装了一个类似于 Eisenberg 案中的"定时炸弹"程序。原告使用的层压机系统需要不时更新，但后来由于原、被告双方之间合作不愉快而关系恶化。当原告停止向被告支付系统的更新费用后，"定时炸弹"程序便发作并导致该系统停止工作，使得原告不能够交货以及完成其他的合同任务。法院在该案中判决被告将层压机计算机系统寄运给原告，同时在该系统中事先安装恶意代码的行为，符合（a）（5）款规定中的传播。④ 第三个案例关涉传播行为的认定是田纳西州西区联邦地方法院在 Gomar 案判决一年之后对 Shaw v. Toshiba American Information Systems 案⑤（以下简称 Shaw 案）的判解。在该案中的原告人是集体诉讼人，被告人是日本东芝设在美国的信息系统公司（Toshiba American Information Systems），该公司是一家计算机硬件生产商。在该公司生产并分发售出的计算机零件中包含了具有缺陷的代码，

---

① No. SA CV 96-71 AHS, 1996 U. S. District, LEXIS 19990, at 7-8（C. D. Cal. August 19, 1996）.

② No. SA CV 96-71 AHS, 1996 U. S. District, LEXIS 19990, at 16（C. D. Cal. August 19, 1996）.

③ No. 96-4000, 1998 U. S. District, LEXIS 23452（D. N. J. April 13, 1998）.

④ No. 96-4000, 1998 U. S. District, LEXIS 23452, at 6（D. N. J. April 13, 1998）.

⑤ Shaw v. Toshiba American Information Systems, 91 F. Supp. 2d 926（E. D. Tex. 1999）.

致使众多用户的计算机受到危害。Shaw 作为受害人之一代表原告集体在本案中诉称东芝公司生产、运送并发售这些含有错误缺陷代码的计算机硬件的行为符合（a）（5）款造成计算机危害中的传播的行为构成，从而违反了本款的规定。①

东芝公司要求法院进行即决审判，并辩称该公司运送并分售含有缺陷代码的计算机零件的行为不属于1030条（a）（5）款中的传播。东芝公司提出的辩护理由是要构成计算机危害中的传播应该是将程序数据在两个或多个计算机之间进行电子性的传达与输送。② 法院在审理中认为，1996年修正案对1030条（a）（5）款修改时删除了传播需在计算机对计算机之间进行的要求，具体的依据是去掉了该款中原有的"通过使用计算机的方式在州际商贸或者通讯中传播"这一表述。同时，法院在审理中还驳回了东芝公司所主张的1030条只适用于打击黑客入侵行为的辩解。法院作出这一否决的理由是"本院并没有看到任何判例或者规定认为计算机及配件生产商可以被完全排除在1030条的规制范围之外，也没有在本条中看到任何一处写有'黑客入侵'（hacking）一词"。③ 该院为了与上述加州和田纳西州法院作出的判决保持一致性而在本案中作出判决认为：无论是以电子传送还是通过市场传递都符合（a）（5）款规定的传播这一构成要件，即使这些程序代码等被存储于物体中但只要发生了实质性的位置移动或者通过在物理空间运送都属传播之列。④ 上述位于三个州的联邦地方法院对于（a）（5）款中规定的传播都作出了相同的判解，即计算机危害中的传播不仅是将破坏性程序以电子的方式传输还包括物理性位移的传递。这些判解成为后来各个法院在认定此问题上的有益参照，但影响最大和更具有权威性的是在 Shaw 案判决 7 年之后第七巡回上诉法院于 2006 年作出的判决。

（二）第七巡回法院的判决

2006 年联邦第七巡回上诉法院作为地方法院判决之外的第一个联邦巡回法院对1030条（a）（5）款中的"传播"进行了解释。该院在 Inter-

---

① Shaw v. Toshiba American Information Systems，91 F. Supp. 2d 932（E. D. Tex. 1999）.
② Shaw v. Toshiba American Information Systems，91 F. Supp. 2d 932（E. D. Tex. 1999）.
③ Shaw v. Toshiba American Information Systems，91 F. Supp. 2d 936（E. D. Tex. 1999）.
④ Shaw v. Toshiba American Information Systems，91 F. Supp. 2d 936（E. D. Tex. 1999）.

national Airport Centers，L. L. C. v. Citrin 案①（以下简称 Citrin 案）中判决的关键问题就是对"传播"的认定。Citrin 案的基本案情是：雅各布·赛却林（Jacob Citrin）是国际机场中心（International Airport Centers）的高级员工和部分股份持有人（partial owner）。国际机场中心是一家房地产投资公司。赛却林的主要工作职责是搜寻国际机场中心公司可以潜在地购买或者投资的地产项目，并把这些搜寻到的重要数据记录在公司分发给他使用的笔记本电脑中。同时，他还负责帮助公司拿下那些他所搜寻到的房地产项目。② 事情发生变化并最终让赛却林与国际航空中心公司对簿公堂的是该公司所有权的变化。国际航空中心是一个私营的相对较小的联合公司，其将自己 50%的股份卖给了它的主要竞争对手 AMB 房地产有限公司，③ 同时又卖出39%的股份给威瑞森通讯公司（Verizon Communications），最后该公司留存 11%的股份。在国际航空中心公司出售股份之后不久，作为该公司常务董事的赛却林即提出辞职。国际航空中心公司与赛却林之间因他的辞职动机而发生争论。赛却林声称他要辞职是因为他担心为上述 AMB 和威瑞森两家大公司工作会惹来官司纠纷，如果他继续留在本公司的话。相反，国际航空中心公司认为赛却林辞职是为了自己开办公司并从事与该中心公司和新购股份的上述两家公司具有竞争关系的业务，从而违反了之前签订的高级员工合同中有关竞业禁止的条款。④

尽管双方对此存在不同的看法，但赛却林还是坚持辞去了在国际航空中心公司的一切职务。辞职后在归还配发给他的笔记本电脑给该公司之前，赛却林删除了该电脑中的一些数据。但是赛却林在移除这些数据时，他并没有使用该电脑操作系统中本来就有的删除功能。其实如果他这样做的话，国际航空中心公司尚可以把删除掉的数据恢复过来。赛却林的做法是在该电脑中安装了"操作系统清洗卸载工具"（Window Washer）、"超摧毁软件"（Ultra destroy-it）以及"隐私及痕迹清除软件"（Acronis Privacy Expert Suit）等三个应用程序，这些程序都是用来彻底干净地消除计算机中的数据及使用痕迹且

---

① International Airport Centers, L. L. C. v. Citrin, 440 F. 3d 418（7th Circuit, 2006）.
② International Airport Centers, L. L. C. v. Citrin, 440 F. 3d 419（7th Circuit, 2006）.
③ ABM 房地产有限公司是一家公营的企业，其规模是国际航空中心公司的 20 倍大。参见 Brief of Appellant at 4-5, International Airport Centers, L. L. C., 440 F. 3d 418（No. 05-1522）。
④ Brief of Appellant at 5, International Airport Centers, L. L. C., 440 F. 3d 418（No. 05-1522）.

无法再恢复。赛却林安装了这些程序后，即将该电脑中的数据清除。案发后，国际航空中心公司遂向伊利诺伊州北部联邦地方法院提起诉讼。在诉讼中，原、被告双方对于删除的数据的性质持有不同的看法。赛却林证明称他从电脑中删除的是有关的私人信息和一些色情资料，这些信息后来通过数据恢复证实了他的说法。除此之外，在赛却林归还电脑时，还有一些电子数据表和 word 文档以及大概有 800 字节的与该公司有关的电子邮件还保留在该电脑中。但国际航空中心公司认为赛却林的陈词不足采信并认为他删除了自己要经营公司并与该中心公司竞业的相关重要资料证据。伊利诺伊州北部联邦地方法院驳回了原告的诉求，认为该案缺乏司法适用的主体。该院在检视 1030 条（a）（5）款之后，认为该条款是用来打击黑客入侵、施放计算机病毒以及其他恶意软件的行为。① 虽然该院认为 1030 条（a）（5）款经过多次修正后其适用的主体逐渐放宽，但其认为赛却林的行为并不符合本款的规定。特别是赛却林安装删除软件的行为并不构成（a）（5）款第一项规定的传播。② 于是国际航空中心公司向第七巡回上诉法院提起上诉。

第七巡回上诉法院在审理中重点对本案涉及的关于（a）（5）款第一项规定的"传播"进行了解释和定义。赛却林在二审中依然提出辩解认为自己仅仅是删除计算机中的文档的行为并不是"传播"。在一开始的时候，法院对这一问题的论证倾向于认为敲击电脑键盘上的子键的行为就可以算作一种传播。不过后来明确地提出，敲打键盘中的删除或者移除功能键在事实上虽是输入了一个命令，但将这一行为就认为是（a）（5）款第一项规定上的传播，实在是把法条解释的范围扩展得太远了。特别是这种解释的结论既可以对行为人适用于刑事惩罚同时也可以用于民事赔偿。③ 地方法院在一审中的判决认为只有软件通过传递进入目标计算机的情况才可以决定是否满足传播这一要件的要求。④ 不过二审法院的解释进

---

① International Airport Centers, L. L. C. v. Citrin, No. 03 - 8104, 2005 U. S. District. LEXIS 3905, at 4 (N. D. Illinois. January 31, 2005).

② International Airport Centers, L. L. C. v. Citrin, No. 03 - 8104, 2005 U. S. District. LEXIS 3905, at 4 (N. D. Illinois. January 31, 2005).

③ International Airport Centers, L. L. C. v. Citrin, 440 F. 3d 419 (7th Circuit, 2006).

④ International Airport Centers, L. L. C. v. Citrin, No. 03 - 8104, 2005 U. S. District. LEXIS 3905, at 7 (N. D. Illinois. January 31, 2005).

路与一审法院并没有形成同道。在审理过程中，第七巡回法院认为虽然敲击键盘的行为不是传播，但在本案中存在着向计算机输入永久性删除软件的行为。我们并不知道这些软件是行为人从网上下载到的还是从软盘上（或者是相当于软盘的东西，诸如 CD 盘等）拷贝的，这种拷贝是通过将软盘插入计算机的内设驱动器或者外接线路驱动装置上来完成。奇怪的是原告方并没有作出说明，或许国际航空中心公司根本就不知道被告人是如何实施这些行为的，该公司所知道的一切就是当笔记本电脑归还的时候，其中的文档资料已经被删除了。

对于赛却林把删除软件程序安装入计算机的行为，法院认为虽然我们都不知道被告人是如何做的，但是这并不重要，因为将软件程序装入计算机的方式并不能体现出在传播上的差别。法院继而认为：软件程序的安装办法对于是否符合法条规定的传播这一构成要件无关紧要，真正重要的问题是这些程序是否通过导线被输入。我们并不能看出精确的传播模式能够呈现出什么不同。无论是从因特网上下载还是通过插入磁盘所输入的意图造成损害（当然是对计算机的文档资料等软体造成损害，而不是硬件设备的破坏）的程序都是通过电子讯号的方式传送到计算机中。就这些涉及的传播方式而言，如果硬要找出它们之间的差别，唯一的不同就是在那些程序以电子讯号传入计算机之前，载有这些程序的软盘或者 CD 盘是通过手工的方式插入磁盘驱动器的。但是这种差别也会因以下情况的出现而不存在：如果软盘或 CD 盘是被插入置于外部的磁盘驱动，而该驱动又通过电路导线连接着计算机，这恰好就像计算机是通过电话线路、宽带或者无线方式连入因特网一样。① 因此，如果程序软件在某一时刻是通过导线输送进入到计算机内，则根据 1030 条（a）（5）款第一项的规定，传播的构成要件要求就得到满足。并且这一要件的符合性还存在于程序软件是经过外置于并用电线连接到计算机的储存设备或者驱动输入计算机中的情形。

不过法院在审理中认为上述两种传播方式在以下的语境上存在着差别：通过软盘进行传播要求行为人需要亲自将其插入计算机或驱动装置中。但若赛却林通过因特网的方式则可以在远程上即可以传送一个病毒将计算机中的文档资料清除掉。这种远程的恶意攻击比起那些仅仅是通过亲

---

① International Airport Centers, L. L. C. v. Citrin, 440 F. 3d 419-20 (7th Circuit, 2006).

手安装破坏性软件到计算机中的行为（通常是雇员所为）而言更难以侦测和防范以及处罚。不过内部人所为的攻击虽然更易发现，但其行为也更易得手。国会在立法时就考虑到了这两种类型的攻击：一方面是病毒或者蠕虫制作者的攻击，其主要是来自于被攻击对象的外部；另一方面则是由那些对工作不满的程序师或雇员发起的攻击，其将雇主计算机系统中的数据信息故意捣毁。虽然赛却林在庭审中辩称，(a)(5)款的立法目的是为了打击那些发送计算机病毒或者恶意软件的行为，并非针对不具有忠心的雇员。① 法院驳回了这一辩解，并认为因为1030条（a）（5）款第二项规定处罚"任何人故意地未经授权访问受保护的计算机，并因此而轻率地导致计算机损害"的行为，故而这一法条足以证明国会的意图是要将那些"不满的程序师或雇员"也涵括进来。1030条（a）（5）款既适用于外部人实施的攻击，也适用于内部人发起的损害。在此意义上，那些被植入计算机的破坏性程序软件是来自物理性媒介（诸如软盘或 CD）的安装还是通过网络攻击在"传播"的内涵上都没有任何差异。②

事实上，第七巡回上诉法院在对1030条（a）（5）款第一项规定中的"传播"的解释是与该案中的原告方国际航空中心公司所主张的诉求是一致的，但其与一审法院的判解却很不相同。查看一审法院的判决即可发现这一认定上的差异。负责该案一审的伊利诺伊州北部联邦地方法院在审理时详细参考了上述加利福尼亚州中区联邦地方法院在 Eisenberg 案和田纳西州西区联邦地方法院在 Shaw 案中的判解。在此基础上，一审法院作出的判决结论是：这些法院都认为要符合（a）（5）款第一项规定上的"传播"，需要包括对程序、代码的寄运或者传送。③ 然而，国际航空中心公司在这一问题上的主张认为：对这些案例正确的解读不应该把寄运或者传送这些行为作为构成传播的基础性成分，而应把"寄运与传送"看作符合传播行为的多种方式中的一种。因此，寄运或者传送的行为可以被认

---

① Brief of Appellant at 17, International Airport Centers, L.L.C., 440 F.3d 418（No.05-1522）.

② International Airport Centers, L.L.C. v. Citrin, 440 F.3d 420（7th Circuit, 2006）.

③ International Airport Centers, L.L.C. v. Citrin, No. 03-8104, 2005 U.S. District. LEXIS 3905, at 7（N.D. Illinois. January 31, 2005）.

定为属于传播,但并非所有的传播都必须包括寄运或者传送这样的行为方式。① 第七巡回上诉法院在作出前述的论证之后,赞同了原告方国际航空中心公司提出的上诉理由,并作出判决认为 1030 条 (a) (5) 款第一项中所规定的"传播"在没有寄运或者传送的情形下也能构成。② 因此,第七巡回上诉法院在 2006 年的赛却林案审结之后使得该案判决成为其他法院判决形成的判解之外产生的对 (a) (5) 款第一项中的"传播"行为一个新的解释,即行为人安装破坏性程序软件到计算机中的行为也属于传播。

三 本书评析

联邦第七巡回上诉法院在赛却林案中的判决将 1030 条 (a) (5) 款第一项中规定的传播的意涵在之前法院判决的基础上又向前推进了一步。正如伊利诺伊州北部联邦地方法院所述,关于"传播"认定的典型疑难判例并不是很多,而之前的法院判决更没有一个判解能够对第七巡回法院的判决形成约束性的作用。③ 因此,赛却林案的二审判决结果不但推翻了一审而且还与之前的几个法院作出的判决不尽一致。在赛却林案二审判决之前,其他法院对于 (a) (5) 款第一项中的传播的构成要件都认为在缺乏以电子方式输送数据的情况下,对于该款中的传播就必须要求存在对破坏性程序的寄运或者移动。在 Gomar 案中,新泽西州联邦地方法院认为当代码被轻率地或者故意地制作成有害的且通过磁盘被寄运时才算作有传播行为的发生。同样,在 Shaw 案中,田纳西州西区联邦地方法院认为之所以认定有传播行为的发生是因为计算机配件中含有错误缺陷的代码并且在全国范围内寄运和分售给计算机用户。另外,加利福尼亚州中区联邦地方法院在 Eisenberg 案中认定存在传播是由于被告人将含有恶意代码的软件故意寄送给消费的对方使用。这些法院在作出判决时,因为没有上一级法院的判例存在,故而并没有判解可以参考和在判决结论上受到前例的约束,但都遵循了法条的平义解释。同时,这些法院所判决的案例中案情所

---

① Brief of Appellant at 12-13, International Airport Centers, L. L. C., 440 F. 3d 418 (No. 05-1522).
② International Airport Centers, L. L. C. v. Citrin, 440 F. 3d 420 (7th Circuit, 2006).
③ International Airport Centers, L. L. C. v. Citrin, No. 03 - 8104, 2005 U. S. District. LEXIS 3905, at 5-6 (N. D. Illinois. January 31, 2005).

涉及的行为样式在大体上都比较接近，但和第七巡回上诉法院所审理的赛却林案案情有着较大的差异。当然，在（a）（5）款第一项中的传播行为的通常含义，即传播包含以电子讯号的方式输送具有破坏性程序数据的行为，各个法院对此都存在着相同的看法。

第七巡回上诉法院在赛却林案中对"传播"的解释令人耳目一新，更加拓宽了其内涵。在这一判决作出之后，该院也强调其作出与其他法院大不相同的解释是为了符合国会制定1030条的意图：让该条可以打击所有的计算机犯罪，不管这些犯罪是由外部人还是内部人所实施。① 第七巡回上诉法院的判决结论似乎是将"传播"的内涵解释为与"输入"相同。然而，这一解释必须要通过结合1030条（a）（5）款的法条语境来理解。（a）（5）款所规定的（A）（B）与（C）三项条文分别惩罚故意、轻率和无主观要件要求（即严格责任）的计算机危害行为。第一项所规定的传播破坏性以及恶意程序、代码等的行为，对应的结果是故意的危害。因此，只有对该项规定中的"传播"这一构成要件进行广义的解释，才有可能使该项规定适用于内部人的犯罪行为。如果不像第七巡回上诉法院那样作出广义的解释，则这类行为只有按照（a）（5）款中的第二项或第三项的规定以因未经授权访问而轻率地或者无故意无过失地导致损害的较轻的犯罪来处理。② 这样就会导致处罚的不公与不合理，因为在内部人的犯罪行为完全与外部人的相同时，却会出现不一样的刑罚后果。不对该款中的"传播"作出广义解释，而像上述的地方法院那样作出狭义解释但又能够实现处罚公平合理的替代办法就是修改该款。也就是说，在（a）（5）款中增加一项，即故意未经授权访问，又故意地导致计算机危害。但这种办法显然是很难实现的，因此第七巡回上诉法院对"传播"作出了新的解释，使得这一判决成为新的且更有权威的判例，对后来的案件起着指导性的作用。

第二节 造成计算机危害的主观要件

英美法系中的犯罪构造理论一般认为，所有犯罪的成立至少要包括两

---

① International Airport Centers, L. L. C. v. Citrin, 440 F. 3d 420（7th Circuit, 2006）.
② Jonathan Clough, *Principles of Cybercrime*, Cambridge University Press, 110（2010）.

个方面的要件：行为（actus reus）和意图（mens rea）。① 行为要件定义的是行为人在犯罪中的举动，而意图要件定义的是行为人的主观心理状态。② 在绝大多数的犯罪中，主观要件都是犯罪成立的中心成分，特别是某些犯罪的成立要求存在特殊的主观心理要件。③ 美国法学会于 1962 年制定的《模范刑法典》列举了构成犯罪的四种主观要件，分别是：蓄意（purposely）、明知（knowingly）、轻率（recklessly）以及疏忽（negligently）。④《模范刑法典》将犯罪的主观要件从最高程度的故意到最低程度疏忽进行不同的分类，并指出故意和明知都需有特定的意识，而轻率与疏忽则没有此要求。⑤ 这些主观要件在美国的刑法规定中被接受并按照犯罪行为人认识的程度又被进一步地分为高和低两种层级。高层级的主观要件包括犯罪行为的故意（intentionally）和明知（knowingly），低层级的主观要件包括犯罪行为时的轻率、疏忽以及严格责任。⑥ 相对于低层级的主观要件而言，当犯罪人的行为符合高层级的主观要件时，其犯罪的意图也就更加特定具体，因此在苛责上也更加严厉。⑦ 这些不同层级的主观要件在 1030 条（a）（5）款的规定中也有非常明确地体现，并且各个主观要件在该款中的存在位置也都不尽相同。特别是在造成计算机危害的结果上，主观要件要求分别在（a）（5）款下设的（A）（B）与（C）三项中分别规定了故意、轻率与严格责任三种损害形式。

具体来讲，（a）（5）款第一项首先规定了明知导致破坏性程序的传播，然后对造成计算机损害的主观要件要求是故意（intentionally）。⑧ 第二项与第三项前半部分的规定都相同，即都是故意未经授权访问受保护的计算机。然而，第二项的后半句规定中对造成计算机损害的主观要件要求

---

① Jams Marshall, *Intention in Law and Society*, Funk & Wagnalls, New York, 6 (1968).
② Leo Katz, *Bad Acts and Guilt Minds: Conundrums of the Criminal Law (Studies in Crime and Justice)*, University of Chicago Press, 81 (1987).
③ Martin R. Gardner, The Mens Rea Enigma: Observations on the Role of Motive in the Criminal Law Past andPresent, *Utah Law Review*, 637 (1993).
④ Model Penal Code, § 2.02 (2) (a) - (d).
⑤ Model Penal Code, § 2.02 (2) (a) - (d).
⑥ Leo Katz, *Bad Acts and Guilt Minds: Conundrums of the Criminal Law (Studies in Crime and Justice)*, University of Chicago Press, 186 (1987).
⑦ Kenneth W. Simons, Rethinking Mental States, *Boston University Law Review*, No.71, 495 - 96 (1992).
⑧ 18 U.S.C. § 1030 (a) (5) (A) (2008).

是轻率;① 第三项后半句对造成计算机损害的主观要件没有做出规定是故意还是过失,形成的是严格责任条款。② 制定（a）（5）款时,参议院的立法报告表明了美国国会做出上述主观要件上各自不同的规定,甚至引入严格责任的做法目的是严厉惩罚那些计算机危害行为,即使是完全出于意外性的损害。虽然那些未经授权而故意损害计算机系统的人应该受到惩罚,不管他们是否属于有权使用者,但是还要明确的是任何人未经授权而故意侵入计算机系统并给被害人导致严重损失的也应该受到惩罚,即使该损害的发生并不是故意造成的。在这些情况下,故意侵入计算机系统的行为就已经构成犯罪。另外,对于黑客破坏计算机系统的行为,为了安全问题而不管造成多少损害都属于犯罪,除非损害的造成不是出于故意或者轻率的过失。相对于发送或传播恶意程序以及阻扰用户的犯罪行为而言,还要确保（a）（5）款能规制所有的计算机入侵行为,包括内部人实施的故意损害,不管在严重性程度上有多么不相同。③ 因此,（a）（5）款对造成计算机危害的主观要件按照从高到低的要求设置对于全面打击计算机犯罪具有重要意义,同时也体现出了立法机关在这一犯罪问题上所持的比较严厉的刑事政策的立场。

一 造成计算机危害的主观要件之一：故意

（一）法条内涵分析

1030 条（a）（5）款第一项规定禁止故意传播程序、信息、代码或者命令,并因此而在未经授权情况下故意损害受保护的计算机。本项规定中对于传播行为和损害的主观要件要求都是故意。损害的造成必须是在未经授权时故意造成,获得授权的故意损害不受追究。获得授权的故意损害是可能存在的,比如,雇员受权对雇主的计算机信息进行加密,信息加密的行为就包含有损害,因为其削弱了加密信息的可用性。④ 关于造成损害的主观要件,并非一开始就要求损害是由故意造成,其在（a）（5）款中有一个发展完善的过程。（a）（5）款在 1984 年立法时并不存在,该款是

---

① 18 U.S.C. § 1030 (a) (5) (B) (2008).
② 18 U.S.C. § 1030 (a) (5) (C) (2008).
③ *Senate Report* No. 104-357, at 11 (1996).
④ Orin S. Kerr, *Computer Crime Law*, 2nd ed., West, a Thomson business, 80 (2009).

1986年修法产生的成果。1986年修法时，不但在1030条中增加了（a）（5）款等规定，还将1030条中各款的主观要件规定提高了一个层次，即由明知（knowingly）改为故意（intentionally）。国会修改并提高主观要件的层级目的是把那些因失误而闯入计算机系统的使用者排除在法条规制的范围之外。① 然而，美国国会在对其他条款中的主观要件作出修改的同时，对（a）（5）款的规定却产生了歧义。1986年修法制定的（a）（5）款规定的内容为：任何人如果故意侵入与联邦利益有关的计算机，并导致损害将受到刑事处罚。② 通过审视该款可以看出，立法机关将"故意"一词置于"侵入"短语的前面，而不是放在"损害"的前面，因而在司法适用中引起了的不同看法和争议。

在法院判决的相关案例中，对于1986年制定的（a）（5）款中的主观要件产生不同看法的典型案件是莫里斯案和萨布兰案。萨布兰案的判决由于发生在1996年，因此相较于发生在1986年的莫里斯案而言，莫案更具有典型性。同时，因本书后设章节中将对萨布兰案作出仔细的分析，此处只概要介绍莫里斯案对此问题的争议。莫里斯案的案情在前文第三章中已经有详细交代，此处不赘述。该案在第二巡回上诉法院的审理过程中，被告人莫里斯提出辩解认为（a）（5）款中规定的"故意"一词不但指侵入，还应该包括损害，即计算机损害必须是有故意的造成。但是第二巡回上诉法院经过对1986年（a）（5）款的审读研究后作出判决认为：因为"故意"一词仅仅修饰的是侵入计算机系统的行为，对于造成计算机的损害没有任何主观要件要求。因此，根据1986年制定的（a）（5）款的规定，如果行为人并不是想故意地损害计算机，但只要他实施了故意侵入访问计算机的行为即会受到刑事处罚。③ 鉴于该款出现的这一容易导致歧义的情况，1994年修正案时，立法机关将莫里斯案的判解吸收到立法中并在（a）（5）款设立了轻率地造成计算机损害的轻罪规定，明确地打击那些在主观上不是出于故意但是轻率地造成计算机损害的行为。同时，1994年修正案还将（a）（5）款分为重罪和轻罪两种规定，以此来区分不同的

---

① Glenn D. Baker, Trespass will be Prosecuted: Computer Crime in the 1990s, *Computer Law Journal*, No. 12, 61, 68 (1993).

② 18 U. S. C. § 1030 (a) (5) (1988).

③ United States v. Morris, 928 F. 2d 509 (2d Cir. 1991).

主观要件要求：重罪要求故意，轻罪则是过失（轻率）。不过1994年修正案对（a）（5）款的修改仍然没有彻底解决问题，于是在1996年修正案中，立法机关又对该款在主观要件上予以了新的完善。

1996年修正案对（a）（5）款在结构上作了重大的调整，其在1994年修正的基础上把该款由两个规定进一步分成三项。在第一项的规定中明确了造成计算机损害的主观要件必须是故意，从而消除了关于本款曾存在的容易导致理解歧义的问题。1996年修正案将（a）（5）款的主观要件要求在三个条文项中作出不同的规定，反映了立法机关希望本款能够用来打击更多更广范围的危害计算机的犯罪。国会修改本款的目的就是捕获任何类型的黑客犯罪，不管主观意图如何。① 1996年修正案新制定的（a）（5）款三项中，第一项既打击外部人又惩罚内部人造成的计算机危害犯罪；第二项和第三项则只适用于规制外部人的犯罪行为。② 根据（a）（5）款第一项的规定，内部人与外部人造成计算机损害在主观上都必须是故意，因此对于内部人而言非故意的造成计算机损害不受处罚。但是对于外部人（诸如黑客等）则不相同。如果黑客等犯罪人没有故意损害计算机的意图而不受第一项的规制，但是由于轻率或者没有任何主观意图而造成计算机损害的，依然会受到（a）（5）款第二项或第三项的追究。由此体现出立法对两种不同的犯罪人的惩戒态度。做一个假设，如果把莫里斯案按照1996年修正后的（a）（5）款来处理，则莫里斯作为内部人犯罪根本不会受到该款第一项的处罚，因为莫里斯在主观上并没有要造成计算机损害的故意。如果莫里斯是外部人，尽管他没有造成损害的故意而不受第一项的约束，但法院还是可以按照第二项或第三项来实现惩治。

（a）（5）款在第一项中的主观要件都规定为故意，从而提高了入罪的门槛。特别是将造成计算机损害的主观要件规定为故意，就表明该项只能用于打击那些具有恶意破坏目的的计算机犯罪行为。③ 同时，该款第一项的规定并不要求行为人造成计算机犯罪是通过未经授权的访问来实施。在第一项中虽然存在"未经授权"一词，但是其用来限制的是"导致故

---

① *Senate Report*, No. 104-357, at 11 (1996).
② *Senate Report*, No. 104-357, at 11 (1996).
③ A. Hugh Scott, *Computer and Intellectual Crime: Federal and State Law*, Published by BNA Books, chapter 4, at 42 (2006 Cumulative Supplement).

意的损害"一语,其与访问行为没有任何关系。使用"未经授权"一词来对计算机损害作出限制是为了使那些获得授权而造成计算机损害的情形不被纳入本项中来被追究。立法机关将"未经授权"一词作出如此的设定,也就是为了更好地适用本项来打击内部人的损害行为。因为外部人造成损害肯定是通过未经授权访问计算机而实现的,但内部人却在访问上不存在着未经授权的问题。在内部人故意导致计算机损害的情况下,而如果法条又规定"未经授权访问——并故意导致损害的",就无法规制这些内部人的犯罪行为了。因此,立法机关在(a)(5)款第一项的制定时不但在主观要件的设定上有考究,而且在"未经授权"的设置上也有特殊的目的。由此可以看出刑事法规范精细化的制定会有利于更加精确地打击犯罪。经过1996年修正案对(a)(5)款的全面修改后,极大地增强了其在司法中的适用。对于故意造成计算机损害在司法实务中的判解情况,下文通过美利坚诉卡尔森案来说明。

(二)相关判例:*美利坚诉卡尔森案*(United States v. Carlson)[①]

1. 基本案情

被告人埃里克·卡尔森(Eric Carlson)在被逮捕和提起指控以前是居住在加利福尼亚州的一名狂热的费城费城人队(Philadelphia Phillies)[②]的球迷(粉丝)。卡尔森第一次接触并了解计算机网络的使用技术是在1999年。从2000年开始,他便利用计算机在网络的论坛上发帖专门关注费城人队并与其他球迷交流。在2001年卡尔森就学会了使用计算机实施能导致他人计算机受到损害的两种类型的电子邮件攻击。这两种电邮行为分别是:"直接攻击",即卡尔森通过发送成千上万封邮件给特定的一个目标邮件地址;"间接攻击",即他从一个电子邮件账号上发送一封邮件给无数不同的电子邮件地址。在实施"直接攻击"的行为中,卡尔森将数千封电子邮件发给费城费城人队的电子邮箱。在表现形态上,卡尔森将邮件来源地址处理成是来自诸如联邦调查局(FBI)以及费城人队自己的邮

---

① United States v. Carlson, 209 Fed. Appx 181, (3d Circuit, 2006).
② 费城费城人队(Philadelphia Phillies)是一支位于宾夕法尼亚州费城市的美国职棒大联盟球队,他们是一支拥有多年历史的球队,从球队1883年成立至今一直待在费城。费城人隶属国家联盟东区。费城人一共获得两次世界大赛冠军(1980年击败堪萨斯市皇家和2008年的坦帕湾光芒)和七次国家联盟冠军,第一次获得的冠军是1915年所获得的国家联盟冠军。参见http://baike.baidu.com/view/955912.html.

箱,实际上这些是他使用了其他计算机中的 IP 地址并通过技术手段而做成。实施"直接攻击"的事实主要有:2001 年 11 月 7 日,卡尔森以"水手没有交易 A 棒"为标题并使用了一个属于加拿大的网民的电子邮件地址向《费城报》记者的电子邮箱发送了 1168 封邮件。同月 11 日,他又向费城人队的电子邮箱发送了 5000 封邮件。在 2002 年 3 月 12 日,卡尔森向费城人队两个邮箱地址发送了总计 3600 封邮件。同月 14 日,他以"犯罪的色彩"为标题发送了 5514 封关于种族犯罪的邮件给 PNI 的员工。这些邮件的发送地址都被处理成来源于《费城询问者》的廉政调查员 Swanson 和该刊编辑 Lundy 的邮箱。

实施"间接攻击"的行为就是卡尔森利用欺骗(spoof)获得电邮账户并将一封邮件从该账户发给数千邮箱,这些邮箱地址又是他使用计算机软件在网络中搜寻到的。"间接攻击"的主要事实有:2001 年 11 月 16 日,他将一位曾在论坛上与他意见相左的名叫格内格的邮件地址获取后,以该地址向费城不同的邮箱发送了 6000 多封邮件,使得格内格最后收到 6000 封邮件回复。同月 19 日,他又骗取到《费城日报》体育版记者保罗·霍根的邮件地址随后导致霍根的邮箱收到 6638 封回复。2002 年 4 月 9 日,卡尔森使用了一个曾宣称要在网络上跟踪他的人的邮箱发送邮件,使得该邮箱收到 7000 封系统发信失败的邮件回复。后来案发后,卡尔森被指控违犯 1030 条(a)(5)(A)款规定的造成计算机损害罪,陪审团裁定其行为符合该款第一项的故意损害计算机和第二项未经授权访问计算机并轻率地导致计算机损害。卡尔森提出辩解称他发送这些邮件是为了提醒报刊的记者和费城队的管理人他认为在费城队上存在着的一些管理问题,同时也与其他网络用户展开对一些问题的对话。不过证据表明这些邮件中有些谈到了费城队,有些却毫无关联。同时,他还否认自己发送大量邮件的行为是故意导致损害。最后,宾夕法尼亚州西区地方法院判决指控罪名成立,判处卡尔森 48 个月监禁外加 3 年监视居住和 1.5 万美元的赔偿以及 8000 元的计算机损害专门评估费。① 卡尔森不服该判决,遂向联邦第三巡回上诉法院提起上诉。

2. 第三巡回法院的判解

在二审中关涉的中心问题就是陪审团对"卡尔森发送邮件是故意导致

---

① United States v. Carlson, 209 Fed. Appx 181, 182 (3d Circuit, 2006).

损害"这一裁决是否有足够的证据支持。第三巡回法院首先查看了1030条（a）（5）款第一项规定的内涵，认为虽然立法没有对该项中"故意造成计算机损害"的"故意"予以定义，但该院基于刑事语境将其理解为：犯罪行为的实施是经过深思熟虑且非出于偶然。其次，第三巡回法院对一审判决过程也进行了检视。认为控方在一审的庭审中也按要求提出了证据证明卡尔森是故意地导致了数据、程序、系统或者信息的不完整性以及不可用性从而符合法条规定的损害要求。同时认为，在一审时陪审团在指控的罪名要件和相关术语的定义上接受了恰当的指示之后，裁定卡尔森故意未经授权访问计算机并故意地导致损害是恰当的。法院还认为值得关注的是西区地方法院对故意的解释，如下所示：当所发生的行为在客观上是按照行为人的意识实施的时候就是故意。实施故意的行为也就是意味着该行为是经过认真考虑的而不是偶然发生的。从主观上来看，故意的成立可以通过行为人的外在显示、他的言语、他的举动以及所有的从他自身表现出来的这些情况合理而有逻辑的推论证明出来。要认定被告人犯有指控之罪，就需要在排除合理怀疑以外证明他具有造成受保护的计算机损害的故意。①

庭审中卡尔森承认使用"直接攻击"的方式把几千封邮件发给一个邮箱会导致该邮箱的收件箱被这些邮件塞满，从而损害了该邮箱用户读取其有用的电子邮件的能力。不过卡尔森又辩称他只认为受到攻击的目标邮箱的用户读取自己有用邮件的能力只会在短时间内（差不多是几分钟）受到损害。同时，卡尔森还主张在他使用的"间接攻击"方式中，虽然他故意地骗得了邮箱地址并用此账户每次都发送数千邮件出去，但他并不是故意地要导致该邮箱被回复的邮件塞满，这些回复的邮件都要求发件者不要再发送这种邮件给他们。然而，法院所调取的证词表明卡尔森是一个非常老道而精干的计算机网络和电子邮件用户。卡尔森本人也承认他在使用网络和软件方面有着广泛的知识，这些知识包括：怎样从网站中大量捕获到邮件账户，如何大批量发送邮件，怎样使用代理服务器以及骗取他人邮件地址等。法院认为现有证据很清楚地表明了卡尔森对计算机网络技术的掌握水平，再与他的行为相结合，能够合理地当作间接证据推论出卡尔森对其行为的结果是持故意的态度。最后，第三巡回法院作出判决：

---

① United States v. Carlson, 209 Fed. Appx 181, 183 (3d Circuit, 2006).

我们认为在庭审中展示出了足够的证据，作为一个理性的陪审员能够根据这些证据裁定卡尔森未经授权访问受保护的计算机并且故意地导致了损害性后果。因此，本院肯定一审法院对该案指控作出的判决。①

3. 法院判解评析

卡尔森案虽然案情并不是很复杂，但是在关于犯罪的认定尤其是关于损害的故意的确定上却存在着争议。二审法院维持了一审法院的判决，并认为一审法院在关于行为人造成损害的故意的认定上值得关注，实际上二审法院最后也是采纳了一审法院关于损害故意的判解。这通过二审法院对损害故意的定义"犯罪行为的实施是经过深思熟虑且非出于偶然"即可充分说明。虽然被告人卡尔森辩解自己发送邮件是为了告知他人费城队管理存在的问题，并非具有损害的故意。但是法院通过调查认为这一主张不成立，因为从卡尔森的行为以及发送邮件的内容乃至其对计算机网络知识掌握的程度来看，他都完全理解并且明确意识到自己的行为会导致什么样的后果。法院在审判中通过结合客观和主观两个方面来考察并得出卡尔森具有损害故意的结论。另外，本案的审判还涉及对造成损害的破坏性程序的问题。卡尔森海量发送垃圾邮件的行为被认为符合（a）(5)款第一项中规定的故意传播"程序、信息、代码或者命令"的规定。在这里，电子邮件被广义地解释为"信息"。海量发送垃圾邮件的行为会导致被害计算机系统死机或不能正常使用，这无异于施放病毒造成计算机的损害。② 故而法院认为发送海量垃圾邮件的行为构成（a）(5)款中传播的构成要件要求，再加上行为人具有损害的故意和造成了损害的结果，因而全部犯罪成立。

二 造成计算机危害的主观要件之二：轻率

1030条（a）(5)款第二项规定禁止故意未经授权访问受保护的计算机，并因此行为而轻率地导致损害。本项规定中包括两种不同的主观要件，对于未经授权的访问而言要求的是故意，但对于行为导致的计算机损害结果而言，要求行为人主观上是出于轻率。相对于（a）(5)款第一项

---

① United States v. Carlson, 209 Fed. Appx 181, 183 (3d Circuit, 2006).

② A. Hugh Scott, *Computer and Intellectual Crime: Federal and State Law*, Published by BNA Books, chapter 4, at 44 (2006 Cumulative Supplement).

要求行为人对计算机损害结果的发生必须具有明确的意识和积极追求的故意心态而言，第二项的规定对造成计算机损害结果的主观要件要求更低，从而使得该项的涵摄范围更加宽泛。由于在主观要件上设置的层级降低，使得该项很容易打击那些企图通过故意未经授权访问而侵入计算机系统，但在主观上又没有明确的想法要故意导致计算机损害的行为。如果只是故意未经授权访问计算机系统而未造成任何的损害后果，则这种行为不受（a）（5）款任何一项的规制，而可能会视情况（如获取到数据信息或者促成进一步的犯罪牟利等）按照1030条其他款［如（a）（1）至（a）（4）款等］的规定来处理。故意未经授权访问计算机并造成了计算机的损害，但在主观上又不是出于故意而是由于自己的不注意导致时，即按照（a）（5）（A）款第二项的规定来处罚。因为本款第二项和第三项的规定在立法制定时就明确只能适用于外部人的犯罪行为，① 所以只要是外部人侵入计算机系统中就已经满足该项的前半部分规定的"故意未经授权访问"这一构成要件。在此前提下，认定行为人要符合第二项的规定就取决于损害的造成是出于轻率。

（一）轻率的规定及意涵

1030条（a）（5）款第二项中所规定的轻率是对美国《模范刑法典》中所作出的关于主观要件规定中的轻率的采纳和吸收。美国最高法院在给刑法中规定的"轻率"一词作解释时，也是依靠并接受了《模范刑法典》中对该词的定义。② 如前所述，《模范刑法典》将主观要件从行为人认识层级的高低分为蓄意、明知、轻率和疏忽四个等级。虽然同属于普通法系，并且早期的美国刑法在很大程度上继受于英国刑法，但是关于轻率的规定美国刑法要早于英国。这可以通过该词在两国刑法上的形成时间来考察得出初步结论。在英国，轻率作为犯罪心理在刑事立法中的新定义，是一个普通的英语词，直到1974年才成为一种法律术语，包含着比其普通含义更有限制的深奥含义。其基本含义是没有正当理由的冒险。所冒之险是否正当，取决于行为人所实施的行为的社会价值与可能引起的危害的严重性程度。在法庭上，其检验标准是客观的，即由法院或陪审团设定所需

---

① *Senate Report*, No. 104-357, at 11 (1996).
② A. Hugh Scott, *Computer and Intellectual Crime: Federal and State Law*, Published by BNA Books, chapter 4, at 46 (2006 Cumulative Supplement).

要的关注标准,而不能统而概之地说对于危害后果发生的可能性预见到达什么程度便可构成轻率。① 在美国,《模范刑法典》于1962年由美国法学会制定,当时就已经在其中明确规定了轻率。"轻率"一词固然在普通法上有着较长的历史,但是其被规定入刑法法条中则并非年代久远。因此,尽管英国刑法和美国刑法都沿袭了普通法的传统,但是在各自的制定法规定上却并不完全相同。

根据美国《模范刑法典》的规定,轻率的意涵是指:如果行为人有意识地忽视一个实质的(substantial)或者即将导致的不合理的(unjustifiable)危险,而行为人对该危险的忽视从一个守法者处于行为人的地位对其行为的性质和意图以及所知的情况予以考虑显而易见地背离了一个守法者应遵守的标准时即为轻率。② 从该定义中可以看出,对于轻率的判断是以客观的理性人(即守法者)处于与行为人当时的地位相同时所做的反应为标准。这种反应显示的是行为人的主观心态,当其在行为时对于认识到或预见到的已经存在或者即将导致的危险漠不关心并且有意地加以忽视时,就属于轻率。当然,轻率并不能作为考量行为人主观心态的依据。因为,"轻率的本质是(行为人)没有对自己行为的后果进行充分的估量或考衡,而并非行为人主观心态的精确描述。"③ 轻率的定义要求主观心态上必须存在着对危险"有意的忽视"。相对于《模范刑法典》所规定的其他另外两个属于纯粹描述性的主观要件即蓄意和明知而言,轻率包含对"实质的"和"合理的"危险的价值判断以及行为人的这种做法与可接受的守法者的行为标准相比是否构成"明显的背离"。另外,这些评价还考虑到行为人在所知情况下的行为目的及其背后的动机。④ 因此,在司法中要确定行为人在主观上是轻率需要从多方面加以评价,并且是客观的价值性评价。

(二) 轻率的司法认定

在司法实践中,对于"轻率"心态的认定,关键是把握以下几点:第一,行为人是否构成轻率,不取决于他对于该危害后果发生的可能性程

---

① R. A. Duff, Recklessness, *Criminal Law Review*, 282 (1980).
② Model Penal Code, §2.02 (2) (c).
③ R. A. Duff, Mens Rea, Negligence and Attempts, *Criminal Law Review*, 649 (1968).
④ Kenneth W. Simons, Rethinking Mental States, *Boston University Law Review*, No. 71, 725 (1992).

度的认识,而取决于其所冒的危险是否具有合理性,只有不合理的冒险行为才能构成轻率;第二,这里所说的"合理"的标准是客观的,而不以行为人自己对其冒险的合理性的主观判断为标准;第三,行为人对危害后果的发生既可能持漠不关心的态度,也可能希望该危害后果不发生,甚至采取一定的预防危害后果发生的措施,或者仅凭一种侥幸心理希望该后果不发生,但是,只要他意识到他正在冒险而且这种冒险是不合理的,便构成轻率。① 美国最高法院的判解认为在刑法上通常只是在行为人忽视了他所意识到的有害危险的时候才能作为轻率。② 因此,在司法案件涉及行为人主观要件属于轻率的审判中,法院的做法就是看行为人是否有意地去忽视他已经意识到的一个实际存在并且不合理的具有危险性或者会导致物质性侵犯状态的风险。③ 其实,通过观察判例对于轻率的判解可以得知在美国的司法审判都是围绕着《模范刑法典》对该词的定义而展开。只不过对于定义中行为人意识到危险并有意地忽视,特别是危险是不是合理的等这些判断需要审判法院结合具体情况来判断,但这些作出这些判断背后的依据主要是社会大众所普遍遵循的价值观念以及社会最基本的公平正义。

通过上述对轻率的内涵及其司法认定的分析可知这一用来表述行为人主观心理状态的用语在刑法解释上存在着一致性。1030 条(a)(5)款第二项将造成计算机损害的主观心态规定为轻率并且剑指那些因无访问权限而非法入侵计算机系统的外部人。如果在未经授权访问的过程中,行为人明确地认识到他的访问行为存在着或者会导致有害的危险但是却全然不顾所意识到的这些危险即属于轻率。因此,在刑事诉讼中控方要确认行为人是轻率地导致了计算机的损害,其在指控中就必须要证明被告人意识到自己行为的事实并从中能够了解到这一行为会造成计算机的损害。被告人也推断出自己的行为会造成计算机的损害。同时,从一个处在行为人的境地的守法者来看行为人未经授权访问计算机而造成风险的行为严重的偏离了作为守法者应遵守的行为标准。④ 关于因轻率而造成计算机损害可用上述

---

① R. A. Duff, Recklessness, *Criminal Law Review*, 282-283 (1980).
② Farmer v. Brennan, 511 U. S. 825, 836-37 (1994).
③ United States v. Albers, 226 F. 3d 989, 995 (9th Circuit, 2000).
④ A. Hugh Scott, *Computer and Intellectual Crime: Federal and State Law*, Published by BNA Books, chapter 4, at 46 (2006 Cumulative Supplement).

的卡尔森案为例来进一步地阐明：① 卡尔森在开始学会怎么使用计算机发送邮件之后，便迫不及待地发送了一封邮件给一个特定的邮箱地址。卡尔森在这一行为中主观要件上就满足了故意未经授权访问计算机的要求，因为他通过发送电子邮件故意地访问目标计算机。如果在卡尔森发送的这封邮件中附有一个病毒并导致了对方计算机的损害，但卡尔森在发送时认为该病毒是无害的，那么他的这一主观心态就符合（a）（5）款第二项轻率导致计算机损害的规定。

最后，还值得一提的是在1030条（a）（5）款第二项中的"故意未经授权访问受保护的计算机"这一规定中，"故意"除了指行为人未经授权访问时的主观心态以外，还是否涉及对附随情节（attendant circumstance）的"受保护的计算机"的认识。换言之，是否需要行为人在主观上对"受保护的计算机"也持有故意。因为在美国《模范刑法典》中，将行为、附随情节和结果作为客观要素，② 而把主观要件中的蓄意、轻率、明知和疏忽作为苛责性要素。③ 苛责性要素与客观要素之间存在着对应关系，才能认定为犯罪。根据《模范刑法典》2.02（1）款的规定：除第2.05条另有规定外，任何人对于所有客观要素，不存在法律规定的蓄意、明知、轻率或者疏忽的行为时，不被认为有罪。④ 因此，作为附随情节的"受保护的计算机"也应该与苛责性要素相对应。从（a）（5）款第二项的法条规定来看，并不能清楚地表明是否要求要故意认识到计算机是受保护的，即是否意识到这些计算机是属于政府部门的或者是影响到州际或国际商贸交流的等。不过《模范刑法典》的规定毕竟只是参考。联邦刑法的一般规则认为对附随情节不需要主观意图作为审判的要件，其被认为是一个严格责任要件。⑤ 另外，由于在1030条中对"受保护的计算机"的定义非常宽泛，甚至包括家用电脑，故而这一问题并不会出现较大的争议。因此，在司法中要认定构成（a）（5）款第二项之罪的重心依然

---

① 事实上在卡尔森案中的被告人也受到了因故意未经授权访问计算机而轻率地导致计算机损害的指控，并被法院判决成立。其行为的主要内容与例子相似，故而本书对此不再赘述。参见 United States v. Carlson, 209 Fed. Appx 181, 184（3d Circuit, 2006）。

② Model Penal Code, §1.13（9）.

③ Model Penal Code, §1.13.

④ Model Penal Code, §2.02（1）.

⑤ Orin S. Kerr, *Computer Crime Law*, 2nd ed., West, a Thomson business, 101（2009）.

是对轻率的判断。

三 造成计算机危害的主观要件之三：严格责任

1030条（a）（5）款第三项规定禁止故意未经授权访问受保护的计算机，并因此行为而导致损害和损失。在本项中，只有未经授权的访问行为在主观要件上是故意，而对造成计算机损害和损失则既没有故意、轻率也没有疏忽的要求，因此形成了计算机犯罪法中的一个严格责任条款。① 相对于（a）（5）款第二项的规定而言，虽然在导致计算机危害的行为上都是故意的未经授权访问，但是本项对于行为人在造成损害和损失时尽管没有故意或过失的心态，都会受到追究，这又从另外一个侧面强调了对故意未经授权访问计算机行为的否定。因为在立法者看来，诸如黑客入侵这种外部人实施的行为都是应该受到谴责的，不可能像内部人那样可能因为过失或者疏忽有时甚至是意外而导致了计算机危害的发生，从而出现无辜者。外部人故意未经授权访问计算机不可能成为无辜者。② 所以（a）（5）款第三项的设置就在于专门针对那些故意未经授权访问计算机，但又造成了损害或者损失的情形，如果没有造成损害或损失而仅仅是故意未经授权的访问行为则不在本项的规制范围之内。严格责任条款的设置完全降低了犯罪的入罪门槛，使得那些外部人的非法入侵行为无论在任何情况下都会受到1030条的规制，因此也起到强大的威慑作用。由于（a）（5）款第三项中的行为要件即未经授权访问已经在前文有了详细分析，故而在本部分集中的问题就是对该项中造成计算机损害和损失的严格责任的考察和探究。

（一）严格责任的内涵

在英美刑法中，当刑事责任的认定不需要有主观意图（或只需要有限的主观意图）时，就被称为"严格责任"。它是刑事责任认定的一种例外模式，其在适用范围上受到宪法性的限制。③ "严格责任"中所谓的不需要有主观意图是指犯罪的成立不要求有故意、轻率甚至是疏忽规定中的一

---

① Orin S. Kerr, *Computer Crime Law*, 2nd ed., West, a Thomson business, 101 (2009).
② *Senate Report* No. 104-357, at 11 (1996).
③ George E. Dix, *Criminal Law (gilbert law summaries)*, 17th ed., West, a Thomson business, 38 (2002).

种或几种。① 根据《模范刑法典》的规定，严格责任在美国分为两类，一类是"完全严格责任";② 另外一类是"限制严格责任"。③ 完全严格责任是指一些罪行的实施无论如何都不需要有任何主观意图，这些罪行也在传统上被称为"严格责任"犯罪。④ 限制严格责任是指在某些罪行中虽然有一些主观意图必须得到证明，但是对于该罪行涉及的某个（或更多的）重要方面不需要有任何意识（awareness）。这些罪行在有的时候也被称为"严格责任"犯罪，但与"完全严格责任"犯罪相对比，其应更准确地被称为"限制严格责任"犯罪。⑤ 根据上述分类，1030条（a）(5)款第三项的规定即属于限制严格责任的犯罪。因为在本项中，对于行为人未经授权的访问要求是故意，这在指控中必须要加以证明，而对于造成计算机损害和损失这两个重要的构成要件对于行为人来说并不要求他对此具有主观意图。虽然"限制严格责任"犯罪在主观意图上存在着一定的要求，但其指向的是罪行必须具有的那一部分（如第二项中的未经授权访问的故意），而在不需要有主观意图的那一部分则与完全严格责任相同（如第二项中对损害与损失的造成不要求有任何意图）。因此两种类别的严格责任犯罪在严格责任的本质上并没有任何差别。

严格责任在某一犯罪的认定中是否能够适用最基础的依据是立法是否有规定或者立法是否有此意图。然而在大多数情况下，刑法条文在其语言组成的面相中并没有清楚地表明立法的意图为何，因此使得法院必须通过其他因素来确认。⑥ 在关于主张适用严格责任的问题上，美国最高法院的判解是：刑法在传统上对于刑事责任的认定都要求主观意图，因此在立法上有可能循此要求而意味着其对严格责任并不热衷（disfavored），所以如果一方在案件中要主张严格责任就需负担起任务，说明立法在这一问题上有适用严格责任的意图。⑦ 一般而言，立法上有意图适用严格责任的情形

---

① Smith & Hogan, *Criminal Law*, 8th ed., Butterworths, 101 (1996).
② Model Penal Code, §1.32.
③ Model Penal Code, §1.33.
④ United States v. Balint, 258 U.S. 250 (1922).
⑤ George E. Dix, *Criminal Law* (gilbert law summaries), 17th ed., West, a Thomson business, 39 (2002).
⑥ George E. Dix, *Criminal Law* (gilbert law summaries), 17th ed., West, a Thomson business, 39 (2002).
⑦ Staples v. United States, 511 U.S. 600 (1994).

包括以下几个方面的特征：1. 犯罪是一个"新的"法定罪行，而不是普通法上的传统犯罪；2. 适用严格责任不会对其他人的权利造成直接的和确定的侵害；3. 严格责任的适用是广泛的调整方案的一部分；4. 在犯罪的判决上能够被施以相对较轻的刑罚；5. 要求证明存在主观意图有碍于立法目的的实现和执行。① 除此之外，美国最高法院的判解还认为如果有大多数人根据刑法条文被指控并且在事实上已经对主观意图作出了要求，那么法院就可以不用在每一个个案中再去要求证明存在主观意图，从而可以适用严格责任。② 严格责任的适用依赖于法条的规定，并且还需要作出证明说明法条对此在立法上有适用严格责任的意图。但这种情况的存在是由于法条没有明确规定的时候才要求作出说明。1030 条（a）（5）款第三项由于在法条中对造成计算机损害和损失没有任何主观上的要求，同时制定该款的立法报告也指明本项是严格责任条款，③ 因此在适用时就不需要再对立法意图进行分析。

通过美国最高法院的判决来看，如果存在以下的情况之一时，法院就很少会认为立法对于作为犯罪认定的基础性要件的主观意图不作要求，从而不赞同适用严格责任。这些情形主要有：1. 当所关涉的罪行是或者接近于普通法上的传统犯罪时；2. 构成犯罪的行为对其他人的权利造成了直接的并且是严重的侵犯；3. 所判之罪会被苛以严重的刑罚；④ 4. 如果适用严格责任将会导致许多"无辜的"人受到判决的风险——这些人既不可能意识到也无法提防到他们的行为是犯罪时——法院就非常不倾向于以严格责任犯罪来作出判决。⑤ 从 1030 条（a）（5）款第三项的内容来看，其关于造成计算机损害或者损失的规定并不属于普通法上的传统罪行，因为计算机犯罪属于新型犯罪。同时立法机关还特别强调对于那些故意未经授权访问他人计算机的犯罪而言，不存在着有"无辜"的行为。⑥ 事实上，美国国会在 1996 年修正案时，对（a）（5）款作出修改并

---

① George E. Dix, *Criminal Law（Gilbert Law Summaries）*, 17th ed., West, a Thomson business, 39（2002）.

② Morissette v. United States, 342 U.S. 246（1952）.

③ *Senate Report* No. 104-357, at 11（1996）.

④ Morissette v. United States, 342 U.S. 246（1952）.

⑤ Staples v. United States, 511 U.S. 600（1994）.

⑥ Senate Report No. 104-357, at 11（1996）.

将之分成三个条文来分别规定即已经体现出了其立法上的意图。考虑到如黑客之类的外部人在故意未经授权访问中无意造成计算机损害或者损失的情况，如果不以严格责任的方式来规定，则这类造成计算机危害的行为不但无法予以准确的规制而且还会使得那些故意入侵但无意破坏的黑客行为更加肆无忌惮。因此，立法上认为最好是本款能规制所有类型的计算机非法入侵行为。① 下文以美利坚诉萨布兰案为例来阐述在司法中适用严格责任规定来判决造成计算机危害的犯罪行为。

（二）相关判例：美利坚诉萨布兰案（Unites States v. Sablan）②

1. 基本案情

萨布兰曾是夏威夷银行关岛阿加尼亚分行的一名职员。1992年8月15日凌晨，她和朋友在某酒吧聚会后告别各自离去。就在前不久她因为没有遵守夏威夷银行关于检索文档信息的保密规定而被该行解雇。当日凌晨在离开酒吧后，萨布兰从阿加尼亚分行未上锁的一条货运通道潜入到尚未开门的该行营业部。她使用离职前留下来的钥匙进入到自己曾工作过的办公室并使用以前的密码通过该办公室的计算机登录到银行的主页。据萨布兰自己陈述，她只是访问了几个计算机中的文档然后就退出了系统。但控方指称她更改了该行计算机系统中的几份文档数据并删除了其他的一些资料。不管怎样，萨布兰的行为造成了银行计算机系统中几个文档的严重损害。于是萨布兰被指控违犯了1030条（a）（5）款第三项③的规定。在一审中萨布兰提出辩解，认为该款未能对犯罪的基本要件在对应的主观意图上作出清楚的规定。同时她要求对陪审团作出指导要求控方必须证明她在犯罪的所有要素上都存在着故意，特别是对陪审团的成员作出说明要求控方证明她对造成银行计算机中的文档损害具有故意。地方法院否决了萨布兰的请求，认为法条中规定的"故意"仅仅是指犯罪中的访问行为并对萨布兰判处刑罚。随后萨布兰认为地方法院的判决错误地解释了法条规定中关于对造成计算机危害的主观要件要求，于是向联邦第九巡回上诉法院提起上诉。

---

① Senate Report, No. 104-357, at 11 (1996).
② Unites States v. Sablan, 92 F. 3d 865 (9th Circuit, 1996).
③ 由于萨布兰案发生在1996年修正案以前，故而此处的第三项实际上是1994年修正案中的（a）（5）款第二项。

2. 第九巡回法院的判解

第九巡回上诉法院在审理中针对萨布兰提出的（a）（5）款第三项对主观要件的规定存在歧义的情况进行了详细的审查。虽然 1030 条（a）（5）款第三项的法条规定"行为人必须故意未经授权访问与联邦利益有关的计算机，并因此而破坏计算机中的信息"，但是行文在访问短句和接下去的损害短句之间使用标点进行了断句。在某些法条中，使用逗号来分隔前后短语说明前半句和后半句在语言上是独立的。然而逗号也并不总能在法条解释中起到这样的作用。最高法院在 Liparota v. United States 案①和 United States v. X-Citement 案②判决中就曾将法条前半句中规定的主观要件适用到后面的短语中，尽管有逗号作为分隔。在这两个案件中，最高法院通过诉诸立法沿革来澄清案件所涉法条对主观要件规定上的不明确。本院认为在"授权"之后的逗号不能消除法条存在的歧义。将法条中前面的主观要件理解为可以修饰后面的犯罪要素符合一般的语义规则。同样，把法条中规定的"故意"解释为不能够延伸到另外一半的语句中也是恰当的。因此，本院决定从法条的立法沿革上着手分析来解决对此法条理解上存在的分歧。在美利坚诉莫里斯案中，第二巡回法院在检视了 1030 条的立法过程后得出结论，认为"故意"的主观要件标准只能适用在"访问"行为上。因为在 1984 年立法的时候，法条对访问和破坏都规定了主观要件为明知，但是当 1986 年修正时，法条中访问的主观要件由明知改成了故意，并且规定在破坏上的第二个主观要件被删除了。

相反，1030 条的其他款规定中都保留了"双意图"的结构，即在设定上将主观要件分别置于"访问"短语和"危害"短语之前。第二巡回法院认为国会作出决定在本条款中不再重复规定主观要件，表明不再要求控方证明被告人在损害上需要有主观意图。③ 萨布兰在诉讼中请求本院拒绝莫里斯案的判解，并认为 1986 年修正案的立法意图是将 1030 条适用于那些故意损害计算机数据的行为。同时萨布兰还引用了参议院的报告证明她所主张的（a）（5）款的法条应被理解为具有"双意图"："本修正案新制定的 1030 条（a）（5）款是设计用来打击那些故意更改、损害或者

---

① Liparota v. United States, 471 U.S. 419 (1985).
② United States v. X-Citement, 513 U.S. 64 (1994).
③ United States v. Morris, 928 F. 2d 504 (2nd Circuit, 1991).

销毁他人计算机信息的行为"。① 本院对此不予采纳。正如莫里斯案判决的法院所指出的那样：尽管在立法沿革的语言中有一些孤立的言辞提出在1030条（a）（5）款中对"损害"需要有主观意图，但是通过对本款的用语、结构以及立法目的与该款以前的法条形式相比较审查足以说服我们"故意"这一主观要件标准只修饰"访问"短语而不能适用到"损害"短语中。本院完全接受莫里斯案法院的判解理由并认为1030条（a）（5）款第三项并不要求控方作出证明被告人是故意的导致损害计算机文档。因此，本院同意一审法院的判决。② 虽然第九巡回上诉法院对萨布兰案判决是在1996年，但当时立法对1030条的1996年修正案尚未颁布，故而并没有直接按照严格责任犯罪认定萨布兰的损害行为，而是通过对法条内涵的分析和立法沿革的考察来最后确定损害要件不需要有主观意图，因而也最终符合了严格责任的要求。

（三）本书评析

通过对1030条（a）（5）款的上述分析，可以看出美国联邦计算机犯罪法在关于造成计算机危害犯罪的规制上是严而又厉。在经过1996年修正之后，（a）（5）款由最初制定时的一个条文变成三项规定，并且各项规定在行为要件和主观要件上的要求都不同，从而形成了多层次和全方位的惩戒法网。特别是严格责任条款的制定，使得任何的计算机入侵行为都会受到该法的惩处。但是对于严格责任条款也有质疑者认为其过于苛刻，理由是黑客入侵行为也并非都有害，因而（a）（5）款在主观要件上的规定太过于宽泛。外面黑客的行为很少是意图造成计算机损害的，事实上，大多数的黑客侵入计算机系统是为了自我挑战或者学习。严格的黑客伦理禁止他们损害所访问的系统。这一类型的黑客行为应该在处罚上要轻于那些有意造成损害者。然而，1996年修正案不仅打击那些成心想损害计算机的黑客，也包括了因意外而导致计算机损害的外部人。将不具有刑事犯罪意图的黑客与那些怀有犯罪想法的人予以相同的惩处，国会忽视了刑罚报应的目的。③ 不过也有相反的意见指出，在造成损害的主观意图上

---

① *Senate Report*, 99-432 (1986), reprinted in 1986 U. S. C. C. A. N. 279, 2488.
② Unites States v. Sablan, 92 F. 3d 878 (9th Circuit, 1996).
③ Haeji Hong, Hacking through the Computer Fraud and Abuse Act, *UC Davis Law Review*, No. 31, 303 (1997).

不作要求或要求很低与报应的目的并不矛盾。所有的黑客都在主观上有实施不正当行为的意图，他们故意地侵入计算机系统。因此，对损害不作主观要件要求没有违背报应的目的，因为黑客并不是无辜的使用者。① 在现代科技环境下，计算机作为人们社会生活的重要组成部分之一，其中的数据信息等应该得到法律的全面保护，而如黑客之类的入侵行为无视他人对计算机免于滋扰的权利诉求而故意侵入并造成损害，应该受到必要的惩处。

第三节　造成计算机危害的后果

根据现行1030条（a）（5）款的规定，造成计算机危害的后果包括两个方面：损害（damage）和损失（loss）。② 对于这两种造成计算机危害的后果，1030条（e）款在第8和第11项分别对之进行了专门的定义。损害与损失在内涵上各不相同，法条将之设定为两种不同的危害，在司法实践中的认定也存在着不同的进路。不过从立法沿革上来看，损害与损失并非一开始就同时诞生于（a）（5）款的规定之中。在2001年以前，该款关于造成计算机危害后果的规定中只有损害而不见损失，损失包含于计算机损害的定义之内。2001年"美国爱国者法案"将1030条（a）（5）款中的损害进行了修正，将原来损害规定中的损失分离出来，使之单独成为造成计算机危害的结果之一，与新修改后的损害并列成为造成计算机危害的两大后果。③ 立法对原来（a）（5）款中的损害规定予以修改是因为在司法实践中对于损害和损失的判断容易出现混淆和引起争议，特别是在美利坚诉米德尔顿案之后④，立法接受了法院的判解并最终在2001年修正案中作出了上述修改，其目的在于更能有效地区分造成计算机危害的后果和实现苛责上的更加合理。损害和损失在立法上作出区别规定并各自作出定义之后为司法实践确立了一个比较清晰的、能较好地衡量造成计算机危害的标准。但由于损害和损失在法条定义上的弹性因素，尤其是

---

① Brenda Nelson, Straining the Capacity of the Law: the Idea of Computer Crime in the Age of the Computer Worm, *Computer Law Journal*, No. 11, 307 (1991).
② 18 U.S.C. § 1030 (a) (5) (2006).
③ Pub. L. No. 107-56, § 814 (d) (5), 115 Stat. 384.
④ 在下文对损失的分析中将详细阐述美利坚诉米德尔顿案及其重要性，此处不深入展开。

1030 条（g）款对"任何人因他人违反（a）（4）（A）款（i）项而遭受损害或损失的，都可以提起民事赔偿之诉"的规定，使得法院在具体的认定上又存在着不同的见解和较大的差异。下文结合 1030 条（a）（5）款和（e）款的规定以及相关的司法判例分别对损害和损失这两种计算机犯罪的危害后果作出研究。

一 造成计算机危害的后果之一：损害

1030 条（a）（5）款在第一项和第二项中都规定造成计算机危害的后果是损害，而第三项的规定中则不但包括损害还有损失。1030 条（e）款第 8 项对"损害"的定义是：对数据、程序、系统或信息的完整性或可用性的任何削弱损伤（impairment）。① 损害这一短语非常重要，因为在法条的规定上其与主观要件联系在一起，即要求损害的造成是由于行为人的故意、轻率或者严格责任。这种联系所引发的重要问题就是"损害"应该具有哪些确切的内涵。② 根据（e）款第 8 项作出的定义，其中最为关键的是对计算机数据信息"完整性"和"可用性"的"削弱损伤"。定义中所使用的这些术语是取自于计算机技术中的权威表述而非属于法律语言词汇。就"完整性"和"可用性"这两词而言，其是计算机安全领域中众所周知的用词。在关于计算机安全的专业研究中，一般对计算机安全有三个基本的目标要求，即保护数据或者信息的机密性、完整性和可用性。③ 美国国会在制定和修订 1030 条（a）（5）款时就大抵以计算机安全的这三大目标为参考基点，而将损害的定义确立在"完整性"与"可用性"上，使之与计算机安全领域的专业用语具有相同的意涵。④ 但是在（a）（5）款的规定中并没有将"机密性"作为造成计算机损害的内涵之一，原因是"机密性"与数据信息的泄露或者散播有关，因而在（a）（2）款中单独予以处理。于此，对于造成计算机危害后果中的"损害"的内涵就集中在对"可用性"和"完整性"的理解上。

---

① 18 U.S.C. § 1030 (e) (8) (2006).
② Orin S. Kerr, *Computer Crime Law*, 2nd ed., West, a Thomson business, 101 (2009).
③ Matt Bishop, *Introduction to Computer Security*, Addison - Wesley Professional, 259 - 275 (2004).
④ Orin S. Kerr, *Computer Crime Law*, 2nd ed., West, a Thomson business, 101 (2009).

(一) 损害的内涵分析

立法机关在"损害"定义中采用的"可用性"和"完整性"这两个词语中，计算机数据或信息的"可用性"比较容易理解。可用性，顾名思义就是指数据或信息的使用性，即能否使用及达到何种程度。只要是造成计算机及其数据信息不能正常发挥作用或者提供通常使用的情况，都是对其"可用性"的破坏。比如：行为人实施的"拒绝服务"式攻击行为就是对数据或者信息可用性的损害；将数据或信息进行加密以及任何的导致计算机需要检修的行为等也符合这一要求。简言之，干扰计算机的正常功能而阻碍有权者对之加以有效使用的情形就是法条规定中的"数据、程序、系统或者信息的可用性的削弱损伤"。[1] 相对于"可用性"而言，"完整性"的理解则有一些困难。正如有学者在关于计算机安全的论著中所述：完整性指的是数据或资料的确实可信性（trustworthiness），它通常表达的含义是防止对数据资料不恰当的或未经授权的改变（change）。完整性包括数据的完整性（信息的内容）以及来源的完整性［数据的源头性，通常称为可验真性（authentication）］。数据信息的源头性与其准确、可靠以及人们对之持有的信任相关。例如，某报纸刊载了从白宫泄露出来的信息，但最后归结其来源有误。在这一过程中，信息按照所接收时的样子被刊印出来，体现出了数据的完整性，但是其源头却不正确，表明了来源的不完整性。[2] 根据这一解析，当行为人对数据信息的内容或者真实性导致其在确实可信度上减弱时就属于对信息完整性的破坏。

由于（e）款第8项的法条定义中把对数据信息完整性的任何削弱损伤都认为是损害，因此大多数的故意未经授权访问行为都会引发损害的形成。不过在司法实践中，绝大多数的法院对于损害定义中的用语的确认都拒绝将其作扩大化的理解，而主张不能超过法条语言的平常意义范围。[3] 损害定义中的"损伤""完整性"与"可用性"属于普通的用语，可以对其作出普通意涵的解释。在司法判例中，"损伤"被理解为"减弱"数据资料某些方面的属性，使之产生不良影响或者更加糟糕；对

---

[1] Orin S. Kerr, *Computer Crime Law*, 2nd ed., West, a Thomson business, 101 (2009).
[2] Matt Bishop, *Introduction to Computer Security*, Addison-Wesley Professional, 3 (2004).
[3] Molly Eichten, The Computer Fraud and Abuse Act: a Survey of Recent Cases, *The Business Lawyer*, No.66, 235 (November, 2010).

"完整性"的解读是数据信息等资料"未受削弱损伤的、可靠的、完全的以及不存在讹误的";对"可用性"的认识是数据信息是"可以呈现的抑或能够立即使用的状态,或者是能正常访问"。① 从法条规定的内涵和目的以及司法判例所涉及的内容来看,损害的概念主要用于对计算机系统中的数据被更改或者删除的情况,包括数据的还原与恢复。② 之所以将数据的还原与恢复也包括在造成损害的情形之内,是因为损害定义中的"完整性"这一要求,即对数据真实可信性的期待,而这一期待也包括数据信息受保护的状态。例如,一个行为人故意未经授权访问计算机,为了实现入侵而更改登录文档以便找回密码,在入侵之后又将登录文档恢复到原来状态。此行为符合"损害"的内涵,虽然数据本身没有被改动或者删除,但是其完整性(即原始性状态)受到了损伤。

通过上述对"损害"的基本内涵的探讨显示出虽然法条作出了基本的定义但其涵摄范围还是比较广泛。不过对于造成计算机损害的认定有一个重要的限制,那就是刑法上的因果关系。根据(a)(5)款的三项法条规定,在每一项中生成的损害都必须是相应行为造成的结果。详言之,在第一项中损害的发生必须是由于传播程序、信息、代码或者命令而造成的结果。特别是从这一因果关系中能明显地分辨出那些程序或代码是在哪里制造出来并导致了损害的发生。然而,有些行为虽是传播了程序命令,但其本身并不造成损害,这也是从刑法上的因果关系得出的结论。比如,输入密码的行为就不可能直接导致损害发生,尽管其可能会有助于行为人在接下来导致计算机的损害。由于第二项和第三项规定的行为是相同的,故而造成损害(或损失)的行为必须是故意未经授权访问。因此,根据这一因果关系的限定,如果是已经获得了访问的授权进而再导致了计算机损害(或损失)的发生则不构成第二项和第三项规定之罪,唯有非法访问行为本身导致的计算机危害才属于此两项规定之列。刑法上的因果关系在这里的重要作用就是让司法机关在处理这类案件时,首先必须要确立案件中的行为事实要符合法定的犯罪行为,然后才能进一步分析确定损害的内涵。如果案件中的行为事实与法定的行为要件不符合,即使有计算机危害

---

① American Online, Inc. v. National Health Care Discount, Inc., 121 F. Supp. 2d 1255, 1274 (ND Iowa, 2000).

② Jonathan Clough, *Principles of Cybercrime*, Cambridge University Press, 117 (2010).

结果的发生，但这两者之间由于不存在因果关系，就没有再往下进行判断的必要。

在造成计算机损害案件的司法审判中，无论是刑事案件还是因行为人违反（a）（5）款而由被害人提起的民事赔偿案件中，对于一般以传播破坏性程序或者故意未经授权访问的行为而导致的危害性后果在认定上都没有严重的分歧，至多也就是根据法条规定并结合案件事实对损害内涵在度的把握上有所不同。但是值得关注的是法院在关于商业秘密的判解上却存在着较大的争议。对于那些盗用他人商业秘密的行为，因为存在着对这些商业秘密的泄露，故而其是否构成"损害"，在司法中存在着三种判决意见。第一种认为盗用商业秘密的行为不构成导致损害的结果。因为只是复制这些信息，不存在删除或移走的情况，更无损伤数据、信息或者系统，故而根据法条的字面含义来看其不属于"损害"。① 这种观点主张损害的造成要给数据信息等带来物理性的变化。第二种判解认为盗用商业秘密再加上其他危害（harm）就构成"损害"。其他危害主要包括：将数据从一个安全的服务器传输到非安全的设备或外接驱动器中；IP 欺骗以及滥用密码等。② 第三种意见认为盗用商业秘密行为本身就会造成损害。主要理由是损害定义中的"完整性"是指保持商业秘密处于受保护的状态。因此将商业秘密泄露出去降低了其安全性，无疑是对该信息"完整性"的损伤。③ 虽然这些判解都是在民事案件中出现的，但应当指出的是"赞同造成损害的意见是不可接受的，尤其是在刑事语境中"。④ 商业秘密被盗用后因泄露而会损失部分或全部的价值，但其依然是完好无损的，如果将"完整性"作出上述认为构成损害的观点的解释，则超出了法条的规定和人们所能预测的范围。下文以美利坚诉米蒂拉案为例分析司法中对损害的认定。

（二）相关判例：美利坚诉米蒂拉案（United States v. Mitra）⑤

1. 基本案情

威斯康星州的首府城市麦迪逊（Madison）使用了一套由摩托罗拉

---

① Worldspan, L. P. v. Oritz, LLC, No. 05-C-5386, 2006 WL 1069128, at 5 (N. D. Ill. 2006).
② Black & Decker (US), Inc. v. Smith, 568 F. Supp. 2d 929 (W. D. Tenn. 2008).
③ Shurgard Storage Ctrs., Inc. v. Safeguard Self Storage, Inc., 119 F. Supp. 2d 1121, 1126-28 (W. D. Wash. 2000).
④ Lockheed Martin Corp. v. Speed, US Dist LEXIS 53108, at 25-26 (2006).
⑤ United States v. Mitra, 405 F. 3d 492, 494 (7th Circuit, 2005).

公司设计并被命名为"Smartnet II"的以计算机控制的无线电通信系统,其主要用于公安、火警、医疗救护以及其他的紧急事件的传呼联系。该无线电通信系统通过计算机的中央控制台向分设的 20 个频道发送预警信息,同时每一个频道区域的警察等职能人员也能够互通对话联络,从而能更好地完成警务活动和紧急事件的处理。然而,如果由计算机控制的系统一旦受到干扰的话,处于远端的接受设备上就会显示出"无系统信号",通讯联络也就不能进行。在 2003 年 1 月到 8 月间,麦迪逊市装备的这套警用无线通信系统偶尔会出现难以查明的"无信号"现象。在当年万圣节前夕的时候,该系统在整个城市都出现无信号的问题,由中央控制台发出的以及各区域发送的反馈信号等都被另外一个更强的信号所覆盖。在万圣节前夕那天麦迪逊市有 5 万到 10 万的游客。当干扰出现后,当地的公共安全部门却无法解决这一问题,因为无线电系统已经出现故障。该市于是将无线电通信的计算机控制频率进行了转换,以便能临时恢复运行,但干扰信号也随之改变并阻碍系统的使用。在 2003 年 11 月 11 日,攻击者改变了策略,选择了不再对系统进行阻碍,而是通过发送信号使中央控制台与各频道之间保持正常通讯,但攻击者在每一个通讯终端收到的信号上又加入了其他更强的杂音,诸如妇女在性爱时的叫声等。① 后来,该市相关部门使用无线电测向仪监测到干扰源并成功阻止了这起攻击行为,犯罪嫌疑人米蒂拉被警察逮捕。在一审中,米蒂拉被陪审团裁决违犯 1030 条 (a) (5) 款规定之罪,法院判决 96 个月监禁刑。米蒂拉不服判决,向第七巡回法院提起上诉。

2. 第七巡回法院的判解

在上诉中,米蒂拉提出的辩解理由是其行为不构成 1030 条 (a) (5) 款规定之罪。二审法院在审理中重点判断了米蒂拉的行为是否符合 (a) (5) 款规定中的导致计算机损害这一争议问题。法院认为,米蒂拉在万圣节前夕向该计算机控制的无线电系统传播的信号属于法条中规定的"信息"。同时,他向中央控制台发送的数据干扰了该台向其他频道发送信号,进而阻碍了负责公共安全的警员之间的信息流通。被告人米蒂拉通过前述攻击行为使得该无线电传呼系统的频道及终端在全市范围内出现

---

① United States v. Mitra, 405 F. 3d 492, 495 (7th Circuit, 2005).

"无系统信号"的情况，构成了（a）(5)款规定中的"损害"。这是因为其发送数据信号的攻击干扰行为符合损害定义中的"对数据、程序、系统或信息可用性的损伤削弱"的规定。同时，他的攻击行为使得公安、火警以及医疗救护等警务活动不能正常开展，构成了（c）(4)(A)款（i）第四项规定：威胁到公共卫生或者安全。在 2003 年 11 月 11 日改变攻击方式后的行为中，附加在正常通讯信号上的杂音也属于"信息"，并发送到了受保护的计算机上，因此造成了"损害"。因为这种在每一个通信信息上添加杂音的行为不仅使得官方的正常通讯受到影响，而且其符合了损害定义中的"对数据、信息等完整性的损伤"的规定。由于米蒂拉攻击侵入到政府部门的公共安全通信系统，并导致计算机的损害，因此符合（c）(4)(A)款（i）第五项的规定，① 故而其犯罪成立。第七巡回上诉法院判决维持一审原判。②

3. 法院判解评析

在美利坚诉米蒂拉案中，二审法院根据 1030 条（e）款第 8 项规定的损害定义从"可用性"和"完整性"两个方面来考察论证被告人米蒂拉实施信号攻击从而给警务紧急通信系统带来的干扰和阻碍属于 1030 条（a）(5)款规定中的造成计算机损害。第七巡回法院的这一判解与其他的司法案例针对造成计算机损害作出的认定在解释的原理上都大抵相似。不但从物理层面来观察警用无线电通信系统是否受到破坏，而且还从功能性的角度来分析攻击行为的实施给程序系统和数据信息带来的滋扰阻碍所导致的负面结果。因此该案成为一个典型的判决而在美国司法实务中起着重要的指导作用。在 1030 条（a）(5)款所包含的三项犯罪规定里，处于中心地位的是行为人对受保护的计算机造成损害。③ 损害认定的有与无会导致不同的审判结果。从损害的定义来看，其不仅指对程序、数据、系统以及信息的物理性破坏，还包括其他方面的只要对这些数据信息以及程序系统等的"有用性"和"完整性"造

---

① 1030 条（c）(4)(A)款（i）第五项的规定是：造成政府部门用于司法行政、国防以及国家安全的计算机系统的损害。参见 18 U.S.C. § 1030（c）(4)(A)(v)(2008)。另，1030 条（c）(4)(A)款是规定构成重罪的情形，本书将在下一章中详细阐述。

② United States v. Mitra, 405 F. 3d 492, 499 (7th Circuit, 2005).

③ A. Hugh Scott, *Computer and Intellectual Crime: Federal and State Law*, Published by BNA Books, chapter 4, at 34 (2006 Cumulative Supplement).

成消极影响的情形。得出这一结论的依据是因为在关于"损害"的定义中规定了"任何的"（any）削弱损伤。损害规定在2001年修正案中与损失相分离，从而使得两者的指向场域各不相同，在犯罪的认定中也各具标准。损害主要是相对于计算机本体而言，损失则一般是指给被害人带来的不利因素。但无论是损害还是损失都是计算机危害的后果，都对相关的权利人造成了法益上的侵害，1030条对之分开进行评价是为了更好地实现苛责上的科学与合理。

二　造成计算机危害的后果之二：损失

根据1030条（c）（4）（A）款（i）第一项的规定，凡是因违反（a）（5）款三项犯罪中的任何一项而给他人在一年之内造成计算机危害的数额累计达到5000美元即构成本款规定之罪。[①] 换言之，行为人通过传播破坏性程序或未经授权访问造成计算机损害或者损失构成本款之罪的数额最低起点是5000美元。同时，构成本款之罪只要造成计算机损害或者损失之一的数额在一年之内累计达到5000美元即可。[②] 1030条（e）款第11项对"损失"的定义为：任何被害人的任何合理性的付出花费，其不仅包括被害人针对计算机犯罪所采取的反应与措施的成本，评估计算机损害所需的开支和将数据、程序、系统以及信息等恢复到犯罪侵害以前状态的合理费用；还包括因计算机损害失去的任何收入或付出的成本和其他因中断服务带来的损害性结果。[③] 相对于损害的定义而言，损失的内涵要复杂很多，并且其范围也比较宽泛。因此，虽然法条定义了"损失"一词，但是其只是给司法认定划出了一个大致的边界，至于现实案件中的哪些情况符合该定义从而满足5000美元的起点要求，各个法院在实践中发展出了非常丰富的判解。损失单独被定义在1030条（e）款中，是由2001年修正案确立的，在这之前则是损害与损失的合一式规定。因此，要详细研究损失的内涵及其认定，有必要先考察其被单独规定以前在立法和司法中的存在与发展状况。

---

① 18 U.S.C. § 1030（c）（4）（A）（i）（2008）.

② Mitchell Waldman, *Civil Actions, Enforcement, and Liability; Disciplinary Actions*, American Jurist 2D Computers and the Internet, 85（2007）.

③ 18 U.S.C. § 1030（e）（11）（2008）.

(一)"损失"的雏形与发展

追根溯源,(a)(5)款最初被规定在1030条中是1986年修正案的结果。当时该款在损害的内涵之中规定了损失的概念。损失是指实际维修和重装计算机系统或者恢复数据到其原来状态所花费的成本代价。[①] 至于对行为人得以攻击入侵到计算机系统的安全漏洞的修复所付出的费用并不包含在损失之内,但是将计算机送回公司检修并恢复到遭受攻击以前的状态所导致的开支则属于损失之列。[②] 这在美利坚诉萨布兰一案中有所体现,该案判决认为应计入损失的内容只能严格的包括与修复受损害的文档所开销的成本。其他相应而生的费用,诸如与FBI探员的调查会见、员工会议以及处理那些诈骗电话等并不能算作由萨布兰的犯罪行为而造成的对文档损害修复的损失。[③] 在1986年制定的(a)(5)款所规定的损失中还包括因信赖损害(reliance damage)所造成的损失,其主要是指将那些投资者在股票买卖中由于根据储存于计算机数据库中但遭到修改后的信息而被误导进行投资产生的亏损价值列入损害的计算之中。[④] 因此,损失在当时是比较容易理解和认定的,其判断的依据就是入侵者的犯罪行为所直接导致的危害。但是在1996年修正案中,将那些因计算机犯罪行为而对被害人的声誉以及客户信誉的损害进行恢复所造成的价值减损也规定为损失,从而致使对这些损失的量化变得相当的困难。然而,某些计算机危害犯罪(如网站毁损、攻击其他公司的名声等)计算机在商贸中都处于极其重要的地位并且公司名誉也是重要且比较脆弱的资产。因此,把导致这些损害的价值包含到损失中有其正当合理性,其目的是特别地遏制这类计算机犯罪的恶意行为及其损害。

正是由于法条规定造成计算机损害(对任何程序、数据、系统或者信息的可用性和完整性的削弱损伤)给他人所导致的损失数额在每年累计达到5000美元以上即构成(a)(5)款规定之罪,而当时法条又没有单独规定"损失"的具体意涵范围,因此在司法审判中出现的问题就是这

[①] *Senate Report*, No. 99-432, at 11 (1986), reprinted in 1986 U. S. C. C. A. N. 2479, 2488-89.

[②] Reid Skibell, Cybercrime & Misdemeanors: A Reevaluation of the Computer Fraud and Abuse Act, *Berkeley Technology Law Journal*, No. 18, 928 (2003).

[③] United States v. Sablan, 92 F. 3d 865, 870 (9th Circuit, 1996).

[④] *Senate Report* No. 99-432, at 11 (1986), reprinted in 1986 U. S. C. C. A. N. 2479, 2489.

5000美元的起点要求是适用于"损失"还是仅仅指"损害"。在美利坚诉萨布兰一案中，第九巡回上诉法院的判解认为只有是被告人的犯罪行为所直接造成的损失才予以考虑。该院通过对"可用信息"的"合理估算"判定因萨布兰的非法访问行为而造成计算机损害的损失为2万美元。法院采取的估算方式是基于商业交易的一般收费标准而对该银行受到的损害进行的评估。① 从这里可以看出第九巡回法院对于5000美元的数额计算是以对计算机的损害为依据进行的判断。在民事诉讼中，原告认为5000美元的最低要求适用于"损害"，而对遭受到的"损失"不应该被要求证明其达到这一最低数额标准。不过大多数的法院都并不乐于接受这种主张，而认为不管是造成"损失"或者"损害"，5000美元的标准都可以适用。② 在这种状况下，(a)(5)款对损害与损失作出不同的规定并作为造成计算机危害的不同类型来对待的立法意图在司法的认定中实际上已经不存在或者并没有得到贯彻，因为法院认为只要有损害或损失之一的数额达到5000美元即可构成法条规定之罪。

在2001年修正案以前，关于5000美元的计算范围让法院在决定哪些类型的危害可以纳入其中而遇到了很大的难题。因为损害的定义指的是对数据信息等完成性和可用性的损伤削弱，但是法条又规定要达成损害而构成犯罪的标准必须是导致5000美元以上的损失。一方面损失的范围没有明确的法律规定，另一方面因数据信息等的完整性和可用性受到损害而可以计算的损失范围又相当的宽泛。比如，对于因行为人的行为造成危害进行调查所开支的费用或者因行为人的破坏而导致计算机检修而耗费丢失掉的使用价值等是否需要列入损失的计算范围，还是仅仅是指"损害"定义中的那些直接导致计算机系统、数据、程序以及信息等的修复所出现的支出，各个法院对此没有一个统一的认定标准。一些法院在审判过程中将那些凡是被确立为危害的各种类型的损失数额都予以承认，以此来满足

---

① United States v. Sablan, 92 F. 3d 865, 869–70 (9ᵗʰ Circuit, 1996).
② Christine D. Galbraith, Access Denied: Improper Use of the Computer Fraud and Abuse Act to Control Information on Publicly Accessible Internet Websites, *Maryland Law Review*, No. 63, 354 (2004).

5000美元的数额要求;① 而另外一些法院则竭力回避在法条上存在的歧义,而通过延伸法律和事实的逻辑界限来作出决定,即以法条作出的"损害"定义为依据并结合危害事实来判断是否对数据或者系统本身等造成了损失。② 因此,在当时形成了以"损害"定义为基础将直接造成的计算机系统等的危害作为损失计算的判解(如美利坚诉萨布兰案等)和除了损害导致的直接损失之外还将被害人因计算机损害而遭受的相应的间接损失(如修复安全漏洞等的支出、停机而导致的花费等)也包括在内的判解。不同判解的出现反映出立法没有定义从而给法院留下了较大的空间,在将因计算机损害导致的间接损失也认为应由行为人负责的判解中,最典型且最为有影响力的是美利坚诉米德尔顿案。

(二)典型案例:美利坚诉米德尔顿案(United States v. Middleton)③

1. 基本案情

被告人尼古拉斯·米德尔顿(Nicholas Middleton)曾作为笔记本电脑的程序管理员在一家名为思立普(Slip. net)的因特网服务公司工作。他的职责包括为公司的计算机组装硬件和软件以及向公司的其他雇员提供技术帮助。基于这一工作角色使得米德尔顿能够对思立普公司的内部计算机系统了如指掌,也知晓其他雇员和计算机程序的密码。因为不满意这一工作,被告人请辞。离开公司后,他便开始写一些具有威胁内容的电子邮件给原老板。虽米德尔顿已不在思立普公司,但该公司之前曾允许他离开后可以保留一个需要像普通客户一样付费的电子邮箱账号。于是米德尔顿便利用这一账号实施未经授权访问。在登录进入思立普公司的计算机系统后,他使用一种名为"转换用户"的程序把他的邮箱转变成该公司接待员威尔森的账号。这种伎俩可以让被告人米德尔顿利用威尔森账号上的权限,如增删账户以及对既有账户的属性进行修改等。米德尔顿的非法行为很快就被思立普公司的总裁格林赖特(Glenwright)在浏览"转换用户日志"时发现。"转换用户日志"记录着所有使用"转换用户"程序的情

---

① 作出这种判解的案例如:EF Cultural Travel BV v. Explorica, Inc., 274 F. 3d 577, 584-85 (1st Circuit, 2001); Shurgard Storage Centers, Inc. v. Safeguard Self Storage, Inc. 119 F. Supp. 2d 1121, 1126-27 (W. D. Wash. 2000); Register.com, Inc. v. Verio, Inc., 126 F. Supp. 2d 238, 252 n. 12 (S. D. N. Y. 2000).

② Register.com, Inc. v. Verio, Inc., 126 F. Supp. 2d 238, at 252 (S. D. N. Y. 2000).

③ United States v. Middleton, 231F. 3d 1207 (9th Circuit, 2000).

况。格林赖特通过反复核对公司计算机系统中的"径向日志"（Radius Log）信息，其显示出有外部用户侵入并转换成了威尔森的账户。于是格林赖特立即关闭了被告人米德尔顿的电子邮箱账户。三天之后，米德尔顿又登录到思立普公司的一台设置了测试账户的计算机上，然后使用该测试账户进行访问进入了该公司的主机系统。再次进入思立普公司的主机系统之后，被告人便开设了两个新账户："TERPID"和"SANTOS"。

通过使用这两个新的账户，被告人成功的访问到另一台被思立普公司命名为"Lemming"的计算机上。思立普公司使用该计算机执行内部行政管理功能以及主控客户的网站。同时，在"Lemming"计算机中还存储了一个新的账单系统软件。访问进入该计算机之后，被告人更改了所有的管理密码以及修改了计算机的注册文档，删除了整个账单系统（包括运行账单软件的程序）和另外的两个内部数据库。第二天一早，格林赖特便发现了这些损害。他立即叫来公司的计算机系统管理员康莱利（Konnelly）一起进行维修。两人花了一整个周末来修复米德尔顿造成的计算机损害，其包括恢复计算机系统的访问程序并分配新的密码，重新安装账单系统以及再次创建被删除掉的数据库。他们也花了很多时间去调查损害发生的根源和程度。在这一过程中，格林赖特估计他消耗了 93 个小时，康莱利认为自己花了 28 个小时，其他的雇员则估算出他们总的用了 33 小时来完成修复。另外，思立普公司购买了新的软件来替换被米德尔顿删除的软件，同时还雇请了外面的顾问来提供技术支持。案发后，米德尔顿被拘捕并被指控违反了 1030 条（a）（5）款的规定。米德尔顿提出抗辩认为思立普公司不属于法条规定中的"个人"，① 主张撤销指控。加利福尼亚州北区地方法院否决了其诉求，并认为"法条规定中的损害的被害人既包括商业团体也指自然人"。② 随后，案件交给陪审团表决。被告人提出无罪辩护，认为控方未能证明思立普公司遭受的损失在 5000 美元以上并要求对陪审团作出关于"损害"意涵的指示。地方法院否决了这些请求并向陪审团给出了不同的指导。陪审团裁决米德尔顿有罪。地方法院判决他 3 年缓刑

---

① 米德尔顿提出这一主张的理由是因为（c）（4）（A）款（i）第一项的规定是造成一人或以上受到损失在一年内累计超过 5000 元，其将这里的"人"只理解为自然人。参见 18 U. S. C. § 1030（c）（4）（A）（i）（2008）.
② United States v. Middleton, 35 F. Supp. 2d 1189, 1192 (N. D. Cal. 1999).

和 180 天社区服务以及赔偿 9147 美元。① 被告人不服继而提起上诉。

2. 第九巡回法院的判解

第九巡回法院首先从法条的历史沿革及其演变来考察（a）（5）款及其相关内容。国会在 1984 年制定了 1030 条，而在 1990 年的（a）（5）款禁止损害"与联邦利益有关的计算机"并"导致 1 人以上的损失价值累计在 1000 美元以上"。② 1994 年修正案将计算机由"与联邦利益有关的"改为"使用于州际商贸和交流的"，同时也把有关损害的条文修改为"给 1 人以上造成损失或者损害的价值累计达到 1000 美元以上"。③ 在 1994 年修正案之前，黑客的行为如果只是发生于单独的一个州内则会逃脱本款的制裁。因而，1994 年修正案的目的就是扩大法条的适用范围。国会在 1996 年将（a）（5）款修改成如今的样态，使用"受保护的计算机"来表示规制的界限从而相应地扩大了法条保护的计算机数量。④ 另外，1996 年修正案也修改了"损害"的定义：给 1 个或以上之他人造成的损失价值在一年之内累计达到 5000 美元。⑤ 本院没有找到国会作出这一修改的理由，但我们并不认为这一改动表明国会要限制法条的延伸。相反，自从 1986 年修正案以来国会有意地在逐渐拓宽法条的适用范围。1996 年修正案的参议院报告指出：1030 条制定后的早期，强调用单一的法条来规制计算机犯罪问题。但随着计算机在商贸和家庭领域的不断应用，新形式的计算机犯罪涌现出来，国会必须对此保持警觉而能够让 1030 条与时俱进地给司法机关提供必要的法律构架来打击计算机犯罪。同时，修改"损害"的定义是为了能使其足够宽泛的包容那些对应受保护的法益造成的危害类型。⑥

参议院的这一报告还指出规定禁止造成计算机损害的（a）（5）款与作出损害定义的（e）款第 8 项之间的交互作用将打击黑客从登录程序中盗取密码的行为，当这一行为"迫使所有的系统用户都要更改他们的密码以及要求系统管理员动用资源来恢复系统安全等，如果给被害人造成的损

---

① United States v. Middleton, 35 F. Supp. 2d 1189, 1198 (N. D. Cal. 1999).
② 18 U. S. C. § 1030 (a) (5) (A) (1990).
③ 18 U. S. C. § 1030 (a) (5) (A) (ii) (II) (aa) (1995).
④ 18 U. S. C. § 1030 (a) (5) & (e) (2) (1996).
⑤ 18 U. S. C. § 1030 (e) (8) (A) (1996).
⑥ *Senate Report* No. 104-357, pt. II (1996).

失达到规定的数额要求,该行为就是犯罪"。① 被告人诉称地方法院向陪审团作出了不恰当的关于"损害"定义的指导,并提出了他自己主张的指引说明:损害并不包括创建出与受到侵害之前相比更好的或者更安全的计算机系统所支出的花费。但地方法院拒绝了这一主张并向陪审团给出的指引是:损害就是对思立普公司计算机系统的损伤并导致了至少 5000 美元的损失。地方法院进一步给陪审团作出说明:"损失"的意思就是你们所能够发现的因计算机数据、程序、系统或者信息受到损害而使思立普公司遭受到的任何金钱上的减损。在考虑因损害导致的损失是否多于或者不足 5000 美元时,你们可以考虑所发现的因损害的发生而造成的任何自然(natural)而又可预见的(foreseeable)结果。在决定损失的数量时,你们可以考虑已发现的被损害的程序、数据、系统或者信息因恢复所必需的各种合理(reasonable)的措施;或者,用于对程序、数据、系统或者信息的再安全化(resecure)以防进一步的损害所采用的合理的措施。② 在复审地方法院对陪审团作出的指引中,相应的质询就在于是否这些指引在整体上会误导或者不足以指导陪审员们进行仔细的商议。

在本案中,地方法院关于"损害"和"损失"的指引正确地陈述了对法律的适用。被告人也承认"损害"包括由其犯罪行为所导致的可以预见到结果的任何损失,也包括对思立普公司计算机再次安全化所必需的成本。因此,被告人也没有提出异议认为法院误导了对法律的理解。不过被告人又提出意见认为地方法院的指引可能会导致陪审团将创建更好或更安全的系统的价值也考虑进去,他认为应该作出额外的指引从而避免这种可能性。从整体上来看,地方法院的这一指引足以否定被告人的这一推测。法院对陪审团的指引是只有那些由被告人的行为引起的"自然而可预见的结果"所造成的开支,"合理而必需"(reasonable and necessary)的支出以及仅仅是"再安全化"计算机以防进一步损害的花费才能加以考虑。这一指引逻辑性地排除了陪审团认为是过多的任何的代价,包括与阻止被告人进一步损害无关的仅仅是改良(improved)计算机系统所付出的成本。特别是"再安全化"一词意味着使系统像遭受损害之前那样的安全,而不是将之修复得更加安全。本院认为陪审团遵循了地方法院的指

---

① *Senate Report*, No. 104-357, pt. IV (1) (E) (1996).
② United States v. Middleton, 35 F. Supp. 2d 1189, 1195 (N. D. Cal. 1999).

引。因为地方法院的指引是公正而适当地包含了犯罪的构成要件,我们复审了这些指引的"精确陈述"(precise formulation)是否滥用了自由裁量权。在本案中,地方法院并没有滥用这一权力来否决被告人对"损害"定义"精确陈述"的要求。①

被告人最后提出的抗辩理由是控方未能提出足够的证据证明他所导致的损害数额达到 5000 美元的最低要求。控方计算的损害数额包括:每一名雇员修复计算机系统的小时数乘以他们各自的时酬(按年薪来计算得出)的数额再加上思立普公司聘请顾问的费用和购买新软件的成本。最后,控方估算出的总的损害价值额是 10092 美元。被告人与控方都认为格林赖特的薪酬数在该笔数目中占大头。被告人注意到思立普公司支付给格林赖特的是固定的薪水而在格林赖特修理由被告人的行为造成的计算机损害中,该公司并没有付给他任何额外的报酬。被告人指出没有证据表明格林赖特是从其他的职责中转移过来进行修理或者因这一转移而给思立普公司带来经济损失。因此,被告人提出主张认为除非思立普公司给这些修复计算机系统的雇员因花费那些时间而支付了另外 5000 美元的工资,或者除非因为这些雇员从原来的工作职责中转移过来进行修理工作而使该公司少收入了 5000 美元。否则思立普公司就并没有遭受到法条定义中的"损害"。② 本院对此主张不予采纳。在美利坚诉萨布兰案中,作出判决的本法院认为根据《量刑指南》中的计算机犯罪部分的规定,地方法院将"损失"基于被害银行员工的小时工资来计算是允许的。当时本院的判决理由是如果银行雇请外边的技术人员来修复这些损害,其也要支付相同数额的报酬。③

在本案中可以作出上述类似的判理。没有任何根据可以认为国会意图将"损害"的确定要依赖于被害人是否选择小时工、外部的技术工或者固定薪酬的雇员来修理行为人对受保护的计算机造成的同样危害。相反地,损害数额的确定应该看雇员在修复工作中所花的时间和时酬是否合理,即他们的履行问题需要用充分的事实来回答。我们通过复审发现有足够的证据体现这些充分事实的存在并表明思立普公司遭受了 5000 美元以

---

① United States v. Middleton, 231F. 3d 1207, 1211 (9th Circuit, 2000).
② United States v. Middleton, 231F. 3d 1207, 1212 (9th Circuit, 2000).
③ United States v. Sablan, 92 F. 3d 865, 869 (9th Circuit, 1996).

上的损失。格林赖特证实他大约花了 93 小时来勘查和修复因被害人行为导致的损害，其中有 24 个小时左右是在检测入侵和决定怎样修理该问题并采取了临时措施来防止将来的入侵行为。另外，格林赖特还证实说他用了 21 小时来重建被删除的数据库和费了 16 小时重装和配置账单软件及其相关的应用程序。他估算出自己每小时的工资为 90 美元，因为其年薪为 18 万美元。同时，他证明说没有雇请外边的技术人员来修复损害是因为他认为自己作为一名计算机专家并且对他公司的计算机系统非常了解，从而能更有效的修复这些问题。值得指出的是，陪审团只认定了 5000 美元的损害数额，其实际上不止这些数目，还可以发现一些必要的损害数额。思立普公司的其他雇员也基于自己的薪酬和修复时间证明了修复损害所造成的损失数额。控方提供了专家证词（export testimony）以此来供陪审团作出决定这些雇员花费的时间是否合理。被告人就这些问题积极地反复向控方证人进行询问并提供了相反的专家证词。陪审团认为控方证人证词更为可信，并裁决被告人有罪。因此，本院宣布对被告人的指控证据充分，事实清楚，维持原判。[①]

(三) "损失"的正式规定

米德尔顿案的判决将损害的内涵向前推进了一步，把修补安全漏洞等所花费的成本也作为损失加以计算。但其要求是对安全的修复是使之与原来状况一样，而不是更安全，即任何改良的成本不能当作造成损害的数额。米德尔顿案的判决给其他司法判决形成了有力的指引也同时给立法带来了强烈的影响。在 1996 年修正案的时候，美国国会就特别注意到了"损失"或"损害"都应该满足法条规定的最低数额要求。国会认为有些给被害人造成的损失并不一定被认为属于"损害"但依然应该使其作为法条规定的 5000 美元计算标准的认定范围。[②] 这是因为，在有些场合中既没有计算机系统也没有其中的信息遭到损害。然而存在着可以让入侵者收集系统登录的有效密码的犯罪行为，而使得所有的系统使用者都必须修改密码，也使得系统的管理员致力于运用资源来重新设置系统的安全性。因此，在这一过程中虽无"损害"，但是被害人却因此遭受到"损失"。

[①] United States v. Middleton, 231F. 3d 1207, 1215 (9th Circuit, 2000).

[②] George Roach and William J. Michiels, Damage is the Gatekeeper Issue for Federal Computer Fraud, *Tul. J. Tech. & Intell. Prop.*, No. 8, 71 (2006).

如果该损失达到了法条要求的最低数额,行为就应该被论作犯罪,被害人也应该受到相应的赔偿。① 在立法发展过程中,美国国会也承认"损失"不仅仅是限于事实上的修复也应该包括损失的计算机使用时间、重装程序和数据的成本以及完善被修改的数据的支出等。② 但是1996年修正案只对"损害"明确作出了定义,其要求对程序、数据、系统或者信息等完整性和可用性的损伤造成5000美元的损失即可入罪。损失在此时被包容在损害的内涵中,并没有被明确规定出来。

米德尔顿案判决之后,在"9·11"恐怖袭击事件的大背景下,1030条很快就迎来了第四次变动,即2001年修正案。这一修正案重新规定了"损害"的概念,把"损失"从中分离出来,单独对之进行了新的定义。③ "损失"能够在2001年修正案中获得一个单独的名分,其主要是受米德尔顿案判决的影响。美国司法部在对该修正案作出法律适用指南时的解释认为,立法机关适当地对损失作出广泛的定义并编入法典是接受了米德尔顿案的判解。④ 通过比较1030条(e)款第8项损害的定义和第11项规定的损失的定义可以看出:法条对损害的定义主要是指对计算机数据、程序、系统或者储存的信息直接的物理性危害或者删除,而损失的定义则对那些给被害人造成的其他类型的危害铺开了一张大网。⑤ 从损失的定义来看,只要是"任何被害人因计算机损害而发生的任何合理的支出"就可以包括进来。虽然在这一涵摄广泛的定义由几个更加具体的损失种类来组成,但是法条语言在字里行间提示出这些种类的损失只是示例性的,并不具有排他性,正如法条中的"包括"一词所表示出的那样。⑥ 因此,

---

① *Senate Report*, No. 104-357, at 9 (1996).

② *Senate Report*, No. 99-432, at 11-12 (1986), reprinted in 1986 U. S. C. C. A. N. 2479, 2488-89.

③ 损失的定义为:任何被害人的任何合理性的付出花费,不仅包括被害人针对计算机犯罪所采取的反应与措施的成本,评估计算机损害所需的开支和将数据、程序、系统以及信息等恢复到犯罪侵害以前状态的合理费用;还包括因计算机损害失去的任何收入或付出的成本和其他因中断服务带来的损害性结果。参见18 U. S. C. § 1030 (e) (11) (2008).

④ Department of Justice, *Computer Crime and Intellectual Property Section*, *Field Guidance on New Authorities that Relate to Computer Crime and Electronic Enacted in the USA Patriot Act of* 2001. 参见 http://www.cybercrime.gov/PatriotAct.htm.

⑤ Sarah Boyer, Computer Fraud and Abuse Act: Abusing Federal Jurisdiction? *Rutgers Journal of Law & Public Policy*, No. 6, 692 (2009).

⑥ Sarah Boyer, Computer Fraud and Abuse Act: Abusing Federal Jurisdiction? *Rutgers Journal of Law & Public Policy*, No. 6, 692 (2009).

(e)款第8项的规定传达给法院的信息就是损失可以包括对计算机损害犯罪作出反应的支出,评估损害的开支以及重装计算机系统、数据、程序或信息到受损以前状态所花去的费用。同时还包括"收入的损失",即由于服务中断而生产的收入上的减少。但并不意味着法院在审理时只能以这些列举的项目作为 5000 美元数额的认定依据。

损失在 2001 年被单独定义以后,由于其内涵比较宽泛,因而法院在判决中就要认定哪些属于损失,而哪些又不符合规定,根据不同的情况形成了丰富的判解。比较有代表性的判例如下。在美利坚诉米尔特案(United States v. Millot)一案中,一名已离职的雇员侵入前公司计算机系统中删除了该公司另一名雇员的账户。该公司一直将其计算机安全防护外包给 IBM 公司。案发后,IBM 公司的两名技术员用了 407 小时来修复被删除的账户以及其他问题。受害公司之前与 IBM 公司签订的协议是两名员工全职负责受害公司的计算机安全,IBM 公司支付给员工每小时 50 美元。控方以 407 小时乘以 50 美元每小时得出 20350 美元的损失数额。被告人提出抗辩认为这一计算不成立,因为技术员是全职工作,即使没有被告人的侵害发生,他们也要从事其他安全职责,IBM 也要付出同样的薪酬。第八巡回法院采纳了控方的意见,认为虽然受害公司已经定额外包安全问题给 IBM,但损失依然可以按照控方提出的标准来计算。① 在 Nexans Wires S. A. v. Sark-USA, Inc. 一案中,原告是一家德国公司。被告公司的员工侵入到原告公司计算机系统窃取了该公司相关生产精铜和光纤的资料并用来开办新公司与之竞争。在判决中,法院认为德国公司的两名主管经理从德国飞美国的费用不能算作"损失",因为证据表明主管经理的到访是讨论被窃取的信息而非计算机受到的潜在危害,如果他们在纽约检测其中的一台计算机,则旅途费用都可以算在"损失"数额中。法院还否决了原告公司诉称的因数据被窃而失去了两个商业机会的价值也算入损失之中。理由是法条规定的"收入损失"必须是因计算机系统中断服务而造成,但本案中原告并没有诉称计算机不能运行。②

在 B. & B. Microscopes v. Armogida 一案中,不但对损失的计算有所判定还涉及损害与损失的区别。一个名为阿姆吉达的雇员在 B & B 显微镜公

---

① United States v. Millot, 433 F. 3d 1057 (8th Circuit, 2006).
② Nexans Wires S. A. v. Sark-USA, Inc., 319 F. Supp. 2d 468 (S. D. N. Y. 2004).

司（以下简称 B 公司）工作时为 B 公司开发了一套很有价值的 K 软件系统用于出售给客户。由于某些原因，阿姆吉达辞职并认为 K 系统属于他个人而非 B 公司，于是在离开前他将公司配发给他使用的笔记本电脑中的几千个文档进行了"选择性的删除和复写"。① 随后，阿姆吉达将 K 系统的复件以 1 万美元卖给了犹他州政府。B 公司聘请了一家专门的技术公司来检测该笔记本电脑，发现阿姆吉达对他所开发的 K 系统中的文件实施了删除和复写行为。在 B 公司中只有阿姆吉达才能使该系统正常运转。阿姆吉达的这一行为使得 B 公司的笔记本电脑以及客户的系统遭受到了"损害"，因为行为人对于"计算机系统、程序等的完整性和可用性造成了削弱损伤"。B 公司根据 1030 条的规定对阿姆吉达提起民事赔偿之诉，并提出遭受到 51400 美元的损失。这一数额是根据以下项目得出：聘请技术公司论证分析和修复 K 系统花费 1400 美元，在一年之内失去的销售 K 系统的预期收入 5 万美元。法院判决认定 B 公司损失了 11400 美元，其中 1400 美元时聘请技术公司的支出，1 万美元是由于 K 系统文件因被删除和复写而遭受损害并且 B 公司无法复制该系统产生的"服务中断"所带来的损失，并以被告人卖给犹他州的复件价值来计算。② 另外，本案中阿姆吉达被法院认为造成计算机损害并导致损失的行为并不是未经授权访问（因为他作为雇员有访问笔记本电脑的权限），而被法院认为是传播破坏性程序。

通过上述对损失的内涵分析和相关典型案例判解的考察，可以发现在 1030 条（e）款第 11 项的"损失"定义下对于相关数额的计算都必须要求是"合理的"，这主要来源于米德尔顿案判解的创造。不过从法条的原文来看，该定义没有指明"合理"的具体内涵。换言之，究竟是那些列举在法条中的关于损失计算的各种类型本身就被立法机关认为是合理的还是在这些列举的类型中当进行损失的计算时必须仔细检查其涉及的价值是否合理。③ 米德尔顿案的判决意见认为应该是后一种的合理性，能作出这一说明的是该案的法院所赞同的对陪审团的指引："在逻辑上要排除陪审

---

① B. & B. Microscopes v. Armogida, 532 F. Supp. 2d 744, 749 (W. D. Pa. 2007).
② B. & B. Microscopes v. Armogida, 532 F. Supp. 2d 744, 758 (W. D. Pa. 2007).
③ Orin S. Kerr, *Computer Crime Law*, 2nd ed., West, a Thomson business, 91 (2009).

团认为是过多的任何支出"。① 对于这些"合理的"损失类别的计算,主要有两种不同的观点。第一种观点从刑法上的因果关系来看损失的计算。法律上考虑的问题是看是否由 1030 条 (a) (5) (A) 款禁止的行为引起了 (caused) 损失。刑法上的因果关系原理通常都不会要求被害人的遭遇是否合理,唯一考虑的问题是禁止的行为与导致的结果之间是否存在"除非"(but for) 和 "最近的"(proximate) 关系。基于此,被告人通常都必须因犯罪行为而对被害人负责 (take your victim as you find him)。例如,犯罪人抢劫老太太,老人因身体虚弱而死于遭抢时的过度惊吓,罪犯不可能逃脱老人死亡的刑事责任;尽管同样的抢劫对于年轻妇女而言不会导致惊吓死亡。被害人只有在参与不可预见的行为中,且该行为打破了原有的因果关系链并在行为与结果的可罚性之间有所作用时,才可以考虑被害人的因素。② 因此,在以刑法上的因果关系原理为基础的分析上,第一种观点对"损失"定义中的"合理的"要求表示质疑。

第二种观点认为将计算机再安全化之类的支出归入损失的范围并不合理,其主张刚好与上述第一种观点相反。认为应当排除安全性提高成本等观点主要提出两点理由。其一是在计算机犯罪语境下,1030 条的规定使得入侵者要为计算机所有人随意地对他们自己数据信息安全性的忽视而负责。大多数的公司企业都意识到他们计算机系统存在安全缺陷,但却忽视这一危险。因而选择适当程度的安全性是机主的职责,社会并不认为谴责入侵者为安全性的支出负责是妥当的。当然,对于那些技术高深的黑客而言,可以突破良好的安全防护,但 1030 条这样规定对于一般的入侵者从普通的安全漏洞攻入而言并不公平。其二是将再安全的支出费用等算到入侵者头上会使得形成犯罪的核心基础与再安全费或调查费的起因之间出现分离 (disjuncture)。当计算机系统被发现受到入侵,系统管理员都会竭力追踪入侵者是怎样获得访问的。当安全漏洞被发现并得到控制以后,管理员的工作并未结束,应该检测所有的与这一漏洞有关的其他部分是否安全,以确保不会再受到侵入。但很多受害的公司都是忙于收集证据和进行调查并将这些算作因损害的发生而导致的损失。因而,计算机的入侵者最

---

① United States v. Middleton, 231F. 3d 1207, 1215 (9th Circuit, 2000).
② Orin S. Kerr, *Computer Crime Law*, 2nd ed., West, a Thomson business, 91 (2009).

终受到刑事追诉是因为被害人的调查所产生的费用。① 这两种观点都是从两个侧面来看待损失定义中的"合理性"是否合理,虽然都有一定的道理,但是法条的规定有时只能选择符合大众公平的折中,从而实现宽猛相济。正如米德尔顿案的判解所体现的那样:② 被害人不能以一个小的安全问题受到侵害为借口就升级其计算机的安全性,使得花费的"损失"数额达到 5000 美元以上,从而突然将一个轻微的安全漏洞攻击行为变成一项重罪。

本章小结

造成计算机危害是美国联邦计算机犯罪法规制的三个基本罪行中的第三个。构成计算机危害的犯罪行为在 1030 条上规定为未经授权访问和传播破坏性程序。未经授权访问在前述有关章节中已经予以了详细的研讨,故在本章中重点研究了传播这一构成要件。在关于传播的判断与认定上,美国联邦司法机关形成的判解结论是:传播不仅是将破坏性程序以电子的方式传输还包括物理性位移的传递,同时行为人安装破坏性程序软件到计算机中的行为也属于传播。在关于造成计算机危害的主观要件上,1030 条根据不同的情况分别规定了故意、轻率和严格责任三种形式。故意型的危害规定为:故意传播程序、信息、代码或者命令,并因此而在未经授权情况下故意损害受保护的计算机。在该规定中对于传播行为和损害的主观要件要求都是故意。损害的造成必须是在未经授权时故意造成,获得授权的故意损害不受追究。轻率性的危害规定为:故意未经授权访问受保护的计算机,并因此行为而轻率地导致损害。本项规定中包括两种不同的主观要件,对于未经授权的访问而言要求的是故意,但对于导致的计算机损害的结果而言,要求行为人主观上是出于轻率。严格责任型的规定为:故意未经授权访问受保护的计算机,并因此行为而导致损害和损失。在本项中,只有未经授权的访问行为在主观要件上是故意,而对造成计算机损害和损失则既没有故意、轻率也没有疏忽的要求,因此形成了计算机犯罪法

---

① Reid Skibell, Cybercrime & Misdemeanors: A Reevaluation of the Computer Fraud and Abuse Act, *Berkeley Technology Law Journal*, No. 18, 929-31 (2003).

② United States v. Middleton, 231F. 3d 1207, 1213 (9th Circuit, 2000).

中的一个严格责任条款。

  1030条对造成计算机危害的主观要件按照从高到低的要求设置对于全面打击计算机犯罪具有重要意义，同时也体现出了立法机关在这一犯罪问题上所持的比较严厉的刑事政策的立场。在造成计算机危害的后果上，1030条将其分别规定为损害和损失两种形式。损害是指对数据、程序、系统或信息的完整性或可用性的任何削弱损伤；而损失则是指任何被害人的任何合理性的付出花费，其不仅包括被害人针对计算机犯罪所采取的反应与措施的成本，评估计算机损害所需的开支和将数据、程序、系统以及信息等恢复到犯罪侵害以前状态的合理费用，还包括因计算机损害失去的任何收入或付出的成本和其他因中断服务带来的损害性结果。损害和损失在1030条中得以分别规定也经历了一个发展的过程，对此本章予以了详细的探讨。损害和损失在1030条中的不同规定，很好地切合了计算机犯罪的保护法益是数据信息安全和由数据信息所产生的财产性利益这一内在要求。在此研究的基础上，本书第七章对比分析了美国刑法和中国刑法关于计算机犯罪规定中的危害后果要件及其理解和进一步的完善。

第六章

美国联邦计算机犯罪法中的责任后果

犯罪行为不但给被害人造成了直接的侵害和损失，也给社会带来了消极不利的影响以及破坏了公众所秉持的正义价值，因此犯罪总是受到社会的强烈否定。这种对犯罪否定的具体而实在的表现主要是根据刑事法律来加以规范和调整，通过对犯罪人施以一定的法律措施来重新恢复被破坏的社会正义，从而让犯罪被害者得到慰藉以及对其他企图不法者予以训诫，同时让守法者得到价值认同。犯罪的法律后果就是一种责任承担，即犯罪人因为其犯罪行为而被法院判决必须付出一定的代价来弥补其行为之错。自犯罪由国家根据法律进行规制以来，在其责任后果的承担上一般（但不全部）都表现为刑罚。计算机犯罪行为虽然并非如其他传统的自然犯罪那样历史久远，而是在新兴科技的发展下才出现的新类型犯罪，但其在法律责任的后果表现上并不存在新的方式，刑罚依然是最主要的选择。美国联邦计算机犯罪法在关于计算机犯罪的责任后果的规定上，经历了以单纯的刑罚方式来惩治到刑罚处罚和民事赔偿相结合来处理的过程。由于在英美法系的刑法规定中对于犯罪分为轻罪和重罪两种类别，因而在美国联邦计算机犯罪的刑罚规定上也存在着轻罪和重罪的刑罚区分。除了刑事惩罚以外，1030条还允许计算机犯罪的被害人根据该条的相关规定提起民事赔偿请求，从而大大地增强了计算机犯罪被害人在权利受到侵害后保护诉求的积极性。民事赔偿措施也成为美国联邦计算机犯罪法在计算机犯罪规制责任后果上的亮点与特点。本章通过对1030条中的三个基本罪行（即非法计算机访问、使用计算机诈骗和造成计算机危害）所规定的刑事或民事责任来重点分析探讨美国联邦计算机犯罪法所确立的法律后果。

第一节 刑事责任：刑罚惩处

刑罚是国家通过法律制定的，由法院通过刑事诉讼程序对有罪的人适用的各种强制性惩罚措施的总称。刑罚是犯罪的法律后果，是行为人犯罪后应当承担的法律责任。犯罪给社会与他人造成了严重的损害，因此，从行为人应当承担偿还或者赎罪的义务上说，刑罚就是犯罪人应当承担的刑事责任。① 同时，刑罚又因为刑法对犯罪类型规定的不同而存在差别，即刑事立法按照刑罚性质的轻重程度设置了不同的层级。在西方刑事法律制度中，无论是大陆法系还是英美法系都对犯罪的层级进行了重罪与轻罪的不同区分。重罪轻罪的划分最早源于《法国刑法典》的规定，属于立法上的一种分类。美国刑法中沿袭英国刑法的传统，对于犯罪的种类根据处刑的性质和方式主要分为轻罪和重罪两种。1962 年美国法学会拟订的《模范刑法典》将犯罪分为重罪（felony）、轻罪（misdemeanor）、微罪（petty crime, petty offence）和违警罪（violation/infraction）四种，其中重罪又分为一级重罪、二级重罪、三级重罪，一级最重，三级最轻。轻罪也分为三级。② 在《模范刑法典》的影响下，美国联邦和各州的刑法中都确立了轻罪和重罪的区分。在普通法上，轻罪是那些没有被划分为重罪的罪行。重罪则分为普通法上的重罪和制定法上的重罪。普通法上的重罪是指那些被判决单处或并处没收全部土地、财产的罪行，其主要包括：谋杀、一般杀人、强奸、鸡奸、故意的伤害、抢劫、纵火、夜盗与盗窃罪等。现代制定法上的重罪是指被告人将被判处死刑或者一定期限的自由刑的罪行或者监禁之地是州监狱而不是在本地看守所的犯罪。③ 不过从其发展来看，美国刑法中的重罪与轻罪的划分标准并不是一成不变的，二战以前一般以 5 年监禁为界，20 世纪末一般以 1 年监禁为界。④

从总体上来看，重罪、轻罪的划分对刑事实体法与程序法都有十分重

---

① 王世洲：《现代刑法学（总论）》（第 2 版），北京大学出版社 2018 年版，第 276 页。
② American Law Institute, *Model Penal Code and Commentaries* (Official Drafted and Revised Comments), Party II, Philadelphia, PA, The American Law Institute, 57-68 (1980).
③ George E. Dix, *Criminal Law* (*Gilbert Law Summaries*), 17th ed., West, a Thomson business, 2 (2002).
④ 储槐植、江溯：《美国刑法》（第 4 版），北京大学出版社 2012 年版，第 14 页。

要的意义，例如犯罪的构成要件（如夜盗罪）、共同犯罪人的划分（轻罪无须区分主犯和从犯，都以主犯论处）、管辖（例如治安法院、警察法院、夜法庭等管辖轻罪）、逮捕条件（轻罪只有现行的才能实行无逮捕令逮捕）、刑罚执行地点（重罪犯在监狱，轻罪犯在地方看守所）等。此外，重罪犯可被剥夺选举权、律师执业权、担任政府官员、陪审员等权利，而轻罪犯则保有这些权利。[①] 重罪与轻罪的规定与划分能够在大陆法系和英美法系的不同法律体制下存在与发展，说明其是在很大程度上反映了相当长一段时期内犯罪社会危害性轻重的主要规律，在此基础上再进行针对性的处罚，是规律的必然要求，也是刑罚思想的理性回归。因此，虽然在现代有的国家如英国和日本等目前已经取消了轻罪和重罪的区分，但这种做法依然在两大法系绝大多数国家普遍存在，始终表现出旺盛的生命力。这种以处刑的不同程度为标准来划分的轻罪与重罪的做法在美国《联邦法典》1030条的规定中也有具体的体现。美国联邦计算机犯罪法中根据轻罪和重罪的设置分别对计算机犯罪行为规定了不同的刑罚，其以一年监禁为主要的区分标志。同时，根据犯罪危害程度的不同，在计算机犯罪的罪行中，有的规定了轻罪和重罪两种类别，而有的犯罪如使用计算机诈骗等，则直接规定为重罪。

一　轻罪

1030条（c）款是关于（a）和（b）款各犯罪的刑罚规定。[②] 在（c）款所规定的非法计算机访问、使用计算机诈骗和造成计算机危害这三大基本的计算机犯罪罪行中，只有非法计算机访问和造成计算机危害这两种犯罪存在轻罪的刑罚类型。换言之，1030条规定中的（a）（2）、（a）（3）和（a）（5）款既有轻罪也有重罪，而（a）（4）款则只规定了重罪。[③] 不同条款轻罪和重罪的不同设置，说明了其对应的计算机犯罪行为的社会危害性的大小。（c）款所规定的轻罪的刑罚包括罚金刑与监禁刑两种，并且监禁刑的期限不超过一年。罚金刑的规定在1030条中存在

[①] 薛波主编：《元照英美法词典》，法律出版社2003年版，第543页。
[②] 18 U.S.C. § 1030（c）（2008）.
[③] 当然，在1030条中（a）（1）款规定的危害国家安全犯罪都是重罪，（a）（6）款既规定了轻罪也有重罪，（a）（7）与（a）（1）与（a）（4）款相同，都只规定了重罪。参见 18 U.S.C. § 1030（c）（2）（A），（3）（A）（B）（2008）。

着一个变化的过程。在1984年法制定的时候,各款涉及的罚金都是1030条根据犯罪的轻重单独规定出具体的数额,如(a)(2)与(a)(3)款当时规定轻罪的罚金刑为:并处或单处5000美元以下或犯罪所得/造成损失的2倍之罚金。① 在1986年修正案中,罚金刑不再单独制定在法条中,而以《联邦法典》第18编中专门关于罚金刑的具体规定为准。因此,在现行的1030条(c)款中对于罚金刑都直接规定"以本编罚金刑的规定作出处罚"。在美国《联邦法典》第18编第3571条中规定了罚金刑,对于单独犯轻罪并没有导致他人死亡结果的罚金最高额为10万美元;而导致他人死亡的轻罪罚金最高额为25万美元。② 因此,1986年修正案之后,法院在判决计算机犯罪的轻罪罚金刑时,即按照第3571条的规定并根据美国量刑委员会制定的《量刑指南》的具体要求来确定罚金的数额。

以非法计算机访问作为基本犯罪的(a)(2)款与(a)(3)款以及造成计算机危害的(a)(5)款第三项都规定了轻罪。根据1030条(c)(2)(A)款的规定,轻罪是非法计算机访问和造成计算机危害的基本犯罪,即在没有发现其他既有的计算机犯罪或意图犯的情况下,单独违犯(a)(2)与(a)(3)款以及(a)(5)款第三项属于轻罪行为。构成这些轻罪的刑罚是一年以下监禁刑以及并处或者单处罚金。③ 在监禁刑的具体判决上,法院会以美国量刑委员会所制作的《量刑指南》的具体规定作为基础并结合犯罪人的犯罪情节来确定最终该判多久的刑期。在美国国会的指引下,量刑委员会对《量刑指南》于1996年作出的修改对于触犯轻罪的监禁刑规定最低期限应为6个月以上。④ 从(a)(2)款与(a)(3)款的轻罪规定来看,其主要是行为人未经授权或者超越授权访问金融财政机构以及政府机构等受保护的计算机系统,但只是单纯的非法访问行为,而没有造成其他的危害。同样,如前面关于造成计算机危害的章节所述,(a)(5)款第三项属于严格责任条款。在该款中规定轻罪的情形是行为人未经授权访问受保护的计算机,但其行为导致了损害或者损

---

① Pub. L. No. 98-473, tit. 22, ch. XXI, § 2102 (a), 98, Stat. 1837, 2190 (1984). [contained in former § 1030 (c) (2) (a) (b)].
② 18 U.S.C. § 3571 (b) (4), (5) (2008).
③ 18 U.S.C. § 1030 (c) (2) (A) (2008).
④ Pub. L. No. 104-132, Title VIII, § 805, 110Stat. 1214, 1305 (996).

失的发生。由于本项规定重点予以否定的是未经授权访问的行为，故而才将导致损害与损失的后果作为严格责任规定在本项中。因此，从整体上而言，1030条中规定轻罪的几个法条都是对非法访问行为的评价。毕竟单纯的未经授权或者超越授权访问的只是计算机犯罪中最基础的犯罪行为，其本身并不具有严重的危害性。立法将这类行为规定为轻罪是比较合理的，从而体现罚当其罪。

二 重罪

作出轻罪和重罪区分的国家，在其刑法上将某些犯罪行为规定为重罪一般表明这些犯罪行为的恶劣影响性和严重危害性，其所造成的消极后果不但给被害人造成巨大的损害或损失，也给社会带来了不稳定和使得良好的社会关系受到创伤，严重地侵害了刑法所保护的法益。因此重罪行为都会受到更加严厉的打击和在刑罚上被苛以沉重的惩处。这充分地反映出社会对重罪行为所造成的恶在刑法上强烈的否定性程度。虽然重罪最直观的表现形式是刑罚上的标准和结果不同，但除了刑罚之外，重罪相对于轻罪的特殊性还体现在侦查、起诉、审判乃至执行的诸多环节。甚至在刑法理论上，对重罪的研究也存在着不同的进路和差别较大的学理主张。正是因为重罪所存在的这些众多特征，使得其在刑法上的规定也比轻罪更加具体明确，并且对法条的语言设置也极为严格。在法条关于重罪的规定中都全面地确立了构成这类犯罪的每一个具体的基础要件和加重的情节。同时，对重罪行为的认定在程序上相对于轻罪而言也规定了更多的要求，如控方的举证程度等。1030条对计算机犯罪的各种行为都规定了重罪，并且在某些重罪中设置的刑罚非常严厉。下文对非法计算机访问、使用计算机诈骗和造成计算机危害这三大基本罪行的重罪予以逐一分析，重点探讨1030条（a）（5）款所规定的造成计算机危害重罪中的各种情节。

（一）非法计算机访问中的重罪

1030条（c）款所设置的重罪罪行中，除了（a）（4）款规定的使用计算机诈骗直接构成重罪以外，其他的罪行构成重罪都必须要符合相关的重罪情节或者曾犯过1030条规定之罪。对于曾犯过1030条规定之罪，即再犯的规定，在1030条的发展与修正中历经了两个不同的判断标准。在1996年修正案之前，1030条规定的"再犯"是指犯罪人以前所犯过的罪必须与现在犯的罪是同一条文规定之罪，只有这样才能够被认定为重罪，处以更加严重的刑罚。例如，那些曾因侵入银行计算机系统获取金融记录而被判刑的人后来又从政府部门计算机中储存的文档里面攫取到机密信息，这种情况如果按照1996年之前的标准来看不会被认为是再犯（recidivist）。随着计算机犯罪的越来越多样性和复杂化，美国国会对于再犯的要求也在实践部门的呼吁中发生变化，这一变化就表达在1996年修正案。在该修正案中，将计算机犯罪的再犯标准改为只要是曾经犯过1030条规定的任何一种犯罪即可。[①] 因此，在1996年修正案之后，按照新的认定标准，计算机犯罪的再犯行为都按照重罪来论处。这就大大增加了重罪成立的数量，也体现出了立法机关对于计算机犯罪行为更加严厉的打击态度。举一例言之，如果之前行为人实施了未经授权或超越授权访问政府部门计算机的行为被判为轻罪，但是后来又以同样的方法实施了这一犯罪行为，则会被以重罪论处。

具体而言，由于1030条（a）（2）款规定的目的是打击那些未经授权或超越授权访问计算机而获取被联邦法律认定为是机密的私人信息的行为，这些计算机属于金融财政机构或消费者报告机构。因而在1030条（c）（2）款B项和C项中分别规定了实施（a）（2）款规定的行为构成重罪的两种情况。第一种是行为人之前违犯过1030条所规定的任何之罪或意图犯这类罪被判刑而后来又触犯（a）（2）款的基本罪而成为重罪，构成此类重罪的法定最高刑为10年监禁，并处或单处罚金。[②] 但这种重罪情况的发生从司法审结的案例来看并不是很多。[③] 第二种则是行为人在实施（a）（2）款规定之罪时因具有以下情节之一而符合重罪。这些情节包括：（1）所实施的非法计算机访问行为之目的是商业利益或者是私人的经济获益；（2）实施的非法计算机访问行为进一步地促成了违犯（反）联邦或各州宪法或法律所规定的任何刑事犯罪或者民事侵权行为；[④]（3）从计算机中所获取的信息价值超过5000美元。如果行为人的

---

① Pub. L. No. 104-294, Title II, § 201 (2) (A), 110 Stat. 2488, 3492 (1996).
② 18 U.S.C. § 1030 (c) (2) (C) (2008).
③ Orin S. Kerr, *Computer Crime Law*, 2nd ed., West, a Thomson business, 30 (2009).
④ 在美利坚诉德鲁案中，控方即是以法条规定的这一情节为依据在首先认定德鲁对聚友网的访问属于未经授权之后，再对其造成梅根梅尔自杀的情况以符合（a）（2）款规定的重罪情节予以起诉。参见 Indictment at 5, United States v. Drew, No. CR08-00582-GW (C. D. California, May 15, 2008).

行为符合前述几种情节之一而构成（a）（2）款规定的重罪则其法定最高刑为 5 年监禁，并处或单处罚金。① 控方在指控行为人的行为构成重罪时，须在排除合理怀疑的前提下证明在（a）（2）款规定的基本犯罪之外存在着上述三种重罪情节之一。如果控方不能对所提出的重罪情节予以证明，则审判法院会依据（a）（2）款的规定作出行为人的行为属于轻罪的判决。因为轻罪违犯相对于重罪指控而言在犯罪成立上的要求较少，并且一般被指控为重罪的行为都满足本款规定的基本之罪的构成要件。

通过对比上述（a）（2）款所规定的构成重罪的两种情况可以看出，虽然犯罪人的行为都被认定为重罪，但在法定最高刑上存在着很大的差距。这是因为第一种情况的重罪是由于行为人属于再犯，而在第二种情况的重罪中行为人是初犯。相对于第二种情况而言，第一种情况的重罪行为人主观恶性更大，一犯再犯，屡教不改，理应受到更加严厉的惩罚。这一规定凸显了现代刑法对于罪犯主观性和行为性的双重考量，符合刑罚目的的要求。除了 1030 条（a）（2）款之外，（a）（3）款作为另外一个规定非法计算机访问犯罪的法条，在其犯罪成立的要求上比（a）（2）款更为简明。因为（a）（3）款禁止对属于或归于联邦政府使用的计算机的单纯的非法访问行为，同时又将这些行为限制在实施非法访问的人不是政府职员且对美国政府中的部门或机构的计算机没有访问权限的情况和虽是政府职员但跨越自己所供职的政府部门非法访问的情形之内。② 简言之，（a）（3）款被立法设置成为一个严格的非法入侵条款，即只要是故意未经授权或者超越授权访问政府部门计算机的行为或意图犯本罪就构成本款之罪。对于这种犯罪行为，1030 条（c）款没有规定任何的重罪情节，只要符合该款规定的构成要件，都属于轻罪。唯一使得（a）（3）款规定之罪成为重罪的情况是行为人在触犯本罪前曾违犯过 1030 条规定的任何一种犯罪，即行为人属于再犯才能构成（a）（3）款的重罪，其法定最高刑为 10 年监禁，并处或单处罚金。③ 因此，（a）（3）款规定的重罪比较简单易操作，留给控方的证明责任也比较小。但相对于（a）（2）款规定的

---

① 18 U.S.C. § 1030 (c) (2) (B) (2008).

② *Senate Report*, No. 432, 99th Congress, 2nd Session 2, reprinted in 1986 U. S. Code Congress and Administration News, 8.

③ 18 U.S.C. § 1030 (c) (2) (C) (2008).

符合重罪情节的重罪而言，(a)(3)款的重罪在刑罚上则非常严厉。如果行为人之前因非法访问政府部门计算机而被以轻罪论处，现在又因非法访问政府部门计算机则构成重罪，会面临着最高刑为10年监禁的惩罚。

(二) 使用计算机诈骗中的重罪

1030条(a)(4)款作为美国联邦计算机犯罪法中直接规定与计算机诈骗有关的唯一条文在立法上也直接将本罪设置为重罪。本款没有设置轻罪的主要原因是计算机诈骗并不是一个单一的犯罪行为。从其犯罪的构成上看，计算机诈骗不但包括未经授权或者超越授权的访问行为，还包括在这一非法访问行为的基础上促成了诈骗的意图并获得任何有价值之物。比照上述(a)(2)款中构成重罪的第二种情节，(a)(4)款的犯罪行为的构成情况与之完全相似。如果不将计算机诈骗行为规定为重罪，则会出现相同类型或者罪质的犯罪行为之间出现不同的刑罚结果的情况。因此，为了避免出现法条规定上的不均衡和不公平，计算机诈骗在其犯罪性设置的起点上就是重罪。同时，计算机诈骗的重罪包括两个层次。第一个层次是犯计算机诈骗或意图犯本罪而刑罚设置为法定最高刑5年监禁，单处或并处罚金的重罪。① 这一层次的重罪刚好与上述1030条(c)(2)款B项规定的(a)(2)款第二种情节的重罪在刑罚上相同。从而实现了不同法条对相同犯罪性质认定上的统一和刑罚上的协调。第二个层次的重罪是对计算机再犯的处罚，即凡是因为之前曾犯过1030条规定之罪而又犯或意图犯计算机诈骗罪的，则给予法定最高刑为10年监禁，并处或单处罚金的刑罚。② 总体而言，计算机诈骗相对于其他类型的计算机犯罪而言由于比较高发和普遍，同时其不但使用计算机实施了非法的访问行为而且还进一步实现了侵财的目的，侵犯了不同的法益。因此在刑法上的评价和法律后果的承担上就更加严格与严厉。

(三) 造成计算机危害中的重罪

1030条(a)(5)款一共用三项规定了造成计算机危害的三种犯罪行为。这三项犯罪的重罪成立的类型相对比较繁多，且每一种犯罪的重罪成立情况和刑罚规定都并不完全相同。首先，1030条(a)(5)款中的三项规定在基本犯罪上是轻罪，其构成重罪的情形是再犯，即之前曾犯过或因

---

① 18 U.S.C. § 1030 (c) (3) (A) (2008).
② 18 U.S.C. § 1030 (c) (3) (B) (2008).

意图犯1030条之罪而受过刑事处罚。但在这三项因再犯或再次意图犯罪构成的重罪中，第一项和第二项重罪的刑罚为20年以下监禁刑，并处或单处罚金；① 而第三项的重罪刑罚为10年以下监禁刑，并处或单处罚金。② 虽然都是因再犯而构成重罪，但由于第三项是严格责任条款，其没有主观要件要求，而只是因故意未经授权访问计算机造成损害或损失，所以在刑罚上的设置与1030条其他款的一般再犯重罪相同。其次，除了再犯构成重罪之外，(a)(5)款还因下列两种情况的出现而构成重罪：(1) 如果行为人因违犯(a)(5)款而意图导致或明知地或轻率地导致严重的人身伤害的，处20年以下有期徒刑，并处或单处罚金；③ (2) 如果行为人因违犯(a)(5)款而意图导致或者明知地或轻率地导致他人死亡的，处以任何期限的或者终身监禁，并处或单处罚金。④ 由于计算机犯罪所造成的危害后果多种多样，因此才形成了法条规定上的不同的重罪形式。但上述的这些重罪并没有完全包括1030条(c)(4)款对(a)(5)款规定的所有重罪，下面还存在着以具体的犯罪情节来认定(a)(5)款前两项规定的重罪。

根据1030条(c)(4)(A)款(i)项的规定，行为人只要实施(a)(5)款第一项和第二项规定的犯罪行为并且符合(c)(4)(A)款(i)项所罗列的几种情节即构成犯罪，并且都是重罪。(c)(4)(A)款(i)项所罗列的几种构成重罪的犯罪情节是：(1) 给1人或以上在任何的一年之内（在以美国联邦政府机关作的调查、起诉或其他程序中，损失是以犯罪行为所导致的1台或以上受保护的计算机的损害数额来计算）造成的损失累计在5000美元以上；(2) 修改、损坏或者潜在地修改或损坏对1人以上的医疗检查、诊断、治疗或者护理的相关数据信息；(3) 给任何人造成身体上的伤害；(4) 对公共卫生或者安全造成威胁；(5) 给美国联邦政府部门用于促进司法、国防或者国家安全管理的计算机造成损害；(6)在任何一年之内造成10台以上受保护的计算机遭受损害。⑤ 虽然行为人实施(a)(5)款第一项和第二项规定的行为在符合上述情节时都构

---

① 18 U.S.C. § 1030 (c) (4) (C) (i) (ii) (2008).
② 18 U.S.C. § 1030 (c) (4) (D) (i) (ii) (2008).
③ 18 U.S.C. § 1030 (c) (4) (E) (2008).
④ 18 U.S.C. § 1030 (c) (4) (F) (2008).
⑤ 18 U.S.C. § 1030 (c) (4) (A) (i) (2008).

成重罪，但是在刑罚上对这两项规定构成的重罪并不相同。构成（a）（5）款第一项规定的重罪的法定刑为 10 年以下监禁刑，并处或单处罚金。① 构成（a）（5）款第二项规定的重罪的法定刑为 5 年以下监禁刑，并处或单处罚金。② 造成两项重罪在刑罚上出现重大差异的原因是第一项中犯罪行为人造成计算机损害在主观上是故意，而第二项中的犯罪行为人对计算机损害的造成在主观上是轻率。同时，在第一项中，犯罪人造成计算机损害的行为是传播破坏性程序；而在第二项中行为人造成计算机损害是未经授权访问。这些在主观要件和行为要件上的不同，形成了两项重罪在刑罚上的差别。

（四）造成计算机危害重罪情节设置的原因

通过上述对 1030 条（a）（5）款构成重罪的各种情况的分析和结合前一章对造成计算机危害的具体研究以及案例判解的考察可以看到"在（a）（5）款规定的犯罪中控方使用的最为常见的证明行为人违犯本款而构成重罪的办法是其造成了 5000 美元以上的损失"。③ 以造成 5000 美元以上的损失作为判断的标准来起诉行为人的行为构成重罪，这种比较直观和简单的量化方法使得控方能够更好地作出指控并提出证明。因为在计算机犯罪案件中要列举出被害人遭受到 5000 美元以上的损失，控方可以根据 1030 条（e）款第 11 项规定的内容从多个方面作出计算，一般都比较容易满足 5000 美元的数额要求。但是除了以 5000 美元作为门槛来确立重罪之外，在（a）（5）款中还有值得重视的是在 2008 年修正案以前规定在（a）（5）（B）中，但后来在 2008 年修正案中全部从（a）（5）款移除并规定到（c）（4）（A）款（i）项中罗列的构成重罪的其他 5 种情节，即：修改、损坏或者潜在地修改或损坏对 1 人以上的医疗检查、诊断、治疗或者护理的相关数据信息；给任何人造成身体上的伤害；对公共卫生或者安全造成威胁；给美国联邦政府部门用于促进司法、国防或者国家安全管理的计算机造成损害；在任何一年之内造成 10 台以上受保护的计算机遭受损害。这几种情节并非同时被规定在法条之中，而是在不同的时间由于发生了一些典型的重大案件或者出现新的计算机犯罪形态而使得

---

① 18 U.S.C. § 1030 (c) (4) (B) (i) (2008).
② 18 U.S.C. § 1030 (c) (4) (A) (i) (2008).
③ Orin S. Kerr, *Computer Crime Law*, 2nd ed., West, a Thomson business, 92 (2009).

立法机关不断地将这些情况纳入到 1030 条（a）（5）款的规制视野中来。下文就这些重罪情节在立法中设置的原因展开进一步的论述。

第一种将修改、损坏或潜在地修改或损坏与医学诊断和治疗等有关的计算机信息规定在（a）（5）款中，最早要追溯到 1986 年修正案。当时在制定（a）（5）款时，就在其中规定了这一重罪情节。不过在 1986 年法中，只有两种类型的危害可以构成（a）（5）款规定之罪：其一是造成他人经济上的损失，最开始这一损失的入罪数额是 1000 美元，后来修法时才改成现在的 5000 美元；其二是损坏医学诊断或治疗有关的计算机数据信息。将损失数额作为重罪的入罪标准是按照计算机犯罪的危害后果以定量方式来确立定性的，与其他刑事犯罪的立法相同。但是将破坏与医学诊断或治疗有关的信息单独加入到法条中则是事出有因。根据美国国会参议院在 1986 年立法后作出的报告表明，立法将医学诊断或治疗的计算机信息单独纳入到法律中来加以保护，很大程度上是因为在 1983 年的时候发生的一桩受到新闻舆论高度关注和在社会上影响重大的犯罪案件。[①] 这一轰动一时的案件主要情况为：一伙自称"414 帮"（414 Gang）的青少年通过黑客手段侵入位于纽约的斯隆·凯特琳癌症医疗中心的计算机系统。在非法访问进入到该中心计算机系统后，这帮年轻人攻入计算机系统中用于管控和记录癌症病人放射治疗的数据库，其中关涉着 6000 名过去和当时正在接受放射治疗的病人数据。这帮家伙毫不费吹灰之力就完成了将每一个病人的放射治疗标准进行了修改。虽然这些年轻人的行为在本案中没有造成经济上的损失，但是其对他人生命安全的潜在威胁却引起了各界的高度重视和担忧，同时也受到了立法的关注。

参议院立法报告认为，在斯隆·凯特琳癌症中心发生的这一案件是计算机犯罪中直接修改医疗治理数据的一个典型例子。在这种犯罪中，行为人的行为严重的损害或者会潜在地损害每一个患者的医疗护理。参议院司法委员会并不认为在造成计算机危害的犯罪中导致经济损失这一要件是唯一必需。犯罪人侵入计算机系统中擅自篡改计算机化了的医学治疗记录及其相关数据，其行为会造成重大危害，特别是会潜在地威胁到病人的生命安全。在这一类犯罪行为中，用不着要求给被害人带来经济损失才能构成

---

① *Senate Report*, No. 432, 99th Congress, 2nd Session 2, at 2-3, reprinted in 1986 *U. S. Code Congress and Administration News*, 12.

(a)(5)款之罪,其行为本身就已值得惩罚。同时,参议院司法委员会还进一步作出说明:对于篡改计算机中的医疗数据的行为的认定,不需要证明被害患者因犯罪行为而受到了错误的或者是有害的医疗护理,或者是因医疗数据被更改而遭受到其他损害。只要是病人的医学检查、诊断、治疗或者护理的相关数据信息被潜在地改变或者受到损坏就可以根据(a)(5)款的规定对犯罪人提起指控。① 1986年修法时,将篡改他人医疗数据的行为列入(a)(5)款中,并作为重罪情节予以规定,且对行为造成的危害不需要作出证明就可以认定构成犯罪,其主要原因就在于这类犯罪的危害后果特别严重或者会因此而潜在地造成病患的生命危险。同时又为了弥补法条以损失的经济数额这种定量方式来入罪的缺陷,立法机关直接将这类犯罪行为与造成损失数额的规定一起设置在法条中,从而能够实现对这类犯罪的全面有力规制。

将"造成任何人身体伤害"和"威胁到公共卫生与安全"作为构成重罪的情节是在1996年修正案中增加到(a)(5)款的,其主要目的是从总体上扩大1030条的适用范围。随着计算机技术的不断发展和因特网的使用,立法机关注意到计算机网络已经开始在美国社会生活中扮演着重要的角色。1996年修正案之后伴随发布的美国参议院司法报告阐述了1030条在当时修改中扩大了其所涵盖的计算机危害范围,包括了那些新的可能使用计算机危害公共大众的情形。正如"国家信息基础设施网络"以及其他类型的网络工程将逐步产生一样,计算机网络系统将越来越多地使用于一些关键的服务部门中,例如紧急反应系统和航空交通枢纽控制系统等。同时,其还会发展到其他一些我们今天还无法预测到的领域中。因此,对于造成计算机"损害"的定义就要加以修改,使之能足够宽泛地涵括那些应该受到保护的人们造成的危害。② 立法作出这一增加完全是由于计算机在普及应用中强烈的保护需要,因为网络化了的计算机系统一旦受到攻击将会带来不堪设想的后果,尤其是在关涉到公共安全等领域时。这一立法修订的条文在后来的美利坚诉米蒂拉一案中正好得到适用,法院

---

① *Senate Report*, No. 432, 99th Congress, 2nd Session 2, at 2-3, reprinted in 1986 *U. S. Code Congress and Administration News*, 12.

② *Senate Report* No. 104-357, 11 (1996).

根据"威胁到公共卫生与安全"这一法定情节认定米蒂拉的行为构成重罪。① 行为人利用计算机犯罪来危害或者威胁公共安全成为计算机社会化下的一个重大犯罪问题，立法及时跟进使得这一犯罪即使在没有造成重大危害结果的情况下也应受到严厉打击。

2001年的美国"爱国者法案"对1030条作出第四次重大修正时，将"给美国联邦政府部门用于促进司法、国防或者国家安全管理的计算机造成损害"这一重罪情节规定到了（a）（5）款中。美国司法部在"爱国者法案"通过并颁布之后作出的法律适用指南中对这一条文的增加进行了评述。在2001年以前，1030条中没有一个专门的条款可以用来追究黑客损害联邦政府部门中用于促进司法、国防或者国家安全管理的计算机的行为。因此，当那些黑客对司法与国防及国安管理的计算机进行的攻击行为损失金额不满5000美元（或者不构成其他特殊情节的要求）时，联邦调查部门以及公诉机关都无法对之采取行动。然而，这些计算机系统都发挥着非常关键的功能，侵入其中的行为完全值得重罪之罚，即使其只造成了比较轻微的损害。事实上，对使用于国防系统中的计算机系统进行攻击，特别是在军事行动期间，这些攻击行为造成的危害是十分严重的。尽管这些行为没有导致大范围的计算机损害或者阻扰到军队战争行动能力，但其使得军队在战斗过程中转移了对恰当的战略目标的行动时间与注意力，会贻误战机。同样，对于司法中的计算机系统及其数据的侵扰会严重地损伤削弱刑事司法系统中信息的完整性。② 把"给美国联邦政府部门用于促进司法、国防或者国家安全管理的计算机造成损害"规定在（a）（5）款中是在9·11恐怖袭击的背景下美国国会出于保护国防、国安等关键部门计算机系统免受攻击的紧急立法结果。该规定一方面弥补了1030条（a）（1）款中危害国家安全的计算机犯罪规定的漏洞，③ 另一方面则更加严密了法网，使得行为一旦符合这一情节即属于重罪。

----

① United States v. Mitra, 405 F. 3d 492, 499 (7th Circuit, 2005).

② Computer Crime and Intellectual Property Section, *Field Guidance on New Authorities that Relate to Computer Crime and Electronic Evidence Enacted in the USA Patriot Act of* 2001. 参见 http://www.cybercrime.gov/Patriot Act.thm.

③ 1030条（a）（1）款规定的是禁止未经授权或超越授权访问并获取有关美国国防、外交方面的信息的行为，而没有规定侵入国防、国安或司法等部门的计算机并造成损害的情况。参见 18 U.S.C. § 1030 (a) (1) (2008)。

1030 条（a）（5）款中的"在任何一年之内造成 10 台以上受保护的计算机遭受损害"这一重罪情节是该款中的最新成员，其于 2008 年修正案时被制定在法条中。2008 年修正案将这一情节规定到（a）（5）款中是立法对那些日益增加的一种新型计算机犯罪的回应。这种新型的计算机犯罪可以同时致使大量的计算机处于运行的困境甚至是全部瘫痪，而行为人则可以通过远程对这些计算机加以操控。这些在犯罪中被大量操控的计算机在行业的俗语中被称为"僵尸"，而犯罪人控制这些"僵尸"电脑的手段即是使用程序机器人来操作。行为人通过程序机器人在大量计算机中植入特定的恶意程序，使控制者能够通过相对集中的若干计算机直接向大量计算机发送指令并攻击网络，使之成为"僵尸网络"。在这一控制状态下，行为人便可以通过向计算机发送垃圾邮件，实施发散式的拒绝服务式攻击，或者进行其他目的的犯罪行为。[①] 这种随着新兴技术的发展而被黑客加以滥用衍生出来的计算机犯罪与 1030 条所规定的其他犯罪形态都不具有相同的构成要件，但这种犯罪所造成的危害后果又非常严重，因此成为立法增设的重要理由。虽然行为人利用机器人程序等手段控制其他计算机并不会直接给计算机系统及其数据信息造成损害，但是其会影响到计算机的正常工作或者会最终造成计算机整体死机乃至瘫痪的危险。于是在 2008 年修正案中作出规定，只要行为人为了制作"僵尸网络"而使 10 台以上的计算机处于危险的受控状态，即按照（a）（5）款的重罪处罚。上述的这五种重罪情节在不同修法时期增入 1030 条中，充分体现出计算机犯罪的立法是一个随计算机技术进步而不断充实完善的过程，也预示其还会继续发展并增加新的内容。

三　刑罚惩处之评论

1030 条在计算机犯罪刑事责任的归咎上分别以轻罪和重罪两个层次对犯罪人加以规制和惩处。从上述对轻罪和重罪的刑罚分析来看，从轻罪到重罪以及各种重罪之间的刑罚都存在着较大的差别。除了罚金会根据犯罪所造成的危害或者获得的收益来确定具体的数额以外，差别最大的体现就在于监禁刑上。纵观 1030 条（c）款所规定的刑期，其从轻罪的最高刑 1 年到重罪的最高刑中的无限制期限或终身监禁。1030 条所设置的刑罚在

---

① *Former Vice President Protection Act of* 2008, Pub. L. No. 110-326, 122 Stat. 3561.

自由刑上的跨度非常之宽，同时也显得比较严厉，尤其是重罪的重刑。在前述的立法发展的研究中已经得出结论：1030条对于计算机犯罪的刑罚设置是在不断地修正中逐渐拓宽规制的范围而又提高了相应的刑罚层次，尤其是在自由刑的规定上。在1030条所规定的各款之罪中，虽然都制定了轻罪与重罪的刑罚，但是类型多样而且跨度最大而又最为明显的是对违犯（a）（5）款重罪所确立的监禁刑。通过比较非法计算机访问、使用计算机诈骗和造成计算机危害这三种基本的计算机犯罪的刑罚来看，虽然使用计算机诈骗所构成的都是重罪，但是其重罪中最严厉的法定最高刑是10年以下监禁。相比之下，尽管在造成计算机危害的犯罪中存在着轻罪，但是其最重的监禁刑期却比计算机诈骗要高出许多。另外，从1984年立法到1996年第三次修正案，[①] 非法计算机访问和使用计算机诈骗的轻罪与重罪设置都没有变动，但是造成计算机危害的规定则历经多次调整，下文以图表来对（a）（5）款的变化发展加以说明。

计算机危害犯罪类型及定罪

计算机危害犯罪类型	计算机入侵（外部人）			有权使用者（内部人）		
	1984年	1994年	1996年	1984年	1994年	1996年
故意	重罪	重罪	重罪	无罪	重罪	重罪
轻率	重罪	轻罪	重罪	无罪	轻罪	无罪
疏忽/严格责任	重罪	无罪	轻罪	无罪	无罪	无罪

立法对（a）（5）款在犯罪性上属于轻罪和重罪的设置情况，从上表可以一目了然，特别是其对外部人和内部人这两类不同的罪犯主体在刑事政策上和刑罚后果上采取了不同的对待方式。外部人由于根本没有任何访问计算机的权限而在立法上被认为应该比有权访问的人犯罪在刑罚上受到更严重的惩处。由于1984年立法只规定了（a）（1）至（a）（3）款三个条文，对于造成计算机危害的法条还没有独立规定，其重罪形式是因违犯（a）（1）至（a）（3）款之罪而造成计算机危害才能构成。[②] 因此，从1994年到1996年修正案，对于外部人的犯罪的刑罚从整体上看是一个

---

① 在1996年修正案之后，1030条关于各款的犯罪属于轻罪和重罪的规定即定型，一直到2008年最新修正案都未作变动。

② Pub. L. No. 98-473, tit. 22, ch. XXI, § 2102 (a), 98, Stat. 1837, 2190 (1984).

逐渐加重的过程。但在内部人犯罪方面，除了故意造成计算机危害以外，因轻率或疏忽等而导致的危害后果由轻罪到最后改成无罪从而没有刑罚。这充分说明立法机关是将1030条重点适用于打击如黑客行为的外部入侵上。另外，从上表中还值得注意的是在外部人造成计算机危害的犯罪中，1996年修正案将因故意和疏忽导致的危害都规定为重罪，取消了1994年时的区分。从主观恶性上来看，故意犯罪导致计算机危害显然要比轻率行为更高，而应受到比轻率更加严格的谴责。但是在1996年规定中，将两者都视为重罪，在刑罚的层次上，这是一个失败的规定，没能准确地反映出不同主观要件要求下的刑罚。① 鉴于这一问题，立法在2008年修正案时作出了回应：将故意和轻率导致计算机危害依然规定为重罪，但是前者的刑罚在自由刑上改为10年以下监禁，而后者则改为5年以下监禁。② 这一修改之后，刑罚因应行为人不同的主观意图作出区别的对待，而显得更加合理。

  现今任何一个国家通过制定刑法来追究犯罪人的刑事责任无外乎都是为了要达到一定的刑罚目的。刑罚目的是指国家运用刑罚所希望达到的目的。国家运用刑罚是为了履行和完成宪法赋予国家的保护社会和个人的任务，因此，在刑罚目的意义上所说的目的，指的是刑罚对社会和个人的影响效果。从国家这个刑罚行使者的角度看来，这种影响效果表现为两个方面：一方面是鼓励性的，也称积极性的目的，其含义是国家通过刑罚的运用在社会中鼓励产生某种效果；另一方面是阻碍性的，也称消极性目的，其含义是通过刑罚的运用在社会中阻挡某种状态的发生。在现代刑法理论中，关于刑罚目的的理论存在许多观点，归纳起来主要有绝对理论、相对理论和综合理论。③ 刑罚目的理论中的绝对理论也称报应理论，相对理论也称预防理论，而综合理论是指处在绝对理论和相对理论之间，试图采纳两种理论的优点和排斥两种理论的缺点，从而实现最佳理论组合的各种理论的总称。1030条所规定的计算机犯罪中对犯罪人的各种轻罪与重罪的刑事惩罚也是为了达到一定的刑罚目的。因此，评论计算机犯罪的刑罚设置的正当性与合理性可以从刑罚目的理论的角度来加以考察。由于1030

---

  ① Haeji Hong, Hacking through the Computer Fraud and Abuse Act, *UC Davis Law Review*, No. 31, 298（1997）.
  ② 18 U.S.C. § 1030（c）(4)（A）(i),（B）(2008).
  ③ 王世洲：《现代刑法理论与中国的选择》，载《法学研究》2003年第3期。

条规定了非常严厉的刑罚并且在不同的犯罪主体之间还存在着适用上的差别，因此对这些刑罚的合理性的考察主要是从报应理论和预防理论两个方面展开。

报应理论的核心思想是刑罚的相称性或恰当性（proportionality），即对犯罪人施加的刑罚必须与其所造成的危害大约等价。[①] 按照报应理论，通过严厉的刑罚惩罚，计算机犯罪之所以具有正当性是因为其侵害了社会的规范。由于计算机犯罪属于非暴力性的犯罪且在犯罪结果上表现为造成经济上的危害。因此，被害人可以通过侵权法或者根据1030条中所规定的民事赔偿措施来获得法律的救济，但是这并不意味着当行为人作出了损害赔偿的对价之后就因此可以免除刑罚惩处。计算机攻击行为所导致的危害不仅是及于被害人本身，其造成的损害还会对整体的经济产生严重的消极后果。这些间接的危害后果也包括因攻击行为而导致公众的恐慌情绪并抑制在线的商业交易或者导致使用计算机的公司投入大量成本但毫无效率地在安全性方面进行过度的检查。除此之外，计算机犯罪的行为人一般都没有足够的财力去赔付那些因他们犯罪造成的损失，使得民事救济的方式并不足以提供恰当的惩罚。[②] 但是有学者认为从报应理论的等价性标准上来看，不应该把犯罪造成的所有的损失都算在犯罪人的头上，从而使得其刑罚更加沉重。计算机的所有人有责任采取措施维护其计算机数据信息的安全，让计算机入侵者对进行重新安全检修等方面的经济损失全面负责并不直接是对犯罪人的报应性惩罚。[③] 这种观点主张排除那些不是因犯罪而直接导致的损失，从而体现刑罚符合报应理论的要求。

预防理论主要强调的是通过刑罚的适用而达到威慑的效果，使得其他犯罪能够得到遏制，同时法律制度的价值也受到肯定和固守，其体现的是一种功利主义思想。正如古希腊哲学家柏拉图所主张："聪明人不会因为触犯了戒律而进行惩罚，而是要由此使戒律不再被违背"。[④] 在计算机犯罪

[①] Immanuel Kant, *The Netaphysics of Morals*, translated by Mary Gregor, Cambridge University Press, 141 (1996).

[②] Reid Skibell, Cybercrime & Misdemeanors: A Reevaluation of the Computer Fraud and Abuse Act, *Berkeley Technology Law Journal*, No. 18, 941 (2003).

[③] Liz Duff & Simon L. Gardiner, Computer Crime in the Global Village: Strategies for Control and Regulation—in Defense of the Hacker, *Int'L. J. Soc. L.*, No. 24, 211, 220 (1996).

[④] ［德］克劳斯·罗克辛：《德国刑法总论》（第一卷），王世洲译，法律出版社2005年版，第39页。

中,刑罚的适用能否威慑到其他犯罪人,从而符合预防理论需要予以分析检视。1030 条在逐渐的修正中不断加大刑罚的惩罚力度,特别是在 911 事件之后,为了打击恐怖主义犯罪,"爱国者法案"不但再次提高了 1030 条中的重罪刑罚而且还规定本条可适用于美国国境之外。① 对于这一修正,有学者认为其产生的威慑和对国外罪能进行实际的指控值得怀疑,不可能常态化。② 根据预防理论,严厉的刑罚如果能够成功地遏制或降低计算机犯罪的案发数,则苛以重罚就具有一定的正当性。美国量刑委员会试图通过对判刑后的案发数来评价威慑的效果,其最后宣称因没有足够的有效数据故而得不出刑事惩罚的威慑作用的结论。③ 但也有学者通过实证研究认为,1030 条实施 19 年以来对于减少计算机犯罪的案发数方面没有多大成效。④ 应该指出,刑罚的适用对于潜在的犯罪肯定具有一定的威慑作用,但其是否能够降低犯罪的发生则在短时间内无法予以证实。⑤ 其实在刑罚的适用上既体现了报应,也包含着预防,因此用综合理论更具有其合理性和说服力。在计算机犯罪的刑法规制中,对犯罪人施以刑罚惩处既是为了让其承担因犯罪而造成的损害的必要责任也是为了达到以儆效尤和改造罪犯本人等诸多方面的效果。至于有些学者提出黑客的侵入行为对于计算机安全技术的发展具有推动作用,不应该受到重罚的主张⑥,本书认为这并不符合刑罚目的和理论的要求,其不是刑罚的问题而是刑事政策的问题。

---

① Department of Justice, Computer Crime and Intellectual Property Section, *Field Guidance on New Authorities That Relate to Computer Crime and Electronic Evidence Enacted in the USA Patriot Act of* 2001, at Section 814. E, Nov. 5, 2001. http://www.cybercrime.gov/PatriotAct.htm.

② Bill Boni, Crossing the Line or Making the Case?, *Computer Fraud and Security*, 18 (2002).

③ U. S. Sentencing Commission, *Report to Congress: Adequacy of Federal Sentencing Guideline Penalties for Computer Fraud and Vandalism Offenses*, 9 (June 1996). 参见 http://www.ussc.gov/Legislative_and_Public_Affairs/Congressional_Testimony_and_Reports/Computer_Crime/199606_RtC_Computer_Fraud_and_Vandalism_Offenses.pdf.

④ Richard Power, 2002 CSI/FBI Computer Crime and Security Survey, *Computer Security Issues & Tends*, No. 8, 11 (Spring 2002).

⑤ Reid Skibell, Cybercrime & Misdemeanors: A Reevaluation of the Computer Fraud and Abuse Act, *Berkeley Technology Law Journal*, No. 18, 936 (2003).

⑥ Reid Skibell, Cybercrime & Misdemeanors: A Reevaluation of the Computer Fraud and Abuse Act, *Berkeley Technology Law Journal*, No. 18, 937-41 (2003).

第二节 民事责任：民事赔偿

刑法对罪犯施以刑罚的否定性谴责都是要通过法条规定的构成要件来对犯罪行为进行评价后才能得以完成，因此从现代刑事法治的角度来看，任何犯罪的成立或认定都具有相同的进路模式，即必须符合刑法规定的犯罪的各个构成要件。这也就是在刑事法语境中所体现的一个重要原则：罪刑法定。罪刑法定是现代刑事法治的核心价值内涵，是刑法实现人权保障和法益保护双重机能的重要保证，也是各国刑法遵行的最基本原则。如果说，在刑法中选一个关键词，那么非罪刑法定莫属。[①] 虽然罪刑法定是刑法中的最大特色，但是每一种或每一类犯罪都有着不同的特点，彰显着其"个性"，因此在罪犯刑事责任的追究上也会因为犯罪的这些不同"个性"而针对性地设置不同的刑罚处罚方式，从而确保在罪刑法定的原则之下达到对犯罪最好的惩处和矫正或者减消。可以说，在罪刑法定原则下，罪的认定都会遵循相同的判断模式，而刑的惩处则有着多种不同的方法。同时，正是由于在各种场域发生的犯罪具有各自的"个性"，也使得立法在对复杂的犯罪进行规制时，在其法律后果的设定上会选择多种方式来加以处理，从而更有利于打击犯罪行为和更好地实现对被害人的救济。这些处理方式主要是但不限于刑事惩罚，还包括一些民事与行政等方面的措施，从而形成综合的犯罪行为否定评价系统和责任承担形式。计算机犯罪的"个性"表现为其是通过技术性手段来实施的非暴力型犯罪，且导致的危害后果主要是给他人造成了经济上的损失。因此，1030条在规定对计算机犯罪进行严厉的刑罚惩处的同时，还规定了被害人可以通过提起民事诉讼的方式来对自己所遭受的损失要求行为人进行赔偿、停止侵害等。

一 民事赔偿的缘起

由于计算机犯罪所具有的非暴力性和经济侵害性等这些特征，因而人们在这类犯罪行为发生的早期并不都认为其应该通过刑事法加以规制。虽然在1030条立法以前，对于滥用计算机侵财的行为主要通过适用电信诈骗或盗窃法等来加以打击。但当时在美国学界中就有主张对于滥用计算机

[①] 陈兴良：《教义刑法学》，中国人民大学出版社2010年版，第29页。

的行为不必动用刑法来加以调整。滥用计算机的行为应该使用民事处罚而非刑事惩罚的方式是因为商业交易应该忍受一定的负担（burden）来维持其对计算机的依靠和使用。除此之外，民事责任的补救方式比刑事制裁更具有合理性，是因为其要求滥用行为的制造者要对直接的受害人进行赔偿。因此，通过赔偿使得受害的一方得到弥补而恢复到之前的完整状态，同时也会制止那些计算机的滥用者不再去犯这些错误行为。① 这是对计算机滥用行为适用法律规制的早期观点，其认为在现代商业中既然要使用计算机就需要付出一定的代价，滥用计算机的人大多都是市场交易中的主体，因而宜采用民事追究的方式。不过这种纯粹采用民事处罚的主张并没有得到太多人的赞同，多数的观点在当时认为计算机滥用行为应该属于犯罪须用刑罚惩处，不过也可以通过民事手段加以救济。立法者在对计算机滥用行为制定恰当的法律时必须在民事处罚和刑事制裁之间划出一条线，在允许对造成的损害进行刑罚惩处的同时，也要考虑行为人给被害人造成的损失予以民事的救济。② 这些早期的代表性的观点和主张对计算机犯罪民事责任的确立奠定了基础。

这些当时在学界和实务界进行着热烈讨论的关于对计算机滥用的行为人苛以民事责任的观点主张，虽然没有被吸收进1984年第一次立法中，但是在紧随其后的修法活动中就有相关部门提出建议在1986年修正案中设立民事赔偿的措施。美国律师协会主席约瑟夫·汤姆金斯在向美国国会提交的修法报告中指出，除了美国司法部所提出的对"伪造接入设备与计算机欺诈及滥用法"在几个实质的条款方面的更改以外，新设的条文中应该包括一款关于对计算机犯罪的被害人作出民事赔偿的规定以及专门处理这一问题的司法部门。③ 在雷比科夫和内尔森最早的关于联邦计算机犯罪立法的提案中都没有包括民事赔偿的规定，估计是在当时关于计算机犯罪是否需要单独立法处于激烈的论战情况下，立法提案人的首要目标是希望单独的刑事法能得到批准和建立起来，而难以顾及民事赔偿的方案。因

---

① Robbin L. Itkin, Misappropriation of Computer Service: the Need to Enforce Civil Liability, *Computer Law Journal*, No. 4, 401 (1983).

② Amalia M. Wagner, The Challenge of Computer-Crime Legislation: How should New York Respond? *Buffalo Law Review*, No. 33, 795 (1984).

③ Joseph B. Tompkins and Jr. Linda A. Mar, The 1984 Federal Computer Crime Statute: A Practical Answer to a Pervasive Problem, *Computer-Law Journal*, No. 6, 477-78 (1986).

此，在 1984 年立法通过后，单独的联邦计算机犯罪法已经建立，于是计算机犯罪的民事赔偿主张开始彰显在立法的呼吁中。由于 1984 年法只规定了三个条款，属于"试水"期的立法很快就受到各方的批评，其结果就导致了 1986 年修法的出现。1986 年修正案给 1030 条增设民事赔偿条款带来了希望。因为只有立法对某条进行修正的时候，才是该条得以补漏填缺，走向完善的绝佳机会。[①] 在 1986 年修正案的大好背景下，约瑟夫·汤姆金斯成为第一个从立法上提出增设民事赔偿规定修法提议者，但很遗憾的是这一提议在 1986 年修法中没有被采纳。

1986 年修正案之后，《计算机欺诈与滥用法》的内容进一步得到充实和调整，初步奠定了 1030 条的基本框架和规制范围，从而使得该条更易于适用并开始发挥打击计算机犯罪的重要威力。随着计算机技术的突飞猛进和计算机的不断更新换代，从 20 世纪 90 年代初计算机就开始在美国各行各业中逐渐得到普及。计算机的普及为社会的发展和金融商贸的繁荣带来了极大便利和推动，但是又为计算机犯罪提供了新的空间和机会，计算机犯罪如野草疯长般快速增加。根据位于美国宾夕法尼亚州匹兹堡的卡内基梅隆大学（Carnegie Mellon University）计算机紧急反应小组（Computer Emergency Response Team）对美国的计算机犯罪从 1989 年至 1994 年的发生情况进行深入研究后发布的数据来看，其每年以差不多两倍的速度在增长（详见下表）。这一犯罪的增长数据也在当时同样得到美国能源部的肯定，能源部认为每年的计算机犯罪案发数是以两倍以上的速度在增加。在 1990 年的时候，该部发生的计算机入侵案件有 45 起，但是到了 1993 年的时候，一年内就发生 400 件侵入能源部计算机系统的犯罪案数。[②] 在如此猛烈的计算机犯罪高发状态下，联邦司法机关很难通过刑事打击的方式完全对之予以有效的遏制。同时又由于计算机犯罪会给金融机构或者商业交易中的被害人带来计算机安全和经济稳靠的信誉或者声誉等方面的负面影响，为了不失去良好的商业机会，相当多的计算机犯罪被害人都不愿意

[①] 参见拙文《明确性原则视野下刑法前科报告制度之检讨与完善》，载《烟台大学学报》2011 年第 4 期。

[②] Science & Technology Week: Computer Police Strike Back Against Internet Crimes, CNN Television Broadcast, April 2, 1994. Cited from: Jo-Ann M. Adams, Controlling Cyberspace: Applying the Computer Fraud and Abuse Act to the Internet, *Computer and High Technology Law Journal*, No. 12, 410 (1996).

告发而选择私下处理。① 上述这些情况的出现使得计算机犯罪的刑事规制陷入两难的境地。

美国境内计算机犯罪案发统计（1989 年至 1994 年）②

案发年份	计算机入侵的案发数
1989	132
1990	252
1991	406
1992	773
1993	1334
1994	2341

所谓的两难是指一方面计算机犯罪不断剧烈的增加而联邦司法机关又无法予以全面有效的控制。这是因为计算机犯罪的高发趋势使得司法检控部门没有能力去追诉所有的计算机犯罪案件。③ 检控部门的司法资源是有限的，而对于毒品交易、持枪逃犯以及公务官员的腐败犯罪等的拘捕和起诉是这些机关首要而主要的司法工作。计算机犯罪中绝大多数会涉及侵犯他人知识产权的情况，司法部门的执法者们一般都不会有太多的兴趣投入太多的时间在这些案件问题的解决上。④ 另一方面，计算机犯罪不断地造成在商业交易和金融行业中的被害人遭受严重的损失，但是由于刑事打击的不力和特别是顾忌商业受到不良影响而带来更多更大的损失，犯罪的被害人往往采取自力救济。大多数采取的办法都是尽量在外人还不知晓受到计算机攻击或侵害时将安全隐患修复或排除，自己承担受到的犯罪损失，而让外界认为一切如常。在现实中，对于知识产权这种类型的电子化的财

---

① Scott Charney and Kent Alexander, Computer Crime, *Emory Law Journal*, No. 45, 936 (1996).

② Computer Emergency Response Team, Hacker "Not very Difficult to Catch", *USA Today*, February 20, 1995, at 3B.

③ 146 *Congress Report*, S10, 916 (daily edition, October 24, 2000) (Statement of Sen. Leahy).

④ Frank P. Andreano, The Evolution of Federal Computer Crime Policy: The Ad Hoc Approach to an Ever-Changing Problem, *American Journal of Criminal Law*, No. 27, 94 (1999).

产权利保护的担子都是落到了受到计算机犯罪侵害的这些被害人自己的头上。① 这种两难问题不但困扰着联邦司法实务部门，也考验着1030条的适用效率和对计算机数据信息等的保护程度。同时也更加突出了对计算机滥用这类犯罪行为在规制上除了刑罚惩罚以外其他处理方式的需求，民事赔偿方面的立法势在必行。

从上表可以看出，在6年之内，计算机犯罪数量从1989年的132件激增到1994年的2341件，差距达到17倍之多。以1989年作为统计的一个时间界限点是因为在1988年前后因特网广泛使用而导致计算机犯罪开始增长，在此之前的犯罪发展波动幅度不是很大。② 不过值得指出的是，在当时实际中发生的计算机犯罪数量应该比上述表格统计中的还要多，这是因为有很多犯罪没有被发现或者报告，而存在着相当的一部分犯罪黑数。这可以从一项调查结果中得到佐证，该调查针对246家公司进行，其结果显示从1985年到1993年之间每月发生的侵入这些公司计算机系统而窃取其中的数据信息的犯罪增长率是260%。并且，在调查中只有其中的32家公司愿意报告其受到损失的数额，累计达到18亿美元。③ 在上述一系列情况出现的同时，学界和实务界关于在1030条中设立民事救济条款的呼声持续不断并且也如计算机犯罪一样高涨。④ 同时又由于在一些州的立法中已经接受了民事赔偿的主张，规定了相应条款以激励计算机犯罪的被害人勇于报告和提起诉讼。特别是康涅狄格州计算机法甚至还规定了行为人须对其造成的损害向被害人作出三倍的赔偿。⑤

另外，从国际层面来看，由于国际刑法学会于1992年10月5—7日在德国维尔茨堡召开的"电脑犯罪和其他危害信息技术犯罪"专题大会所拟定的《国际刑法学会关于打击电脑犯罪的建议稿》中，对于"个人隐私保护的特殊问题"提出的建议是：非刑事措施应当优先适用，尤其是

---

① Frank P. Andreano, The Evolution of Federal Computer Crime Policy: The Ad Hoc Approach to an Ever-Changing Problem, *American Journal of Criminal Law*, No. 27, 94 (1999).

② Scott Charney and Kent Alexander, Computer Crime, *Emory Law Journal*, No. 45, 935 (1996).

③ Richard Power, *Current and Future Danger: a CSI Primer on Computer Crime & Information Warfare*, Computer Security Institute, 1-2 (1995).

④ Dodd S. Griffith, The Computer Fraud and Abuse Act of 1986: A Measured Response to a Growing Problem, *Vanderbilt Law Review*, No. 43, 489 (1990).

⑤ Bloombecker, Computer Crime Victims have Recourse to Novel Legal Remedies, *Computer world*, 57 (November 25, 1985).

当事人之间的关系是由合同确定时。① 这个建议稿应该对于美国在打击有关计算机犯罪的惩治措施选择非刑事化的方式上，产生了一定的影响。鉴于此，美国国会终于在1994年修正案中作出民事赔偿的规定，将其列入1030条（g）款。民事赔偿的规定将会通过对被害人的救济来加强1030条对计算机犯罪的威慑力。1030条允许私人可以就计算机犯罪的损失提起民事诉讼，极大地增强了被害人对自己权利的维护。② 自1030条（g）款诞生以后，在关于计算机犯罪的规制中便出现了刑事和民事平行共进、互为补充的场景，使得1030条的适用更加有力，也对计算机犯罪的打击与遏制产生了很好的效果。

二 民事赔偿的内涵

1994年修正案在1030条中增加的（g）款作为一个提起民事诉讼的条文其与（a）款所规定的刑事法一起用来规制计算机犯罪行为。在该条（g）款中规定的具体内容为：任何人因他人违反1030条而遭受到损害或者损失的，可以对违法者提起民事诉讼并获得损害赔偿或者停止侵害的禁止令以及其他相等同的民事救济；③ 对违反1030条者提起民事诉讼的前提只能是其违法行为包括（c）(4)（A）款（i）项中规定的五种情形之一；④ 因违反（c)(4)（A）款（i）项中规定的第一种情节而造成的损害仅限于经济损害（economic damages）；受害人提起民事诉讼须在犯罪行为受到追诉之日或者损害发现之日起的2年之内完成起诉，否则不予受理；由于计算机硬件、软件或韧体的设计或制造上的错失而造成的损害不

---

① 国际刑法学会，《国际刑法学会关于打击电脑犯罪的建议稿》，王世洲译，载《我的一点家当：王世洲刑事法译文集》，中国法制出版社2005年版，第167页。
② Computer Abuse Amendments Act of 1994, Pub. L. No. 103-322, tit. XXIX, 108 Stat. 2097-98.
③ 由于在法条中重点规定的和在现实中适用最多且最为主要的民事救济方式是民事赔偿，故而本书以民事赔偿的分析探讨为进路来研究1030条的民事救济。
④ 这五种情形也是前述的构成（a)(5)款重罪的前五种情节，其在（c)(4)（A）款（i）项中的规定为：(1) 给1人或以上在任何的一年之内（在以美国联邦政府机关作的调查、起诉或其他程序中，损失是以犯罪行为所导致的1台或以上受保护的计算机的损害数额来计算）造成的损失累计在5000美元以上；(2) 修改、损坏或者潜在地修改或损坏对1人以上的医疗检查、诊断、治疗或者护理的相关数据信息；(3) 给任何人造成身体上的伤害；(4) 对公共卫生或者安全造成威胁；(5) 给美国联邦政府部门用于促进司法、国防或者国家安全管理的计算机造成损害。参见18 U.S.C. § 1030 (c)(4)(A)(i)(2008).

能够根据 1030 条（g）款提起民事赔偿。① 自从民事赔偿的条款在 1030 条中规定以后，一个值得注意的变化就是在司法实践中发布出版的大多数关于 1030 条适用的判例意见都是从那些因他人违反 1030 条而受到侵害的原告请求经济赔偿或者禁止令的诉讼案件中产生。总体来看，以（g）款为依据而提起民事诉讼的案例主要发生那些因违反 1030 条（a）（2）、（a）（4）和（a）（5）款的场合。② 虽然 1030 条（g）款规定了受到计算机犯罪危害的权利人可以提起民事诉讼，且该款从表面上来看似乎比较清晰易懂，但却实际存在着诸多需要厘清的细节。经过不断的司法适用所形成的一系列具有重要影响力的判解和后来刑法修正案的进一步补充改进，该款的具体内涵得到了丰富和完善。

（一）提起诉讼的主体与依据

在提起民事诉讼的资格主体上，需要根据法条的规定来具体理解。如果导致被害人受到危害的计算机犯罪行为造成的损害不符合（c）（4）（A）款（i）项中规定的五种情形之一，则这些被害人不能够向法院提起民事诉讼。但是，以上述五种情形之一为根据将违反 1030 条的违法者向法院提起民事诉讼的原告不需要声称行为人事实上违反了（a）（5）款，也不用指出存在着 1030 条（e）款第 8 项定义上的"损害"。这是因为根据（g）款的规定，原告只要受害的损失数额累计达到 5000 美元就满足了对违法者提起民事诉讼的要求，同时 1030 条也没有做出规定要民事诉讼的原告人声称的损害符合（e）款第 8 项的定义。另外，1030 条也没有要求原告在诉讼时必须提出其是由于被告违反了（a）（5）款，而只是要求原告须根据（a）（5）（B）款③规定的情形之一来起诉。④ 除此之外，民事诉讼的原告人不需要是受到被告人非法入侵的计算机的所有者，这是因为（g）款规定了任何人因为他人违反 1030 条而遭受损害或者损失的都

---

① 18 U.S.C. § 1030（g）（2008）.

② A. Hugh Scott, *Computer and Intellectual Crime: Federal and State Law*, Published by BNA Books, chapter 4, 74（2006 Cumulative Supplement）.

③ 这里需要作出说明：在（a）（5）款原来的规定中，包括（A）与（B）两个子款，（A）款规定的是三项造成计算机危害的犯罪基本行为，（B）款规定的是六种加重的情节。立法为了避免对法条适用的误解，在 2008 年修正案时将（a）（5）（B）款的内容全部规定在关涉刑罚的（c）（4）（A）款（i）项中，因而现在的（a）（5）款就只规定了三项基本犯罪。文中判例当时所指的 1030 条（a）（5）（B）款规定的内容就是现在的（c）（4）（A）款（i）项。

④ Southwest Airlines Co. v. Farechase, Inc., 318 F. Supp. 2d 435, 438-39（N.D. Tex. 2004）.

可以提起民事诉讼。① 由于计算机非法入侵而遭受损害或损失的任何人都可以提起民事诉讼是会出现诸如此类情形：第三人将数据、信息或软件等存储于他人的计算机中，计算机受到攻击时把其中不属于机主的数据信息等造成了损害或破坏。在 2001 年修正案中，立法作出规定对那些由于计算机硬件、软件或韧体的设计或制造上的错失而遭受损害的被害人不具有 1030 条（g）款意义上的民事诉讼主体资格。这是因为这些损害的造成属于计算机产品瑕疵导致的质量责任，而非他人通过未经授权或者超越授权的访问行为而引起。

在提起民事诉讼的法条依据上，虽然（g）款规定了提起民事诉讼的条件，但是相关的被害人却并不是只能根据非法侵入的行为造成的危害符合（c）(4)（A）款（i）项中所列举的 5 种情形之一才能提起诉讼。司法实践中已经对此问题作出了具体的判解。在 I. M. S Inquiry Management Systems, Ltd. v. Berkshire Information Systems, Inc. 一案中，原告诉称被告不恰当地使用第三方的账号与密码来访问原告的计算机系统并拷贝了其中 85% 的文本信息。审判法院毫无疑问地否决了被告提出的不能因为其违反了 1030 条（a）(2)款（C）项而遭到原告的民事赔偿起诉。被告认为该项的规定是关于禁止通过未经授权或者超越授权访问受保护的计算机并获取其中的信息，其并不符合（g）款的要求。法院的否决理由是，在 1030 条（g）款中的法条语言明确地规定民事诉讼的提起是由于侵入者违反了 1030 条的规定而给被害人造成损害或损失，但同时又要求造成的危害须属于（c）(4)（A）款（i）项中所列举的 5 种情形中的一种。"违反 1030 条的规定"这一表述即说明只要违反 1030 条的任何一款就符合其要求。② 因此，民事诉讼的法条依据无论是从法条规定本身而言还是从判例的结论来看，其都表明只要行为人违反 1030 条中的任何一款，而造成的危害结果只要符合（c）(4)（A）款（i）项中所列 5 种情形的任何一个要求时，被害人即可以向法院提起民事诉讼。在这 5 种情形之中，适用最多的是第一种，即给被害人在一年之内造成损失累计达到 5000 美元以上。

---

① Theofel v. Farey-Jones, 359 F. 3d 1066, 1078 (9th circuit, 2004).

② I. M. S. Inquiry Management Systems, Ltd. v. Berkshire Information Systems, Inc., 307 F. Supp. 2d 521 (S. D. N. Y. 2004).

(二) 5000 美元的计算

很多被害人都根据（g）款的规定，以自己遭受的损失达到 5000 美元以上而对违反 1030 条者提起民事赔偿请求。但是在（c）(4)(A) 款（i）项第一种情形规定的"给 1 人或以上在一年之内造成的损失累计达到 5000 美元以上"的这一要求中，5000 美元的计算方式是一个非常关键的问题，其涉及是否可以提起民事诉讼并获得赔偿。在 2001 年以前，关于民事诉讼的原告如何对这 5000 美元的起点标准进行计算，在司法实务的案件判解中存在着两类不同的认定办法。第一类判解认为提起民事诉讼的原告人不能就众多在非法侵入中受到危害的计算机的损失加以累计计算从而达到 5000 美元为标准，而是应该以每一台计算机的损失都必须达到 5000 美元以上才能提起诉讼。与之相反，第二类判解则认为民事诉讼的原告人可以就因违反者的侵入行为而受到影响的相关的多台计算机的损失价值累计计算，只要达到 5000 美元以上就可以提起赔偿要求。① 这两类判解的认定方式显然存在着重大的差别。如果以第一类判解的认定方式为依据，则都需要被害人的每一台计算机受到的损失达到 5000 美元以上才能提起民事诉讼；而第二类判解允许被害人就损害行为造成的多台计算机的损失累计进行计算。无疑是第二类判解的计算方式更易于使被害人有机会获得民事赔偿。鉴于在司法中出现的这种重大的判解分歧，2001 年修正案对 5000 美元的计算进行了新的规定，消除了认定上的差异。

2001 年修正案在（c）(4)(A) 款（i）项规定的第一种情形中增加了"在以美国联邦政府机关作的调查、起诉或其他程序中，损失是以犯罪行为所导致的 1 台或以上受保护的计算机的损害数额来计算"这一表述。② 新增的这一表述意味着可以对 1 台以上的计算机造成的损失进行累计计算的主体只能由美国联邦政府机关来进行。换言之，这种损失的计算方式只能存在于刑事诉讼中。根据 2001 年修正案的新规定，在民事诉讼中对 5000 美元的正确计算方式应该是被害人可以就被告人对单台计算机在一年内多次侵害造成的损失累计进行计算，而不能就被告人的同一个侵

---

① A. Hugh Scott, *Computer and Intellectual Crime: Federal and State Law*, Published by BNA Books, chapter 4, 76 (2006 Cumulative Supplement).
② 18 U.S.C. § 1030 (c) (4) (A) (i) (I) (2008).

害行为所造成的其他受保护的计算机的损失累计进行计算。① 经过 2001 年修正之后，使得民事诉讼和刑事诉讼的损失计算方式各不相同，也体现出了立法对于刑事犯罪打击力度的加强，其表现就在于保留了政府部门在计算损失时可以就犯罪人的一次行为造成的多台计算机的损害数额进行累计计算而比较容易入罪。在民事诉讼中，法条规定被害人只能就一台计算机受到的损失进行计算，但允许在该台计算机上多次遭到入侵所造成的损失在一年内予以累计。这一设计符合 1030 条（a）（5）款规定的打击重点，即"导致一台受保护的计算机遭受损害"。因此，从 2001 年修正案对（c）（4）（A）款（i）项修改后的规定来看，其并不要求 5000 美元的损失是对一台计算机的一次入侵而造成，其可以是在一年内对该台计算机多次入侵造成的结果。

（三）经济损害的认定：以 Getloaded 案为例

根据 1030 条（g）款的规定，因他人违反 1030 条而遭受损失的被害人提起民事诉讼可以请求损害性赔偿，停止侵害或者其他等同的救济。但是法条明确作出规定对于他人违反 1030 条而造成的计算机危害损失在一年内累计达到 5000 美元中的损失仅仅是限于"经济损害"（economic damages）② 这一规定可以被恰当的看作对提起民事诉讼的一个常备要求（standing requirement）。③ 因为大多数的民事赔偿请求都是以损失数额达到 5000 美元为依据而提起的。至于法条中所规定的"经济损害"的内涵为何，法条并没有就此在 1030 条专门定义术语的（e）款中作出说明。由于"经济损害"这一要求定夺着民事诉讼中对于损失计算是否可以被法院接受或采纳，因此对于这一术语的理解和判断就至为重要。在 1030 条（e）款对"损失"的定义中，规定损失的数额计算可以包括因行为人的非法入侵行为等而给计算机造成直接损失和间接损失。其中，尤为重要的是关于对间接损失如因计算机停止运行而带来的收入的减少等这些方面的费用在 5000 元起点数额中的构成。前述对造成计算机危害的章节分析中曾论及这些损失都可以在刑事案件中予以计算。在民事诉讼中，因为法条

---

① Pub. L. No. 107-56, § 814, 115 Stat. 382.
② 18 U.S.C. § 1030（g）（2008）.
③ A. Hugh Scott, *Computer and Intellectual Crime*: *Federal and State Law*, Published by BNA Books, chapter 4, 77 (2006 Cumulative Supplement).

明文规定了损失的计算以"经济损害"为限,故而与刑事案件中的计算方式不等同。至于"经济损害"的具体内涵,第九巡回上诉法院在对 Creative Computing v. Getloaded. com LLC 一案的判解中作出了详细的说明。下文通过对该案的具体考察来展现"经济损害"的判例意见。

1. 基本案情①

货运汽车司机与货运公司都设法避免出现"放空"(dead heading)的情况。所谓"放空"就是指货运公司的汽车在外出送货完成以后,空着汽车跑回程。汽车一旦处于运行状态,司机和公司都希望能够有货运输,从而带来更多的收入。在过去,货车司机和货主之间都是通过在黑板上张贴告知来相互实现运输要求。后来电视广告的出现代替了黑板报,但是运输信息的匹配效率依然不很高。计算机网络的应用却让这一状况彻底发生了改变,其中的信息交流不但快捷而且方便,使得各方都大为受益。原告方 Creative Computing 公司(以下称原告公司)成功地发展起来了一个名为 truckstop. com 的网站,其给运方和货方提供丰富的信息平台。该网站简便实用,货车司机只要使用其提供的"半径搜索"功能,几秒钟时间就可以获知周围数英里之内哪儿有货可运。由于该网站创始于互联网发展的早期且又功能发达,使得其在货运网络搜索行业中占据着支配性的地位。被告方 Getloaded 公司(以下称被告公司)决定与原告公司在这一行业开展竞争,但是其手段却并不诚实。在建立起货运搜索网站以后,被告公司企图占据原告公司更多的市场份额,但原告公司为了阻止被告公司的业务竞争行为而禁止被告公司访问其网站。被告公司的高管认为货运公司会使用相同的账号与密码登录他们两家搜索网站,于是被告公司的总裁帕特里克·赫尔(Patrick Hull)使用了在他们网站注册的一名货运司机的账号密码偷偷地访问进入了原告公司网站。同时,该公司的副总以一个子虚乌有的货运公司在原告公司网站进行注册,获得了访问该公司网站的账号与密码。②

被告公司采用的这种伎俩使得他们可以完全查看到原告公司开放给那些善意客户的所有信息。不但如此,被告公司的总裁和副总还对原告公司用于建立搜索网站的源代码进行攻击。微软曾发布该代码的补丁程序,但

---

① Creative Computing v. Getloaded. com LLC, 386 F. 3d 930, 931 (9th Circuit, 2004).
② Creative Computing v. Getloaded. com LLC, 386 F. 3d 930, 932 (9th Circuit, 2004).

原告公司尚没有在其网站上对该代码打上补丁。于是乎，被告公司的总裁与副总就通过没有打上补丁的后门攻入原告公司网站。得以进入计算机系统后，两名入侵者检索了原告公司网站的源代码，获取到数量巨大的"半径搜索"的特征信息。同时，被告公司还采用老式的策略对原告公司计算机系统进行未经授权的访问，其做法就是买通原告公司中的一名员工。该员工在原告公司工作，却不断地将该公司网站计算机系统中储存的几千名客户的机密信息等下载并邮寄到自己家中的邮箱账户上，最后再传送给被告公司。被告公司的这些行为被原告公司引起关注是在1999年的一次展销会上。原告公司发现被告公司所展示的一个程序与其开发的非常相似。几年之后，才发现其中的缘由。通过原告公司的调查，在被告公司文档中发现有原告公司其他员工署名的文件，以及同时查明上述被收买员工的不轨行为，并从他的工作计算机中发现了他传送客户信息等重要机密信息给被告公司的证据。于是原告公司向地方法院提起诉讼，声称根据计算机欺诈与滥用法的规定，被告的行为给原告造成了损害，要求被告予以赔偿。① 地方法院一审判处被告公司赔偿原告总计49万美元，并作出被告公司不得再访问原告公司网站等方面的禁止令。被告公司不服该判决，遂向第九巡回法院提起上诉。

2. 第九巡回法院的判解

在庭审中，被告公司提出的辩护理由是：根据1030条的规定，因损害导致的损失要达到5000美元的起点标准必须是每一次未经授权的访问行为所造成的损害数额都要达到这一要求才可以提起民事诉讼，而原告公司并没有提出证据说明每一次遭受到的非法访问行为都导致损失在5000美元以上。被告公司提出这一辩护理由的根据是以之前的几个地方法院的判解中提到的"5000美元的损失是由一个单独的行为或活动导致"以及参议院立法报告中的一段类似表述。不过原告公司也引用了几个地方法院的相反的判解，即5000美元的损失不须是单次行为造成。这实际上是前述的在2001年以前关于损失计算机方式的两种类别在原被告双方之间的立场体现。第九巡回法院在这一问题上认为："原、被告双方和我们都没

---

① 原告公司在提起的民事诉讼中还包括著作权侵害赔偿以及临时禁止令等方面的请求，但本案重点判决的是对损害的认定，尤其是"经济损失"的内涵，又因本书此处探讨的是民事赔偿中的"经济损害"概念，故而本书略去与此无关的原告其他诉求的内容与判解。

有找到有巡回法院在关于这方面的判解结论。"① 于是第九巡回法院从损害的原始定义以及到后来损失从损害中分离出来由立法加以单独定义这一演变过程来分析损害与损失的关系及其各自的内涵，最后得出分析结论：多次的入侵行为会导致一个单独的损害，多次对数据的讹误（corruption）可以被描述为对数据的单次损伤。法条并没有做出规定"一个损害必须是由一次入侵造成，或者对一个字节的讹误"。法院必须以立法的理性去解释法条。被告方的主张和对法条的解释显然是无益于立法的理性的，因为按照其理解，一名黑客可以通过实施几千次的造成4999美元或者几百万次的导致4美元99美分损失的入侵行为来规避1030条。因此，对于5000美元是以一年之内对侵犯的计算机造成的损失进行累计计算而非从单次的入侵来判断，这才是法条的目的。② 在作出损失计算机方式判断的基础上，第九巡回法院进一步对"经济损害"的意涵进行了分析和确立。

在二审中，被告公司提出一审法院没有按照1030条的规定将损害限制在经济损害的范围内，其判决显然有误。第九巡回法院认为，将不适当的损害包括在损失计算中是不允许或不被同意的。2001年修正案以前和之后到现在，1030条（g）款中对民事诉讼提起的损害赔偿要求都是将"一年之内累计达到5000美元以上的损失"限制在经济损害的范围内。被告公司反对把营业收入和商业信誉的损失也包括到损害之中并提出拒绝进行这些赔付。第九巡回法院认为被告的这一反对不具有说服力，因为这些损失都属于经济损害。在否决被告辩解的基础上，法院对"经济损害"的内涵作出了阐明：1030条（g）款在规定中划定的范围"限于经济损害"，排除了因死亡、身体伤害、精神损害等诸如此类的情况导致的损失。当违反1030条的行为使得私人个体或者公司企业的金钱或者财物在价值上受到损害，或者金钱、财物被弄丢失，以及必须要花出费用去恢复重建或维持某些方面的经营时，这些无疑都属于"经济损害"。③ 第九巡回法院在经过对其他诉讼项目的判定之后，维持了一审法院的判决。本案中最关键的是第九巡回法院首开先河地在巡回法院中解决了"经济损害"

---

① Creative Computing v. Getloaded.com LLC, 386 F.3d 930, 934 (9th Circuit, 2004).
② Creative Computing v. Getloaded.com LLC, 386 F.3d 930, 935 (9th Circuit, 2004).
③ Creative Computing v. Getloaded.com LLC, 386 F.3d 930, 935 (9th Circuit, 2004).

这一问题，明确了其内涵，厘定了其范围。Creative Computing 一案的判解结论表明因他人违反 1030 条而在商业经营收入和商誉上遭受损失的被害人可以就这些损失作为"经济损害"提起民事赔偿诉讼。① 第九巡回法院对"经济损害"的定义成为重要的判例，对后来案件具有权威指导作用。

3. 法院判解评析

从上述案例的判解可以看出，在关于"经济损害"的确立上，第九巡回法院的意见是凡是因违反 1030 条而给他人造成人身伤害或精神损害等这方面的损失皆不属于"经济损害"。只有与商业经营和物质财产有关的损失才能纳入经济损害的范围。其实，进一步审视第九巡回法院的判决过程可以发现，该院对于"经济损害"的理解和解释是基于法条的字面含义并以字典为根据作出的。该院在作出上述"经济损害"的定义时，在句末加了一个引注，其内容是法院引用参考的《布莱克法律词典》(Black's Law Dictionary) 中对"重要经济损失"的定义：包括收益的损失和商誉或营业名声的损失。② 在这一法律词典定义的基础上，第九巡回法院根据 1030 条的规定对"经济损害"的内涵作出了判定。经济损害这一概念之所以非常重要是因为在民事诉讼中当被害人以受到 5000 美元以上的损失作为依据时，就必须说明这些损失数额是属于经济损害。如果民事诉讼的原告因受到损失而提起赔偿救济请求时，不能够证明其受到的损失属于经济损害，则受理法院会根据 1030 条的规定对其诉讼不予支持。③ 这种情形在 Letscher v. Swiss Bank Corp. 一案中就有发生。原告方因为不能够对受到的经济损害作出有力举证，而且当时对于"经济损害"的内涵也存在着认识上的分歧，法院最后判决被告方胜诉。④ 因此，第九巡回法院的"经济损害"判解对于后续司法案件的审判指导具有重大意义。

三 民事赔偿的评价

1030 条（g）款作出的民事救济规定成为该条中的一个亮点，因为

---

① A. Hugh Scott, *Computer and Intellectual Crime*: *Federal and State Law*, Published by BNA Books, chapter 4, 77 (2006 Cumulative Supplement).

② *Black's Law Dictionary*, 8th ed., Thomson West, 552 (2004).

③ A. Hugh Scott, *Computer and Intellectual Crime*: *Federal and State Law*, Published by BNA Books, chapter 4, 77 (2006 Cumulative Supplement).

④ Letscher v. Swiss Bank Corp., 1996 WL 18309 (S. D. N. Y. Apr. 16, 1996).

1030 条在整体上作为规制计算机犯罪的刑事法律并存着民事责任。在国家刑罚权之外允许公民在受到计算机犯罪侵害的情况下通过民事手段进行私力救济，并且这种救济与刑罚处罚相并平行，这使得 1030 条发挥出更加强大的适用效力。势如洪水般泛滥的计算机犯罪在民事救济规定之前让美国的刑事司法机关处于难以应付的窘境。司法资源有限和其他更重要的刑事犯罪需要及时处置的多种现实，使得计算机犯罪在计算机社会化与大众化的过程中"高歌猛进"。由于计算机犯罪所侵害的对象大多是公司企业等商业或者金融行业中计算机化了的重要信息资料，并且计算机犯罪的主体既包括从外部入侵的黑客也涉及在内部作案的员工，呈现出复杂的样态，因而使得对计算机犯罪的刑事打击难度增大。同时，受到计算机犯罪侵害的对象出于经济利益的权衡和考虑往往也不愿意在公权力的介入下把自己存在的安全漏洞或风险等问题公之于众。特别是在刑事案件的处理模式下虽然制造损害的犯罪人受到了刑罚的惩处，但是被侵害者却大多要自我面对数额庞大的经济损失。法院的刑事判决之后，社会期待的正义得到了实现，而被害人所企盼的赔偿却不一定能够得到满足或慰藉。另外，如果计算机犯罪不是特别严重而没有科以重刑的可能性时，其就难以进入刑事程序。计算机犯罪人经常不会受到刑罚惩处，因为现行的量刑指南主要关注经济损害，由于这一损害难以计算而不能反映真实的危害。正是因为这些犯罪不会被判以严厉的刑罚，使得其很少被调查或指控。[①]

民事赔偿规定的设置，让计算机犯罪的被害人可以通过损害赔偿请求追偿自己所受到的经济损失，这极大地促进了相关被害人提起诉讼的积极性。只要他人因违反 1030 条而给自己造成损害导致损失且满足 (g) 款规定的情形，都可以对违法者苛以民事责任，而将大量的计算机未经授权或超越授权访问以及其他的非法行为等纳入民事案件中来予以处理。民事救济条款的设立不但给那些因他人违反 1030 条而受到侵害的私人个体提供了获得救济的权利，而且还增加了 1030 条在打击计算机犯罪方面的威慑价值。[②] 民事救济在 1030 条 (g) 款中的出现，对数量庞大而又与日俱增

[①] Cyber-Security Enhancement Act of 2001: Hearing on H. R. 3482 Before the Sub-commission on Crime, House Commission on the Judiciary, 107th Congress, at 8 (Statement of Susan Kelley Koeppen). 参见 http://www.house.gov/judiciary/davidson021202.html.

[②] 146 Congress Record S10, 916 (daily edition, October 24, 2000) (Statement of Sen. Leahy).

的计算机犯罪案件进行分流，为刑事机关办案降压减负，使之能够集中资源去惩治那些具有重大危害的恶劣计算机犯罪行为，而给被害人造成一般侵害的案件或者只是单纯的造成经济损害的案件则通过民事途径来完成。当然，1030条（g）款并不是一条关于刑事附带民事诉讼的规定，故而即使被害人提起了民事赔偿等方面的诉讼，如果该计算机犯罪行为仍有值得刑事处罚的必要，则依然可以由刑事机关提起控诉与审判。1030条作为美国联邦打击计算机犯罪最重要的刑法规定，在其中设置民事救济条款作为刑罚措施的有力补充，从一个侧面也体现出了将刑法作为最后手段来使用的辅助原则的立法精神。不过，对于民事赔偿条款在1030条中的设置，也有学者作出评价认为尚需要进一步的改进完善。

关于1030条（g）款的内容认为尚值得完善并提出了具体修改建议的观点，主要有以下两个方面。第一个方面是有学者认为在民事救济的规定中最重要的是1030条没有允许获胜的一方不需要承担案件的诉讼费用。[1] 法条无规定，法院就不得作出败诉方负责支付诉讼费的判决。这是因为美国最高法院在曾经的判解中指出，联邦法院在没有明确的法条授权以前不具有权力去判决胜诉方不需提交诉讼费用，这被称为"美利坚规则"（American Rule）。[2] 在《民事权利法》、《著作权法》以及《兰哈姆法》[3]（Lanham Act）等都规定了获得胜诉的原告方不用缴纳诉讼费。美国最高法院的判解认为这种在法律中规定诉讼费不需胜方支付的主要目的在于：（1）使那些在联邦讼案中缺乏足够财力的诉讼人有能力去聘请比较胜任的讼务律师；（2）鼓励辩护律师去接手那些通常比较复杂而又耗时的案件；（3）惩罚那些违反美国法律的人，同时也威慑其他人不再作出同样的行为。[4] 因此，在1030条中没有规定诉讼费用转移的条款，让许多违法者都不会受到惩罚，使得1030条所期望的积极性的私力救济将会得不到完全的实现。另外，刑事检察官又没有足够的时间、资源、专门的技能或者个人办案倾向来全力以赴地适用1030条。从联邦司法统计的数据

---

[1] Frank P. Andreano, The Evolution of Federal Computer Crime Policy: The Ad Hoc Approach to an Ever-Changing Problem, *American Journal of Criminal Law*, No. 27, 95 (1999).

[2] Alyeska Pipeline Serv. Co. v. Wilderness Soc'y, 421 U.S. 240 (1975).

[3] 《兰哈姆法》是美国《联邦法典》中主要关于商标权规定方面的一部法律。参见15 U.S.C. § 1051.

[4] City of Riverside v. Rivera, 477 U.S. 561, 577-79 (1986).

来看，单就 1997 年的一个会计年度内，有 2304 人是以电信或邮政欺诈法来指控起诉的，而适用 1030 条的只有 29 人。① 单靠刑事措施不足以有效制止计算机犯罪，而应该鼓励被害人提起民事诉讼来索回权利从而加强 1030 条的适用。鼓励民事诉讼的方式就是许可诉讼费用的免除，其是一种既实际又省时的替代公权力司法的良策。让违法者负担诉讼费等相关价值是极其有意义的，其将更加促进 1030 条的执行力，也有助于立法目标的实现。② 确实，应当在 1030 条中作出规定让违反本条规定导致损害者负责诉讼费用，否则在高额的诉讼费前会让很多本来就已经遭受重大损失的被害人只能望而却步。

第二个方面是关于对那些大众都可以访问的公开的计算机网络的保护中，民事救济所应关注的问题。从本书在前面对 1030 条的整体分析来看，其主旨都是围绕着"受保护计算机"的数据信息而展开其规制，该条在立法上的设计并不是用来保护那些储存于可供公共访问的网站中的信息。因此，有学者认为某些法院在适用 1030 条时将其解释为该条应该保护已经在公共网站上存在的信息这种做法存在着违宪的嫌疑。因为，1030 条制定民事诉讼条款就是为了给那些受到黑客入侵的真正的被害人以及那些计算机系统或者机密数据实际上遭到破坏的当事人给予救济。③ 为了确保 1030 条在将来得到更加恰当的适用，该学者主张对该条中的民事规定作出完善修改。首先，其考察了各州关于计算机犯罪的立法。到目前为止，50 个州都已经制定了各自的计算机犯罪法，在规制这些犯罪的细节上，有两个州的做法值得关注。这两个州即路易斯安那州和密西西比州，其计算机犯罪法中都规定了相同的条款：本计算机犯罪法不适用于那些"通过适当的方式泄露、使用、复制、转移或者访问信息的行为"。"适当的方

---

① Query the Federal Justice Statistics Database. 参见 http://fjsrc.urban.org/noframe/wqsq_freq.cfm?var1=FTSEC MSO &agency=AOUSC &value1='18_1030A','18_1030B' &saf=in&year=1997>。Cited from: Frank P. Andreano, The Evolution of Federal Computer Crime Policy: The Ad Hoc Approach to an Ever- Changing Problem, *American Journal of Criminal Law*, No.27, 95 (1999).

② Frank P. Andreano, The Evolution of Federal Computer Crime Policy: The Ad Hoc Approach to an Ever- Changing Problem, *American Journal of Criminal Law*, No.27, 97 (1999).

③ Christine D. Galbraith, Access Denied: Improper Use of the Computer Fraud and Abuse Act to Control Information on Publicly Accessible Internet Websites, *Maryland Law Review*, No.63, 366 (2004).

式"是指对公共使用或者公开展示的财产的查看。① 其次，该学者认为上述两州立法中的相同用语也同样可以增设在 1030 条中，以此来确保那些如使用程序机器人访问并使用储存在公共网站中的信息不属于违反 1030 条的行为。最后，该学者认为可以将 1030 条中的（g）款作出如下的补充：根据本法，对公开展示（public display）的网站计算机中的信息予以泄露、使用、复制、转移或者访问的行为不得提起法律诉讼。"公开展示"的含义是指开放给社会大众无须付费的信息，以及公众可以自由访问的因特网站中的信息。② 这种主张是基于宪法上的公民网络信息自由权而提出，目的是使那些已经开放的信息不受干扰地确保人们正常而自由地使用，因此其完善建议具有合理性。

综上所述，1030 条通过刑事惩治和民事救济相结合来规制计算机犯罪，形成了两条平行互补的处理模式。刑事惩治中以轻罪和重罪两种类别对计算机犯罪的刑事罪犯加以严厉打击，尤其是重罪刑罚具有很深的幅度和层次。刑罚惩治方式是规制计算机犯罪的应然和必然选择，对于遏制计算机犯罪具有不可否认的重要作用。但是就计算机犯罪的特点而言，刑罚并不是唯一选项。在国家公权力的刑罚介入调整之外，赋予公民以私力救济的权利对那些因他人违反 1030 条而遭受损害和损失提起民事诉讼。这种方式成为打击计算机犯罪及滥用行为的有力补充，也是计算机犯罪规制上的另外一种实然选择。民事救济的规定对于规制计算机滥用行为非常有效。③ 民事诉讼在 1030 条中的规定不但有效地减轻了刑事司法机关的办案负担，整合了司法资源，而且更重要的是通过民事赔偿等的设置和实施对于那些企图违反 1030 条的行为人具有很好的威慑作用。1030 条（g）款设置的民事救济中的赔偿规定要求违法者一旦给他人造成损害导致损失的，就必须承担相应的经济损害赔偿责任，这使得那些意图违法者在行为前不得不进行利益权衡，不敢轻举妄动，从而在一定程度上减少类似行为的发生。对于民事救济的提起，1030 条（g）款也规定了其时效限制：要

---

① La. Rev. Stat. Ann. §14：73.1（11）（West 2001）；Miss. Code Ann. §97-45-1（k）（2003）.

② Christine D. Galbraith, Access Denied：Improper Use of the Computer Fraud and Abuse Act to Control Information on Publicly Accessible Internet Websites, *Maryland Law Review*, No. 63, 367（2004）.

③ Shawn E. Tuma, "What Does CFAA Mean and why should I Care?" —a Primer on the Computer Fraud and Abuse Act for Civil Litigators, *South Carolina Law Review*, No. 63, 189（2011）.

求在犯罪行为受到追诉之日或者损害发现之日起的 2 年之内完成起诉，否则不予受理。这一规定有利于激励被害人及时地提起赔偿等请求，从而实现权利的有效救济。

本章小结

由于 1030 条中既有刑事犯罪方面的规定，又包含民事救济方面的条款，因而在计算机犯罪的责任后果上就表现为两种：刑罚惩处和民事赔偿。民事救济条款也是美国联邦计算机犯罪法的一大特色和亮点。通过使用民事救济条款，在国家刑罚权之外允许公民在受到计算机犯罪行为侵害的情况下通过民事手段进行私力救济，并且这种救济与刑罚处罚相并立平行，这使得 1030 条发挥出更加强大的适用效力。在刑事责任方面，1030 条规定了轻罪和重罪两种情况。其中非法计算机访问和造成计算机危害这两种犯罪中存在着单独构成轻罪和相应的刑罚类型，除此之外的犯罪行为既有轻罪也有重罪，且计算机诈骗全属于重罪。轻罪是非法计算机访问和造成计算机危害的基本犯罪，即没有发现其他既有的计算机犯罪或意图犯的情况。构成这些轻罪的刑罚是一年以下监禁以及并处或者单处罚金。在 1030 条规定的各项犯罪中都设置有重罪，构成重罪必须符合相关的重罪情节或者曾犯过 1030 条规定之罪。1030 条（c）款详细地规定了各项重罪的构成要求及其刑罚。本章对非法计算机访问、使用计算机诈骗和造成计算机危害的各种情形的重罪进行了全面的研究。由于造成计算机危害重罪中的诸多要件和刑罚结构的复杂，本章专门考察了造成计算机危害重罪设置的原因，最后从刑罚目的的报应和预防理论两个方面对刑事惩处进行了评价，认为 1030 条在刑罚的适用上无论是轻罪还是重罪既体现了报应，也包含着预防，因此用综合理论来解释更具有其合理性和说服力。

民事责任在 1030 条上的表现主要是经济赔偿。由于计算机犯罪是一种表现为通过技术性手段来实施的非暴力型犯罪，且导致的危害后果主要是给他人造成了经济上的损失，因此民事赔偿也成为对被害人加以救济的有效而必然方式。根据 1030 条的规定，只要行为人违反 1030 条中的任何一款，而造成的危害结果只要符合（c）（4）（A）款（i）项中所列 5 种情形的任何一个要求时，被害人即可以向法院提起民事诉讼。其中适用最多的是给被害人在一年之内造成损失累计达到 5000 美元以上这一类型。

在民事诉讼中，关于 5000 美元的计算，法条规定被害人只能就一台计算机受到的损失进行计算，但允许在该台计算机上多次遭到入侵所造成的损失在一年内予以累计。民事赔偿规定的设置，让计算机犯罪的被害人可以通过损害赔偿请求追偿自己所受到的经济损失，这极大地促进了相关被害人提起诉讼的积极性，有利于激励被害人及时地提起赔偿等请求，从而实现权利的有效救济。基于此，本书在第七章的比较研究中，对于中国刑法中规定的计算机犯罪的责任后果也进行了相应的建构，认为在我国刑法中对计算机犯罪建立民事赔偿救济制度应该是较妥之选择方向。

第七章

美国计算机犯罪规制与中国之比较

美国《联邦法典》第18编第1030条所表述的《计算机欺诈与滥用法》自1984年颁布以来经过不断地修正与完善之后，成为美国联邦规制计算机犯罪的重要法律武器。在1984年立法时作为《全面控制犯罪法》的一部分，《计算机欺诈与滥用法》所规制的直接对象还只是那些黑客一类的犯罪行为，表现出立法对于当时在概念上还很稚嫩的计算机入侵的打击态度。[1] 但随着计算机技术的进步，1030条在近30年来的发展中其规制范围逐渐扩大，特别是在1994年立法修正中确立了私力救济的民事惩治方式之后，更拓宽和加强了其适用的程度和力度。[2] 前面五章通过对1030条的产生与发展及对其中最重要的三种计算机犯罪行为规制的研究，展现出了美国联邦对计算机犯罪在刑事和民事方面的基本做法和具体内涵以及值得关注的犯罪规制特点。中国的计算机应用与相关的规制计算机犯罪的立法都要晚于美国，但是在全球化的时代浪潮下现今中国的计算机无论是在普及程度以及发展速度上都不逊于美国。不过，在规制计算机犯罪的法律方面，中国尚需要进一步的加强建设和完善。针对科技犯罪的立法需要一段时间的过程去了解和总结，在结合我国国情的基础上借鉴美国等法治前发国家关于计算机犯罪的立法，可以避免我们走不必要的弯路和付出无须的代价和成本。同时，鉴于计算机网络的国际性特征，立法上的同步和同态有利于我们加强国际合作以及建立平等的对话基础，更有利于全

---

[1] Ctrus Y. Chung, The Computer Fraud and Abuse Act: how Computer Science can help with the Problem of Overbteadth, *Havard Journal of Law & Technology*, No. 24, 236 (2010).

[2] Luther T. Munford and G. Todd Butler, The Computer Fraud and Abuse Act, *The Mississippi Lawyer*, 17 (2010).

面彻底地遏制计算机犯罪。本章首先对美国计算机犯罪规制的特点进行归纳，然后再对中美之间在计算机犯罪规制上的相同之处作出比较分析，最后相应地提出中国计算机犯罪法的完善对策和进路。

第一节 美国计算机犯罪法规制的主要特点

计算机犯罪属于新兴的犯罪形态，其随着计算机的出现而产生。纵观世界各国与地区在适用法律手段来规制计算机犯罪大体上都历经了一个从传统刑法到专门立法的过程。美国作为计算机和计算机犯罪的发祥地，在其对计算机犯罪的规制上更是体现了这一法律适用的特殊历程。1984年《计算机欺诈与滥用法》的诞生成为美国联邦打击计算机犯罪的一个里程碑式的事件，从此联邦司法机关不再"左顾右盼"于美国法典中的其他传统的刑事法律，也从此摆脱了无"法"适用或有"法"难用的窘境，开始了以专门的计算机犯罪法来打击计算机犯罪的征程。正如在前文的立法考察中所提到，1984年立法内容比较简单也不易于司法操作，但是其作为一个开创性的法条，一种从无到有的实现，无论对其作出怎样的褒赞都不足为过。《计算机欺诈与滥用法》在1988年正式"入住"美国《联邦法典》，作为专门规定刑事法的第18编的一个"家族成员"，位列第1030条。1030条自1986年第一次修正案开始到2008年第五次大的修正案结束，历经了多次变化和完善，形成了丰富成熟的法条规制体系。本书在前面几章中重点就1030条规制的三个基本罪行展开了深入细致的研究分析，下面就1030条的整体内容进行归纳总结，阐述美国计算机犯罪规制的特点。这些特点主要有以下八个方面：法条随技术发展而修正完善；行为类型的区别划分；计算机诈骗的特别规定；计算机危害后果的不同设置；民事救济措施的补强规定；法条与判例术语的规定及丰富；行为犯与结果犯的并行设定；法院判解结论法律条文化等。

一 犯罪的行为构成随计算机技术发展而不断修正

美国在对计算机犯罪进行规制的过程中，根据计算机技术的发展而不断应时应景地加以修正和完善，特别是不断根据计算机技术的发展形态来厘定犯罪的构成要件是其重要的一个特点。在构成要件的确立中，对行为要件的不断充实完善是最突出的特点。如前文所述，美国联邦计算机犯罪法对犯罪的行为要件主要分为三个基础类别：访问行为（分为未经授权访问和超越授权访问两类）、传播行为和破坏行为。法条和司法判解正是围绕这三大基础行为对计算机犯罪的行为构成，根据技术的变化而不断加以修正。计算机技术的发展和进步衍生出计算机犯罪的发生与变化。随着科学研究的不断深入，在技术层面上对计算机犯罪的防范和处理虽有一定的成效，但却无法完全克制和消除，有时甚至表现为防不胜防。因此，从法律的层面，尤其是从刑法上启动刑事惩罚对计算机犯罪行为予以有效的打击便成为社会重要的选择和采取的主要的措施。

通过前述第二章的研究表明在遏制计算机犯罪这一问题上，需要不断的认识和实践的探索，经过不断的修正和补充才能使法律更加完善，才能更加合理地组织对这类犯罪的反应，更好地实现对这类犯罪的规制。从1984年立法开始到2008年为止，1030条历经了大大小小8次修正，这些修正都是根据计算机技术的不断发展而作出的法条补充和完善。在如今这样一个商业发达的社会，不能懒惰地坐等着希望那些模糊的且经常是过时了的法律中的错误得到纠正或者改造。制定并执行新的计算机犯罪法，最终又对之加以修正，代表着在信息社会中社会紧急需要的一个基本的反应。① 现代科技的发展和电子技术的不断进步，使得计算机犯罪的形式和手段不断翻新变种，这就要求规制这一类型犯罪的刑事法律不能故步自封，必须与时俱进，通过与司法实践相结合而不断地对法条内容作出调整，这样才能够真正地实现有效的犯罪规制。针对近年来计算机技术发展速度实在太快的情况，美国有学者甚至建议在国会和司法机构之外，成立一个专门的由计算机方面的专家为成员的行政机构（类似于为惩治金融犯罪制定法条的证券交易委员会等做法），来专门制定计算机网络犯罪行为要件等方面的法条，以便于更好更准地打击这类犯罪。② 同时，也有学者从当前云技术和云储存的角度出发，讨论《计算机欺诈与滥用法》适用的精准性，主张进行相应修改，使得该法在针对数据云方面有更加明确的

---

① Douglas H. Hancock, To What Extent Should Computer Related Crimes be The Subject of Specific Legislative Attention? *ALB. L. J. SCI. & TECH.*, No. 12, 124 (2001).

② Ric Simmons, The Failure of the Computer Fraud and Abuse Act: Time to Take a New Approach to Regulating Computer Crime, *George Washington Law Review*, No. 329, 12 (2016).

规制，确保如云数据的无害使用者不会遭到类似对黑客的非难和追责。① 虽然在目前这还只是个别学者的主张，但也反映出计算机犯罪立法发展，特别是关于行为构成的规定应该紧随技术进步而实现规制的精准性要求。

总之，美国在计算机犯罪法的修正中对行为构成的确立通过立法和司法判例一如既往地紧随时代发展，从而使得在规制计算机网络犯罪的过程中始终成为联邦的一件利器。科技型的犯罪带有强烈的时代气息，在社会的发展中会不断地升级翻新。技术的发展将进一步改变计算机的世界，也必将进一步促使规制计算机犯罪的立法作出新的调整。但是就基本的刑罚原理而言，不会因技术的进步和犯罪样态的改变以及法条的修正而受到强烈的冲击。实际上，立法的更改是为了更好地实现刑罚的要求，达到理想的刑罚目的。美国关于计算机犯罪的立法与发展过程及其根据犯罪的行为构成而制定的不断繁细而且厉严的法条也充分地证明了这一内在的刑罚目的要求。

二　行为类型的区别划分

在人机互动的操作界面下，计算机的主要功能模式是提供访问，因此在计算机犯罪中的行为最基本的就是涉及访问的问题。《计算机欺诈与滥用法》从（a）（1）款到（a）（7）款中，都有关于"访问"的规定。虽然"访问"是"计算机欺诈与滥用法"中的重要概念，但法条并没有明确对其予以定义，留给判例对其加以说明。② "访问"一词在计算机犯罪法中被认为是一个主动式的动词，意思是"获取路径进入"。因此，如果被动地接受来自其他计算机的信息——但该信息不是通过直接访问那台计算机获取，也没有唆使他人去访问那台计算机，与其他人也没有代理关系——就不属于"访问"，即使接收者知道信息来源于那台计算机。③ 虽然"访问"是《计算机欺诈与滥用法》中重要的并且是基础性规定，但并不能直接从"访问"本身判定其是否构成计算机犯罪。因此，该法对

---

① Amanda B. Gottlieb, Reevaluating the Computer Fraud and Abuse Act: Amending the Statute to Explicitly Address the Cloud, *Fordham Law Review*, Volume 86, 767, (2017).

② A. Hugh Scott, *Computer and Intellectual Crime: Federal and State Law*, Published by BNA Books, 4-16 (2006 Cumulative Supplement).

③ Role Models America, Inc. v. Jones, 305 F. Supp. 2d 564-68.

"访问"行为构成犯罪的情形划分为"未经授权"(without authorization)和"超越授权"(exceeds authorized access)两种。只有"未经授权"或"超越授权"访问计算机的行为才会受到《计算机欺诈与滥用法》的规制。于是,问题的核心就在于如何界定"未经授权"与"超越授权"。《计算机欺诈与滥用法》(e)(6)款对"超越授权"作了如下定义:获得授权访问计算机,访问者利用授权访问去攫取或修改计算机中的信息,这种信息的攫取或修改并没有被允许。[①] 在前文关于1030条的立法发展研究中表明,"超越授权"的定义并非一开始就存在,而是后来在1986年立法修正时从冗长的原句表述中提炼出来的精要概念。

关于"未经授权",立法选择了保持缄默,没有明确其义,将化解问题的任务交给了司法实务。通过近三十年来的司法发展,目前在美国关于构成1030条中计算机犯罪"未经授权"的访问主要确立了三种基本方式来认定。由于每一台计算机的硬件和软件装配都允许其机主对使用者设置使用的权限。这种根据计算机的机体功能设置使用者权限的方式为:程序编码设限,即通过设置一定的程序或账号密码来对使用者的访问行为予以限制。此外,计算机的机主或相关权利人还可以通过设定使用者服务协议来对访问行为作出限制。在司法实践中除了上述两种由计算机的权利人设置访问限制外,法院还根据代理人法则来判断访问行为是否为未经授权。这些限制或判断就意味着计算机的使用有三种可能构成滥用的行为:一是规避基于程序编码设定的限制;二是违反服务协定的限制;三是在访问计算机过程中不符合代理人法则的要求。[②] 规避程序编码设定的限制而构成的未经授权访问成为法院认定刑事案件的标准。著名的莫里斯病毒案审判形成的判例意见是:行为人虽然有账号或被授权登入计算机网络,但其故意使用有权访问的计算机去登入其他计算机,而这些计算机他根本没有账号或权限登入,此行为构成"未经授权"访问。[③] 这一判决对后来关于"未经授权"的认定影响深远。"未经授权"与"超越授权"的划分成为美国计算机犯罪行为类别的两种基本方式,司法也是基于这两种犯罪行为而展开刑法的问责。

---

① 18 U.S.C. § 1030 (e) (6) (2008).
② Orin S. Kerr, *Computer Crime Law*, 2nd ed., West, a Thomson business, 40 (2009).
③ United States v. Morris, 928 F. 2d 504 (2d Cir.), *cert. denied*, 502 U.S. 817 (1991).

三 打击计算机犯罪实施严而又厉的刑事政策

从美国对计算机犯罪不断修正和完善的发展历程可以看出,美国联邦对计算机犯罪的打击始终保持高压态势。① 除了法条范围不断拓宽和法条内容逐步细密之外,从主观要件和犯罪结果的设定以及在犯罪类型的特别设置上都无不显示出美国立法机关对计算机犯罪严而又厉的刑事规制政策,比如计算机诈骗的规定和犯罪危害结果的设定。在计算机诈骗的规定上以"任何有价值之物"的特殊处理方式来涵括其他法条难以规制的犯罪类型。在危害结果的设定上不但将其区分为损害和损失,还分别对导致损害和损失的主观要件规定了轻率以及严格责任。通过不同的主观要件要求来表明立法对不同犯罪形式的容忍程度,充分体现出立法规制在刑事政策上的区别。我国刑法关于计算机犯罪的规定无论是在行为的主观方面还是在危害结果的划分上基本上都是遵循传统犯罪的模式来设置的,并没有体现出犯罪打击的严厉性和彻底性。另外,在计算机诈骗上更是没有做出规定。随着2016年12月27日我国《国家网络空间安全战略》的发布②,我国关于计算机犯罪的打击也必将进一步收紧收严。这种"紧"和"严"体现在对计算机犯罪这种技术型犯罪的规制上,就是以更加严密的法网、更为严格的构成要件和更为苛厉的刑罚方式来惩治。比如在其行为构成(如传播等)和主观要件以及危害结果等方面的设定上以现有相关法律规定为基础,借鉴严格责任等理论来进一步建构③,以严又厉的模式更好地遏制这类犯罪。

四 计算机诈骗的特别规定

计算机诈骗不但在大陆法系主要国家如德国和日本的刑法中有专门规

---

① 2016年2月,美国发布《网络安全行动计划》,提出在新的时代条件下加强网络安全的行动方案,其中对于打击计算机犯罪、确保个人隐私安全等方面的应对策略强调出"严打"和"严保"的政策安排。参见 The White House Office of the Press Secretary, Cybersecurity National Action Plan (CNAP), February 09, 2016, https://www.whitehouse.gov/the-press-office/2016/02/09/fact-sheet-cybersecurity-national-action-plan.

② 《国家网信办2016年12月27日发布〈国家网络空间安全战略〉》,http://www.cac.gov.cn/2016-12/27/c_1120195926.html.

③ 关于计算机犯罪中的传播行为用严格责任来加以确立的主张,参见拙文《网络淫秽物品传播的界定及监管》,载《南京邮电大学学报》(社会科学版)2017年第1期。

定，在英美法系的美国刑法中也有独特的法律体现。在前述关于使用计算机诈骗的章节中的研究已表明，美国刑法关于计算机诈骗的规定在《计算机欺诈与滥用法》中，也即1030条（a）（4）款，触犯该款都构成重罪。根据该款的规定，构成计算机诈骗主要包括以下几个要件：第一，行为人未经授权或超越授权而故意访问受保护的计算机；第二，访问的目的在于实施诈骗；第三，行为人通过访问行为进一步骗得任何有价值之物（anything of value）。但所骗取的有价之物只包括计算机的使用，且该使用的价值在一年之内没有超过5000美元的除外。① 值得重点关注的是其中关于"任何有价值之物"与"使用计算机"的价值作为诈骗对象这两个规定。如前文分析所指出，"任何有价之物"并没有在法条中作出明确的规定，但在美利坚诉库宾斯基案中涉及对这一问题的判解。立法的历史进一步支持我们对"任何有价之物"这一用语的理解。在法律解释中，法条语言是最后的王牌，法律起草者的评论仅仅是其与1030条（a）（4）款的语言平常意义一致的时候才可采信。② 法院否决了关于库宾斯基仅有的未经授权访问的行为构成计算机诈骗的起诉。美国国会认为，制定1030条（a）（4）款目的在于惩罚那些企图窃取有价值的数据的行为，而不是希望去处罚那些单纯的未经授权的访问。③ 库宾斯基案形成的判解是：单纯的未经授权访问行为不能一般地被理解为"任何有价值之物"，否则其就会与作为轻罪处理的1030条（a）（2）款未经授权访问的规定相混淆。

在美国联邦计算机犯罪法中将"使用计算机"的价值作为诈骗获取之物来加以对待，是其与其他国家刑法规定计算机诈骗的差别之处，也是其特点之一。美国作出这一规定是20世纪80年代计算机使用经济的遗留物。在那个时候，计算机刚开始投入社会生活的一些重要部门，如政府机关和金融商业部门以及高校科研院所等，其不但数量比较稀少而且在使用中又会产生相当大的经济价值。未经授权访问者使用计算机会给机主增添费用。在1030条（a）（4）款的立法中以使用计算机的价值作为获取之物这一限制，是为了把计算机诈骗与未经授权访问相区别。④ 这种立法做

---

① 18 U.S.C. § 1030（a）（4）（2008）.
② United States v. Czubinski, 106 F. 3d 1069（1st Cir. 1997）.
③ 132 Cong. Rec. 7128, 7129, 99th Cong., 2d. Sess.（1996）.
④ S. Rep. No. 99-432, at 10（1996）, repeinted in 1986 U.S.C.C.A.N. 2479, 2488.

法一方面在于保持 1030 条（a）(3) 款与（a）(4) 款在适用上能够达到衔接一致，另一方面又根据情节的轻重情况予以不同的处理，故而在"使用计算机"的价值上作出了以 5000 美元为分水岭。在前述库宾斯基案的判决中单纯的未经授权访问行为不构成计算机诈骗。但如果未经授权访问行为所涉及的计算机使用价值在一年超过 5000 美元，则又符合计算机诈骗的规定。总而言之，1030 条（a）(4) 款所规定的计算机诈骗在涵摄范围上相当的广泛，这主要表现在：只要是以意图骗取财产的目的而未经授权或超越授权访问计算机就可以被论处计算机诈骗。这是因为法条规定所获取的财产是"任何有价值之物"，使得这一结果要件成为一个大口袋，除了单纯地使用计算机在价值上不超过 5000 美元外，可以将那些意图以非法访问而进一步骗取任何财产的行为认定为计算机诈骗。这种规定方式与德国等相比，没有细致化地规定行为人需要制作或使用不实的计算机程序或数据等，而只设定了未经授权或超越授权的访问行为，具有诈欺他人财产的目的即可，至于获取财产的方式没有做出规定，这也显示出美国计算机犯罪法在计算机诈骗的规制上更加严厉和广泛。

五　设立不同内涵的犯罪危害

绝大多数的犯罪行为一般会造成一定的危害结果，计算机犯罪更是如此。本书第五章在研究计算机危害结果时曾论述到在 1030 条中关于计算机犯罪危害的条款是除了非法访问（未经授权与超越授权）与计算机诈骗以外的第三个最基本的计算机滥用的规定。的确，在计算机犯罪中，存在的两大重要结果形态就是侵犯他人财产和导致他人计算机的危害。在造成计算机危害的规制上，1030 条从不同的层次和角度予以规定和处理。根据 1030 条（a）(5) 款的内涵，计算机犯罪的危害被设定为两种类型。第一种类型是未经授权的损害，其主要规制传播计算机病毒等类似行为而导致的危害。具体规定为：故意导致程序、信息、代码或者命令的传播，进而未经授权故意损害受保护的计算机。[①] 此处的未经授权不是指访问，而是指损害。也就是说，只有未经授权的故意损害才构成本条款规定的犯罪，获得授权的损害不受追究，至于损害的前行为（传播有害性程序等）是否为授权则在所不问。获得授权的损害是可能存在的，比如，雇员

---

① 18 U.S.C. § 1030 (a) (5) (A) (2008).

受权对雇主的计算机信息进行加密，在信息加密的行为过程中就包含有损害，因为其削弱了加密信息的可用性。① 第二种类型是未经授权访问计算机导致危害。首先强调访问行为是未经授权，至于危害的情形又分为两种。其一，未经授权而故意访问受保护的计算机，进而轻率地导致损害。② 其二，未经授权故意访问受保护的计算机，进而造成损害与损失。③

从上述第二类型规定的危害中可以看出如下一些差别：1. 在这一类型的危害中，对访问的要求只是"未经授权"，而不包括"超越授权"。2. 危害的种类不同。1030 条（a）（5）款（B）项规定导致的危害只包括损害（damage），而 1030 条（a）（5）款（C）项规定导致的危害不仅是损害还包括一定的损失（loss）。如前文第二章所述，2001 年第四次修正案把"损害"与"损失"分别定义，其目的在于更能有效地区分危害后果和实现苛责上的更加合理。3. 造成危害的主观要件不同。1030 条（a）（5）款（B）项要求行为人造成损害主观上是出于轻率，而（C）项对造成损害和损失没有主观上的要求，而是适用严格责任。因此，综合 1030 条（a）（5）款（A）（B）（C）三项关于主观要件的规定，其分别要求为故意、过失（轻率）以及严格责任，充分体现出了立法规制在刑事政策上的区别，对计算机犯罪的危害予以不同的对待和更严厉的打击。将计算机危害的后果作出"损害"和"损失"两种不同的设定，对于打击计算机犯罪的行为更具有针对性和评价性。因为，从 1030 条（e）款对"损害"和"损失"两种不同内涵的定义中可以看出，"损害"的评价是以计算机软件和硬件本身为基础，而"损失"则是在"损害"的基础上考察这一结果的出现给被害人造成的经济上的减损。正是根据这一分析进路，本书在第五章的研究中认为"损害"是计算机犯罪的直接危害后果，而"损失"是其间接的危害后果。应该说，设立"损害"和"损失"两种不同内涵的犯罪危害后果和对之进行专门的罪刑评价方式，成为 1030 条在计算机犯罪规制上的又一个重要特点。

---

① Orin S. Kerr, *Computer Crime Law*, 2nd ed., West, a Thomson business, 80 (2009).
② 18 U.S.C. § 1030 (a)(5)(B) (2008).
③ 18 U.S.C. § 1030 (a)(5)(C) (2008).

六 确立民事赔偿的补强措施

民事救济作为 1030 条的一大亮点并与刑事条款相并列是在 1994 年修正案中确立的，增设为 1030 条（g）款。① 在刑法条文中同时规定详细的民事赔偿条款，这在其他国家刑法关于计算机犯罪的规定中并不多见。根据 1030 条（g）款的规定，在计算机犯罪中遭受"损害或损失"的被害人可以提起民事赔偿。但是，因犯罪造成的损害必须符合 1030 条（c）（4）（A）款（i）项中列举的五种情况之一：1. 一年之内给一人（包括法人）以上造成的损害累计 5000 美元以上；2. 修改或破坏（或潜在的修改与破坏）与医疗检查、诊断、治疗或一人以上的护理的数据信息；3. 造成人身伤害；4. 对公共卫生或安全造成威胁；5. 对使用于国防、国家安全或司法行政部门的计算机造成损害。② 如果违犯"计算机欺诈与滥用法"所造成的危害不在上述五种情形之中，则不能够启动民事赔偿程序。对于按上述规定进行民事赔偿的具体适用，在法院的判例中形成了如下的判解。虽然被害人必须主张其受到的危害符合 1030 条（a）（5）款（B）项中列出的五种情形之一才能提出民事赔偿要求，但并不需要确切地指出行为人违犯了（a）（5）款，也不需要指明受到的"损害"与 1030 条（e）（8）款规定的一致。③ 在提起民事救济的主体范围上，受到民事侵害的被害人不必是受到非法访问的计算机的所有者，因为民事救济延伸到计算机犯罪中遭受损害或损失的任何人。④ 通过法条的规定和法院判例的不断丰富，1030 条（g）款中所规定民事救济在实践中得到了非常广泛的适用。

为了更加明确民事救济的范围，2001 年修正案又对民事赔偿的规定作了部分的修改：由于计算机硬件、软件或韧体的设计或制造上的错失而造成的损害不能够根据 1030 条（g）款提起民事赔偿。作出这一规定是为了区分不同的责任追究方式。因为计算机制造或设计不当而造成的损害属于产品瑕疵，不是由于行为人违反 1030 条中的规定所导致，故而不能按

---

① Violent Crime Control Act, Pub L. No. 103-322, § 2900001（d）（1994），108Stat. 2098.
② 18 U. S. C. § 1030（c）（4）（A）（i）（2008）.
③ Southwest Airlines Co. v. Farechase, Inc., 318 F. Supp. 2d 435, 438 - 39（N. D. Tex. 2004）.
④ Theofel v. Farey-Jones, 359 F. 3d 1066, 1078（9th Cir. 2004）.

照该条提起民事诉讼。被害人以 1030 条为依据而提起民事赔偿的请求只能是由于遭受到计算机犯罪行为的侵害而提出。民事救济规定的出台，最大的优益之处是减轻了刑事司法机关的办案负担和较好地实现了对计算机滥用行为的遏制。虽然刑事惩罚具有很强的威慑作用，但毕竟这一规制手段在作用范围上比较有限。在设置了民事救济的规定后，被害人被赋予了提起经济赔偿诉讼的民事权利，自己受到的损失可以从加害人处得到赔偿和弥补，从而极大地增强了被害人对计算机犯罪行为的对抗公开性和积极性。民事赔偿措施的实行，使得那些企图实施计算机犯罪行为而触犯到 1030 条的行为人认识到必须要为自己的损害行为付出重大代价，如果是得不偿失，其就会放弃犯罪行为。这在一定程度上达到了震慑犯罪，预防犯罪的目的。另外，1030 条关于民事赔偿的请求也规定了时效的限制：要求在犯罪行为受到追诉之日或者损害发现之日起的 2 年之内完成起诉，否则不予受理。

七　法条专门定义相关术语

计算机犯罪法是技术与立法的结合，通过立法来规范和保证技术的恰当使用。计算机犯罪本身的复杂性和计算机立法的严谨性决定了其法条用语的审慎性。一般的法条语言都比较通俗易懂，但计算机犯罪立法中的有一些专门术语则比较难理解，其与大众生活中的用语并非完全相同。正如前文第二章所述，在 1986 年修正案中有些学者批评"立法没有对条文中的重要术语进行专门的定义，因为其还没有形成大家普遍接受的法律概念。"[1] 在后来的修正案中，美国国会逐渐地完善了这些术语的定义，强化了各种术语在法条中的内涵。截至目前，1030 条（e）款一共对 12 个相关术语给出了立法上的定义。将计算机犯罪中的这些专门的术语在法条中作出定义成为 1030 条的一个重要特色之一。这些术语包括"计算机""受保护的计算机""州""财政机构""财政记录""超越授权""美国政府中的部门""损害""政府机构""犯过罪""损失"以及"人"等。立法对这些术语的定义不是简单地给出概念，大多都比较详细地罗列出具体的涵摄范围，以避免司法在适用时产生不必要的争议，引起案件处理上的

---

[1] Tompkins & Mar, The 1984 Federal Computer Crime Statute: A Partial Answer to a Pervasive Problem, *Computer L. J.*, No. 6, 475-76 (1986).

不一致，从而徒增麻烦。鉴于有些术语的定义在前文中已有说明，这里主要阐述"计算机"、"政府机构"以及"犯过罪"这三个术语在1030条中的定义。

（一）计算机

在计算机犯罪的语境中，"计算机"一词的含义相当重要。虽然这是一个使用非常普遍的词语，但其含义却因人而异。① 在英美法系主要国家的计算机犯罪立法中，对于"计算机"的概念采取了两种处理模式。第一种是英国、澳大利亚以及加拿大所采取的对其不予定义的做法。英国法律委员会认为试图对"计算机"作出定义既没有必要，也是一种比较愚蠢的做法。因为要对计算机作出包罗万象（all-encompassing）的定义将会使其变得非常复杂，且其会随着电子技术的发展而受到影响并会显露出其定义精准性和完整性的缺陷。② 第二种则是美国模式：对"计算机"规定出一个全面的概念。③ 1030条（e）（1）款将"计算机"定义为：计算机是指具有执行逻辑、数字或储存功能的各种电子、磁性、光学、电化学的或其他的高速数据处理设备，同时还包括任何具有数据存储或通讯功能的直接与上述设备相关或与其相连接而运作的装置，但这一定义不包括自动打字机或排字机，便携式掌上计算器或其他类似设备。④ 在美国的立法中，对"计算机"作出专门的定义实际上在雷比科夫提案中一开始就存在，后来继续进行计算机犯罪法提案的内尔森也沿袭了这一做法，只不过是对"计算机"的定义加以了改进。⑤ 给计算机下一个严格的定义的主要优点在于确定性，特别是用于区分那些容易引起歧义的设备的情形。但从这一定义中我们也可以看出，其可能导致的问题是涵盖面会过宽。这一问题实际上是留给法院以上述定义为基准再结合实际情况以判例方式来解决了。

（二）政府机构

在"计算机欺诈与滥用法"中，专门对"政府机构"予以定义，这

---

① R. v. McLaughlin [1980] 2 SCR 331 at 338 per Estey J.
② Stefan Fafinski, Access Denied: Computer Misuse in an Era of Technological Change, *The Journal of Criminal Law*, 430 (2006).
③ Jonathan Clough, *Principles of Cybercrime*, Cambridge University Press, 52 (2010).
④ 18 U.S.C. § 1030 (e) (1) (2008).
⑤ John Roddy, The Federal Computer Systems Protection Act, *Journal of Computers, Technology and Law*, No. 7, 352 (1980).

主要是因为这里的"政府机构"具有特殊的内涵。1030条（e）（9）款对"政府机构"的定义为：政府机构包括美国联邦政府、各州政府以及美利坚的特别行政区、外国政府以及外国政府的州、省、直辖市或其他的特别行政区。将"政府机构"解释为既包括国内也包括国际，是对1030条（a）（5）（B）款的进一步扩充。因为该款规定计算机犯罪对政府机构造成危害而须予以刑法规制，故而"政府机构"这一定义就更加全面广泛地把违反这类型的犯罪囊括其中。

（三）犯过罪

"计算机欺诈与滥用法"关于计算机再犯的处罚规定涉及"犯过罪"。[1] 在美国计算机犯罪的定罪量刑中，对"犯过罪"的，将会受到更严厉的惩罚，甚至直接就规定为重罪。因此，"犯过罪"这一要件对行为人的判决影响重大。1030条（e）（9）款将"犯过罪"定义为：犯过罪除了指犯过联邦计算机犯罪法规定的罪以外，还指未经授权或者超越授权访问计算机并根据各州刑法被判刑且被监禁1年以上之罪。[2] 这一规定实际上是在打击联邦计算机犯罪的过程中同时也把各州规定的计算机犯罪结合在一起，对犯罪人施以严刑峻罚。

八 行为犯与结果犯的并行设置

刑法对犯罪的评价和苛责一般都是通过对行为人所造成的危害结果来进行。但是由于犯罪的存在形态多种多样，有些犯罪行为不一定需要有结果的产生即会对被害人和社会造成危害，因而法律则直接以其犯罪行为作为刑事惩罚的认定基础。换言之，在刑事法的规定和理论的建构上都存在着行为犯和结果犯的划分。行为犯不论是否产生危害结果，只要有法条规定禁止实施的行为存在就可以启动问责程序，而结果犯则需要有犯罪的危害结果产生才能据以定罪处刑。计算机犯罪的科技性特征决定了这类犯罪行为危害形态的多样性，即有些计算机犯罪行为只要一实施就会导致或造成侵害或危害，而另一些的犯罪行为只有在造成损害性的后果之后才可以符合法条规定的犯罪成立要件。1030条在计算机犯罪的设定上根据侵害对象的不同对行为犯和结果犯作出了明确的区分。根据1030条（a）

---

[1] 18 U.S.C. § 1030 (c) (1) (2) (3) (2008).
[2] 18 U.S.C. § 1030 (e) (9) (2008).

(3) 款的规定，凡是故意未经授权访问非属于公共的美国联邦政府机关或机构的且只能由政府部门排他性使用的或属于政府部门使用的计算机的，即属于该条规定的犯罪。①

这一规定表明，只要行为人实施了未经授权的访问，无论其是否获得了数据信息等，就符合本款规定的犯罪的构成要件。因此，(a)(3) 款也就成为 1030 条中规定行为犯的法律条文，而其他条款都是关于结果犯的规定。(a)(3) 款作为行为犯的规定其主要目的是保护美国的各级政府机关的计算机以及非属于政府机关，但被政府机关所使用的计算机，只要行为人故意未经授权地访问这些计算机，就构成该款规定之罪。由于 (a)(3) 款的规定存在，故而在行为人触犯 1030 条 (a)(4) 款的犯罪中，只要是涉及对政府部门计算机的故意未经授权访问，在没有其他任何结果的情况下，即可按照 (a)(3) 款论处。因此，在计算机诈骗犯罪中，如果侵害对象是政府部门的计算机，则会存在处罚单纯的侵入行为，即没有获得授权的与任何政府部门计算机的交互反应都是犯罪。② 行为犯与结果犯的区别划分体现了美国立法机关对于某些特殊的计算机的专门保护，形成了有区别的规制进路。

九 法院判解结论法律条文化

一般的观念都会认为在英美法系中，法官据以判案的理由是以之前的法院尤其是比自己层级要高的法院在类似判决中作出的结论，故而才将英美法系称为判例法。正如在前文中所述，英美法系虽然秉行判例法的传统，但是在刑事法方面的判例在现代则不再创造新法，而是根据已有的刑事法律规定作出判决，刑事法的制定由立法机关完成。③ 这些以刑事法条为基础作出的判决结论可以作为后面法院据以断案的依据或理由，这就是现今英美法系判例法在刑事犯罪方面的操作模式。正是因为判例不再创造新的刑事法，故而在早期计算机犯罪的打击中，美国的法院并没有形成关于惩治计算机犯罪的判例法，而是适用传统刑法，在后来美国国会通过专

---

① 18 U.S.C. § 1030 (a) (3) (2008).

② Jonathan Clough, *Principles of Cybercrime*, Cambridge University Press, 39 (2010).

③ Douglas H. Hancock, To What Extent Should Computer Related Crimes Be The Subject of Specific Legislative Attention? *ALB. L. J. SCI. & TECH.*, No. 12, 97-98 (2001).

门的计算机犯罪法之后才形成了一些具有重要影响的判例。作为惩治计算机犯罪的 1030 条在 1984 年通过之后受到了社会各界的诟病，因为其法条内容比较模糊粗糙且适用范围也非常有限。① 随后，美国国会从 1986 年开始便不断修正 1030 条，对其中存在的缺陷加以完善和补救。② 在美国国会对 1030 条作出修正的过程中，其不断地接受一些具有重大影响力的案例的判解结论，将其规定在该条中，使之法律条文化。最典型的适用主要有以下两个方面：第一，美国国会在 1994 年修正案中，接受了著名的莫里斯案的法院判解。在莫里斯案中，美国联邦第二巡回上诉法院关于行为人主观要件的判解认为在 (a)(5) 款中的"故意"只是指访问行为，而不包括后面的对计算机系统的破坏。③ 美国国会在 1994 年修正案中将这一判解结论加到新的 (a)(5) 款中，并据此规定出导致计算机损害在主观方面的轻率和严格责任条款。

法院判解结论法律条文化的第二个典型的情况是在 2001 年修正案中，美国国会采纳了联邦第九巡回上诉法院在美利坚诉米德尔顿案中的判决结论。第九巡回上诉法院根据 1030 条的规定将造成计算机危害的结果区分为损害的认定和损失的计算，认为损害和损失是两种不同的计算机危害结果。④ 这一判解直接导致了次年美国国会在《爱国者法案》中对 1030 条进行修改时，新增加了"损失"的定义，这一定义的内涵就来源于米德尔顿案。⑤ 损失定义从损害中单独出来加以规定，是 2001 年修正案中对 1030 条的重要修改，其对于后来案件的判决，尤其是民事救济的判定影响深远。除了上述这两个具有重要影响力的判解结论法律条文化之外，在 1030 条的历次修正中，都或多或少受着判例结论的影响或者接受了判例的结论。这种在美国计算机犯罪法中出现的法院判解结论法律条文化的做法，很好地实现了立法与司法的结合，也体现出了在判例法体系中司法推动立法发展的一个缩影。通过本书在前述的重要案例分析中，都能够体现

---

① Glenn D. Baker, Note, Trespasser will be Prosecuted: Computer Crime in the 1990s, *Computer Law Journal*, No. 12, 63-66 (1993).
② *Senate Report*, No. 104-357, at 4, 10 (1996).
③ United States v. Morris, 928 F. 2d at 509.
④ United States v. Middleton, 231F. 3d 1207 (9th Circuit, 2000).
⑤ Computer Crime and Intellectual Property Section, *Field Guidance on New Authorities that Relate to Computer Crime and Electronic Evidence Enacted in the USA Patriot Act of* 2001. 参见 http://www.cybercrime.gov/PatriotAct.thm.

出在判例法的环境下，先例规则对于后来案件的指导和判决结论的左右，尤其是在对法条语言的解释上，判例发挥了极其重要的作用。那些在法条中没有被定义的专门术语或者争议较大的内容，通过判例结合案件实际得到了很好的注解，并且成为新的规则对后来案件的判决起到规范化的作用。立法在作出修正时，对那些影响重大的判解结论加以吸收并规定在新的法条中，使法条得到充实与完善。

第二节 中国计算机犯罪法规制与美国之比较与完善

能够在不同国家的法律之间作出比较的前提，是存在着相同或者相近的条文结构或规范模式以及类似的规制对象。计算机犯罪作为在20世纪以后才发生的新兴科技型犯罪，不但在犯罪的构成特征和形态上在各地区都符合同一性，而且还在发生的范围上具有广域性甚至国际性。自计算机犯罪在20世纪60年代发生以来，世界各国（地区）都先后在自己的刑法典中或者以单独特别法的形式增设和规定了计算机犯罪法。中国在1979年制定和颁布刑法典时计算机都还尚未在大陆地区得到投入使用，更遑论有计算机犯罪的发生，因此这一问题并没有进入立法者关注的视野。20世纪80年代初期，我国计算机的发展才刚刚起步。[①] 虽然我国属于工业后进国家，计算机的应用起步也相对较晚，但是随着中国改革开放和经济的快速复苏和发展，全球化下的信息时代浪潮很快席卷中国大陆。计算机的适用与普及如雨后春笋般节节迈进。从政府机关、科研企业到高校院所及至普通大众，在不到20年的时间内，中国就成为仅次于美国之后的计算机使用大国。[②] 如同美国一样，中国计算机的逐渐普及也开始产生相应的计算机犯罪。自1986年在深圳市发现首例计算机犯罪案件[③]以后，这一类型的犯罪就不断发生，越发迅猛，造成了严重的危害。正是在如此背景下，从20世纪80年代末期以来，我国刑法学界开始了对计算机犯罪的研究，有关计算机犯罪的刑事

[①] 李文燕：《计算机犯罪研究》，中国方正出版社2001年版，第40页。
[②] 蒋平：《计算机犯罪研究》，商务印书馆2000年版，第97页。
[③] 赵秉志、于志刚：《计算机犯罪比较研究》，法律出版社2004年版，第4页。

立法也迈开步伐紧跟时代发展需求，逐步地展开对这一技术风险社会下的新型犯罪模式予以刑事立法和规制的历程。本书以我国法条规定和司法解释文本为基础，首先考察并分析我国计算机犯罪法的内涵及法条关系，然后结合前文研究内容对中美两国计算机犯罪的规制作出比较，并提出相关建议，以便更好地发展和完善我国关于计算机犯罪的立法和司法。

一　中国计算机犯罪法的内容及分析

自20世纪90年代初以来，随着计算机在我国使用的不断增多和计算机犯罪的越发恶劣以及在学理探讨和立法准备上对计算机犯罪研究的成熟和充分，同时又恰逢我国在1997年新修订刑法典，因此有关计算机犯罪的立法便顺理成章地写入了1997年新刑法典中。新修订的刑法典专门规定了关于规制计算机犯罪的两个刑法条文，即《刑法》第二百八十五条和二百八十六条。[①] 1997年《刑法典》的修订对于我国社会主义现代法治而言意义重大，影响深远，其中具有里程碑似的体现之一是计算机犯罪在我国的规制实现了有法可依。不过从立法技术上来看，由于在1997年刑法修订中是第一次针对计算机犯罪进行立法，在"摸着石头过河"的法制建设进路下和计算机技术日益革新的时代背景下，我国关于计算机犯罪的立法还并不十分成熟。虽然在1997年刑法典中规定了惩治计算机犯罪的刑罚条文，但相比较于美国联邦于1984年制定、历经五次修正而内容细密的《计算机欺诈与滥用法》而言，我国刑法中关于计算机犯罪的规定显得有些单薄。

虽然我国关于计算机犯罪的立法在2009年《刑法修正案（七）》和2015年《刑法修正案（九）》中作了部分修改，但随着我国经济的迅猛发展和计算机网络技术的日益进步，规制计算机犯罪的我国刑法不断受到挑战。近几年来，在这方面发生了一些较为典型案例，如深圳快播公司传

[①] 在我国《刑法》中，与计算机犯罪有关的条文是第285条至287条，但其中专门以计算机犯罪来作为规制方式的条文主要是第285条和286条。第287条规定利用计算机实施有关传统犯罪的，以传统犯罪来论处，如盗窃、诈骗等；在2015年《刑法修正案（九）》中，增设了"非法利用信息网络罪"和"帮助信息网络犯罪活动罪活动罪"，分别作为第287条之一和之二。

播淫秽色情信息案。① 快播公司作为网络服务提供商为淫秽电子信息的扩散提供了发布平台，在案发后强调快播是播放软件，不具备传播属性，辩称"技术无罪"。公众对快播公司的定性也是争议颇大，在法院一审时甚至出现评论向快播公司一边倒的情况，公诉方也颇为被动。② 学者间也存在着比较明显的对立意见。陈兴良教授和张明楷教授在快播案一审作出后分别著文，支持一审的有罪判决。③ 相反，有学者认为快播公司不应入罪。④ 快播涉黄案既给司法机关带来了一定的压力，也在一定程度上给我国的计算机犯罪法敲响了警钟。这说明，在我国关于计算机犯罪的规定需要像计算机技术一样及时升级翻新特别是要结合技术发展对诸如计算机网络的访问行为、传播行为、破坏行为等要进一步结合司法实践加以精细化，同时还应针对传统犯罪计算机化越来越严重的趋势全面完善诸如知识产权、大数据、云服务⑤电讯诈骗、色情犯罪、个人身份信息窃取乃至恐怖主义等之类的计算机犯罪法律条款，对之加以归纳集成，形成体系性的计算机网络犯罪刑事法制，使其能够在新技术条件下面对变幻万千的计算机犯罪能够发挥有力的规制效用。

如前文所述，因应经济社会和计算机技术的发展变化，我国关于计算机犯罪的立法分别在 2009 年《刑法修正案（七）》和 2015 年《刑法修

---

① 据有关媒体报道，海淀检察院指控：快播公司自 2007 年 12 月成立以来，基于流媒体播放技术，通过向国际互联网发布免费的 QVOD 媒体服务器安装程序（简称 QSI）和快播播放器软件的方式，为网络用户提供网络视频服务。其间，快播及其直接负责的主管人员王欣、吴铭、张克东、牛文举为牟利，在明知 QVOD 媒体服务器安装程序及快播播放器被网络用户用于发布、搜索、下载、播放淫秽视频的情况下，仍予以放任，导致大量淫秽视频在网上传播。《快播 4 高管被法院立案涉嫌传播淫秽物品牟利》，参见 http：//tech. qq. com/a/20150211/022417. html.

② 《快播案辩护方：没有想到评论会一边倒》，http：//ebook. jinghua. cn/html/2016 - 01/11/content_271892. html.

③ 参见陈兴良《在技术和法律之间：评快播案一审判决》，载《人民法院报》2016 年 9 月 14 日，第 3 版；张明楷：《快播案定罪量刑的简要分析》，载《人民法院报》2016 年 9 月 14 日，第 3 版。

④ 参见刘艳红《无罪的快播与有罪的思维——"快播案"有罪论之反思与批判》，载《政治与法律》2016 年第 12 期；高艳东：《质疑快播案判决：与陈兴良、张明楷教授商榷》，https：//www. pkulaw. com/specialtopic/08047eeb45ebd7bab82f7016342f7a35bdfb. html.

⑤ 在美国，随着人们对云服务和大数据等新兴技术的日益依赖，联邦法院在司法实践中也逐渐对如何适用《计算机欺诈与滥用法》来规制侵犯云数据储存者的账号、信息、文档等的行为以及对云平台和网络服务提供商（ISP）等这类第三方的责任追究等形成了一系列新的适用《计算机欺诈与滥用法》的判解。参见 Michael J. O'Connor, *Standing under the Computer Fraud and Abuse Act*, 124 Penn State Law Review 747（2020）.

正案（九）》中对刑法第二百八十五条、二百八十六条和二百八十七条进行了相应的修改。2009年《刑法修正案（七）》在《刑法》第二百八十五条中增设了第二款非法获取计算机信息系统数据、非法控制计算机信息系统罪；在第三款中增设了提供侵入、非法控制计算机信息系统的程序、工具罪。2015年《刑法修正案（九）》则作了较大幅度的增修：在二百八十五条中增加了第四款；在第二百八十六条之后增加一条（即拒不履行信息网络安全管理义务罪）作为二百八十六条之一；在第二百八十七条之后增加两条（即非法利用信息网络罪、帮助信息网络犯罪活动罪）作为二百八十七条之一和之二。这两个刑法修正案，特别是《刑法修正案（九）》新规定的拒不履行信息网络安全管理义务罪、非法利用信息网络罪、帮助信息网络犯罪活动罪这三个罪行，已完全跨越了1997年刑法规定时确立的计算机信息系统犯罪，即主要以计算机为目标的犯罪的涵摄范畴，定型了在计算机网络环境下一些新的犯罪行为形态和对一些传统犯罪的网络化的规制新要求。这些新的规定和要求已然形成新的关于计算机和网络犯罪的规制导向，并对既有的刑法理论形成了新的冲击。正如陈兴良教授所言：这些罪名的设立，都在一定程度上突破了传统罪名设置的路径，从而对刑法教义学产生了重要的影响。从某种意义上说，刑法教义学在立法面前受到重新检视。① 鉴于《刑法修正案（九）》新设定的罪行，不是本书研讨的主要问题，此处不再展开。

　　为了更好地适用刑法关于计算机犯罪的规定，最高人民法院和最高人民检察院于2011年8月1日公布了《关于办理危害计算机信息系统安全刑事案件应用法律若干问题的解释》（以下称《解释》）。这是自1997年刑法规定计算机犯罪后我国最高司法机关首次根据立法对计算机犯罪条款作出的解释。据此，从1997年新刑法典初次规定惩治计算机犯罪的刑法条文到立法机关在2009年和2015年作出相应修正，以及最高司法机关在2011年首次对计算机犯罪的刑法条文作出比较全面的解释，终于在我国形成了比较完整的关于规制计算机犯罪的法律体系。② 纵然，从严格的法

---

① 陈兴良：《网络犯罪的刑法应对》，载《中国法律评论》2020年第1期。
② 从目前我国实然存在的刑事法治状态而言，我国《刑法》中的某一规定要形成完整的适用体系模式一般为：立法规定—（立法修正）—司法解释，当然某些法条可能并不存在立法修正，但司法解释却不可或缺。

理意义上讲，刑事司法解释不能被认为是法律，但在现实中的刑事司法解释完全作为一种副法体系而存在。事实上，按照目前的情况，如果离开刑事司法解释，整个刑法实践将会陷入混乱，刑事司法权将可以想象地无法正当、及时行使，刑事司法解释在很大程度上替代刑法主导了刑事司法。① 因此，中国刑事司法的当下状况和特殊性决定了在关于刑法法条规定的研究中，在以刑法立法为基础的同时还必须兼顾甚至是重点关注相应法条的刑事司法解释及其内涵。只有这样才能深入的理解我国《刑法》中的计算机犯罪法，才能全面地探讨和研究其中的问题。

通过上述关于我国计算机犯罪法的描述，可以看出中国和美国关于规制计算机犯罪的法律之间存在着可以进行比较的基础。这些基础主要体现在以下几个方面。其一，存在着相似的法律内容和共同的规制对象。相似的法律内容是指中国和美国的计算机犯罪法都是规制计算机非法入侵和破坏计算机系统等这些方面。其二，中国和美国都以立法和修正等方式分别与时俱进地对各自的计算机犯罪法作出了修改，使其不断充实并符合时代发展的需要。其三，中国和美国的计算机犯罪法中存在着诸多相似甚至相同的规定成分。以我国出台的上述《解释》为例，其中规定了"未经授权"、"超越授权"以及"经济损失"等。从我国关于计算机犯罪的刑法规定和司法解释上看，刑法规定的内容还尚需进一步的厘清和完善，司法解释虽丰富了刑法规定的内涵，使法条具有了更好的操作性。然而，就解释文本中的用语而言，还有些值得进一步分析和解读。典型的如该《解释》的第二条第一款与第二款中都使用了"未经授权"与"超越授权"的用语，但究竟何种情形是"未经授权"与"超越授权"没有给予说明。在美国关于计算机犯罪的立法中，如"未经授权"与"超越授权"这样的用语有严格定义或者在判例中已形成定见，并且在司法实务与学术研究中都对其进行了广泛深入的探讨，已形成了丰厚的学术积淀和司法判解。另外，《解释》中还规定了"经济损失"及其计算等，都需要加以认真的研究。下文首先对我国《刑法》关于计算机犯罪规定的第二百八十五条和第二百八十六条的内容及关系进行探讨并结合具体的案例予以辨析。

（一）第二百八十五条与二百八十六条的内涵解析

我国《刑法》第二百八十五条和第二百八十六条分别从保护计算机

---

① 林维：《刑法解释的权力分析》，中国人民公安大学出版社2006年版，第441页。

信息系统中的数据和计算机信息系统本身的安全性、正常性等方面规定了不同的犯罪行为，根据犯罪行为所指向的不同对象和导致的不同后果，分别论以不同的罪行。具体来看，第二百八十五条分为 3 款共涉及 5 个罪名。其中第一款为第二百八十五条于 1997 年制定时的初始规定，用于打击那些非法侵入国家事务、国防建设、尖端科学技术领域的计算机信息系统的行为。该款规定存在以下两个方面的特征：第一，犯罪对象的范围特定，即仅属于国家事务、国防建设和尖端科学技术领域的计算机信息系统，除此之外不构成该款规定之罪。第二，犯罪类型的规定单一，即仅可成立行为犯。第二百八十五条第一款规定，违反国家规定，侵入国家事务、国防建设、尖端科学技术领域的计算机信息系统、不论其侵入的动机和目的如何，也不需要在侵入后又实施窃取信息，进行攻击等侵害行为，侵入行为本身即构成犯罪。如果行为人侵入国家事务、国防建设、尖端科学技术领域的计算机信息系统后，从事非法获取这些计算机信息系统中存储、处理、传输中的信息的，还可能构成窃取、刺探国家秘密罪、间谍罪等严重犯罪，应当依照处罚较重的相关犯罪追究刑事责任，而不再按照本条第一款的规定处罚。① 虽然立法在第二百八十五条中将第一款规定为行为犯，同时也划定了计算机信息系统的使用属性范围，从表面上来看该款似无司法适用的困难，但实际上该款存在着一个尚待明确的问题，即"尖端科学技术领域"的厘定。

在第二百八十五条第一款中，作为犯罪对象的计算机信息系统必须属于国家事务、国防建设或者尖端科学技术领域。法条虽然规定了只要行为人非法侵入这三大领域的计算机信息系统犯罪即成立，但却没有明确"国家事务"、"国防建设"和"尖端科学技术领域"的具体内涵。从法条的字面含义来看，"国家事务"和"国防建设"在司法适用中比较容易理解，然而"尖端科学技术领域"这一指称却难以从文义上划定其边界，会导致不同的看法和争议。因为科学技术总是在不断地向前发展，不时地会产生出新的更高级的技术样态。不过作为尖端科学技术，一方面具有前沿性，应该是科学技术中的顶级形式，处于科技发展的最新前沿或者科技领域中的核心位置，属于高、精、尖的范畴。但是"尖端科学技术领域"

---

① 全国人大常委会法制工作委员会刑法室编：《中华人民共和国刑法——条文说明、立法理由及相关规定》，北京大学出版社 2009 年版，第 590 页。

并非指单一种类的高、精、尖技术，而是涵摄范围比较广泛的多种尖端、顶级科学技术。另一方面，作为尖端的科学技术，又具有时代性和国别性。随着人类认识和研究的不断深入，不同的时代产生并形成了不同的尖端科学技术。同时由于国家竞争的存在和发展的不一致，不同国家内的尖端科学技术也并不相同。新科技的发展进步总会替代和更新原有的尖端科技而形成更加先进和更为尖端的科技。

因此，对于"尖端科学技术"的厘定，既需要突出其前沿性，也需要顾及时代性和国别性。具体到第二百八十五条第一款中的规定而言，对于"尖端科学技术"应当作出限制性的理解：只能是属于我国当前发展前沿的、关系国计民生发展的重大核心科学技术。作出限制理解的原因是不能任意扩大"尖端科学技术"的涵摄范围，防止在司法适用中把"尖端科学技术"泛化理解为一般性的重要科学技术。因为第二百八十五条第一款将其与国家事务和国防建设相并列规定，说明"尖端科学技术领域"在层次和程度上只能等于"国家事务"和"国防建设"。立法规范的目的在于保护与"国家事务"或"国防建设"具有同等重要性的"尖端科学技术领域"的计算机信息系统，其法益价值只能是关涉到国计民生。至于"尖端科学技术领域"的具体范畴，通过立法作出进一步的阐明当然是最好的办法，但可能会是一个长久的期待。好在最高司法机关终于注意到了这个问题，将本款中的"国家事务"、"国防建设"和"尖端科学技术领域"在《解释》中作出了说明：对于是否属于刑法第二百八十五条规定的"国家事务、国防建设、尖端科学技术领域的计算机信息系统"难以确定的，应当委托省级以上负责计算机信息系统安全保护管理工作的部门检验。司法机关根据检验结论，并结合案件具体情况认定。《解释》的这一规定较好地解决了司法机关在认定这三个术语指称范围上的困惑和实现了判案的相对统一性和法条内容的明确性。司法机关根据检验结论结合具体案件所认定的"尖端科学技术"可以作为案例指导的建构成果之一，在一定时期内对相同或类似的案件认定起指导和参照作用，从而实现认定上的更加明确和彻底。

如上文所述，我国《刑法》二百八十五条第二款和第三款是 2009 年《刑法修正案（七）》中新增加的两个条款。第二款规定了非法获取计算机信息系统数据、非法控制计算机信息系统罪。在该款中规定了两类犯罪行为。第一类犯罪行为是非法侵入上述"国家事务、国防建设、尖端科学技术领域的计算机信息系统"以外的计算机信息系统中,获取其中储存、处理或者传输的数据。第二类犯罪行为是对非属于国家事务、国防建设、尖端科学技术领域的计算机信息系统实施非法控制。在第一类犯罪行为的认定中,关键的问题是如何确定"获取"的成立。"获取"包括从他人计算机信息系统中窃取,如直接侵入他人计算机信息系统,秘密复制他人储存的信息,也包括骗取,如设立假冒网站,在受骗用户登录时,要求用户输入账号、密码等信息。① 通过前述美国司法机关对"获取"的研究可知,在美国计算机犯罪的认定对"获取"这一行为确立的范围要比中国更加宽泛。在美国《联邦法典》第18编第1030条(a)(2)款的规定中,其所禁止的"获取信息"这一要件包括对"数据信息单纯的查看",强调该款的立法目的是保护隐私。② 这一规定意味着行为人只要是未经授权访问他人计算机系统中的信息数据,哪怕只是仅有的一瞥或读屏浏览也违犯本款的规定。这是因为在现代经济社会中,随着金融、隐私等信息不断地计算机化,为了确保个人和法人等的重要信息在计算机系统中的安全性和独立而排他的使用,对这些涉及个人隐私或代表着重要价值的信息保护应当分外严格。因此在关于我国刑法第二百八十五条第二款规定中"获取"的认定上,必须以计算机信息系统的数据的独立性和排他性为依据,以计算机信息系统中的数据受到非法的查看获悉为起点标准。只要犯罪行为人使得权利人在计算机信息系统中的数据的独立性和排他性使用受到影响,即可确认为"获取",而不必须以行为人实际弄到手的数据来作出认定。

二百八十五条第二款规定的第2类犯罪行为是对他人计算机信息系统实施非法控制。"非法控制"是这一犯罪成立的核心要件。"非法控制"是指通过各种技术手段,使得他人计算机信息系统处于其掌控之中,能够接受其发出的指令,完成相应的操作活动。③ 由此可以看出"非法控制"不限于行为的方式性,而着重于行为的后果性,即计算机信息系统偏离原来设计的正常运行路径而受制于行为人,执行行为人发出的指令。通过该

---

① 全国人大常委会法制工作委员会刑法室编:《中华人民共和国刑法——条文说明、立法理由及相关规定》,北京大学出版社2009年版,第591页。

② *Senate Report*, No. 432, 99th Congress, 2nd Session 2, reprinted in 1986 U. S. Code Congress and Administration News, 6-7.

③ 全国人大常委会法制工作委员会刑法室编:《中华人民共和国刑法——条文说明、立法理由及相关规定》,北京大学出版社2009年版,第591页。

规定可以看出，只要行为人采用侵入等技术手段对他人计算机信息系统进行了实际的控制而不要求实际的侵害行为即可构成本款之罪。这从《解释》的规定中即可得到佐证：非法控制计算机信息系统20台以上的，即可认定为是第二百八十五条规定的"情节严重"。二百八十五条第二款将那些提供侵入、非法控制计算机信息系统的程序、工具的行为单独规定成罪，是因为这些程序、工具的用途本身足以表明该程序、工具的违法性，进而体现出行为人在主观上对其所提供的程序将被用于非法入侵、控制他人计算机信息系统的情况是明知的并且是完全可以预见其危害后果。因此立法规定提供实施侵入、非法控制计算机信息系统的专用程序、工具，即可构成犯罪。如果行为人确实不知道他人将其所提供的程序、工具用于非法侵入、非法控制计算机信息系统的违法犯罪行为的，不能认定为构成本款之罪。

《刑法》第二百八十六条与二百八十五条一样，在结构上也分为三款，但是该条只有一个罪名，即破坏计算机信息系统罪。虽然三款的罪名都一样，但是各款所具体指向的保护类别和规制范围却不相同。第一款是关于破坏计算机信息系统功能的犯罪及处刑规定；第二款是关于故意破坏计算机信息系统的数据和应用程序的犯罪及处刑规定；第三款是关于故意制作、传播计算机病毒等破坏性程序的犯罪及处刑规定。根据这三款规定各有侧重且不同的规制范围，可以看出第一款强调的核心是计算机信息系统功能的正常性，即只要是使得计算机信息系统失去功能而不能运行或者计算机信息系统功能不能按照原来设计的要求运行就符合该款的要求。第二款保护的重点是计算机信息系统中数据的完整性。数据的完整性指的是数据或资料的确实可信性（trustworthiness），它通常表达的含义是防止对数据资料不恰当的或未经授权的改变（change）。[1] 如果行为人对计算机信息系统中存储、处理或者传输的数据实施删除、修改或者增加的操作，并使得原有数据失去完整性而不能体现其确实可信性，即可认为是对计算机信息系统的破坏。如果行为人使计算机信息系统中存储、处理或传输的数据丧失完整性而导致计算机信息系统不能运行或者不能按照原来设计的要求运行，也可构成本款规定之罪。因此，二百八十六条第二款之罪的成立应符合（但不必同时满足）以下两方面的要求：其一是对数据的完整性

---

[1] Matt Bishop, *Introduction to Computer Security*, Addison-Wesley Professional, 3 (2004).

的影响导致数据失真而不能实现数据的原有效能；其二是因数据完整性受到破坏而导致计算机信息系统不能有效运行。

由于我国刑法规定是以定性加定量的方式来确立犯罪行为的成立与否，因此在刑法条文的规定上一般都表明了"情节"或者"后果"严重。只有"情节"或者"后果"严重的行为才能成立犯罪，第二百八十六条第二款的规定亦是如此。按照本书上述分析，《刑法》第二百八十六条第二款规定之罪要成立必须符合"后果严重"的要求，即至少要满足以下两方面：对计算机信息系统中的数据完整性的破坏要达到一定的程度或者导致一定数量的计算机信息系统不能正常运行。《解释》对此作出了明确的规定：破坏计算机信息系统功能、数据或者应用程序，具有下列情形之一的，应当认定为《刑法》第二百八十六条第一款和第二款规定的"后果严重"：1. 造成 10 台以上计算机信息系统的主要软件或者硬件不能正常运行的；2. 对 20 台以上计算机信息系统中存储、处理或者传输的数据进行删除、修改、增加操作的；3. 违法所得 5000 元以上或者造成经济损失 1 万元以上的；4. 造成为 10 台以上计算机信息系统提供域名解析、身份认证、计费等基础服务或者为 1 万以上用户提供服务的计算机信息系统不能正常运行累计 1 小时以上的；5. 造成其他严重后果的。在二百八十六条第三款中规定了故意制作或传播破坏性程序从而导致计算机信息系统遭受危害而不能正常运行的行为，其中需要重点分析的是"传播"如何加以认定，这一问题将在下文的比较研究中详细论述。

（二）第二百八十五条与二百八十六条的关系辨析

虽然我国《刑法》以第二百八十五条和二百八十六条两个条文共 6 个罪名来专门规制对计算机犯罪，并且从法条的表面规定来看两个条文的规制范围和指向各有不同，但是在司法实务中却往往存在着适用法律上的争议。这主要表现在对第二百八十五条第二款非法获取计算机信息系统数据罪和第二百八十六条破坏计算机信息系统罪第二款这两个犯罪的定性之间存在着认识上的不一致，即对于具体的犯罪行为是属于破坏计算机信息系统罪还是符合非法获取计算机信息系统数据罪存在较大分歧。因为非法获取计算机信息系统数据和破坏计算机信息系统罪第二款的规定都涉及对计算机信息系统中存储、处理或者传输的数据的影响，两罪的规定内涵之间存在着某种程度的交叉竞合，容易导致司法人员在具体的案件审判上产生不同的认识。如何在两罪的规定之间进行区分从而使得司法定性更加准确，非常重要。下文以陈某强非法获取计算机信息系统数据案为例①展开分析。

1. 基本案情

被告人陈某强，男，1988年8月12日出生，汉族，出生地云南省昆明市，初中文化，无业，户籍所在地为云南省昆明市长庚小区。因涉嫌犯破坏计算机信息系统罪于2011年4月29日被羁押，同日被刑事拘留，同年5月27日被逮捕。

被告人王某成，男，1990年1月16日出生，汉族，出生地云南省昆明市，小学文化，无业，户籍所在地为云南省昆明市沿江村。因涉嫌犯破坏计算机信息系统罪于2011年4月29日被羁押，次日被刑事拘留，同年5月27日被逮捕。

被告人刘某铭，男，1987年10月14日出生，汉族，出生地云南省昆明市，小学文化，无业，户籍所在地为云南省昆明市中山路。因涉嫌犯破坏计算机信息系统罪于2011年4月29日被羁押，同日被刑事拘留，同年5月27日被逮捕。

被告人范某伟，男，1986年12月25日出生，汉族，出生地云南省昆明市，小学文化，农民，户籍所在地为云南省昆明市曲兴镇陈家村大堰组。因涉嫌犯破坏计算机信息系统罪于2011年6月21日被羁押，当日被刑事拘留，同年7月19日被逮捕。

北京市朝阳区人民检察院指控：被告人陈某强伙同王某成、刘某铭、范某伟于2011年2月至6月间，在云南省昆明市、大理市等地网吧内，利用盗取邮箱账号及其中百度推广账号信息等方法，非法登录百度公司推广服务器一千余次，对存储在推广服务器上的账户数据进行删除、修改、添加等操作，并将该些账号用于出售、推广机票诈骗网站或其他用途，给百度公司造成经济损失约1266100元。四名被告人后被抓获归案。公诉机关提供了证人证言、鉴定结论、被告人供述等证据材料，认为被告人陈某强、王某成、刘某铭及范某伟的行为应当以破坏计算机信息系统罪追究其刑事责任，提请北京市朝阳区人民法院依法判处。

经审理查明：北京百度网讯科技有限公司拥有百度网站，并由百度时代网络技术（北京）有限公司为该网站提供技术服务，同时以百度时

---

① 陈某强非法获取计算机信息系统数据案，北京市朝阳区人民法院［(2012) 朝刑初字第28号］。

代网络技术（北京）有限公司的名义同客户签订名为"百度竞价排名"的主题推广业务。客户购买推广账户并进行充值，之后可以在服务器中加入欲宣传的经营信息、联系方式等数据，搜索者可以通过在百度搜索引擎输入关键词进行搜索，该客户的推广信息根据其同百度之间的协议可能出现在搜索结果中，搜索者点击链接即可进入客户网站，这样客户就达到了宣传的目的，同时百度方面将从该客户推广账户余额中扣除相关费用。

被告人陈某强伙同王某成、刘某铭、范某伟于 2011 年年初至 5 月间，在云南省内昆明等地多处网吧内，非法获取多名客户的百度推广账号及密码等信息后，登录百度推广服务器对存储在推广服务器上的账户数据进行删除、修改、添加等操作，用上述账户中的余额进行不符合客户本意的推广活动，或将推广账户出售牟利。四被告人被抓获归案后，公安机关对被告人陈某强等人名下电子邮箱进行了勘验，从中提取出被告人陈某强掌握的推广客户名单并同百度方面已就上述情况进行赔付的名单进行对比，从而归纳出在上述时间范围内，百度方面因此事对相关客户赔偿了人民币 97122.42 元。

北京市朝阳区人民法院经审理认为：从事盗取百度推广账户、用客户的资金进行自身宣传或将账户用于出售牟利显然并非本案被告人独有的犯罪手段。公诉机关指控被告人陈某强等人的盗号行为造成百度方面人民币 100 余万的经济损失，其依据是百度方面委托会计师事务所进行的鉴定意见，但该损失同四被告人行为之间的联系不能得到现有证据的充分支持。根据现有证据，公安机关通过对被告人邮箱信息的勘察，搜集、整理了若干本不应出现在被告人邮箱内的账户信息，并将上述账户名单同百度方面已理赔的名单对照，整理出被盗账户 60 余组，涉及赔付金额人民币 9 万余元。法院认为通过这种途径建立起来的本案四被告人同损害结果之间的因果关系可以得到认可，主要基于此、同时结合其他证据确认四被告人的作案时间范围及造成损失的情况。在建立了被告人行为同危害结果的直接联系并确定了本案中确实存在"（特别严重）后果"之后，应当考虑本案的法律适用问题。

非法获取计算机信息系统数据罪和破坏计算机信息系统罪的根本区别在于保护目的各有侧重。前者规定行为人未经授权侵入系统、获取数据且情节严重构成犯罪，目的在于保护计算机系统中的"数据"安全；后者则要求导致计算机信息系统不能正常运行才构成犯罪，强调保护"系统"的安全。本案中四被告人行为的犯罪对象实际上是计算机信息系统中存储、处理和传输的数据，被害单位也没有提供相关材料证明被告人的行为对信息系统的正常运行等基础功能造成严重影响，因此也就不存在破坏计算机信息系统罪要求的犯罪结果，故四被告人的行为不符合刑法第二百八十六条规定的破坏计算机信息系统罪的犯罪构成，公诉机关的指控适用法律错误。

现有证据显示，公安机关无法通过 IP 地址等途径具体锁定每次造成损失的修改行为系何人所为，被告人陈某强对于账户来源的辩解也具有一定合理因素，故在存在合理怀疑的前提下，四被告人的行为实际包括多种类型：1. 通过入侵手段获取账户信息，并自己修改关键词用于推广；2. 通过黑市交易购买账户信息，自己修改关键词用于推广；3. 通过非法手段获取账户信息后用于出售牟利，这种情况下被告人对账户信息流入黑市后的用途是明知的，对该信息会被修改的态度是放任的，对他人合法财产将面临损失这一后果是明知的。在公诉机关未能提供每次造成损失的修改行为系何人所为的前提下，法院结合被告人供述等证据材料，从"事实存疑有利于被告"的立场出发，同时考虑罪责刑相适应的原则，认为被告人陈某强等人的行为同时涵盖了上述三种行为类型，但均符合非法获取计算机信息系统数据罪的构成要件。故朝阳区人民法院认为，被告人陈某强、王某成、刘某铭、范某伟违反国家规定，侵入百度时代网络技术（北京）有限公司服务器，获取并修改其信息系统中存储的数据，造成特别严重的后果，已构成非法获取计算机信息系统数据罪，且属于情节特别严重，依法应予惩处。

综上，依照《中华人民共和国刑法》第二百八十五条第二款及《最高人民法院、最高人民检察院关于办理危害计算机信息系统安全刑事案件应用法律若干问题的解释》第一条之规定，判决如下：

一、被告人陈某强犯非法获取计算机信息系统数据罪，判处有期徒刑三年六个月，罚金人民币一万元（刑期从判决执行之日起计算。判决执行以前先行羁押的，羁押一日折抵刑期一日，即自 2011 年 5 月 10 日起至 2014 年 11 月 9 日止，罚金于本判决生效后即行缴纳）。

二、被告人王某成犯非法获取计算机信息系统数据罪，判处有期徒刑二年，罚金人民币五千元（刑期从判决执行之日起计算。判决执行以前先行羁押的，羁押一日折抵刑期一日，即自 2011 年 5 月 11 日起至 2013 年 5 月 10 日止，罚金于本判决生效后即行缴纳）。

三、被告人刘某铭犯非法获取计算机信息系统数据罪，判处有期徒刑二年，罚金人民币五千元（刑期从判决执行之日起计算。判决执行以前先行羁押的，羁押一日折抵刑期一日，即自 2011 年 5 月 10 日起至 2013 年 5 月 9 日止，罚金于本判决生效后即行缴纳）。

四、被告人范某伟犯非法获取计算机信息系统数据罪，判处有期徒刑二年，罚金人民币五千元（刑期从判决执行之日起计算。判决执行以前先行羁押的，羁押一日折抵刑期一日，即自 2011 年 7 月 5 日起至 2013 年 7 月 4 日止，罚金于本判决生效后即行缴纳）。

2. 本书评析与定性意见

通过上述案情可知，在关于陈某强等人的犯罪行为的定性上，究竟是属于破坏计算机信息系统罪还是非法获取计算机信息系统数据罪，在公诉机关北京市朝阳区人民检察院和审判机关北京市朝阳区人民法院之间产生了分歧。控方以陈某强等人犯破坏计算机信息系统罪起诉，审判法院却以非法获取计算机信息系统数据罪判决。产生这一分歧的根本原因在于《刑法》第二百八十五条第二款和二百八十六条第二款都是针对计算机信息系统中的数据进行规制，同时又由于第二百八十六条第二款规定的行为要件是对计算机信息系统中存储、处理或传输的数据和应用程序进行删除、修改、增加的操作，故而很难从法条的字面含义上明显地区分出两个条文之间的差别。

上述案件中控方以陈某强等人对存储在百度推广服务器上的账户数据进行删除、修改、添加等操作的行为认定为破坏计算机信息系统罪，是根据二百八十六条第二款的规定所得出的认定结论，而审判法院却认为本案中四名被告人行为的犯罪对象实际上是计算机信息系统中存储、处理和传输的数据，被害单位也没有提供相关材料证明被告人的行为对信息系统的正常运行等基础功能造成严重影响，因此也就不存在破坏计算机信息系统罪要求的犯罪结果，故四名被告人的行为不符合刑法第二百八十六条规定的破坏计算机信息系统罪的犯罪构成。从四名被告人的行为来看，究竟将其定性为破坏计算机信息系统罪或者非法获取计算机信息系统数据罪，需要进一步的分析。

本书在上述法条内涵解析中认为要构成《刑法》第二百八十六条第

二款规定之罪，需要符合数据的完整性受到影响从而不能实现数据的原有效能或者因数据完整性受到破坏而导致计算机信息系统不能有效运行，也即法条中规定的"后果严重"。这里的"后果严重"主要是指对重要的计算机信息系统的数据和应用程序进行删除、修改、增加的操作，严重破坏计算机信息系统的有效运行，影响正常的工作和生活的；计算机信息系统的数据和应用程序被破坏后，造成巨大经济损失；等等。[①] 实际上，就破坏计算机信息系统罪的规定而言，该条的核心指向是"破坏"，虽然二百八十六条第二款的规定中没有像第一款和第三款那样明确指出"影响到计算机信息系统正常运行"，但其根本要求是一致的。这是因为计算机信息系统中存储、处理或者传输的完好的数据具有两大重要作用：体现真实有效性和实现正常运行性。体现真实有效性是指在计算机信息系统中的数据能够通过其内容表明其应有的效能；实现正常运行性是指在计算机信息系统中的数据能保证按照设计进路实现运行功能。如果计算机信息系统中的数据或应用程序受到删除、修改、增加的操作，而不能实现原有的效能或计算机信息系统正常运行功能，则应被认定为受到破坏。如果数据或应用程序虽然受到删除、修改或增加的操作，但是没有影响到原有的效能或运行功能，则不能认为是破坏。

另外，从根本上而言，《刑法》第二百八十五条和第二百八十六条其所保护的具体法益不同。第二百八十五条第二款中的非法获取计算机信息系统数据罪主要的保护法益是计算机信息系统中的数据本身的价值，保证这些数据的独立性和排他使用性，不被非法地使用或因泄露而公开等从而使得这些数据的应有权益人受到价值上的减损或其他负面影响。第二百八十六条的保护法益是计算机信息系统的运行安全。计算机安全包括硬件的安全和系统软件的安全，但二百八十六条的三款规定主要保护的是计算机系统的软件安全，即计算机信息系统功能运行的正常性，计算机信息系统中存储、处理或传输的数据和应用程序的完整性和有效性。具体而言，二百八十六条第一款和第三款突出的保护法益是计算机软件安全中计算机信息系统本身运行功能的正常性，而第二款强调的是计算机信息系统软件中数据与应用程序的完整性与有效性。同时，从法条的用语也可以看出这一

---

① 全国人大常委会法制工作委员会刑法室编：《中华人民共和国刑法——条文说明、立法理由及相关规定》，北京大学出版社 2009 年版，第 591 页。

区别，第二百八十五条第二款只保护的是数据，而第二百八十六条既包括数据还包括应用程序。因此，凡是对计算机信息系统中软件的数据与应用程序的功能运行的正常性和完整性及有效性造成影响的，就属于二百八十六条规定之罪；而将计算机系统中的数据予以非法使用或转移等（即获取），即使对其中的数据进行了一定程度的影响（如修改、删除或增加的操作），但并没有使得这些数据丧失原有的效能或完整性的就应该属于二百八十五条第二款之罪。

综合以上分析，上述案件中陈某强等人非法侵入百度推广公司的计算机信息系统对存储在推广服务器上的账户数据进行删除、修改、添加等操作，并将该些账号用于出售、推广机票诈骗网站或其他用途。从表面上看，被告人的这些对百度推广公司计算机信息系统中的数据所实施的行为似乎是符合二百八十六条第二款的规定的，但实际上四被告人对数据的删除、修改、添加行为并没有导致百度推广公司的计算机信息系统运行功能受到破坏，更没有使得这些数据丧失原有效能（因为经过被告人处理后的数据依然可以进行推广服务，从而才使得被告人有机会对获取的数据加以出售获利），故而不符合破坏计算机信息系统罪的行为构成特征，审判法院的定性是正确的。

二 "违反国家规定"与"未经授权、超越授权"的比较及完善

我国《刑法》第二百八十五条规定的非法侵入计算机信息系统罪和非法获取计算机信息系统数据、非法控制计算机信息系统罪与第二百八十六条规定的破坏计算机信息系统罪中都以空白罪状"违反国家规定"作为犯罪成立的重要构成要件之一。根据这两个法条的内涵，行为人的行为只有首先违反了"国家规定"才能进一步地评价其行为是否构成法条规定的符合上述罪名的计算机犯罪。因此，从我国《刑法》对计算机犯罪的规定来看，犯罪行为违法性的评价基础在于"违反国家规定"。只有那些不符合国家规定的侵入计算机信息系统的行为才能按照刑法第二百八十五条和二百八十六条来加以规制。虽然我国《刑法》对于构成计算机犯罪的前提要求是"违反国家规定"，但总的来说，"中国刑法中的第二百八十五条打击的是未经授权访问的行为，而第二百八十六条处理的是损害

计算机系统中数据的行为"。① 美国《联邦法典》第 18 编第 1030 条中规定的构成计算机犯罪的基础性要件是"未经授权或超越授权"访问，也即只有未经授权或超越授权的访问行为才能构成 1030 条中规定的相关的计算机犯罪。这里的"未经授权或超越授权"在犯罪的构成要件上的功能就相当于我国刑法第二百八十五条和第二百八十六条中的"违反国家规定"。正是因为存在这一相似的构成要件模式，故而完全可以就我国刑法计算机犯罪条文中的"违反国家规定"与美国联邦计算机犯罪法中规定的"未经授权与超越授权"进行比较分析。由于我国刑法计算机犯罪条文中使用的"违反国家规定"属于空白罪状，同时又因为美国计算机犯罪法中的"未经授权与超越授权"在前文中已有详细的研究阐述，所以在比较分析之前需要仔细探讨"违反国家规定"的内涵及在我国计算机犯罪刑法条文中的指向内容与相关问题。

（一）"违反国家规定"在我国刑事法规定中的内涵

我国《刑法》在 1997 年修订中，将"违反国家规定"作为某些法定犯的犯罪的构成要件之一。纵观我国刑法分则关于各罪的规定，以"违反国家规定"作为空白罪状来表述的法条粗略统计有 22 条，一共涉及 25 个罪名。② 由此观之，"违反国家规定"并不是计算机犯罪的刑法条文所独有和专享。在刑法第二百八十五条规定的非法侵入计算机信息系统罪和非法获取计算机信息系统数据、非法控制计算机信息系统罪和第二百八十六条规定的破坏计算机信息系统罪中，仅仅是根据刑法条文本身的规定还不能完全确定行为人行为的违法性，也不能把握这些犯罪的全部构成特征，

---

① Kam C. Wong and Georgiana Wong, *Cyberspace Governance and Internet Regulation in China*, compiled in *Cyber-crime: the Challenge in Asia*, edited by Roderic Broadhurst and Peter Grabosky, HongKong University Press, 67 (2005).

② 这些法条及罪名为：第 137 条工程重大安全事故罪；第 163 条非国家工作人员受贿罪之第 2 款及第 184 条非国家工作人员受贿罪；第 185 条之一第 2 款违法运用资金罪；第 186 条违法发放贷款罪；第 190 条逃汇罪；第 222 条虚假广告罪；第 225 条非法经营罪；第 253 条之一出售、非法提供公民个人信息罪；第 285 条非法侵入计算机信息系统罪，非法获取计算机信息系统数据、非法控制计算机信息系统罪；第 286 条破坏计算机信息系统罪；第 338 条重大环境污染事故罪；第 339 条非法处置进口的固体废物罪；第 344 条非法采伐、毁坏国家重点保护植物罪，非法收购、运输、加工、出售国家重点保护植物、国家重点保护植物制品罪；第 350 条走私制毒物品罪、非法买卖制毒物品罪；第 355 条非法提供麻醉药品、精神药品罪；第 385 条第 2 款受贿罪；第 389 条第 2 款行贿罪；第 391 条第 1 款对单位行贿罪；第 393 条单位行贿罪；第 396 条私分国有资产罪，私分罚没财物罪；第 405 条第 2 款违法提供出口退税凭证罪。

"违反国家规定"是这几个犯罪成立的前提条件。作为空白罪状特征的"违反国家规定"使得司法机关在认定犯罪的过程中,首先要借助国家的相关规定来判断计算机犯罪行为人具体危害行为的违法性,然后在此基础上进一步确认其危害程度是否达到犯罪的追诉标准。如果行为人所实施的行为对社会造成的危害性程度达到了犯罪的追诉标准,符合了实质违法性的要求,但根据相关的"国家规定"其行为并不符合禁止性或命令性的规定时,就因缺乏形式的违法性,而不能以刑法条文规定的犯罪来论处,更不能对之进行"实质解释"而出入人罪。关于"违反国家规定",在我国刑法总则第九十六条中作出了具体的定义:"本法所称违反国家规定,是指违反全国人民代表大会及其常务委员会制定的法律和决定,国务院制定的行政法规、规定的行政措施、发布的决定和命令。"根据这一规定,要构成《刑法》第二百八十五条和第二百八十六条中的相应犯罪,行为必须以违反全国人大及其常委会和国务院的规定为前提。否则,不能追究刑事责任。

"违反国家规定"与其他空白罪状相比,其指向的内容未限定具体的范围,涵摄的空间更加广泛。对于其内涵的理解须把握刑法总则和分则的关系。刑法总则和刑法分则是普遍与特殊、一般与个别、抽象与具体的关系。总则指导分则,分则是总则的具体体现,二者相辅相成,紧密联系。[①] 这一关系决定刑法第二百八十五条和第二百八十六条中的"违反国家规定"必须受到刑法第九十六条的限制。我国刑法分则空白罪状中违反的"国家规定",应具有以下条件:(1)"国家规定"的制定主体是全国人大及其常委会、国务院;(2)"国家规定"是经过法定的程序制定并按照法定程序公开发布的;(3)"国家规定"能够代表国家的整体意志,以国家强制力反映出普遍的约束力;(4)"国家规定"在表现形式上,必须是全国人大及其常委会制定的法律和决定、国务院制定的行政法规、国务院规定的行政措施、国务院发布的决定和命令。[②] 据此,"国家规定"是指由全国人民代表大会通过的宪法和法律;全国人大常委会通过的法律以及带有单行法规性质的决定或者对现行法律作出某些修改、补充的规定以及以国务院名义制定或发布的有关法规性质的文件。这一理解符合

[①] 王仲兴:《刑法学》(第三版),中山大学出版社2008年版,第256页。
[②] 刘德法、尤国富:《论空白罪状中的"违反国家规定"》,载《法学杂志》2011年第1期。

我国刑法第九十六条的规定及罪刑法定原则的要求。但是，由地方国家权力机关制定的地方性法规、由国务院各部委和地方政府制定的行政规章，由于不是全国权力机关和国务院制定的，不能将其列入"国家规定"的范围。这是因为，根据我国宪法的规定，国务院制作的规定与各部委制作的规定名称不同（前者称为行政规章，后者称为部门规章）、效力不同（前者的效力高于后者），既然刑法第九十六条没有明确各部委可以视为其制作主体，自然不能对其作扩大解释（或许可称为类推解释）。① 在"违反国家规定"的内涵确立之后，即可以确定计算机犯罪条文中"违反国家规定"的具体指称内容。

（二）"违反国家规定"在计算机犯罪条文中的内容

立法者用空白罪状来表述刑法条文的构成要件，将其内容付诸其他行政法律、法规或者命令，其前提是因为后者能说明某一行为的构成特征。② 在刑法中设置"违反国家规定"等这样的空白罪状，是立法者出于立法技术的需要所做出的一种选择和安排，这种立法方法通过"借力"——借助其他规范和制度的既有规定——的方式，较好地解决了刑法分则条文在犯罪构成表述上的重复、繁杂和琐碎，避免了刑法分则体系的臃肿膨胀，巧妙地实现了构成要件的确定性和完整性，不仅使得刑法的内容繁简得当，条理清晰，而且使刑法典具有相对的稳定性。③ 这应该是"违反国家规定"在我国刑法中存在的正当性和合理性。如上文所述，"违反国家规定"在我国现行刑法中并非规定计算机犯罪的二百八十五条和二百八十六条所专有，其还存在于诸多的被归类为法定犯的刑罚罪条中。这些犯罪条文所涉及的罪种比较多，包括了危害公共安全罪、破坏社会主义市场经济秩序罪、侵犯公民民主权利罪、妨害社会管理秩序罪、贪污贿赂罪和渎职罪等六类犯罪。由于"违反国家规定"属于空白罪状，而各个罪条所对应的保护法益都并不相同，因此凡是设置有"违反国家规定"这一构成要件的刑法条文，其中的"国家规定"都必须以相应的罪种和该罪的保护法益为依据来加以确定其具体的内容，即该罪所要求的应

---

① 王恩海：《论我国刑法中"违反国家规定"——兼论刑法条文的宪政意义》，载《犯罪研究》2010年第4期。
② 刘艳红：《空白刑法规范的罪刑法定机能——以现代法治国家为背景分析》，载《中国法学》2004年第4期。
③ 张建军：《论空白罪状的明确性》，载《法学》2012年第5期。

该参照哪些国家法律、法规。虽然刑法第九十六条明确规定了"违反国家规定"的具体内涵,但是各个犯罪条文中的"违反国家规定"所对应指向的法律、法规存在着差别,内容各不相同。在确定计算机犯罪条文,即第二百八十五条和第二百八十六条中的"违反国家规定"的内容时,一方面要以刑法第九十六条的规定为依据,另一方面也要以计算机犯罪及其保护法益为根基,方为妥当。

确定计算机犯罪条文里的"违反国家规定"中的"国家规定"就是阐明这一构成要件的具体内容,也是司法者在实践中于刑事法之外的再次"找法"的过程。按照上述两方面的"找法"要求,《刑法》第二百八十五条和第二百八十六条中所指的"国家规定"就应该是由全国人大及其常委会和以国务院的名义制定或发布的与规范和保护我国计算机信息系统有关的法律、法规。到目前为止,这些法律、法规主要包括:(1) 2000年12月28日由全国人大常委会审议通过的《全国人民代表大会常务委员会关于维护互联网安全的决定》;(2) 1994年2月18日由国务院颁布的《中华人民共和国计算机信息系统安全保护条例》;(3) 1996年2月1日由国务院颁布并于1997年5月20日经国务院修正并颁布的《中华人民共和国计算机信息网络国际联网管理暂行规定》;(4) 2000年9月25日由国务院颁布的《互联网信息服务管理办法》;(5) 2001年12月20日由国务院颁布的《计算机软件保护条例》这五部法规等。这些法规是以全国人大常委会和国务院的名义制定或发布,因此属于刑法规定意义上的"国家规定"。不是这种类型的法规,不能作为定罪处刑的依据,这是罪刑法定原则的必然要求。如有学者认为《计算机信息网络国际联网安全保护管理办法》(以下简称《办法》),属于有关计算机信息系统的"国家规定"而可适用到刑法中。[①] 这种认识明显不符合刑法的规定,因为该《办法》是以公安部的名义发布,诸如此类的规章还包括公安部发布的《计算机病毒防治管理办法》等都不能作为刑法第二百八十五条和第二百八十六条中"国家规定"的指向内容。

(三)"违反国家规定"在刑法明确性原则下的考量

我国《刑法》在第二百八十五条和第二百八十六条中分别以"违反

[①] 赵秉志、于志刚:《计算机犯罪及其立法和理论之回应》,载《中国法学》2001年第1期。

国家规定"作为构成条文中有关犯罪的基础性要件，与其他规定了类似构成要件的罪条一样，都是因为这种类型的法定犯所指向的相关法律、法规比较纷繁，立法不便于指出补充规范的具体名称，而使用了比较模糊的语言，将其概括地设置为"违反国家规定"。空白罪状在刑法规定中的出现是现代刑事法治在工业和信息社会发展下对新兴犯罪规制的需要和结果。空白罪状"数量繁多并将继续增加，是现代化时代刑法所特有的现象，是不可避免的过程"。[1] 随着社会经济的变革发展，行政经济犯日益增多，空白刑法在各国刑法典中的比重不断增加，我国现行刑法中关于空白刑法的规定也明显体现了这一趋势。[2] 虽然在现代刑法中使用空白罪状（或空白刑法）的情况不可避免，但是其也必须遵循现代刑事法治理念下的罪刑法定要求，特别是要符合刑法的明确性原则。空白罪状是立法者对行为要件应参照相关规范或制度予以确定的具体犯罪构成的类型化表述。空白罪状的本质特征在于刑法条文本身未对具体犯罪构成的行为要件作出具体、明确的表述，而是由相关的规范或制度加以具体、明确的规定。[3] 在刑法中的空白罪状设置形式并非完全相同，有的具体地指明了要参照的法律、法规，如《刑法》第一百五十九条"（公司发起人、股东）违反公司法的规定"，《刑法》第一百三十三条"违反交通运输管理法规"等；有的则没有明确地指出所需要"借力"适用的法规，"违反国家规定"这种空白罪状即是此例。空白罪状是一种利弊共存的罪状形式，其利在于"空白"，其弊也在于"空白"[4]。"违反国家规定"作为最完全的空白罪状，其弊也显而易见。

明确性原则作为当今公认的罪刑法定的派生原则之一，滥觞于英美法系实体的正当法律程序原则（substantive due process），其本旨强调刑事立法的条文及定义必须具体明晰，不能含混不清；刑罚权的行使与方式必须合理。对某一行为作出禁止或命令要求的刑法条文在语词上模糊得使一般智力（common intelligence）的人都必须猜测其意并在其适用上有不同的

---

[1] ［苏联］戈列利克等：《在科技革命条件下如何打击犯罪》，群众出版社1984年版，第50页。

[2] 肖中华、王海桥：《空白刑法规范的诠释：在规范弹性与构成要件明确性之间》，载《法学杂志》2009年第8期。

[3] 刘树德：《罪刑法定原则中空白罪状的追问》，载《法学研究》2001年第2期。

[4] 陈兴良：《刑法各论的一般理论》，内蒙古大学出版社1992年版，第215页。

看法，就违背了最基本的正当法律程序原则。① 法律之指引性规范功能让人们能够根据其制定内容规范自己的行为并能预测行为的后果。刑法作为万法之盾，其性质决定了发动结果之严厉性和严重性，更加突出地强调其内容上的明确性要求。② 空白罪状由于需要参照刑法以外的法律、法规才能定罪处刑，因而其是否符合刑法明确性原则需要加以考量。作为一个明确的空白罪状必须同时满足这样两个条件：(1) 从空白罪状的刑法条文来看，它必须指明行为所违反的相关规范或制度的名称；(2) 由于空白罪状的全部或部分构成要件需要参照其他规范或制度才能确定，故从被参照的相关法律、法规和制度来看，其内容应该是清晰明白的，而不是含混模糊的。③ 根据这一要求，对那些具体地指明了参照法律法规的空白罪状而言，无疑是符合明确性原则的，但是对于如"违反国家规定"这样的空白罪状而言，其与明确性原则的要求还存在着很大的差距。因为，在刑法条文中仅仅以"违反国家规定"作为犯罪成立的基础性要件，而不指明"国家规定"的具体名称，社会的一般大众就无法判断刑法禁止什么行为，不能对自己的行为在刑法上的性质和对其后果作出预测。同时，这种笼统的规定，对于法学专业人员而言都需要经过努力的"找法"才能得出结论（况且还会出现如前所述的某些学者那样，有时得出的找法结论还不一定完全正确）。因此，《刑法》第二百八十五条和第二百八十六条中规定的"违反国家规定"需要作出进一步的完善，才能符合刑法明确性原则的要求。

（四）"违反国家规定"在与美国刑法比较下的完善

由于我国《刑法》第二百八十五条与第二百八十六条中设置的"违反国家规定"作为构成犯罪的基础性构成要件与美国《联邦法典》第18编第1030条中所规定的"未经授权、超越授权"具有异曲同工之妙，因此可将两者进行对比研究。1030条规定构成计算机犯罪的前提是行为人实施访问计算机的行为是"未经授权"或"超越授权"。美国国会在立法中对"超越授权"进行了专门的定义，并规定在1030条（e）款中，而

---

① Daniel H. Benson, *Hall's Criminal Law— Case and Materials*, 5th ed., The Michie Company Law Publishers, 24 (1994).

② 参见拙文《明确性原则——结合我国刑法文本的初步思考》，载《广西大学学报》2010年第2期。

③ 张建军：《论空白罪状的明确性》，载《法学》2012年第5期。

立法者对"未经授权"则选择了沉默。因为在立法者看来，计算机技术不断在升级更新，计算机的访问也随之呈现出动态发展的特征，因此具体地确立何为"未经授权"并不理智，反而会给司法实践带来诸多障限，而事实也证明立法难以给出一个恰当的定义。鉴于此，美国的立法机关选择了对"未经授权"不明确界定其具体含义，将化解问题的任务交给了司法实务。得益于判例法的制度体系，在司法实践中法院根据案件的具体情况对1030条中所规定的"未经授权"进行解释并形成了对后面法院判案具有指导性意义的判解结论。虽然，美国的各级法院能够以1030条为基础依据对"未经授权"作出解释，但是这一解释也并非随心所欲。前文中分析的美利坚诉洛莉·德鲁一案即体现出法院对解释所秉持的立场，不能违反宪法上的正当程序和明确性原则。[①] 以明确性原则为标准在对"未经授权"作出解释的过程中，法院必须采用明确的意见来说明哪些情况才能构成未经授权的访问，以便能为刑法上的禁止提供足够的指引。法院的解释必须能够让那些潜在的犯罪人清楚什么是禁止的，以至于他们不去对法条猜测其意。同时，法院在解释中也必须采纳狭义的理论从而避免差别性的刑法适用。[②] 正是在这些原则和基础之上，美国的法院对"未经授权"的解释作出了权威性的结论，形成了新的判例。

从早期的美国联邦第二巡回上诉法院在美利坚诉莫里斯案中所发展出来的判断"未经授权"的"预设功能"规则开始，美国不同法院在适用1030条的规定时，根据民事和刑事案件的性质，作出了不同的判例认定标准。综合起来看，目前关于授权的判断依据主要有三种。第一种是根据程序编码设定的权限为准；第二种是以服务协议条款的规定为参考；第三种是以代理人法的规定为依据。以程序编码设定的权限为准是美国法院在刑事案件中判断"未经授权"的根本指导原则，除此之外不能作为认定计算机犯罪"未经授权"的依据。1030条中的"未经授权"与我国《刑法》第二百八十五条和第二百八十六条中规定的"违反国家规定"一样，都属于开放性的构成要件，都会随着计算机技术的发展而在内容上有所变化。所谓"违反国家规定"的内容会发展变化，是由于"国家规定"并

---

① United States v. Drew, 259 F. R. D. at 467 (C. D California, 2009).
② Orin S. Kerr, Vagueness Challenges to the Computer Fraud and Abuse Act, *Minn. L. Rev.* No. 94, 1568 (2010).

非仅指设置刑法条文时已有的规定。随着社会的发展和国家行政管理的需要,"国家规定"的内容将不断增加或被修订,该"国家规定"可能是行为之前早就有的,也可能是行为前刚颁发和修订的,有些还可能是刑法超前预设的。与其他部门法相比,行政法具有明显的易变性,需要经常性的废、改、立,以适应复杂多变的行政管理需要。① 因此,这种动态性特征决定了"违反国家规定"如"未经授权"一样,立法很难对其指称内容按照明确性原则的要求作出具体规定。对于我国刑法中"违反国家规定"在明确性原则下存在的问题,本书认为美国的做法值得借鉴,即通过判例指导制度对何为"违反国家规定"在具体的案件中作出详细的说明,然后形成类似于美国法院判例结论的判例规则,从而对人们的行为作出有效的指引。

2010 年的 11 月 26 日和 7 月 29 日,最高人民法院和最高人民检察院(以下简称两高)分别通过并颁布了《关于案例指导工作的规定》(以下简称《规定》),标志着案例指导制度在我国的正式建立。从两高的《规定》看,案例指导制度是指由两高确定并统一颁布对全国审判、检察工作具有指导作用的案例的制度。这里所说的指导性案例就是一种具有判例性质的案例,案例指导制度就是我国的判例制度,只不过是其具有中国的独特性而已。从目前两高对案例指导制度的设计看,案例指导制度的功能在于创制规则。案例指导制度与司法解释制度是相互独立存在的司法制度,两者的功能都是为司法活动提供裁判规则。② 在我国正式确立案例指导制度并以指导性案例为样本进一步作出更加细致的裁判规则,有利于刑事法律的适用,更有利于刑法明确性原则的实现。因为根据根据最高人民法院颁布的《规定》第 2 条的规定,指导性案例是指裁判已经发生法律效力并符合以下条件的案例:(1) 社会广泛关注的;(2) 法律规定比较原则的;(3) 具有典型性的;(4) 疑难复杂或者新类型的;(5) 其他具有指导作用的案例。就刑法第二百八十五条和第二百八十六条中的"违反国家规定"这样的规定而言,其明显属于上述第二种情况,即规定比较具有原则性,完全应该通过制定一些指导性的案例并作出明确的规则来阐明哪些

---

① 刘德法、尤国富:《论空白罪状中的"违反国家规定"》,载《法学杂志》2011 年第 1 期。
② 陈兴良:《我国案例指导制度功能之考察》,载《法商研究》2012 年第 2 期。

行为属于这两个刑法条文中"违反国家规定"的情况和"国家规定"所指向的具体内容。由于指导性案例制度在我国尚处于草创之中，指导性案例也刚开始颁布，无论是制度建构还是规则创制，可能都存在着种种不尽人意之处。① 只要安排得当设计合理，其很快就会成为我国除法律、司法解释以外的一种规则形成机制。

根据两高关于案例指导制度的规定，本书认为可以从我国涉及《刑法》第二百八十五条和第二百八十六条的计算机犯罪的已决案件中对"违反国家规定"的判解归纳出刑事司法审判规则，形成以判例指导下的审判规则来实现对这一空白罪状的明确。通过法官针对具体的案件作出判决并写出充分的裁判理由，然后从裁判理由中归纳出司法审判规则来说明"违反国家规定"的具体内涵。从这个角度而言审判规则仍源于刑法典，只不过是结合具体的案件对相关刑法条文的进一步阐释，并不是由判例形成新的刑法规定，故而完全类似于美国法院在关于"未经授权"解释上的做法。实行判例指导下的司法审判规则制度的具体做法是：由两高组织从各级法院的生效刑事判决中选取出具有权威性、典型性、论证充分并且良好地解决了法条中关于"违反国家规定"的意涵或者对这一规定的内涵较有争议的案件，将其汇编成册。② 在此基础上，对已经选取汇编的案例逐件地进行分析，从案例的裁判理由或者评析意见中归纳、提炼出司法审判规则。最后将司法审判规则与具体案例结合编订，形成一个完备——案例—司法审判规则—简短的规则提炼理由——的体系。这样，一个以判例为主导的形式编订出来的司法审判规则就可以作为法官审案的依据，形成与司法解释具有类似的效力。当下级法院法官在审理相似案件时，就可以据以引用判例指导中的司法审判规则。

在实行判例指导下的司法审判规则制度以后，最高人民法院和高级人民法院需要积极发挥其极高的权威性和更强的专业性角色与功能。这两级法院之间应该作出合理的分工并直接开庭审理案件，制作说理充分的判决书，生产出高质量、高水准的刑事审判案例。这有助于编撰更恰当的司法

---

① 陈兴良：《案例指导制度的法理考察》，载《法制与社会发展》2012年第3期。
② 事实上，将历年来全国各地有代表性的刑事案件汇编成册的工作最高人民法院早就已经开始进行，相继出版了《中国刑事审判指导案例》、《刑事审判参考》以及《人民法院案例选》等书。这些编入书中的案例都已经由主审法官或者上级法院法官写出了裁判理由或者评析意见。笔者认为从这些已经汇编成册的案例选中进行司法审判规则的归纳、提炼，非常容易可行。

规则,使《刑法》第二百八十五条和第二百八十六条中的"违反国家规定"更能符合明确性原则的要求。除了最高人民法院和高级人民法院直接开庭审理案件外,各中级法院以及基层法院法官在审理完案件以后都应当在判决书中写出论证充分的判决说明或者裁判理由。目前在刑事判决书中进行详细的法官说理在司法实务中还不是很普遍,大多都是流于形式地按照司法判决的格式行文。尤其是在关于"违反国家规定"的判解上,很多法院在作出判决时,都直接以"犯罪人某某违反国家规定,对属于某某(单位或个人)的计算机信息系统实施……行为,构成……罪"这样的表述[①],很少论及何为"违反国家规定"及其具体的指向内容,将这一基础性的构成要件形式性地一笔带过。

因此,应全面推进司法审判规则指导制度,加强对案件审判的法官说理不可或缺,势在必行。另外,司法审判规则所依归的判例的及时收集、整理、汇编与公布是生成判例指导下的审判规则制度的必要条件之一。要良好而科学地运行这一制度,就需要在判例指导制度下借鉴美国等英美法系国家的文档制度来管理逐年增多的判例及其审判规则。文档制度是判例制度有效运作的基础。[②] 同时,在文档制度的基础上运用现代科技手段,实现刑事司法审判规则的判例检索电子化、数字化,以便于各级法院法官查询和使用。

三 司法解释中"未经授权、超越授权"与美国法的比较及理解

(一) 我国相关规定中的"未经授权"与"超越授权"

"未经授权"与"超越授权"作为美国联邦计算机犯罪法中最基本的犯罪的构成要件之一,对于计算机犯罪的成立与否起着决定性的作用。在我国刑法关于计算机犯罪规制的条文中,同样对犯罪的成立具有基础性地位的构成要件是"违反国家规定",这在上文中已有详细的分析。虽然在

[①] 这一结论是本书从北大法宝中搜索到的关于破坏计算机信息系统罪的案例中分析得出。这些案例参见陈厦辉、张剑峰破坏计算机信息系统案,(2003) 丰刑初字第 183 号;李俊等破坏计算机信息系统案,(2007) 仙刑初字第 350 号;张某破坏计算机信息系统案,(2008) 海法刑初字第 3461 号;胡磊、李权破坏计算机信息系统案,(2009) 虎刑初字第 0363 号;欧阳俊曦破坏计算机信息系统案,(2007) 穗中法刑一终字第 310 号;浦加志破坏计算机信息系统案,(2009) 沪二中刑终字第 321 号等。

[②] 劳东燕:《罪刑法定的明确性困境及其出路》,《法学研究》2004 年第 6 期,第 93 页。

我国刑法有关计算机犯罪规制的条文中没有直接规定"未经授权"与"超越授权",但是在功能性上却存在着与之对应相同的设定。不过值得高度关注的是在我国刑法条文之外被称作"副法"体系①的最高司法解释中对刑法第二百八十五条第三款进行解释的时候,明确规定了"未经授权"与"超越授权"。详言之,2011年8月1日两最联合发布了《关于办理危害计算机信息系统安全刑事案件应用法律若干问题的解释》(以下称《解释》),并于2011年9月1日起开始施行。这一《解释》是自1997年《刑法》规定计算机犯罪后我国最高司法机关首次根据立法作出的正式而全面的回应。该《解释》一共包括11个条文,详细地对刑法第二百八十五条和第二百八十六条中各罪所包含的"情节严重""经济损失""后果严重""共同犯罪"等加以规定和说明。其中,《解释》第2条规定:具有下列情形之一的程序、工具,应当认定为刑法第二百八十五条第三款规定的"专门用于侵入、非法控制计算机信息系统的程序、工具":1.具有避开或者突破计算机信息系统安全保护措施,未经授权或者超越授权获取计算机信息系统数据的功能的;2.具有避开或者突破计算机信息系统安全保护措施,未经授权或者超越授权对计算机信息系统实施控制的功能的。

从上述《解释》第2条的规定来看,其是对《刑法》第二百八十五条第三款确立的"提供侵入、非法控制计算机信息系统的程序、工具罪"的详细解释。在解释中两处提到了"未经授权"与"超越授权",即"未经授权或者超越授权获取计算机信息系统数据的功能的"和"未经授权或者超越授权对计算机信息系统实施控制的功能的"。至于两高在这一解释中为何选择"未经授权"与"超越授权"这两种表述,并没有说明理由,更是在整个《解释》中没有再进一步详细地对何为"未经授权"和"超越授权"作出具体的定义。这使得这一解释的结果存在着一定的缺陷,至少是不能很好地对司法机关在适用这两个术语时作出明确的指引。在这样一种情况下,我们便可以对《解释》中所规定的"未经授权、超越授权"与美国联邦计算机犯罪法,即1030条中所规定的"未经授权、超越授权"进行比较分析。因为两国规定在形式上的表述完全相同,且都是针对计算机犯罪规制,唯一的差别就在于生成的法律地位不同,中国是司法解释,美国是刑法规定。如果通过深入的对比研究得出结论,这两组

---

① 林维:《刑法解释的权力分析》,中国人民公安大学出版社2010年版,第440页。

相同的表述在功能性上也大体相同，则可以在结合我国实际的基础上借鉴美国计算机犯罪法在这一问题处理上的做法。毕竟我国司法解释颁布后，对于"未经授权、超越授权"更多的还只是呈现在纸面的形式规定上。刑事法学界也尚未展开对这一解释内涵全面深入的研究，其还属于一块对大家相对比较陌生的"新大陆"，因而也还没有形成较好的学说理论基础。

我们在进行比较分析之前，首先需要对我国司法解释中包含了"未经授权、超越授权"的这一规定内容进行解读，探析其具体的内涵。虽然《解释》第2条是有关侵入、非法控制计算机信息系统的程序、工具的解释，目的在于给司法机关指明哪些属于刑法关于计算机犯罪规定上禁止使用的程序、工具。但从该条的第一款和第二款规定的前半段内容可知，这些程序、工具都具有"避开或者突破计算机信息系统安全保护措施"的功能。因此，当行为人使用这些能够避开或者突破计算机信息系统的安全保护措施的程序或工具而实施了侵入或非法地控制计算机信息系统的行为，就构成刑法第二百八十五条或第二百八十六条规定的非法入侵计算机信息系统罪或非法控制计算机信息系统罪。所谓"避开或者突破计算机信息系统安全保护措施"就是不按照计算机信息系统设定的安全保护措施的要求以正常的登录方式实现访问。一般而言，计算机信息系统被设置安全保护措施，如账户密码等，是为了给予特定的被赋予了一定访问权限的人使用，反之则禁止滥用。这完全表明设置安全保护措施的相关单位或个人对于使用者是否同意的态度，也即是否授权使用。行为人利用技术手段而通过使用一些程序或工具避开计算机信息系统中设定的安全保护措施而侵入或非法控制的行为，就是未经授权或者超越授权访问。刑法将提供这种可以入侵或非法控制计算机信息系统的程序或工具的行为规定为犯罪，并与实施侵入或非法控制计算机信息系统罪的行为处以相同的刑罚，是为了从源头上防范这一类型的犯罪。

（二）我国法院判决中的"未经授权"与"超越授权"

在分析了我国《司法解释》中关于计算机犯罪"未经授权"和"超越授权"的有关规定后，有必要对这一规定在司法实践中的适用情况予以进一步的考察，了解我国各级法院是否就这一问题结合案件具体情况进行了深入的判断裁决。囿于资料所限，本书主要通过对已公布的相关裁判文书进行分析探讨。

1. 判决文书纵览

通过登录"中国裁判文书网",搜索与计算机网络犯罪有关案件的法院判决,并且为了尽可能达到全搜索,在"刑事案件"项下分别输入三组关键词:"未经授权""超越授权""计算机信息系统";"未经授权""计算机信息系统";"超越授权""计算机信息系统"。检索范围为自 2011 年《解释》明确规定"未经授权"和"超越授权"以来至 2020 年 3 月的全部载网判决。去除重复检索结果后,一共检索到有关案件判决文书 169 份。① 其中,载网判决文书的最早生成时间为 2013 年 1 月 20 日,最新载入时间为 2019 年 12 月 24 日;基层人民法院判决书 143 份,中级人民法院判决书 26 份;高级人民法院驳回申诉书 1 份。② 经过细致梳理分析 169 份判决文书,关于"未经授权"和"超越授权"在判决书中的存在形式主要有两种:一种是在判决主文中载明;一种是在判决主文之后的附件中以"相关法律条文"的形式出现。

(1) 判决正文中的"未经授权"与"超越授权"

根据判决文书正文中"未经授权"和"超越授权"的使用情况和法官对这两个用语的说理阐释程度进行判断,本书将其分为"直引用法"和"解释用法"两类。"直引用法",顾名思义就是直接将《解释》中规定的"未经授权"或"超越授权"引用到判决文本中相应需要处,而不进行任何解释与说明。质言之,就是机械式的简单照搬照抄。这种"直引用法"又分"原句直用"和"原句转用"。"原句直用"就是将《解释》中规定的"未经授权或者超越授权获取计算机信息系统数据的功能的"直接原句植入判决书中。例如,2016 年 9 月 30 日由广西壮族自治区某市中级人民法院作出终审裁定的陈某等犯"侵入、非法控制计算机信息系统程序、工具罪"和"提供侵入、非法控制计算机信息系统程序、工具罪"一案中,法院判决文书中唯一一处使用"未经授权"和"超越授权"的表述为:"经查,公安机关在陈某在场及见证人见证的情况下对陈某销售的木马程序的源代码进行侦查实验,证实该木马程序的源代码具有盗取 QQ 号和密码的功能,即具有避开或者突破计算机信息系统安全保护措施,

---

① 中国裁判文书网,http://wenshu.court.gov.cn.
② 该文书为辽宁省高级人民法院于 2018 年 5 月 30 日作出的何某驳回通知书。中国裁判文书网,http://wenshu.court.gov.cn. 案件名称:何明东驳回通知书。

未经授权或者超越授权获取计算机信息系统数据的功能"。① 原句被直接引用后，没有展开论证，而只作为结尾。

"原句转用"是将《解释》中规定的"未经授权或者超越授权获取计算机信息系统数据的功能的"或"未经授权或者超越授权对计算机信息系统实施控制的功能的"两句话中的"未经授权"或"超越授权"两个词组提取出来转换后使用于判决书中。例如，由北京市第一中级人民法院在2018年5月9日作出的二审维持原判的终审裁定中，对"未经授权"和"超越授权"的表述为："提供侵入、非法控制计算机信息系统的程序、工具罪的客观表现是提供专门用于侵入、非法控制计算机信息系统的程序、工具，且情节严重的行为，其本身应具有获取计算机信息系统数据、控制计算机信息系统的功能，具有避开或者突破计算机信息系统安全保护措施的功能，其获取数据和控制功能在设计上即能在未经授权或者超越授权的状态下得以实现"。② 经初步统计，在检索搜集到的169份判决文书中，类似于上述广西法院的"直引用法"的判决占80%左右。在这类判决中，"未经授权"和"超越授权"的适用更多是从汉语字面意义上来表述，而非法律语义特别是结合计算机网络技术特征来进行专门使用。

"解释用法"就是在引用《解释》关于"未经授权"和"超越授权"的规定后，结合计算机网络犯罪案件的具体情况，同时根据计算机网络技术的发展特点和最新的类型，在判决中对什么是"未经授权"或"超越授权"作出一定的法理解释。法官重点围绕行为人的相关访问行为或者是使用的相关技术措施（即访问软件、使用的程序等）是否获得"授权"进行法律层面和技术层面的初步解读和阐述，使"未经授权"或"超越授权"的判断具有相当的依据，同时也对其语义内涵予以了一定的展开，作出了丰富其定义的努力。这一点不但体现了司法实务中的法官的务实担当精神，更在学理和法理上具有探索建构中国刑事法语境下计算机网络犯罪"未经授权"和"超越授权"违法性判断标准的开创性价值意义，非

---

① 中国裁判文书网，http://wenshu.court.gov.cn，案件名称：陈某辉、罗某冠提供侵入、非法控制计算机信息系统程序、工具二审刑事裁定书。
② 中国裁判文书网，http://wenshu.court.gov.cn，案件名称：庞某平等提供侵入、非法控制计算机信息系统程序、工具二审刑事裁定书。

常值得肯定。不过值得注意的是，从搜集到的169份判决文书中进行甄别统计，使用"解释用法"的这类判决只有9份，占比仅为5.3%，反映出当前在我国司法实务部门中对这一问题的探索力度还不够深入，面也不够广。下文以浙江省绍兴市中级人民法院和珠海市香洲区人民法院的两份判决为例，对"解释用法"的运行情况进行具体分析。

（2）判决文书附件中的"未经授权"与"超越授权"

在检索到的判决文书中，部分判决文书虽然是涉及计算机网络犯罪的案件，但在判决文书正文中并没有出现"未经授权"或"超越授权"，也无相关的解读和说明，而是在判决正文后附上的"相关法律条文"中，详细列举出《解释》中关于"未经授权"和"超越授权"的具体条文。例如，2017年4月27日上海市徐汇区人民法院在苏某犯非法获取计算机信息系统数据罪，叶某犯提供侵入、非法控制计算机信息系统的程序、工具罪的一审判决中，针对苏某和叶某实施的行为为何构成判决之罪不但未作深入的法理性论述，也没有直接引用《解释》中的"未经授权"和"超越授权"，而是以事实性阐述甚至是同义反复简要说明两被告人的行为构成犯罪："本院认为，苏某违反国家规定，采用技术手段获取计算机信息系统数据，情节特别严重，其行为已构成非法获取计算机信息系统数据罪，应予处罚。被告人叶某向他人提供专门用于侵入、非法控制计算机信息系统的程序、工具，情节严重，其行为已构成提供侵入、非法控制计算机信息系统的程序、工具罪，应予处罚"。① 在检索到的169份判决文书中，以附件形式列举《解释》规定的"未经授权"和"超越授权"规定的这类判决占25份，占比为14.7%。从这类判决文书的存在样态来看，大体可以解读出的意思可能有两层：一是承办法官觉得案情简单，不需要引用"未经授权"或"超越授权"这样比较专业的规定用语，就如前述上海法院的案例；二是法官在判案过程中对《解释》关于"未经授权"和"超越授权"的规定理解和把握不准，索性就干脆不直接引用，也不作说明，而是在正文后附上有关法律规定，由当事人结合案例自己进行解读。

2. 具体案例解析一：张某云等犯提供侵入、非法控制计算机信息系

---

① 中国裁判文书网，http://wenshu.court.gov.cn，案件名称：陈某辉、罗某提供侵入、非法控制计算机信息系统程序、工具二审刑事裁定书。

统程序、工具罪

（1）基本案情①

从 2014 年 11 月开始，被告人张某云伙同非同案共犯杨某根据非同案共犯马某提供的用户需求，开发制作了"林某 1""凌某"系列软件，并由马某销售给他人用于批量获取淘宝、支付宝系统中的数据信息。被告人叶某明知上述系列软件的功能和用途，仍于 2015 年 3 月开始受雇于被告人张某云等人，并从事系列软件的开发、维护工作。经查，通过运行"林某 1""凌某"系列软件，能够规避多重限制条件，批量获取淘宝、支付宝系统中的数据信息。被告人张某云等人通过销售"林某 1""凌某"系列软件获利人民币 234 万余元，被告人张某云分得其中的 25%。被告人张某云与非同案共犯杨某共同承担了被告人叶某的工资收入人民币 4 万余元。2015 年 9 月 27 日，被告人张某云被公安民警抓获归案。后在被告人张某云的协助下，公安民警于同日将被告人叶某抓获归案。绍兴市越城区人民法院于 2016 年 12 月 24 日作出（2016）浙 0602 刑初字第 1145 号刑事判决，被告人张某云犯提供侵入计算机信息系统程序罪，判处有期徒刑四年六个月，并处罚金人民币五万元；被告人叶某犯提供侵入计算机信息系统程序罪，判处有期徒刑二年六个月，并处罚金人民币三万元。

张某云、叶某等不服提出上诉。张某云上诉提出："林某 1"软件功能仅限于在浏览器中正常操作能完成的功能，软件仅将固有功能简化，目的在于提高效率，未进入计算机后台窃取数据，不具有突破淘宝安全防护系统的功能；"林某 1"软件使用的数据是经用户授权的，原判认定未经授权错误；其辩护人提出：原判认定"林某 1"系列软件具有避开或突破计算机系统安全保护措施的功能错误；仅对"林某 1"系列软件中的一款作了鉴定，且未指出能突破淘宝安全防护系统的功能或行为以及未得到授权的数据；自动更换 IP 作用是提升网站服务器的速度，不能使数据不安全；无证据证明人机识别、IP 登陆数量、数字验

---

① 本案涉及的罪行较多，但相关主要罪行是提供侵入、非法控制计算机信息系统程序、工具罪，因为都属于多人违犯同一种罪的串案，且构成同种罪的行为方式相同，限于篇幅本书从裁判文书中只提取一个犯罪行为予以分析阐述。该文书为浙江省绍兴市中级人民法院于 2017 年 3 月 3 日（2017）浙 06 刑终 43 号刑事裁定书，中国裁判文书网，http：//wenshu.court.gov.cn. 案件名称：王某兴、张某云侵犯公民个人信息二审刑事裁定书。

证、图片验证等措施属安全防护系统；软件模拟正常操作过程，无规避措施，不能威胁数据安全；"林某1"软件无侵入、非法控制计算机系统的功能，不能获取计算机系统中的数据，不是专门用于侵入、非法控制计算机系统的程序、工具；软件不能避免用户使用非法账户信息，输入正确的账户及密码即应认定为得到了用户授权。叶某上诉提出：原判认定"林某1"系列软件可规避安全防护系统，直接威胁数据安全错误，侦查机关仅就第一款软件"凌某"出品（015）淘宝扫号器全自动版的软件源代码进行鉴定，且鉴定报告亦未明确该软件能突破淘宝安全防护系统；"林某1"工作室的信息均有用户授权，账号密码均为用户导入，用户购买的用途是否合法其不知情；其辩护人认为："林某1""凌某"软件不具有突破安全防护系统的功能，突破淘宝公司人机识别、IP登录限量、数字、图片验证等操作规则，不等于突破计算机安全防护系统，仅是简便操作；"林某1""凌某"系列软件中的数据是经过用户授权的，账号密码均为用户输入，他人非法获取数据的责任不应由叶某承担。

绍兴市中级人民法院对张某云、叶某及其各自辩护人的上诉理由及辩护意见，进行了如下评析：淘宝有限公司安全部门职员证人金某证实人机识别系统是阿某反作弊关键系统，该系统为淘宝、支付宝等30多个应用提供安全防护服务，安全防护的目的就是防止机器批量操作盗取账号。而"林某1"系列软件可以绕过该识别系统，实现批量操作；张某云作为该软件的研发人员，对该软件如何突破防护有详细而稳定的供述；"林某1"系列软件在实际使用中确用于非法用途。淘宝、支付宝等应用的安全防护措施的目的就在于防止批量操作，而"林某1"系列软件突破了该项防护，实现批量操作的目的，故应认定为具有避开或突破计算机系统安全防护措施的功能。张某云及其辩护人提出该软件模拟正常操作，仅可提高效率不应认定为具有避开或突破计算机系统安全防护措施的功能的上诉意见不成立。对于张某云、叶某及其辩护人均提出"林某1"软件使用的数据经用户授权的意见，法院认为："林某1"软件使用的数据来源非法；软件实现修改密码、解绑手机、换绑邮箱等批量操作系突破淘宝公司服务器安全防护措施而实现；修改密码、解绑手机、换绑邮箱等操作违背原账号所有人的意志。故该上诉意见不成立。绍兴市中级人民法院驳回张某云、叶某等人上诉，维持原判。

（2）简要评析

通过对上述张某云、叶某等犯提供侵入、非法控制计算机信息系统程序、工具罪一案的初步梳理，可以看出其与类似案件的判决最大差别之处是本案在涉及"未经授权"时，并未简单地加以引用，也不是在判决书末尾附上带有"未经授权"的有关法律规定或司法解释。犯罪嫌疑人张某云及其辩护人对其行为是否"授权"进行了较为明确的辩解，即认为其使用的"林某1"软件目的在于提高效率，没有进入计算机后台窃取数据，不具有突破淘宝安全防护系统的功能，且提出"'林某1'软件是经用户授权的，软件不能避免用户使用非法账户信息，输入正确的账户及密码即应认定为得到了用户授权"。张某云及其辩护人特别强调"输入正确的账号及密码即应认定为得到了用户授权"，涉及在我国关于计算机网络犯罪中，特别是在"侵入"型犯罪中，行为人"授权"的认定标准，这与美国联邦计算机犯罪法中的相关规定和司法判解中已经得到公认并法定化的"程序编码设限"标准具有相当性，其辩解主张在我国司法实务中也具有一定的开创性。申言之，无论是"未经授权"还是"超越授权"，其中的核心要件是"授权"，只有授权与否得到明确的认定，才能再进一步分析犯罪的构成要件符合与否。

本案中张某云、叶某及其辩护人虽然都在上诉中提出了输入正确账号密码即不应认为是未经授权的辩解意见，但又同时提出："'林某1''凌某'软件不具有突破安全防护系统的功能，突破淘宝公司人机识别、IP登录限量、数字、图片验证等操作规则，不等于突破计算机安全防护系统，仅是简便操作"的主张，明显不具有充分的说理性和辩驳力，站不住脚。这一点在绍兴市中级人民法院的判解回应中可以得到明确说明：人机识别系统是阿某反作弊关键系统，该系统为淘宝、支付宝等30多个应用提供安全防护服务，安全防护的目的就是防止机器批量操作盗取账号，"林某1"系列软件可以绕过该识别系统，突破了该项防护，实现批量操作的目的，故应认定为具有避开或突破计算机系统安全防护措施的功能。"林某1"软件使用的数据来源非法，软件实现修改密码、解绑手机、换绑邮箱等批量操作系突破淘宝公司服务器安全防护措施而实现；修改密码、解绑手机、换绑邮箱等操作违背原账号所有人的意志。绍兴市中级人民法院的判解说明了"授权"的缺失，特别是"修改密码、解绑手机、换绑邮箱等操作违背原账号所有人的意志"直接说明了未经授权的存在。

从这个判解中我们可以归纳出一个基本的认识，即行为人绕开原有设定路径对计算机信息系统进行访问的行为，不具有任何的正当性，构成了不被允许的行为不法，理应受到非难和苛责。

3. 具体案例解析二：张某亮等犯非法获取计算机信息系统数据罪

（1）基本案情①

2014 年以来，被告人张某亮、魏某雄、黄某文等人非法侵入珠海市多家医院的医疗系统的计算机信息系统，获取大量医院统方数据，② 被告人黄某文将从被告人张某亮、吴某武等人处收购到的上述医院的统方数据以及本人非法获取医院的统方数据，倒卖牟利。主要犯罪事实为：

2015 年年中开始至 2017 年 5 月，被告人张某亮在珠海市三灶人民医院从事计算机信息管理工作期间，每月都将该医院的计算机信息系统的统方数据提取出来，非法倒卖给被告人黄某文，每月收取被告人黄某文人民币 1000 元至 2500 元不等的报酬，从中获利人民币 22 500 元；2017 年 4 月中旬，被告人张某亮为被告人黄某文修改窃取医院计算机信息系统数据的非法程序，让被告人黄某文成功地窃取了珠海市妇幼保健院 2016 年 12 月至 2017 年 3 月共 4 个月的统方数据；2017 年 4 月至 5 月期间，被告人张某亮两次为 QQ 名为"叮咛"的网友提供窃取医院计算机信息系统数据的非法程序，使"叮咛"两次成功窃取了广东省清远市人民医院的统方数据，被告人张某亮收取报酬人民币 7000 余元。

2015 年底，被告人吴某武找到被告人魏某雄，要求被告人魏某雄每月帮其查询人民医院的统方数据，许以每月人民币 1000 元，然后将获取到的人民医院的统方数据倒卖给被告人黄某文，每月收取被告人黄某文人民币 2000 元至 3000 元不等的报酬，共获利人民币 30000 元。2016 年 1 月至 2017 年 5 月，被告人魏某雄在珠海市人民医院工作期间，每月盗用

---

① 该文书为广东省珠海市香洲区人民法院于 2018 年 9 月 10 日作出（2017）粤 0402 刑初 1879 号刑事判决书，中国裁判文书网，http://wenshu.court.gov.cn. 案件名称：张某亮、吴某武非法获取计算机信息系统数据、非法控制计算机信息系统、掩饰、隐瞒犯罪所得、犯罪所得收益一审刑事判决书。

② "统方"是医院里的一种专业术语，指一家医院对医生处方用药信息的统计。医院哪些药用得最多，哪种药更受医生青睐，这些都能从"统方"中看出来。参见澎湃新闻《"黑客"团伙入侵医院系统，盗取医院专业数据牟利数百万》，https://www.thebook.cn/newsDetail_forward_4804599。

同事郭某某的工号和密码登录珠海市人民医院的 HIS 系统,① 秘密窃取本医院计算机信息系统的统方数据,并卖给被告人吴某武,每月收取被告人吴某武人民币 1000 元至 1500 元不等的报酬,共获利人民币 15000 元。

2014 年 1 月至 2017 年 5 月,被告人黄某文每月向被告人张某亮、吴某武等人购买珠海市多家医院(有珠海市人民医院、妇幼保健院、拱北医院、珠海中医院、平某人民医院和三灶人民医院等)的计算机信息系统的统方数据,然后以每单人民币 150 元至 200 元不等的价格倒卖给被告人姚某、鲍某等;2017 年 4 月中旬,被告人黄某文让被告人张某亮帮自己修改窃取医院计算机信息系统数据的程序后,使用修改过的程序成功窃取了珠海市妇幼保健院计算机信息系统 2016 年 12 月至 2017 年 3 月共 4 个月的统方数据,然后将窃取的统方数据以每个人民币 150 元至 200 元不等的价格贩卖给被告人姚某、鲍某等人。被告人黄某文出售统方数据共获利人民币 1618950 元,其中出售窃取的珠海市妇幼保健院的统方数据卖给被告人姚某、鲍某等,获利人民币 21200 元左右。

2017 年 5 月 8 日,被告人张某亮、黄某文等被抓获,2017 年 6 月 9 日,被告人魏某雄投案自首。珠海市香洲区人民检察院以珠香检公诉刑诉〔2017〕1940 号起诉书指控被告人张某亮犯非法获取计算机信息系统数据罪、提供专门用于侵入计算机信息系统程序罪,被告人黄某文犯非法获取计算机信息系统数据罪,被告人魏某雄犯非法获取计算机信息系统数据罪,于 2017 年 12 月 26 日向珠海市香洲区人民法院提起公诉。

一审过程中,被告人张某亮的辩护人提出:被告人张某亮在三灶人民医院工作期间获取的统方数据,是利用职务便利,并非非法侵入计算机系统,属于违法违纪行为,不构成犯罪;张某亮帮助黄某文修改相关程序,非法获取珠海市妇幼保健院计算机系统数据,仅起辅助作用,依法应当认定为从犯。被告人张某亮供述,其在三灶人民医院信息科是合同制员工,主要负责三灶人民医院的网络维护、信息协调、系统管理等工作,工作时间从 2015 年 1 月至案发,其知道医院的处方数据需要保密,三灶人民医

---

① HIS 系统中的 HIS 是英文"Hospital Information System"的简称,指医院信息系统。医院信息系统是利用计算机软硬件技术和网络通信技术等现代化手段,对医院及其所属各部门的人流、物流、财流进行综合管理,对在医疗活动各阶段产生的数据进行采集、存储、处理、提取、传输、汇总,加工形成各种数据信息,从而为医院的整体运行提供全面的自动化管理及各种服务的信息系统。参见杨长兴、李连捷主编《医学计算机应用基础》,中国铁道出版社 2014 年版。

院的信息保密制度就是由其制定的，医院处方数据不对外。三灶人民医院的办公室副主任曾某作为证人证实：张某亮从 2015 年 1 月入职三灶人民医院计算机管理岗位，对该院的计算机进行管理，其中包含医院的 HIS 系统。管理人员有一个账号和密码可以登录 HIS 系统，张某亮作为计算机的管理人员有权限提取计算机信息系统数据，但需要经领导审批，且医院规定，管理人员不得将统方数据外泄。

被告人魏某雄的辩护人提出：被告人魏某雄获取的计算机信息系统数据并不包含身份认证信息，不需要非法控制计算机信息系统，违法所得较小，不应认定为情节特别严重。被告人魏伟雄供述：其在珠海人民医院收费处上班，主要工作是为病人结算费用；其在 HIS 系统上的权限只能做到逐个查询病人使用药物的情况，没有查询两个或两个以上的病人用药情况的权限；该医院规定病人的用药情况的数据除对病人本人外，对其他人不能公开；其知道在财务科上班的郭某某有查询所有病人用药情况的权限，并知道郭某某登陆 HIS 系统的工号是 1258，密码是 1128，就使用了这个郭某某的工号和密码进入 HIS 系统提取统方数据。

珠海市香洲区人民法院判决认为：关于被告人张某亮辩护人提出被告人张某亮利用管理员身份获取三灶人民医院的统方数据是违纪行为不构成非法获取计算机系统数据罪的意见。经查，所谓侵入计算机信息系统，是指未经授权或者超越授权，获得删除、增加、修改或者获取计算机信息系统存储、处理或者传输数据的权限。侵入的本质特征是未经授权或者超越授权。从本案来看，被告人张某亮虽然是三灶人民医院的信息管理员，其有权限进入计算机信息系统并维护计算机信息系统的安全，但三灶人民医院同时规定未经批准不得私自下载数据，因此，被告人张某亮获取三灶人民医院统方数据的行为属于超越权限非法侵入计算机系统获取数据的行为，构成非法获取计算机信息系统数据罪。辩护人的意见与法律规定不符，不予采纳。同时对魏某雄等被告人的行为也进行了认定。

珠海市香洲区人民法院于 2018 年 9 月 10 日作出（2017）粤 0402 刑初字第 1879 号刑事判决：被告人张某亮犯非法获取计算机信息系统数据罪，判处有期徒刑一年六个月，并处罚金人民币 2 万元；犯提供侵入计算机信息系统程序罪，判处有期徒刑六个月，并处罚金人民币 7000 元；决定执行有期徒刑一年七个月，并处罚金人民币 27000 元。被告人魏某雄犯非法获取计算机信息系统数据罪，判处有期徒刑一年，缓刑一年六个月，并处罚金人民币 15000 元。被告人黄某文犯非法获取计算机信息系统数据罪，判处有期徒刑一年六个月，并处罚金人民币 2 万元。被告不服，向珠海市中级人民法院提起上诉。珠海市中级人民法院于 2018 年 11 月 26 日作出（2018）粤 04 刑终字第 421 号维持原判的终审判决。

（2）简要评析

上述张某亮和魏某雄等人犯非法获取计算机信息系统数据罪一案中最引人注目之处是控、辩双方对被告人张某亮行为定性的分歧。公诉方认为张某亮从本人工作医院的 HIS 系统提取统方数据的行为构成非法获取计算机信息系统数据罪，而被告人张某亮的辩护人认为，张某亮作为三灶人民医院的职工，在医院工作期间所获取的统方数据，仅仅是利用了职务上的便利，并不是非法侵入计算机系统，其只是属于一般的违法违纪行为，不应构成犯罪。辩方之所以这样认为，是因为其基于张某亮本人是医院内部职工的身份，特别是张某亮处于医院计算机管理岗位，对该院的计算机系统进行管理，包含医院的 HIS 系统。张某亮有账号和密码可以登录 HIS 系统，有权限提取计算机信息系统的数据。辩方认为张某亮作为医院的内部职工，其行为不属于"未经授权"，因而不属于犯罪，但辩方并没有对张某亮是否属于"超越授权"进行深入的分析判断，故而在庭审中其辩护意见并未获得法官采纳。

本案中张某亮的行为不属于"未经授权"应无疑问，但是其是否属于"超越授权"则应需要仔细分析。从案件事实来看，张某亮工作的三灶人民医院对于统方之类的数据信息是有严格规定的，并且张某亮本人就是该院信息保密制度的制定者。张某亮明确知道医院的处方数据不对外，并且张某亮作为该院的计算机管理人员，提取统方数据也需经领导审批。张某亮从医院的计算机系统中提取统方数据前，并没有得到任何许可的权限，并且还违反医院规定将统方数据信息外泄他人。值得非常肯定的是一审法院不但支持了公诉方的观点，还在认定张某亮提取统方数据的行为时，完全是从"超越授权"的角度进行了分析判断，这一点可以说在基层人民法院确实是难能可贵。法院在判解中专门指出，被告人张某亮虽然是三灶人民医院的信息管理员，其有权限进入计算机信息系统并维护计算机信息系统的安全，但三灶人民医院同时规定未经批准不得私自下载数据，因此，被告人张某亮获取三灶人民医院统方数据的行为属于超越权限非法侵入计算机系统获取数据的行为，构成非法获取计算机信息系统数据罪。

但应同时指出，一审法院在判解意见中提出：侵入计算机信息系统，是指未经授权或者超越授权，获得删除、增加、修改或者获取计算机信息系统存储、处理或者传输数据的权限；侵入的本质特征是未经授权或者超越授权。这又反映出一审法院还是未能把"未经授权"和"超越授权"作出精确的区分。侵入的本质特征确实是未经授权或者超越授权，但是未经授权的侵入和超越授权的侵入完全不可等同，如果一审法院在上述判解的基础上再对未经授权的侵入和超越授权的侵入结合案件事实进行区别论述，就更具有说服力了。"未经授权"是完全没有权限的访问侵入行为，就是外部人实施的类似黑客的做法；而"超越授权"则是内部人在获得一定权限的基础上，突破了这个权限，进入了法所不允许的制造风险的范围，非法获得了额外的删除、增加、修改或者获取计算机信息系统存储、处理或者传输数据的权限。因此，一审法院在判决结论成立的基础上，未能很深入的对未经授权和超越授权进行分析，可谓是美中不足。

在本案中，刚好可以把张某亮和魏某雄实施的行为进行一个对比分析。根据案件事实，张某亮和魏某雄都是医院的职工，一个在珠海市三灶人民医院，另一个在珠海市人民医院。张某亮工作期间从计算机系统提取统方数据是使用了本人的账号密码登录计算机系统，而魏某雄则是每月盗用同事郭某某的工号和密码登录珠海市人民医院的 HIS 系统。从表面上看，两人都是医院的内部职工，都可以登录访问本院的计算机系统，但是本质区别在于张某亮是有权登录 HIS 系统，但未经批准不得提取统方数据，案件中其提取统方数据的行为是越权行为。魏某雄因为根本没有登录 HIS 系统进行大范围提取数据的权限，在这种情况下，其行为在法律上应被认定为是等同于医院外的诸如黑客的入侵行为，属于未经授权访问。正因为如此，在本案中张某亮和魏某雄的辩护人在被告人同样是提取所在医院统方数据的行为在定性上才会存在完全不同的辩护意见。质言之，在作出"未经授权"和"超越授权"规定的基础上，必须对两者加以明确区分，并且予以明确的定义指引，而不是单纯地将这两个司法解释中的规定用语予以简单引用或并列使用，才能够对被告人的行为作出精准的判断和处理。①

从上述几个具体案件的判决情况来看，控、辩、审三方都对"未经授权"和"超越授权"进行了一定的申辩、认定和解释，虽然各方都没有根据有关法律规定或司法解释进行条分缕析的解读或引用（实际上到目前为止，就"未经授权"或"超越授权"规定而言，也无相应的具体法条依据或认定标准可以直接适用），也没有如美国法院那样总结出具体的认定"未经授权"或"超越授权"的标准，但是走出了重要的一步，特别是绍兴市中级人民法院提出了类似于"程序编码设限"的认定思路，即行为人突破了系统最初设定的安全防护功能，就应认定为未经授权（当然，具体是"未经授权"还是"超越授权"，似还有进一步讨论的空间，但无论认定为"未经授权"还是"超越授权"都不影响行为的最终定性）以及珠海市香洲区人民法院在"超越授权"认定上的尝试和解析都非常值得肯定。

从总体上看，中美两国法院在计算机网络犯罪中对"未经授权"和"超越授权"方面的判解，虽然据以认定的规定高度相似（即都是"未经授权"和"超越授权"），但在具体的认定内涵或判断依据上却存在很大不同。主要差异是目前中国法院对"未经授权"和"超越授权"在一定程度上存在着"集体性失语"，尚未形成基本的共识。除了上述绍兴市中级人民法院和珠海市香洲区人民法院以及支持其判决的珠海市中级人民法院等少数法院在这一问题上有所拓展外，绝大部分法院在实践中都没有就"未经授权"或"超越授权"进行合理定义或精细解读（更遑论从司法判决中总结出类似美国判解的具有中国特色的认定标准）。在我国法院的判决中，对于谁授权或谁是授权主体（关于授权的主体，在搜集到的判决书中只有一个判决书简单地提出："未经目标计算机授权"②），没有展开进一步深入的说明；"超越授权"也没有进行具体深入的阐述，大多数的判

---

① 由于对"未经授权"和"超越授权"的认识不清楚，导致司法实务中对行为定性认识差异的情况不限于本案，在其他案件中也有体现。参见中国裁判文书网公开的虞某受贿案［(2014) 温文刑初字第 173 号、(2015) 浙温刑终字第 190 号］，案件中的被告人虞某的身份和实施的行为都与上述案件中的张某亮及魏某雄的行为非常相似，但是公诉方在一审和二审抗诉中都认为虞某是利用职务便利构成受贿罪。

② 该文书为大连市金州区人民法院于 2016 年 4 月 1 日对黄某犯提供侵入、非法控制计算机信息系统程序、工具罪的判决，中国裁判文书网，http://wenshu.court.gov.cn. 案件名称：黄某提供侵入、非法控制计算机信息系统程序、工具一审刑事判决书。

决都是直接援引司法解释中的原话或是将司法解释中的有关规定作为判决附文列后。因此，从某种程度上说，对于"未经授权"和"超越授权"的认定，中美两国司法实践中的做法可谓是"貌合神离"。

在对我国司法解释中的"未经授权、超越授权"作出分析并对相关案例进行简要分析之后，再来查看美国计算机犯罪法，即1030条中"未经授权、超越授权"的基本内涵。通过前文的研究可知，美国国会在1030条中设置"未经授权"和"超越授权"来判断行为人的访问行为的合法与否。由于美国国会在制定1030条时，没有对"未经授权"予以明确的定义，因而出现了一系列的关于对访问行为授权与否的司法判解，[①] 并且在刑事案件和民事案件中的认定各不相同。计算机犯罪以及其他非属于犯罪的计算机滥用行为都是依托于技术的发展而变化。随着计算机技术的更新，这些犯罪或者非属于犯罪的滥用行为也会在新兴的技术环境下升级，各种不同的行为手段层出不穷。立法机关根本不可能以一个固定时期且处于计算机技术发展初期的关于对"未经授权"样态的认识来诠释当时和未来的行为模式。但对于"超越授权"，在1030条（e）款中被规定为：已经获得授权访问计算机，并利用这一授权访问去攫取或修改计算机中的信息，但行为人没有被授权做出如此的攫取或修改。[②] 在"未经授权"这一问题上，法院的判例态度表明"规避程序编码设限"可以作为刑事案件中"未经授权"判断的依据但使用服务协议条款则不宜采用。没有一个法院已经作出判决认为违反一个合同式的规定（不管是违反网站的服务协议条款还是其他）构成计算机访问的未经授权，从而以《计算机欺诈及滥用法》的刑法条文来治罪。[③] 因此，1030条中"未经授权"在刑事案件中的核心意涵就是不能规避程序编码设限而擅自地访问他人的计算机。

这里所谓的"程序编码设限"是指计算机系统的权利人为了防止非法的访问等侵入行为会通过设置程序编码的形式来实现和加强对计算机的保护。这种权限设置通过技术性手段把相关的安全程序安装到计算机的硬

---

① 关于这些判解，在本书第三章第三节的内容中已有详细分析，此处不赘述。
② 18 U.S.C. § 1030 (e) (6) (2008).
③ Nicholas R. Johnson, "I Agree" to Criminal Liability: Lori Drew's Prosecution under § 1030 (a) (2) (c) of the Computer Fraud and Abuse Act, and Why Every Internet User should Care, *Journal of Law, Technology & Policy*, 577 (2009).

件和软件中。安全程序的主要功能就是以编制好的路径方式或账号密码等来对每一个用户的使用权作出限制，只有根据计算机的权利人所设定的访问方式如输入账号密码才能正常地实现对计算机的访问和使用。这种以程序编码方式对每一个用户设定的表现为账户密码等方式的做法就是为了排除那些随意或故意去访问他人计算机的行为。① 这种对访问设定权限的做法在那些相对独立和私密的计算机工作环境中经常使用。1984 年美国国会颁布 1030 条的时候即确定本条最首要而基本的规制对象就是那些涉及私密领域的计算机，之所以是私密领域是因为政府以及金融机构等的计算机都以程序编码设置了诸如账号、密码之类的严格登录要求，从而能够保护其中的重要数据，不开放给社会大众访问。② 如果使用者不根据程序编码所设定的访问路径，如按要求输入有效账号密码等，而是以其他的技术性手段，如传播病毒或以电子排码方式不断攻击登录界面直至猜测到有效账号密码获得访问等，③ 则属于未经授权访问，典型的如莫里斯的行为。

综上所述可以得出的结论是：我国司法解释中所使用的"未经授权"与美国《联邦法典》1030 条中所规定的"未经授权"具有相同的规制功能，意涵也基本没有差别。因此，我们认为对我国司法解释中的"未经授权"可以参考美国判例的结论并结合我国法院的判解来加以判断，简言之就是突破计算机信息系统预设的安全防护功能或措施而实施不法访问的行为就是未经授权；而"超越授权"则是指：行为人在获得一定授权使用计算机时，利用这一授权使用的机会去获取计算机信息系统中的数据或控制计算机信息系统，但行为人的数据获取或控制行为并没有得到授权。

四 计算机诈骗行为在中国刑法中的定位与定性

计算机诈骗行为在美国《联邦法典》第 18 编第 1030 条中作为计算机诈骗罪被规定在（a）（4）款，其是美国联邦计算机犯罪法规制的重要犯罪之

---

① John R. Vacca, *Computer and Information Security Handbook*, Morgan Kaufmann, 128 (2009).
② Patricia L. Bellia, Defending Cyberproperty, *New York University Law Review*, No. 79, 2164, 2254 (2004).
③ Nicholas R. Johnson, "I Agree" to Criminal Liability: Lori Drew's Prosecution under § 1030 (a) (2) (c) of the Computer Fraud and Abuse Act, and Why Every Internet User should Care, *Journal of Law, Technology & Policy*, 583 (2009).

一。本书在前述第四章对 1030 条计算机诈骗的规定和美国联邦对该罪的规制进行了详细的研究。1030 条将计算机诈骗行为规定为计算机诈骗罪并且形成了美国刑法上的一些独有的特点。将计算机诈骗行为作为单独的犯罪规定在刑法条文中并非美国一家，在本书前述的研究中已经阐明，这一犯罪形式的规定存在于英美法系和大陆法系众多的国家刑法典和单独刑法中。我国刑法在 1997 年规定与计算机有关的犯罪时，没有明确规定计算机诈骗罪，只是在第二百八十七条中规定利用计算机实施金融诈骗、盗窃等犯罪的，依照刑法有关规定定罪处罚。这一规定表明我国刑法对于计算机诈骗行为尚未给予其应有的定位，而是在一定程度上将使用计算机实施金融诈骗犯罪的按照金融诈骗罪的有关规定来处理。由于我国刑法没有专门设立计算机诈骗罪，因此从比较法的角度而言，尚不能与美国《联邦法典》1030 条中规定的计算机诈骗罪进行对比分析。但是就计算机诈骗行为而言，本书在通过对 1030 条中的计算机诈骗罪进行研究之后，认为应该给予其单独的评价。原因在于这既是世界大多数国家的做法，更是由于计算机诈骗行为在其罪质上与传统的诈骗等犯罪具有很大的差异，不能简单地等同对待。对计算机诈骗行为在我国刑法中的定位与定性的分析中，本书认为应该从法益的角度来着手，通过法益的相关理论来研究其最后在我国刑法中应有的归属。[①]

法益作为现代刑法学中的基础性概念，是每个构成要件的实质核心，凡该当构成要件的行为都侵害特定的法益。但法益在其本体上并不完全是一个同一的概念，在不同的理论语境下会有不同的法益定义。所以说，"法益"的定义至今仍然没有得到成功而明确的说明。[②] 尽管如此，目前对法益的共识是其具有多重功能：注释—运用功能、系统分类功能、系统的界定功能和刑事政策功能。[③] 多义性决定了在不同语境范畴下法益具有不同的功能，同时多义性也决定了法益存在的无限性与有限性。在不同的法益定义下探讨法益的无限性和有限性，并在此基础上分析法益的不同功能，有利于对具体犯罪的认识和明确地厘定其边界。通过法益的无限性与有限性及其功能来分析和探讨计算机诈骗行为，对其在我国刑法上的定位和定性以及更好地进行规

---

① 本部分的内容已经以小论文作为前期成果发表，在本书中略作了部分的修改。参见拙文《法益的无限性与有限性——以计算机诈骗行为的分析为例》，载《中国刑事法杂志》2011 年第 12 期。

② ［德］克劳斯·罗克辛：《德国刑法总论》，王世洲译，法律出版社 2005 年版，第 14 页。

③ ［意］杜里奥·帕多瓦尼：《意大利刑法学原理》，陈忠林译评，中国人民大学出版社 2004 年版，第 88 页。

制具有重要意义。一般而言，人们都同意自李斯特以来创立的观念：法益是法律所保护的利益。① 但对于法益本身的概念及其存在范围却存在着不同认识。归纳起来主要有：其一，法益是前实定法的概念还是实定法的概念，换言之，法益是位于"法"之前应当由"法"保护的应然范畴，还是已经在"法"规范保护范围内的实然范畴；其二，法益中的"法"的内涵是指刑法抑或是以宪法为代表的整体法。这些认识上的分歧导致了法益概念的多义性，根据存在范围的差异可以对法益进行不同的分类。

（一）法益的概念分类及其关系

具体来说，根据法益与实定法之间关系的不同，可以将法益概念分为先法性法益概念、宪法性法益概念和后刑法法益概念三大类。② 另外，从法益的内容是客观事实层面还是抽象价值层面这个角度，又可以分为事实性法益概念和规范性法益概念。下面对法益的这些分类和可能存在的关系进行逐一的剖析。先法性法益概念将法益放置在实定法之前进行讨论，强调法益是一种先法范畴。也就是说法益的内容即利益本身是在实定法之前已经存在的，如人的生命、身体、健康等。③ 因为利益并不是立法者创造的，立法者只是在法律中确认和保护某种利益。所有的法益，无论是个人的利益，还是集体的利益，都是生活利益，这些利益的存在并非法制的产物，而是社会本身的产物。④ 先法性的法益意味着由人类长久以来的共同生活经验而形成的位于成文法之前的客观价值秩序被立法者以法律规定的形式予以保障。立法者并不能创造法益，而只不过将此种法益保护加以条文化。该利益不是由法秩序产生，但被提升为法益。⑤ 由此形成法益的学说就是一种法益保护的学说，而不是产生法益的学说。⑥ 所以，法益并不是依据实定法而产生，其存在于我们生活世界的海洋，因发现而被认知。

与先法性法益概念不同，宪法性法益概念认为法益必须与宪法相关联，法益位于宪法之后、刑法之前。在法治国家，宪法是实定法之基础，具有最

---

① ［德］李斯特：《德国刑法教科书》，徐久生译，法律出版社2006年版，第6页。
② 刘孝敏：《法益的体系性位置与功能》，载《法学研究》2007年第1期。
③ 张明楷：《法益初论》，中国政法大学出版社2000年版，第162页。
④ ［德］李斯特：《德国刑法教科书》，徐久生译，法律出版社2006年版，第6页。
⑤ ［德］许乃曼：《法益保护原则——刑法构成要件及其解释之宪法界限之汇集点》，何赖傑译，载《不移不惑献身法与正义——许乃曼教授刑事法论文选辑》，许玉秀、陈志辉合编，公益信托春风旭日学术基金发行2006年版，第239页。
⑥ 陈志龙：《法益与刑事立法》，台湾大学丛书编辑委员会1993年版，第103页。

高的效力，任何法律的制定都必须符合宪法的原理，不能与宪法相抵触。立法者的立法活动和选择必须具有宪法的根据。对刑事立法者而言，宪法性原则是一种先在的限制：宪法要求刑法保护的利益，应当成为宪法上的法益，而不能逾越这一宪法性要求。刑法并不保护所有法益，宪法和其他法律所保护的生活利益也是法益。法益的界限和内容应当由宪法来确定。① 一个在刑事政策上有拘束力的法益概念，只能产生于基本法中载明的建立在个人自由基础之上的法治国家的任务。这个任务就对国家的刑罚权规定了界限。在此之后，人们就可以说：法益是在以个人及其自由发展为目标进行建设的社会整体制度范围之内，有益于个人及其自由发展的，或者是有益于这个制度本身功能的一种现实和目标设定。这个法益概念包含了已经被法（Recht）事先发现的状态以及同样由法才能创设的遵守规范的义务。同时，这一法益概念由于综合了各种各样的成果，因此有必要从一开始就使各个刑法条文转到宪法性界限的限制之中。② 宪法性法益概念从法治国家的基本要求出发，从宪法中寻找法益的基本内容。认为法益不是由刑法来建构的，刑事立法者对利益的规范评价不能是随心所欲的，须在宪法的框架内进行。

后刑法法益概念是在法益论发展历程中比较早期的观点，其开拓者可以追溯到德国刑法学家宾丁那里。③ 这一概念的核心思想认为"法益"是"刑法规范"的"客体"，即在任何刑法规范中，均可以找到所需保护的"法益"。刑法法益可以表述为：实定法禁止侵害或者威胁、依刑法规范加以保护的财。这一定义模式将法益的概念沦为实定法保护目标之下的一个附属概念，即先有"刑法规范"，再有"刑法规范所保护之利益"。④ 这一法益概念使得"保护法益即法益必须根据刑罚法规来确定；要知道什么样的才属

---

① ［日］内藤谦：《刑法讲义总论》上册，有斐阁1983年版，第211页以下。转引自张明楷《法益初论》，中国政法大学出版社2003年版，第151页。

② ［德］克劳斯·罗克辛：《德国刑法总论》，王世洲译，法律出版社2005年版，第13—14页。

③ 宾丁在刑法学史上关于法益论的研究中，首先在其著作《规范论》第1版（1872年）中明确地提出了"法益"的概念，虽然毕仑巴姆曾提出过法保护的"利益"的概念，但是赋予"法益"概念正名的却是宾丁。参见 ［德］冈特·斯特拉腾韦特、洛塔尔·库伦《刑法总论Ⅰ——犯罪论》，杨萌译，法律出版社2006年版，第29页；另可参见 ［日］伊东研祐《法益概念史的研究》，成文堂1984年版，第68页。

④ 丁后盾：《刑法法益原理》，中国方正出版社2000年版，第17页。

于法益，就必须学习现行法；离开现行法就不可能理解法益"。① 后刑法法益概念将重点聚焦于刑法对利益的规范评价，认为法益的存在必须以实定刑法的规定为据。那些广为存在的利益如果刑法没有承认并加以规定，就不是法益。法益是实定刑法的规范目的，只有在刑法的规范视野内才有其价值。

在客观事实层面上，先法性法益概念因强调法益是一种先法范畴，是先于法之前即存在的利益，这些利益是客观存在的事实，如生命、身体、财产等。这些利益不是通过立法者创造的，立法者只能在法律中确认和保护这些利益。因此，先法性法益概念又是一种事实性法益概念。这种事实性法益概念不依制定法的变动而改变，成为一种客观实在。按照物本逻辑的观念，价值原本就存在于客观现实之中，生活秩序中即存在着规则，从生活秩序中即可导出法秩序，导出规范。所有的秩序和意义原本就存在于客观现实之中。② 在这一观念下可以认为，先法性法益概念就是对实然存在的生活事实利益的客观化描述，所以成为一种事实性的法益概念。这种事实性法益概念只是对价值存在的记叙和确认，不是对这些客观存在的生活利益的规范性评价和取舍。

宪法性法益概念与后刑法法益概念都认为法益不是前实定法的，而是通过实定法的确认才得以确立。其中宪法性法益概念将法益界定在宪法之后，刑法之前，认为刑法对法益的保护应以宪法的规定为依据，只有以宪法性法益为依据并从其中选择需要其保护的利益才能获得刑法规范制定的正当性与合理性。后刑法法益概念在其发生学上类似于宪法性法益概念，认为法益不是先天而存在的，需要通过刑法规范的确认，在刑法规范之后才能找寻到法益。法益的身份和内涵在宪法性法益概念和后刑法法益概念下都是通过规范的制定而被赋予的，是宪法或者刑法通过价值评价与选择的结果。宪法性法益概念和后刑法法益概念都是在实定法的范畴内赋予法益的要旨和内涵，是从规范的意义上揭示法益的实质。因此，宪法性法益概念与后刑法法益概念在抽象的价值层面上都是规范性法益概念。规范性法益概念承载着价值性的评价，是对客观社会中的生活事实利益的抽象，并根据不同的规范目的

---

① ［日］伊东研祐：《法益概念史的研究》，成文堂1984年版，第128页。转引自张明楷《法益初论》，中国政法大学出版社2003年版，第58页。

② Welzel, Naturalismus und Wertphilosophie im Strafrecht, 1935, S. 78 f., 83. 转引自许玉秀：《当代刑法思潮》，中国民主法制出版社2005年版，第135页。

（宪法或者刑法）来确定法益的概念及其范围。

从刑法理论上而言，先法性法益概念、宪法性法益概念和后刑法法益概念对刑法的立法和司法，尤其是对犯罪概念的成立和界分有着重要的作用，发挥着不同的功能。从规范与事实两个角度来看，犯罪概念可以分为事实性犯罪概念和规范性犯罪概念。① 但从犯罪概念的本质属性和规范属性这种双重属性来看，其又可以分为立法概念和司法概念。② 犯罪的立法概念与事实性概念是同一的，都是通过揭示犯罪的实质来建构犯罪概念；犯罪的司法概念与犯罪的规范概念也是同一的，都是在刑法规范的意义上来界定犯罪的概念。法益的讨论需要在犯罪概念的层次上进行。③ 事实性法益概念和规范性法益概念对于犯罪的立法概念和司法概念具有不同的意义和功能。在此基础上显示出法益的存在既是无限的又是有限的，同时，法益的无限性与有限性对于刑法关于具体犯罪的解释和建构影响深远，意义重大。

（二）法益的无限性与有限性之体系内涵及功能

法益的无限性与有限性需要根据不同的法益概念在各自不同的功能发挥上才能体现出来。讨论法益的无限性与有限性应该在法益的前实定法和实定法两个范畴内展开。前实定法范畴内主要论及事实性法益概念，实定法范畴则涉及宪法性法益和后刑法法益这两个规范性法益概念。因此，法益的无限性与有限性蕴涵于事实性法益和规范性法益之间。事实性法益概念下主要体现出法益的无限性，而规范性法益概念则重点体现出法益的有限性。同时，无限与有限在哲学上是一对相对应的范畴，无限是相对于有限而言的，反之亦然。自然界中的种种对立和区别只有相对的意义。④ 在自然界中，一切都是相对的，一切同时是结果又是原因。⑤ 一切都是相对的，这包括一个极其重要的观点，即绝对和相对的关系也是相对的。绝对离不开相对，绝对由相对所构成，是由相对支撑起来的；相对也离不开绝对，"相对之中有绝对"，

---

① 陈兴良：《犯罪：规范与事实的双重视角及其分野》，载《北大法律评论》（2000年）第3卷，第2辑。
② 王世洲：《中国刑法理论中犯罪概念的双重结构与功能》，载《法学研究》1998年第5期。
③ ［德］克劳斯·罗克辛：《德国刑法总论》，王世洲译，法律出版社2005年版，第15页。
④ ［德］恩格斯：《反杜林论》，载《马克思恩格斯全集》（第20卷），中共中央马克思恩格斯列宁斯大林著作编译局编，人民出版社1971年版，第16页。
⑤ ［德］费尔巴哈：《费尔巴哈哲学著作选》（下卷），荣震华等译，商务印书馆1984年版，第602页。

相对表现绝对并为绝对所统摄。① 这种绝对和相对的辩证关系在法益的有限性和无限性上就体现为：法益的无限性是相对于有限性而言的，有限性蕴涵于无限性之中，无限性则通过与有限性的相对关系得以体现。故而，法益的无限性与有限性在事实性法益概念和规范性法益概念之间存在着转化。换言之，相对于前实定法下的事实性法益概念，实定法下的规范性法益概念是有限的，事实性法益概念是无限的；但是在规范性法益概念内部，后刑法法益概念相对于宪法性法益概念是有限的，宪法性法益概念此时又具有相对的无限性。

1. 哲学相对论上法益的无限性与有限性之体系内涵

事实性法益概念位于前实定法的范畴而存在，对于立法者而言，法益是预先给定的，因此在立法选择的过程中，就只能根据这些已经先在的法益来确认哪些是属于法律需要加以保护的对象。无论是宪法还是其他部门法都是以保护法益作为其根本价值的依归。除了刑法对法益的保护外，"法益对于构建整个民法理论体系具有非常重要的意义。"② 在事实性法益概念下，从宪法到刑法、民法以及其他部门法，要选择法益作为保护的对象和理论建构的基础都只能从客观存在生活事实中去过滤那些值得保护的利益。问题是客观存在的生活事实利益在社会中是繁杂的，并且随着社会的发展变化而更加多样。作为社会本身产物的生活利益，它是前法学的，法律只能发现它，而不能制造它。③ 先法性法益只能对客观存在的生活利益予以纯粹性的描述，而不能给予确定的限定和定义，体现这一法益概念的广泛性和延展性，没有一个确定的框架对其划定一个界限。因此，先法性法益的事实性和无确定的边界性特征决定了其中法益内涵的无限性。

事实性法益概念的内涵相对于规范性法益而言具有无限性，但是在规范性法益概念内部的宪法性法益和后刑法法益之间也存在着无限性的关系。宪法作为现代法治社会的根本大法，在所有法律体系中具有基础性地位。位于宪法之后而被宪法所确认并加以保护的法益成为宪法性法益。宪法条文中对保护利益的规定，是认定法益概念和其内涵的根据。宪法作为万法之母，对利益的保护是最完整的。在现代社会中，宪法不仅保护个人权利与自由，而

---

① 娄永清：《哲学相对论》，人民出版社2005年版，第2页。
② 孙山：《寻找被遗忘的法益》，载《法律科学》2011年第1期。
③ ［德］李斯特：《德国刑法教科书》，徐久生译，法律出版社2006年版，第201页。

且保护各项为保障个人生存及社会发展的国家公共制度。宪法性法益概念是规范性的，但并不是静态的，而是在符合宪法的目的设定的范围内，向历史的变化和经验性知识的进步开放的。① 后刑法法益的厘定必须以宪法性法益为依据，位于宪法之后，从宪法性法益之中选择和确定其应该保护的法益范围。宪法本身的本质属性和任务使命决定了其保护的利益的宽广和多样，这些利益包括人类现代社会生活的各个领域。虽然宪法文本决定着宪法性法益范围的疆界，但是其内涵却可能存在无限的扩张。因此，宪法性法益相对于后刑法法益而言具有无限性。

法益的有限性只有通过在不同的法益概念下进行相对的分析才能体现出来。在事实性法益概念下，法益属于前实定法范畴的概念，是一种经验实在，只能客观地予以描述。但是在规范性法益概念下，宪法性法益与后刑法法益都位于实定法之后，实定法的规范目标和价值导向决定了规范性法益概念的范围。实定法所确定的法益范围相对于前实定法中的法益而言具有有限性。因为，在实定法名义下，法益的存在空间被划出了一个给定的范围。法律从广袤的生活秩序、规则习俗中选取了应该和值得保护的对象并加以成文化。法律规则不过是总体习俗中的一个确定的形式。② 在这种确定的形式下，法律作为最有效力的规则发挥着对各种利益的保护作用。因此，赫克将法律规范理解为，立法对需要调整的生活关系和利益冲突所进行规范化的、具有约束力的利益评价。③ 法律的利益评价从此成为法律适用的主要问题。④ 规范性法律调整最核心最重要的表现形式就是宪法。宪法性法益就是宪法制定者通过对社会生活现实进行价值判断的结果。这种被赋予了规范性价值判断结果的宪法性法益与先法性法益相比，宪法条文规定的范围就是宪法性法益的最大边界。因此，相对于事实性的先法性法益而言，宪法性法益是有限的，宪法性法益被宪法规范所圈定。

位于宪法之下的刑法被称为"万法之盾"，是一切法律实施的保障法。在后刑法法益概念下，刑法对法益的保护通过宪法性规定来确立。宪

---

① ［德］克劳斯·罗克辛：《德国刑法总论》，王世洲译，法律出版社 2005 年版，第 16 页。
② ［英］马林诺夫斯基：《原始社会的犯罪与习俗》，原江译，法律出版社 2007 年版，第 35 页。
③ Ph. Heck, Begriffsbildung und Interessenjurisprudenz, Tubingen 1932, S. 72ff. 转引自 ［德］魏德士《法理学》，丁晓春、吴越译，法律出版社 2005 年版，第 236 页。
④ ［德］魏德士：《法理学》，丁晓春、吴越译，法律出版社 2005 年版，第 237 页。

法规范为刑事立法者的选择设定了明确的界限，他们不能用刑罚来制裁侵害宪法性法益之外的利益的行为。作为最后手段原则来适用的刑法在宪法性法益中选择需要保护的利益是其他法所不能保护或无法保护的。刑法的这种性质决定了其法益概念的范围只能在宪法性法益下有限地适用和选择。法益保护并不会仅仅通过刑法得到实现，而必须通过全部法律制度的手段才能发挥作用。刑罚是"社会政策的最后手段"，其任务为辅助性的法益保护。刑法仅仅保护法益的一个部分，同时，刑法对这个部分的保护也并不总是一般性的，而经常（如在财产上）仅仅是对个人的攻击行为才提供保护，所以，在这个范围内，刑法具有"零碎"的性质（die fragmentarische Natur des Strafrechts）。① 因此，刑法的辅助性特征决定了后刑法法益的性质，相对于宪法性法益而言，后刑法法益具有有限性。

2. 犯罪概念下法益的无限性与有限性之体系内涵

根据犯罪概念的立法概念和司法概念的分类模式，在犯罪的立法概念下，宪法性法益是其定义的基准。在犯罪的立法概念领域内，用规范性的宪法性法益概念来替代本体性的先法性法益作为其核心要素，由于能更有效完成其为刑事立法权者提供政策性标准、在刑事立法阶段确立罪与非罪界限的理论任务而成为现代各国刑法理论的发展趋势。② 在犯罪的立法概念下，刑法对法益的保护受制于宪法的规定。宪法规定为犯罪立法概念提供了一个外在的最大限度。同时，宪法性法益概念是规范性的，可以根据社会发展的要求，修正法秩序的保护范围，为刑事立法者提供一种动态的、开放的选择范围，实现刑法对法益的完整保护。因此，在犯罪的立法概念上，法益是不断扩展的，呈现出无限性的特征。特别是随着"法定犯时代的到来"③，使得刑法在风险社会下不得不改变其原有的应对方式。因为，在现代化进程中，生产力的指数式增长，使危险和潜在的威胁释放达到了一个我们前所未知的程度。④ 为了实现对这些不断增加的风险的控制，刑法在其设定上主要表现为行为范畴的拓展与犯罪标准的前移两个方面。⑤ 在此基础上，刑法对法益的保护范围不断扩张，甚至表现出通过刑

---

① ［德］克劳斯·罗克辛：《德国刑法总论》，王世洲译，法律出版社2005年版，第23页。
② 刘孝敏：《法益的体系性位置与功能》，载《法学研究》2007年第1期。
③ 储槐植：《要正视法定犯时代的到来》，载《检察日报》2007年6月7日。
④ ［德］乌尔里希·贝克：《风险社会》，何博闻译，译林出版社2003年版，第15页。
⑤ 劳东燕：《公共政策与风险社会的刑法》，载《中国社会科学》2007年第3期。

法对未来进行保护。位于宪法性法益之下定义的犯罪立法概念使得刑法对法益保护的扩张既有根据又符合现实需要和法治的要求。因此，在犯罪的立法概念下，法益的选择与保护符合宪法性原则。保护法益的范围呈现在刑法上就是在风险社会背景下犯罪化的趋势和起刑点的不断降低，法益保护具有无限性。

但是，从犯罪的司法概念上而言，法益所呈现的状态和范围与立法概念中完全不同。司法上的犯罪概念，是指符合刑法规定的构成条件、应当适用刑罚予以处罚的行为。[1] 犯罪的司法概念位于实定刑法之后，指导司法机关根据刑法的规定对某些行为进行惩罚。在犯罪的司法概念下，最核心和最重要的一条就是坚持"罪刑法定"原则，也就是"法律明文规定为犯罪行为的依照法律定罪处刑；法律没有规定为犯罪行为的不得定罪处刑"。刑法分则规定的行为构成是进行犯罪判断的适用基准，确定一个行为是否是犯罪就是判断该行为是否符合刑法分则的规定。由于刑法的目的是保护法益，因此刑法分则中的行为构成是以法益为基础来制定的。这种制定的方式就是把严重侵犯法益的行为具体化、类型化为行为构成，行为符合行为构成就意味着该行为侵害了刑法所保护的法益。正是因为行为构成被规定于刑法之中，位于刑法典之后，故而在犯罪的司法概念下，判断是否被行为侵犯的法益只能是后刑法法益。立法者通过价值判断纳入刑法保护范围内的利益成为后刑法法益，并使之成为制定行为构成的基础。先法性法益和宪法性法益在犯罪的司法概念下都不能成为判断犯罪与否的基础。因为在任何情况下，无论是"自然的"不法行为，还是"认定的"不法行为，也不论广义的社会秩序先于法律存在，还是由法律规定产生，都只有在法律条文对反社会的行为有明确规定并予以惩处时，才会有犯罪现象。[2] 用先法性法益和宪法性法益来作为判断犯罪是否侵犯的法益依据，容易使司法机关超越刑法规定来认定犯罪，甚至任意出入人罪，为类推、擅断和司法腐败打开方便之门。在犯罪的司法概念下，认定犯罪侵犯的法益只能是后刑法法益，这

---

[1] 王世洲：《中国刑法理论中犯罪概念的双重结构与功能》，载《法学研究》1998年第5期。

[2] ［法］卡斯东·斯特法尼等：《法国刑法总论精义》，罗结珍译，中国政法大学出版社1998年版，第9页。

是坚持罪刑法定的必然要求和必然结果。

犯罪的司法概念为划分犯罪与非犯罪的界限,这种犯罪与那种犯罪的界限提供了具体的、具有可操作性的法定界限与标准。① 在这种界限与标准下,刑法分则所规定的行为构成都针对具体的犯罪,每一个行为构成又是由其针对的一个或数个法益架构而成。法益不但是行为构成之基础,而且也是区分各种犯罪形态之标准,以确定各个行为构成在刑法典上之先后顺序。② 在后刑法法益概念下,各个刑法条文所保护的法益是具体的,司法机关只能以具体的保护法益为指导来认定犯罪的成立与否。由此得出的一个结论便是,具体的犯罪性刑法条文规定,保护具体的法益。这一具体法益需要行为事实和行为构成两方面相结合才能正确地确定。基于罪刑法定原则的精神,刑法中的行为构成一旦规定就是确定不移的,成为犯罪确认的基本构成要素。行为构成的法定同时决定了该行为构成所保护的法益也是确定不移的,在犯罪的司法概念下不能够随意改变或任意扩张。这与在犯罪的立法概念下法益的范围和界限相比,迥然有别。因为在犯罪的立法概念下,用宪法性法益作为其定义的内涵可以为立法者确定刑事可罚性和需罚性的政策性标准,其法益的范围随着需要而可以不断地限缩或扩张。但是在犯罪的司法概念下,后刑法法益作为其定义的内涵,必须遵循罪刑法定原则,不得随意更改。因此,在犯罪的司法概念下,法益具有有限性。正因为如此,刑法法定成为法益无限性与有限性的重要界分点。详言之,刑法规定前的法益即先刑法法益在犯罪立法概念上是无限的,法益可以根据社会的需要去定义犯罪;然而刑法规定后即后刑法法益在犯罪的司法概念上是有限的,法益只能根据刑法的规定(行为构成)去定义犯罪。下面以一简图来示明:

犯罪的立法概念(先刑法法益)	犯罪的司法概念(后刑法法益)		
宪法性法益定义犯罪立法概念	行为构成保护法益1	2	3 ……

刑法规定(罪刑法定)

---

① 王世洲:《中国刑法理论中犯罪概念的双重结构与功能》,载《法学研究》1998 年第 5 期。
② 林山田:《刑法特论(上册):侵犯个人法益之犯罪》,台北三民书局 1978 年印行,第 6 页。

3. 法益无限性与有限性之功能

一般认为，法益具有作为犯罪构成要件解释目标的机能。即对犯罪构成要件的解释结论，必须使符合这种犯罪构成要件的行为确实侵犯了刑法规定该犯罪所要保护的法益，从而使刑法规定该犯罪、设立该条文的目的得以实现。① 必须指明的是，这里所说的法益应该是后刑法法益。因为可以帮助解释行为构成含义的法益只能位于刑法规定之后，如果以先刑法法益作为行为构成解释的指导，则会发生以定义犯罪的立法概念的法益来解释犯罪的司法概念的法益，出现体系性上的逻辑错位。先刑法法益（宪法性法益）位于刑法之前、宪法之后，是包容了对各个部门法法益范围的概念，具有无限性。其功能就在于从实定法的意义上划定出法益的概念范围并在宪法条文之后为各部门法的任务与目的提供依据。宪法规定的法益范围极广且性质迥异：从人的尊严到自然景观，从劳动权到亲权，从储蓄到科学，从艺术到互助合作。宪法性法益如此广泛，想以维护宪法性法益作为标准来制约国家的刑罚权，实有幻想之虞。② 法益是由整体法共同保护的，它并没有说明刑法与其他部门法之间的界限。③ 因此，宪法性法益概念只能在犯罪的立法概念上发挥其应有的功能：为刑事立法者创设刑法规范提供可供选择的范围；刑事立法者无须从浩瀚的生活现实中寻找法益，他们只需根据宪法的规定，运用宪法原则将某些法益纳入刑法的保护范围。宪法性法益概念的无限性特征决定了其不能用来指导解释刑法规定中具体犯罪的行为构成。否则就会违背罪刑法定原则，使得罪刑法定的意义由罪刑"刑法定"变换为罪刑"法益定"，导致犯罪认定的扩大化和任意化。

宪法性法益不能作为解释刑法规定的行为构成的依据，后刑法法益则顺理成章地可以用于指导解释刑法分则规定的行为构成。因为既然法益是刑法规范的目的，那么对行为构成内容的解释自然要遵循规范时所期望保护的法益来进行。刑法条文中的行为构成规定了具体的犯罪，确立了具体的保护法益，使得这种后刑法法益表现出非常明显的有限性。正是因为这

---

① 张明楷：《法益初论》，中国政法大学出版社2003年版，第216页。
② ［意］杜里奥·帕多瓦尼：《意大利刑法学原理》（评注版），陈忠林译评，中国人民大学出版社2004年版，第94页。
③ 刘孝敏：《法益的体系性位置与功能》，载《法学研究》2007年第1期。

种后刑法法益的有限性特征才能为解释行为构成提供确定的依据。所以，某一行为构成所保护的法益之确定性源于行为构成本身的规定和行为事实的确定，这样才能在具体的犯罪案件中确定被侵害的法益为何。后刑法法益具备的有限性特征使得用其来指导解释刑法规定的行为构成有利于实现刑法条文规范的目的。但问题是在一个价值多元的现代社会，规范的目的并不总是可以清楚地确定。当没有充分考虑到立法者仅仅是针对确定的攻击类型来保护大多数法益时，根据受保护的法益进行的解释甚至会导致错误。① 同时，作为制定法的刑法规定始终与现实生活存在着差距，刑法语言难以准确概括现实生活中的各种行为，因此，行为构成的含义并不总是非常的清楚和明确。这样，后刑法法益的有限性特征虽可以发挥解释行为构成的功能，但却存在着无法完全解释的困难。在行为构成规定很明确，后刑法法益也很清楚的情况下不存在这样的困难，但是当具体个罪规定中所表现出的保护法益的边界不是特别明确时，就存在法益有限性功能下其边界确定问题。

虽然在犯罪的司法概念下，后刑法法益具有有限性且发挥着解释行为构成的功能，但如果在一个边缘不明确的法益概念指导下解释行为构成，其正当性和恰当性不无疑问。尤其是某些实质解释论所提倡的"对构成要件（即本书中所说的行为构成——引者注）的解释必须以法条的保护法益为指导，而不能仅停留在法条的字面含义上。"② 在一个界限不明确、边缘不清楚的法益概念指导下并且可以在不完全拘泥于法条的字面含义上解释行为构成，其结果无外乎就是两种：扩张或类推。扩张的实现是通过对法条文字作出不超出其字面含义的并且符合法益保护要求的解释。这种解释是可容忍的，是在为了达到明确的刑法法益保护目的，对法条文字作出的解释不突破其字面含义，但又是在通过其他方法无法达成法益保护任务下的一种迫不得已的例外的做法。类推的结果的形成就是由于在一个有限但不明确的法益概念指导下，为了达成对法益的保护而突破了法条的字面含义，以行为具有法益侵害性甚至可以说是以社会危害性为主导来解释行为构成，从而走向了违背罪刑法定的歧路，将解释推向了不可容忍的地步。在发挥法益对行为构成的解释指导功能时，不能不拘泥于法律条文。

---

① ［德］克劳斯·罗克辛：《德国刑法总论》，王世洲译，法律出版社2005年版，第14页。
② 张明楷：《实质解释论的再提倡》，载《中国法学》2010年第4期。

一个正确的解释必须永远同时根据原文文字和法律的目的。① 受法律字面意思限制的符合目的的解释,应当是目前我们可以找到的利最大弊最小的方法。② 因此,用法益来解释行为构成必须受制于刑法文本所表现出的字面含义。③ 下文以法益的有限性和无限性机能为分析进路,同时结合我国刑法的相关规定以及学界的主张来探讨计算机诈骗行为的定性和在我国刑法上的规制方式。

(三) 法益视野下计算机诈骗行为定位与定性之分析

随着计算机技术的发展成熟,计算机在我国逐渐应用于各行各业,走进寻常百姓家。计算机的普及滋生了新的犯罪,计算机诈骗便是其中的重要形式。使用计算机诈骗,是随着现代科学技术的发展,电子计算机的普及,新出现的一种犯罪现象。它的特点是通过向计算机输入假的信息等改变计算机电磁记录信息的方式,取得财产上的利益,可以说是一种诈骗利益的特殊类型的犯罪。计算机诈骗罪在国外的设立是因为其既不符合盗窃罪的行为构成又不能满足诈骗罪的要件,为了解决这一问题和处罚上的漏洞而在刑法中增设。④ 我国刑法因为没有专门规定计算机诈骗罪,那么对于在我国发生的类似于国外计算机诈骗罪的行为构成所规定的行为,该从刑法上给予何种评价,值得研究。刑法信条学解决这一问题的出路一般是通过解释来完成。质言之,法律没有明文规定并不等于法律没有规定。所以,通过对本国刑法相关规定的仔细研究,以所谓保护法益为指导进行解释来完成刑法规制的任务与目的是解释论的主要方式。当解释论无法达到这一任务或根本不能解释时,立法论便成为次要之最佳选择。转换到法益的无限性与有限性的讨论场域来讲,关于计算机诈骗罪在我国刑法应否设立,关键就在于是否可以通过在犯罪的司法概念体系下以有限的后刑法法益为指导来解释这一行为,将之归属到已有的刑法规定的行为构成中,如不能,则应考虑在犯罪的立法概念体系下以具有无限性特征的先刑法法益(宪法性法益)为指导,确立新的立法规定。

美国、德国等国家通过增设计算机诈骗罪对使用计算机非法取得他人

---

① [德] 克劳斯·罗克辛:《德国刑法总论》,王世洲译,法律出版社 2005 年版,第 85 页。
② 王世洲:《刑法方法理论的若干基本问题》,载《法学研究》2005 年第 5 期。
③ 刘孝敏:《法益的体系性位置与功能》,载《法学研究》2007 年第 1 期。
④ 刘明祥:《财产犯罪比较研究》,中国政法大学出版社 2001 年版,第 273 页。

财产性利益的行为实行犯罪化，没有采取解释扩张既有行为构成的做法。主要理由在于：其一，认为计算机诈骗罪的保护法益是个人财产利益，而不是个别财物之所有权，属于整体财产犯罪的一种。① 其二，盗窃罪的对象只能是财物，普通诈骗罪要求人被骗而机器不能被骗。② 通过德国的模式不难看出，德国等国不是以有限的后刑法法益为标准在犯罪的司法概念体系内完成计算机诈骗的刑法规制问题，而是以宪法性法益为指导，在犯罪的立法概念体系内新设计算机诈骗罪。在我国刑法学界，关于计算机诈骗罪是否需要设立存在着争论。解释论的主张者认为，只有两个途径可以考虑：一是将机器解释为诈骗罪的受骗者；二是将财产性利益解释为盗窃罪的对象。但认为将机器解释为诈骗罪的受骗者，在解释结论上存在重大疑问，造成诸多混乱。所以，就选择了第二种路径。将财产性利益解释为盗窃罪的对象后，就没有必要增设计算机诈骗罪了。③ 对于将机器解释为诈骗罪的对象，本书对此持否定态度，前文第四章已有讨论，在此不赘述。对前述"将财产性利益解释为盗窃罪的对象"合理性提出质疑的学者认为，将部分侵犯财产罪（如诈骗罪、敲诈勒索罪）对象的"财物"扩大解释为包含财产性利益具有合理性，但将所有侵犯财产罪特别是盗窃罪对象"财物"，扩大解释为包含财产性利益则不具有合理性、合法性，我国有必要增设使用计算机诈骗罪。④ 解释论主张者的设计是在犯罪的司法概念体系内，以后刑法法益为指导将计算机诈骗行为归入现行刑法规定之中予以解决；解释论质疑者认为这一设计不合理、不合法。孰是孰非，笔者认为可以从法益的有限性与无限性的分析为进路来做出正确的判断。

解释论者否定在我国刑法中单独设立计算机诈骗罪，其主要思路包括以下几个方面。首先，对我国刑法理论中关于盗窃罪侵犯法益是所有权说的观点进行批判，认为盗窃是以非法占有为目的，违反被害人的意志，采取平和的手段，将他人占有的财物转移为自己或第三者占有的行为。⑤ 从

---

① 参见 M/S/Maiwald, BT/1, §41IV Rn. 277; Otto, BT, §52Rn30; Krey, BT/2, Rn512c; Wessels/HillenKamp, BT2, Rn599。转引自谢开平《电脑诈欺在比较刑法上之研究》，博士学位论文，台北大学法学系，2003年。
② 刘明祥：《财产犯罪比较研究》，中国政法大学出版社2001年版，第273—274页。
③ 张明楷：《诈骗罪与金融诈骗罪研究》，清华大学出版社2006年版，第99页。
④ 刘明祥：《再论用信用卡在 ATM 机上恶意取款的行为性质——与张明楷教授商榷》，载《清华法学》2009年第1期。
⑤ 张明楷：《盗窃与抢夺的界限》，载《法学家》2006年第2期。

而认为盗窃罪的保护法益第一是财产所有权及其他本权，第二是需要通过法定程序恢复应有状态的占有。① 其次，将刑法条文中关于盗窃罪对象的"财物"解释为包含可以转移的财产性利益。② 在此基础之上，解释论者得出结论认为利用计算机非法取得他人财产性利益的行为应认定为盗窃罪，进而认为没有必要在我国刑法中增设计算机诈骗罪。解释论者的这一论证思路非常缜密而周详，既在盗窃罪的保护法益方面下了功夫，又在盗窃罪的对象方面做了文章。将我国刑法所规定的盗窃罪的保护法益认定为是所有权和其他本权以及占有，比我国传统刑法理论认为盗窃罪的保护法益是单纯的所有权说要宽泛，对财产的保护也貌似显得更加周延，但是却出现了法益界限不甚明确的问题，没有一个可以完全划定的法益边界。这是因为占有作为盗窃罪的保护法益之一，其究竟包括哪些情形，以及刑法上的占有与民法上的占有的关系都需要探讨。占有的概念在边缘上十分模糊，没有一个清晰的边界。论者只是认为，刑法上的占有并不同于民法上的占有，只要可以转移支配的对象，就可以成为盗窃罪的对象。③ 只有当后刑法法益是有限而确定的时候，才可以用来准确地定义犯罪的司法概念。虽然刑法规定了盗窃罪，但是如果对盗窃罪的保护法益没有一个划定明确界限的概念和范围，则难说以此为基础指导对行为构成的解释具有可靠性。

问题的关键是将盗窃罪的对象解释为包括财产性利益是否妥当？我国《刑法》第二百六十四条关于盗窃罪的规定中，明文规定盗窃的对象是公私财物。财物与财产性利益在德国、日本等国刑法中是明确作出区分的，分别规定在不同的刑法条文中，正因为如此才存在着对侵犯财物和侵犯财产性利益的不同犯罪的规定。作为财产罪侵害对象的财物与财产性利益是相并列的概念，两者之间不存在包容关系。④ 我国《刑法》关于财产犯罪的规定中，各条文都只使用了"财物"一词，没有关于财产性利益的规定。因此，上述解释论者就认为在刑法明文区分财物与财产性利益的情况下，不可能将财产性利益解释为财物；但在刑法没有明文区分财物与财产

---

① 张明楷：《法益初论》，中国政法大学出版社2000年版，第596页。
② 张明楷：《诈骗罪与金融诈骗罪研究》，清华大学出版社2006年版，第98页。
③ 张明楷：《非法使用信用卡在ATM机上取款的行为构成盗窃罪——再与刘明祥教授商榷》，载《清华法学》2009年第1期。
④ 刘明祥：《财产犯罪比较研究》，中国政法大学出版社2001年版，第37页。

性利益的情况下，反而可以将财产性利益解释为财物。① 并认为刑法条文的字面含义，不等于刑法条文的真实含义，② 从而将盗窃罪条文中的财物解释为包括财产性利益。对于具体个罪的行为构成的解释应该以该罪的保护法益为指导，具体个罪一旦经过刑法加以规定，其保护法益就是有限的，其对行为构成的解释指导功能只能以刑法规定的字面含义为最大边界，不能突破，否则就是罪刑"法益定"而不是罪刑法定。将财物认为为包括财产性利益，这是论者在盗窃罪法益即包括所有权和其他本权，又包括占有的思想下指导解释的结果。但是，在立法者的文字中没有给出的，就是没有规定的和不能"适用"的。超越原文文本的刑法适用，就违背了在使用刑罚力进行干涉时应当具有的国家自我约束，从而就丧失了民主的合理性基础。③ 我国《刑法》中没有规定财产性利益，将其解释到盗窃罪对象的财物中，既突破了盗窃罪后刑法法益的有限性，更不符合用法益来解释行为构成必须受制于刑法文本所表现出的字面含义的要求。

解释论的质疑者认为，盗窃的特点是行为人直接夺取他人占有的财物，债权等财产性利益是一种无形的法律上的权利或利益，不可能直接被人夺取。况且，刑法理论关于盗窃既遂与未遂的区分，也是以财物是否脱离被害人的占有或行为人是否占有财物为标志的。债权等财产权利不能被人事实上占有，只是在民事法律观念上才可以被占有，因而不能成为刑法中盗窃罪的侵害对象。如果将债权等财产性利益规定或解释为也可以成为盗窃罪的侵害对象，那显然与财产犯罪的刑法理论不符。盗窃罪的特点即"窃而取之"决定了财产性利益不能成为其侵害对象。④ 以财产性利益不能被事实性的占有来反对将盗窃罪的犯罪对象扩大，是从盗窃罪基本构造来立论的，这一论争的焦点在于对占有的理解，尤其是刑法上的占有。从这一角度来驳斥解释论者的结论具有一定的效果，但其缺陷在于因双方对占有的理解不同，论争也就显得没有多大的力度。正如解释论者所言，

---

① 张明楷：《诈骗罪与金融诈骗罪研究》，清华大学出版社2006年版，第32页。
② 张明楷：《非法使用信用卡在ATM机上取款的行为构成盗窃罪——再与刘明祥教授商榷》，载《清华法学》2009年第1期。
③ ［德］克劳斯·罗克辛：《德国刑法总论》，王世洲译，法律出版社2005年版，第86页。
④ 刘明祥：《再论用信用卡在ATM机上恶意取款的行为性质——与张明楷教授商榷》，载《清华法学》2009年第1期。

"刘文不赞成笔者关于占有的判断,这是本文不可能展开讨论的问题"。① 是否赞成关于占有的判断,实际上就是对于盗窃罪的保护法益的理解,正是因为盗窃罪的保护法益之边界不确定,故而会动摇法益侵害说的根基,而以一个界限不太确定的法益为导向对盗窃罪行为构成(如犯罪对象)的解释是否符合罪刑法定原则以及其解释结果的"合理性和合法性"不无疑问,也就会难以被人接受。

对于计算机诈骗罪在我国刑法中是否可以安身立命,关键是要看法律是否有漏洞,是否存在法益保护不周延的情况。计算机诈骗等这一类型的犯罪是随着社会的发展,科技的进步而呈现出来的新兴犯罪形态。新犯罪的出现固然会导致新规范的需求,但是首先必须要考虑既有的刑法规范是否可以规制,要不然新规范和既有条文之间就会发生重叠甚至冲突。换言之,在新的行为事实发生后,并不当然就有增设新规范或修改现行规范的必要,而必须先检验现行刑法规范不能规制这一新的事实,才可以另立新法或修改现行刑法条文。质言之,当法律有漏洞时,才能另立新规范。法律漏洞,系指"法律体系上之违反计划的不圆满状态",可以将其分为两项要素:一为不圆满性(Unvollstandigkeit);另一则为计划违反性(Planwidrigkeit)。不圆满性是指一个生活类型并未受到规范,在法律经过解释后,如对某种生活类型尚无答案,即表示法律对于该生活类型具有"不圆满性"。计划违反性,是指探讨立法者对于该行为是否有意不规范。② 正如前文所述,由于计算机诈骗不涉及自然人陷于错误处分财产的过程,所以不适用普通诈骗罪;计算机诈骗的犯罪对象包括财产性利益,而我国刑法关于盗窃罪规定的犯罪对象为财物,故而盗窃罪不能予以规制。同时,在我国刑法中也没有其他法律条文可以完全规范计算机诈骗行为。因此,可以确定现行刑法的规定已经无法充分予以规范,故而计算机诈骗行为已经具备"法律漏洞"的"不圆满性"要素。计算机诈骗行为是否为立法者有意不予保护?从宪法对财产的保护性规定和宪法性法益概念的内涵而言,在现代财产形态发展变化的今天和科技进步犯罪翻新的时代,计算机

---

① 张明楷:《非法使用信用卡在 ATM 机上取款的行为构成盗窃罪——再与刘明祥教授商榷》,载《清华法学》2009 年第 1 期。

② 黄茂荣:《法律漏洞及其补充的方法》,载黄茂荣著《法学方法与现代民法》1987 年增订再版,第 312 页。

诈骗并不是立法者有意不予保护，而是立法之时未能顾及或未能完全预见。因此，也存在"法律漏洞"的第二个要素，即"计划违反性"。

在存在法律漏洞的情况下，就应该填补既有的法律漏洞，以宪法性法益概念为指导，来定义新的犯罪的立法概念。但是，如上文所述，反对新立规范的观点认为应该扩充既有的行为构成来完善这一问题，将财产性利益拟制成财物，而扩充盗窃罪的行为构成。但是，采取扩充盗窃罪的行为构成的适用，将财产性利益拟制为有体物，必须考虑原本搭配有体物所设计的其他构成要件要素得否配合这项拟制所产生的改变，以及因为客体（指犯罪对象——引者注）范围扩张导致构成要件适用范围增广之后，是否会造成既有法律规定之间关系的改变等复杂问题，造成的影响未必小于新增构成要件。[①] 另外，在德国、日本讨论是否有必要增设计算机诈骗罪的过程中，也有不少学者主张扩充原有刑法规定的行为构成，但立法最终采纳了在刑法中增设计算机诈骗罪的意见，既保证了执法上的协调统一性，又避免了理论上一些不必要的争论。[②] 德国、日本等国采取新立规范的做法，实际上是体现了法益的无限性与有限性之意涵：当有限的后刑法法益不能对犯罪的司法概念起到有效的定义指导作用时，特别是后刑法法益处于边缘模糊的情况下，必须通过先刑法法益的路径，以具有无限性的宪法性法益为指导定义犯罪的立法概念。新立计算机诈骗罪之后，实现了罪刑法定，计算机诈骗罪的保护法益成为后刑法法益，是一个有限的内涵，可以用来指导解释计算机诈骗罪的行为构成。

法益作为刑法学理论中的基础性概念，在不同的体系中具有不同的意涵与功能。宪法性法益的无限性可以为犯罪的立法概念提供指导，为新的刑事立法或修改原有条文提供依据和支持；后刑法法益的有限性体现在罪刑法定之中，一旦刑法条文作出了规定，后刑法法益就是有限的，不能任意扩张，更不能以一个不确定的后刑法法益概念来指导解释法定的行为构成。以后刑法法益为指导解释行为构成，不能突破法律条文的字面含义而完全以法益侵害性或者社会危害性为导向过分地进行实质解释。否则，就会动摇罪刑法定，走向类推的危险。计算机诈骗罪在我国刑法中没有作出

[①] 谢开平：《电脑诈欺在比较刑法上之研究》，台北大学法学系博士论文，2003年。
[②] 刘明祥：《再论用信用卡在ATM机上恶意取款的行为性质——与张明楷教授商榷》，载《清华法学》2009年第1期。

规定，应该在考察现有条文的基础上，探寻新立法条的可能，同时对原有可能包含计算机诈骗行为的条文作出合理而充分的解释，从而实现法益保护的正确性和恰当性。对立法论的建议也并不能一概排斥，出现法律漏洞而且现有的法律条文无法弥补的时候，就应该考虑新设规定，以周延法益保护。这是因为社会日新月异，世事白衣苍狗，使与时俱进的刑法已经进入频繁修改的时代，而不可能再像以前那样稳定。由于传媒发达、信息通畅，国民随时随地可以获知刑法的内容，频繁修改刑法也不会侵犯国民的预测可能性。[①] 对此认识，笔者深以为然。

五 造成计算机危害的刑法规制方式比较与完善

计算机犯罪的结果在大多数情况下都表现为造成计算机信息系统的危害。在我国《刑法》的规定中，第二百八十六条破坏计算机信息系统罪即是用来打击那些造成计算机危害的行为；在美国《联邦法典》第1030条的规定中，(a)(5)款是专门用来规制导致计算机损害和损失的条文。虽然我国刑法没有如美国的1030条那样明确规定破坏计算机信息系统的危害结果是导致计算机的损害和造成损失，但是在我国《刑法》第二百八十六条的规定中使用的"对计算机信息系统功能进行删除、修改、增加、干扰，造成计算机信息系统不能正常运行"和"故意制作、传播计算机病毒等破坏性程序，影响计算机系统正常运行"等表述充分说明了这些犯罪行为导致的结果是造成计算机的损害。"计算机信息系统不能正常运行"就是造成损害的标志。在造成计算机危害的犯罪行为类型上，中国与美国刑法都规定了"传播破坏性程序等"。另外，在我国颁布的《关于办理危害计算机信息系统安全刑事案件应用法律若干问题的解释》（以下称《解释》）中，第6条对《刑法》第二百八十六条第三款中规定的"后果严重"的解释包括的情形之一是"违反所得5000元以上或者造成经济损失1万元以上的"，同时在该《解释》第11条对"经济损失"作出了专门的定义。同样，在美国的1030条中也专门规定了因计算机犯罪造成损失的情况。因此，下文将对中美计算机犯罪法规定中的"传播"和"损失"这两组在功能和内涵上具有相似性的规定进行比较研究。

[①] 张明楷：《罪刑法定与刑法解释》，北京大学出版社2009年版，前言，第3页。

(一) 关于传播规定的比较

一般而言，计算机系统都是由硬件和软件组成，通过两部分的有机结合来实现计算机各种功能的发挥。在计算机犯罪中所谓的造成其危害主要是指对计算机系统软件的损害，使其不能按照正常设计的方式运行。行为人实施计算机犯罪时，通过技术性的手段将一些具有干扰或破坏性功能的程序、代码等传达输入进计算机系统中，从而影响到相关软件的正常运行并造成危害结果的发生。因此，在中国和美国规制计算机犯罪的刑法条文中都设置了禁止传播破坏性程序等造成计算机危害的条款。具体而言，我国《刑法》第二百八十六条第三款规定，故意制作、传播计算机病毒等破坏性程序，影响计算机系统正常运行，后果严重的，处五年以下有期徒刑或者拘役；后果特别严重的，处五年以上有期徒刑；美国《联邦法典》第 1030 条 (a)(5) 款第一项规定，明知 (knowingly) 地实施传播计算机程序、信息、代码或者命令的行为，因该行为而故意导致未经授权地损害受保护的计算机。从上述两国法条的内容来看，都规定了传播行为，主观要件上都否定过失，并且都以列举式的方法标明了传播的对象，只不过在我国刑法规定中单列明了计算机病毒，[①] 而美国刑法规定予以了详细的列举。除此之外，我国《刑法》对犯罪行为的规定除了传播以外，还有制作的行为。当然，从法条给出的顿号来看，两者应该是选择关系，只要有行为之一即可。

虽然我国刑法关于计算机犯罪中规定了传播的行为，但是对于传播的内涵则没有作出进一步的规定。美国在这一问题上采取了判例完善式的做法。传播计算机程序、信息、代码或者命令的行为是 1030 条 (a)(5) 款规定的导致计算机危害的主要构成要件之一。传播是 (a)(5) 款第一项中造成计算机危害犯罪的最关键的构成要件。[②] 在阻扰计算机的合法权利人使用计算机的犯罪行为过程中，行为人通过传播具有破坏性或者

[①] 不过两高在对本条的《解释》中对何为"计算机病毒等破坏性程序"进行了阐明：第五条 具有下列情形之一的程序，应当认定为刑法第286条第3款规定的"计算机病毒等破坏性程序"：(1) 能够通过网络、存储介质、文件等媒介，将自身的部分、全部或者变种进行复制、传播，并破坏计算机系统功能、数据或者应用程序的；(2) 能够在预先设定条件下自动触发，并破坏计算机系统功能、数据或者应用程序的；(3) 其他专门设计用于破坏计算机系统功能、数据或者应用程序的程序。

[②] Jonathan Clough, *Principles of Cybercrime*, Cambridge University Press, 109 (2010).

干扰性的计算机程序数据等，造成他人的计算机瘫痪、系统崩溃等无法正常使用的情况，进而导致计算机危害的发生。美国国会在制定（a）（5）款第一项时，虽使用了传播一词，但并没有在1030条的（e）款中对其作出明确的定义。这并不是立法的疏漏或失误，而是美国立法机关认为传播行为在计算机工作环境下具有多样性和变化性，就像未经授权的访问行为比较复杂而难以统一限定一样。传播行为的这种特殊性使得美国立法机关不能一刀切地概括性地作出一个能体现这一行为根本特征的精致的定义，而将其留给司法机关在发展着的技术语境中根据具体的情况作出判断和决定。由于立法没有对传播的具体内涵作出规定，这给美国的法院带来了较大的解释空间，为发挥司法判例应时应景的解决复杂疑难问题的作用创造了条件。根据本书第五章的研究，目前形成的对传播的判解结论有：传播不仅是电子的还包括物理性位移的传递①以及行为人安装破坏性程序软件到计算机中的行为也属于传播。② 这些判例结论有力地丰富了1030条（a）（5）款中所规定的传播的内涵，也对后续司法起着重要指导作用。

　　从美国法院的判例结论来看，传播的意涵不单是指行为人故意的将计算机病毒等通过网络方式向外扩散，还包括物理性的邮寄和工具性的安装等方式。本书认为美国法院的判例结论属于扩大解释，即只要是通过媒介将具有破坏性功能的计算机系统程序、命令、代码等传入到他人的计算机信息系统中就属于传播。在我国关于刑法第二百八十五条第三款规定中的"传播"的认定上，之前比较一致的看法都认为其内涵是指将计算机病毒等破坏性程序通过电子方式在互联网中向其他的计算机信息系统传送。但随着最高司法解释的出台，这一认识有所变化。该《解释》第六条第一款规定：制作、提供、传输计算机病毒等破坏性程序，导致该程序通过网络、储存介质、文件等媒介传播的，属于刑法第二百八十六条第三款规定中的"后果严重"。本书认为从这一规定可以解读出传播的内涵得到了扩张，即只要是通过网络、储存介质、文件等媒介将破坏性程序植入他人计

---

① No. SA CV 96-71 AHS, 1996 U. S. District, LEXIS 19990, at 16（C. D. Cal. August 19, 1996）; No. 96-4000, 1998 U. S. District, LEXIS 23452（D. N. J. April 13, 1998）; Shaw v. Toshiba American Information Systems, 91 F. Supp. 2d 936（E. D. Tex. 1999）.

② International Airport Centers, L. L. C. v. Citrin, 440 F. 3d 420（7th Circuit, 2006）.

算机信息系统中，就可以认定属于传播。这一解释的规定类似于前述美国法院中所遇到的那些非通过互联网（比如邮寄、直接安装等）而将破坏性程序传输到他人计算机系统中并导致危害的传播情况。作出这种解释规定或判例结论是因为在日益复杂的计算机世界中层出不穷的犯罪形态总是会给既存的刑法规定造成挑战。这种挑战并不是没有罪刑法定，而是如何对法条进行解释。美国的司法机关在判案时遇到了一系列的非典型的传播形态并作出了合理的解释；我国的最高司法机关也及时地根据发展要求作出了新的规定。不过，本书认为美国以判例来丰富"传播"内涵的做法还可以进一步作为我们的参考，即在我国已开始实行案例指导制度的情况下，可以结合具体的典型案件针对"传播"作出更精细的审判规则。

（二）关于损失规定的比较

计算机犯罪造成计算机系统的危害，进而导致损失的产生。在我国《刑法》第二百八十五条和第二百八十六条中，没有直接规定计算机犯罪的损失及其内涵，不过在两高颁布的司法解释中确立了"经济损失"的规定及专门的含义。如前文研究表明，美国《联邦法典》1030条在2001年以前也未明确地在法条中规定损失，其被包含在损害的条文中。2001年第四次修正案将损害和损失在1030条中分别予以规定，使得损失不但在法条中有了专门的定义，同时对于其计算方式等在美国法院的判例中逐渐地得到完善并形成了具有重要影响的判解结论。为了便于充分的理解和作出比较，本书首先从形式规定上来考察两国计算机犯罪条文中的"损失"，然后再从实质内涵上来分析其中的差异并结合我国案例来探讨有关完善的问题。两高发布的《解释》对《刑法》第二百八十五条和二百八十六条所涉及的"情节严重""后果严重"的解释中，都包括造成"经济损失"1万元以上的情况。《解释》不但将造成"经济损失"作为认定犯罪严重的情节或后果，并在第11条中明确规定：本解释所称"经济损失"，包括危害计算机信息系统犯罪行为给用户直接造成的经济损失，以及用户为恢复数据、功能而支出的必要费用。美国在1030条（e）款第11项对"损失"的定义为：任何被害人的任何合理性的付出花费，其不仅包括被害人针对计算机犯罪所采取的反应与措施的成本，评估计算机损害所需的开支和将数据、程序、系统以及信息等恢复到犯罪侵害以前状态的合理费用；还包括因计算机损害失去的任何收入或付出的成本和其他因中断服务带来的损害性结果。

从上述中美两国关于因计算机犯罪造成计算机系统危害而导致损失的规定中，可以看出如下的一些差别：（1）涉及的范围不同。我国司法解释所称的损失包括两个方面，犯罪行为给用户直接造成的经济损失和用户为恢复数据、功能而支出的必要费用；美国刑法规定中的损失包括四个方面，针对计算机犯罪所采取的反应措施的成本、聘请专业人士评估计算机受损而花出的费用、恢复计算机到受损前状态的合理费用以及因计算机受损带来的应有经济收入的流失。（2）涉及的被害人不同。我国司法解释中所指的遭受损失的被害人是指计算机用户；而美国刑法规定中损失的被害人不仅仅是指计算机用户，还包括在计算机犯罪中遭受损失的任何人。通过对比可以看出，美国刑法规定中的损失的内涵要比我国《司法解释》中所指的损失宽很多，其不但包括了因计算机犯罪造成计算机系统本身的损失还涉及评估和收入等方面的计算。同时，还值得注意的是美国刑法规定的损失比较清楚，各项都有相对比较明确的涵摄范围。我国司法解释关于损失的规定中比较模糊的是"给用户直接造成的经济损失"这一表述。直接造成的经济损失是包括因计算机受到破坏而导致的经济收入的减少还是计算机受到破坏或损害本身的价值损失等，从这一规定并不能得出有效的结论。由于本书在前述第五章已经详细探讨了美国法院在损失问题上的判解，故此处不再赘述。下文以张某破坏计算机信息系统案和程某林非法获取计算机系统数据案来分析我国法院在损失上的认定与判解，然后再对比美国判例来进一步思考我国规定上关于"损失"的完善。

1. 具体案例解析一：张某犯破坏计算机信息系统罪

（1）基本案情①

北京市海淀区人民检察院指控称：2007年12月4日至2008年1月8日间，被告人张某通过拒绝服务攻击方式（DDOS），对位于本市海淀区的北京新浪互联信息服务有限公司 UT 网络服务器进行攻击，造成该公司位于广州、天津、北京等地的 UT 服务器全面堵塞，无法对外提供网络服务，总时长达500余分钟，经鉴定经济损失达人民币48.42万元。被告人张某认可检察院的指控罪名，但对起诉书中所称的攻击时间长达500余分钟及由此造成的经济损失为人民币48.42万元提出异议，辩称其在2007年12月4日、5日两天的攻击总时长为100分钟左右，2007年12月28

---

① 张某破坏计算机信息系统案，北京市海淀区人民法院，（2008）海法刑初字第3461号。

日至 2008 年 1 月 8 日之间的攻击总时长在十几分钟，不能把所有攻击算在其身上，评估报告所得出的损失数额不应由其全部承担。其辩护人发表的辩护意见认为：根据被告人张某的供述，其对新浪公司 UT 网络服务器攻击的总时长应是在 240 分钟至 270 分钟之间，并非控方指控的 500 余分钟，现有证据无法证实张某的攻击行为会造成新浪网广告页面、博客等业务的损失，同时不排除他人也在攻击新浪网。经北京市海淀区人民法院调解，被告人张某与北京新浪互联信息服务有限公司、北京新浪无限广告有限公司，新浪网技术（中国）有限公司就本案民事赔偿问题达成调解协议，被告人张某赔偿上述三家公司人民币 3 万元，上述三家公司不再追究其民事责任，并对其表示谅解，希望法院对其从宽处罚。

(2) 法院判解

北京市海淀区人民法院认为：被告人张某违反国家规定，对计算机信息系统进行干扰，造成计算机信息系统不能正常运行，后果严重，其行为已构成破坏计算机信息系统罪，应予惩处，北京市海淀区人民检察院关于被告人张某犯有破坏计算机信息系统罪的指控成立。对于攻击时长及经济损失数额的认定，应通过在案证据之间的相互印证关系加以说明。首先，对于被告人张某在 2007 年 12 月 4 日至 12 月 5 日的攻击时长，通过对被告人张某的供述与控方当庭出示的受攻击端口流量图的分析，可以证实被告人张某在 2007 年 12 月 4 日的攻击时长为两个小时左右，在 2007 年 12 月 5 日攻击时长为 335 分钟，因此控方所提供的第一份评估报告中所显示的攻击时长为 465 分钟是具有事实依据的，法院予以认可。对该份评估报告所得出的经济损失数额为人民币 196875.2 元的结论亦予以认可。其次，被告人张某在其预审供述及当庭供述中，均承认在 2007 年 12 月 5 日之后至 2008 年 1 月 8 日期间，其对新浪 UT 服务器亦采用同样的方式进行了攻击，控方的相关证据亦证明这一期间新浪 UT 网络服务器确有遭受攻击的情况，因此该院确认被告人张某在 2007 年 12 月 6 日至 2008 年 1 月 8 日期间对新浪 UT 网络服务器实施了攻击行为。但由于被告人张某同时声称这一期间攻击总时长仅有十余分钟，次数亦很少，而控方所提供的这一期间新浪 UT 服务器所受攻击时间长度、次数的证据未能充分证明哪些攻击系由被告人张某实施，因此控方关于这一期间张某的攻击时长为 118.7 分钟，以及由此造成的经济损失额为人民币 287251.61 元的结论，法院不予认可。

尽管本案由于证据因素导致被告人张某攻击新浪 UT 网络服务器的总时长以及所造成的经济损失数额尚无法以十分确切的数字加以表述，但根据现有证据已经可以证实被告人张某的攻击时间在 465 分钟以上，且造成北京新浪互联信息服务有限公司设置在全国各地的多处服务器无法正常运行和对外提供网络服务，经济损失数额亦不低于人民币 196 875.72 元，足以认定为"后果严重"。综合以上情况，法院对于被告人张某及其辩护人对所指控的攻击总时长及经济损失数额所提出的辩解及辩护意见，酌予采纳。但对于辩护人所提出的被告人张某的犯罪行为未造成严重后果的辩护意见，法院认为显与本案事实不符，故不予采纳。鉴于被告人张某当庭对于其所犯罪行基本能如实供述，且系初犯，并已与受到其犯罪行为侵害的单位达成调解协议，赔偿了经济损失，得到被害单位的谅解，故对其酌予从轻处罚。最后，北京市海淀区人民法院依照《中华人民共和国刑法》第二百八十六条第一款之规定，判决如下：被告人张某犯破坏计算机信息系统罪，判处有期徒刑一年六个月。

（3）本书评析

通过上诉案例可以看出，在造成经济损失的数额认定问题上虽然控辩双方存在着较大的分歧，但对于经济损失的内容则并没有多大异议。这些经济损失都是指新浪公司 UT 服务器遭受张某通过拒绝服务攻击方式攻击后因全面堵塞，无法对外提供网络服务而造成的营业上的经济减损。因为在该案中关于损失的证据为，经相关机构评估，2007 年 12 月 4 日至 2008 年 12 月 5 日，北京新浪互联信息服务有限公司、北京新浪无限广告有限公司通讯软件产品 UT 遭受连续攻击所造成的直接损失金额为人民币 19.69 万元。2007 年 12 月 28 日至 2008 年 1 月 8 日，北京新浪互联信息服务有限公司、北京新浪无限广告有限公司通讯软件产品 UT 遭受连续攻击所造成的直接损失金额为人民币 28.73 万元的事实。法院在认定造成经济损失的数额时，并没有具体确认最后的损失总额，而是按照最有力证据证明的最低损失额度为标准判定张某的行为符合刑法规定上的"后果严重"。虽然本案的判决是在 2011 年两高出台的司法解释之前，但是在该案中的经济损失及其认定对于我们理解《解释》中的"给用户直接造成的经济损失"具有重要的参考价值。司法解释中的规定一部分是源自于司法实践中的有益经验，在理解新的解释内涵时，不可忽视既有判决的结论，尤其是一些典型的重要案例。因此，本书认为《解释》中的"直接造成的经济损失"就是指因计算机信息系统受到破坏或干扰等而导致的应有经济收入的减损。

在对我国司法规定中的"直接造成的经济损失"有了初步的理解之后,接下来还需要探讨的是其他经济损失的计算问题,即《解释》中所规定的"用户为恢复数据、功能而支出的必要费用"。恢复数据、功能到何种状态算是恢复以及怎么来确定支出的费用是"必要"的,值得进一步的研究。在前面第五章中详细研究了美国法院在1030条的"损失"规定下,对计算机"再安全"和损失计算的"合理性"的判解[①]。其中的"再安全"与"合理性"类似于我国司法解释规定上的"恢复"和"必要"。在美国判例中对"再安全"的认识是,要求对计算机系统安全进行修复并使之与原来状况一样,而不是更安全,即任何改良的成本不能当作犯罪造成的损失数额。"合理"是指进行损失的计算时必须仔细检查其涉及的价值是否合理,也就是在逻辑上要排除陪审团认为是过多的任何支出。[②] 在美国判例看来,在损失的计算中对于"再安全"和"合理性"的强调是为了避免:被害人不能以一个小的安全问题受到侵害为借口就升级其计算机的安全性,使得花费的"损失"数额达到5000美元以上,从而突然将一个轻微的安全漏洞攻击行为变成一项重罪。[③] 美国法院判例对于"再安全"和"合理性"的判解观点可以作为我们对我国《解释》新规定的"恢复"和"必要"进行理解时的参考。恢复数据、功能就是使之达到计算机遭受攻击或破坏以前的完好或安全状态;支出的必要费用就是指为了恢复计算机信息系统中的数据或功能到原来的完好或安全状态而支出的必需的合理费用。当然,最好的办法还是如前述美国法院那样通过结合具体的案件以案例指导规则的形式对这一规定的内涵作出明确的例示。

2. 具体案例解析二:程某林犯非法获取计算机系统数据罪

(1) 基本案情[④]

被告人程某林是深圳市科脉技术股份有限公司员工,负责公司软件研

[①] United States v. Middleton, 231F. 3d 1207 (9th Circuit, 2000).
[②] United States v. Middleton, 231F. 3d 1207, 1215 (9th Circuit, 2000).
[③] United States v. Middleton, 231F. 3d 1207, 1213 (9th Circuit, 2000).
[④] 该文书为广东省深圳市中级人民法院于2019年9月30日作出的(2019)粤03刑终1735号判决。中国裁判文书网,http://wenshu.court.gov.cn. 案件名称:程某林非法获取计算机系统数据二审刑事裁定书。

发工作。2018年4月至2018年11月22日期间，被告人程某林在其个人笔记本电脑及公司工作电脑中下载并运行teamviewer12远程控制软件，利用其个人笔记本电脑远程控制公司工作电脑并访问公司服务器，在工作环境下未经公司授权绕开公司的代码安全防护措施，私下将深圳市科脉技术股份有限公司服务器中"快食慧""好餐谋"等软件源代码使用屏幕拷贝的方式复制到其个人笔记本电脑中，后又将软件源代码上传至其个人微信中。

深圳市科脉技术股份有限公司于2018年11月上旬接到举报称有公司员工非法窃取其公司的软件代码。为此，公司聘请深圳市安络科技有限公司对代码被窃进行技术安全检查，并支付费用人民币2.12万元，同时向公安机关报案。公安机关经侦查于2018年11月22日抓获被告人程某林，并在被告人程某林的个人笔记本电脑中查获上述软件源代码。经鉴定，被告人程某林个人笔记本电脑"快食慧""好餐谋"软件源代码与深圳市科脉技术股份有限公司"快食慧""好餐谋"软件源代码的相似率为99.92%。

深圳市南山区人民法院于2019年6月6日作出（2019）粤0305刑初735号刑事判决，认为：被告人程某林违反国家规定，非法获取本公司服务器中存储的软件源代码，情节严重，其行为已构成非法获取计算机信息系统数据罪。被告人程某林入职后与公司签订了相关网络安全保密协议，且在明知公司对所研发软件采取多种手段进行严格保密的情况下，违反公司规定，通过远程控制软件介入公司电脑，绕过公司多种防范措施，采取屏幕截图的方式，将公司的软件代码和文档非法获取后存储在个人电脑中，并因此导致公司需要聘请网络安全单位对其行为进行查找、发现漏洞，给公司造成经济损失，其行为符合非法获取计算机信息系统数据罪的构成要件。依照《中华人民共和国刑法》第二百八十五条第二款、第六十四条之规定，判决被告人程某林犯非法获取计算机信息系统数据罪，判处有期徒刑一年四个月，并处罚金人民币一万元；公安机关缴获并扣押的手机一部、手机内存卡一个、电脑一部系犯罪工具，由扣押机关依法没收。

程某林不服一审判决，提起上诉，认为原审判决认定事实不清，适用法律错误。程某林提出：其确实是为了学习、工作及研究的方便才获取涉案计算机信息系统数据，虽不能成为免责的理由，但不能因为其进行辩解就认为其不认罪。正如原审判决书所称的非法获取计算机信息统数据罪，无论行为人获取的动机如何，均不影响定罪一样，在确定定罪的基础上，行为人对自己行为的动机辩解则对法院的量刑有正面影响。其犯罪情节轻微，完全可以免予刑事处罚或者判处较轻的刑罚直至宣告缓刑。起诉书将科脉公司聘请深圳市安络科技有限公司对代码进行技术安全检查，并支付的2.12万元作为科脉公司的经济损失进行指控，不属于司法解释第十一条规定的"经济损失"。其辩护人提出，上诉人程某林是为了学习、工作及研究的方便才获取涉案计算机信息系统数据，其主观恶性较小，犯罪情节轻微，可以免于刑事处罚或者减轻处罚。

深圳市中级人民法院经审理认为，上诉人程某林无视国家法律，违反国家规定，非法获取本公司服务器中存储的软件源代码，情节严重，其行为已构成非法获取计算机信息系统数据罪，应依法惩处。关于上诉人程某林及其辩护人所提的上诉意见与辩护意见。经查，因上诉人程某林实施了非法获取深圳市科脉技术股份有限公司服务器存储的软件源代码行为，导致案发后该公司聘请第三方对源代码被窃进行技术安全检查并支付人民币2.12万元，已达到最高人民法院、最高人民检察院《关于办理危害计算机信息系统安全刑事案件应用法律若干问题的解释》第一条第一款第（四）项之情节严重的规定。上诉人程某林的犯罪动机以及是否将获取的源代码出售获利，均不影响其行为构成非法获取计算机信息系统数据罪的认定。上诉人程某林在一审庭审时虽表示认罪，但否认其违反公司操作规定等，故原判认定其系名义上认罪，并无不当。上诉人程某林要求对其再予从轻处罚等上诉意见，据理不足，不予采纳。原审判决认定的事实清楚，证据确实、充分，定罪准确，量刑适当，审判程序合法。依法裁定驳回上诉，维持原判。

（2）简要评析

上述程某林案涉及的具体罪名是我国刑法第二百八十五条第二款规定的非法获取计算机信息系统数据罪。设立该罪的主要目的，是保护计算机信息系统中有关数据的使用安全和独有或专有价值，他人未经授权或许可，不得随意获取这些数据，表明了数据所有或使用的排他性。其中，规定的"获取"不限于对数据的复制、拍照、刻录转化乃至"死记硬背"等，只要将数据从储存的计算机信息系统或有关介质中使用不当手段形成同样的信息样态，并且这一样态完全不受原数据正当所有人或使用人的控制，而能够被非法获得者支配使用，就应认为是获取。本罪属于结果犯，即不但要求行为人违反有关规定侵入计算机信息系统（也即美国计算机犯罪法规定的"未经授权或超越授权访问"计算机），还要获取到计算机信息系统中存储、处理或传输的数据。从上述程某林实施的行为来看，其在明知公司对所研发软件采取多种手段进行严格保密的情况下，依然无视公司的规定，通过远程控制软件介入公司电脑，绕过公司设置的多种防范措施，采取屏幕截图的方式，将公司的软件代码和文档非法获取后存储在个人电脑中，是完全符合非法获取计算机信息系统数据罪的构成要件的。无论其是出于学习、工作及研究的方便，还是其他想法，在所不问。因为《刑法》第二百八十五条只规定了非法获取的构成要件，并没有规定诸如牟利或其他要求，一旦非法获取到数据，犯罪即既遂。

但是，根据我国《刑法》第二百八十五条的规定，行为人非法侵入计算机信息系统获取到数据之后，还必须"情节严重"才能够定罪并给予"三年以下有期徒刑或者拘役并处或者单处罚金"的处罚。至于何为"情节严重"，刑法没有明确规定，而是留给了 2011 年由两高颁布的司法解释来作出了较为具体的说明。依照《解释》第一条第一款的规定，构成非法获取计算机信息系统数据罪规定中的"情节严重"至少包括四种情形之一：第一项，获取支付结算、证券交易、期货交易等网络金融服务的身份认证信息十组以上的；第二项，获取第一项以外的身份认证信息五百组以上的；第三项，违法所得 5000 元以上或者造成经济损失 1 万元以上的；第四项，属于兜底条款，即其他情节严重的情形。从上述程某林案来看，在其行为符合非法获取计算机信息系统罪的构成要件的同时，是否达到"情节严重"的标准，则要看其是否符合上述四种情形之一。很明显，第一项和第二项不符合，唯有可能的就是第三项，有违法所得或造成经济损失。至于，第四种兜底的情况，一般在完全不符合前三种情形时，为了处罚的必要才不得已而用之。

程某林在获取到深圳市科脉技术股份有限公司服务器中的"快食慧""好餐谋"等软件源代码后，先是将其存放于个人笔记本电脑中，后又将软件源代码上传至其个人微信。至案发时，程某林自始至终并没有将获取到的"快食慧""好餐谋"等软件源代码予以出售或用作其他用途而获得相应的收入或任何其他利益。因此，具有违法所得的认定已不存在可能性，剩下的就是造成经济损失。从上述深圳市南山区人民法院和深圳市中级人民法院的判解来看，无疑都是从造成经济损失的角度来认定程某林的行为属于刑法规定的"情节严重"。但是，在本案中程某林的行为是否真的造成了所谓的经济损失，并不能简单予以确定，需要加以深入研究分析。

如前文所述，在《解释》第十一条第二款对《解释》中所称的"经济损失"进行了专门的解释：包括危害计算机信息系统犯罪行为给用户直接造成的经济损失，以及用户为恢复数据、功能而支出的必要费用。从这一解释可以看出，认定为"经济损失"只要符合三个条件之一即可：一是给用户直接造成经济损失，二是用户为恢复数据支出的必要费用，三是用户为恢复功能支出的必要费用。三个条件满足其一即可认定造成的经济损失，但三个条件应该也可以叠加认定造成"经济损失"的总数。具体到本案而言，争议的焦点就是深圳市科脉技术股份有限公司聘请深圳市安络科技有限公司对代码被窃进行技术安全检查，并支付费用人民币 2.12 万元的情况，能不能认定为属于《解释》中的"经济损失"？深圳市南山区人民法院法院和深圳市中级人民法院均认为，这 2.12 万元的技术检查费属于《解释》规定的"经济损失"。但程某林对此持不同意见，在一审和上诉中均认为不属于《解释》规定的情况。本书认为，程某林提出的意见并非不无道理。按照《解释》关于"经济损失"的规定来看，本案中涉及的 2.12 万元的安全检查费用，可以明确判断其不属于深圳市科脉技术股份有限公司为恢复数据或有关功能而支出的必要费用。因为，该公司被程某林通过远程屏幕截图复制的"快食慧""好餐谋"等软件源代码的原本数据依然还在深圳市科脉技术股份有限公司的服务器中完好地存储着，没有受到任何的损害，并且"快食慧""好餐谋"等软件源代码的有关功能也未受到任何影响。因此，在本案中不需要对数据被复制后进行恢复，也不用对有关功能进行恢复，也即不会产生相关任何费用。

问题的焦点就在于，这 2.12 万元是否属于《解释》规定的"给用户直接造成经济损失"？本书认为，一般而言给用户造成直接的经济损失应当是行为人实施危害计算机信息系统犯罪行为后，在用户未采取有关补救措施之前致使用户产生的损失。具体到本案中，就是程某林在复制"快食慧""好餐谋"等软件源代码后给深圳市科脉技术股份有限公司因代码被复制而产生的经济上的减损，既包括源代码被出售的价值，也包括源代码被他人使用而使深圳市科脉技术股份有限公司丧失有关竞争优势导致经济利益损失。但是从本案来看,程某林复制代码后,并没有出售,也没有使用或转给他人使用,因此并没有让深圳市科脉技术股份有限公司蒙受任何经济损失。至于深圳市科脉技术股份有限公司发现"快食慧""好餐谋"等软件源代码被程某林复制后,而聘请深圳市安络科技有限公司进行对该公司的服务器相关日志进行分析和安全检查鉴定,属于后续的防控行为,其产生的2.12万元技术协查服务费并不能简单认定为属于《解释》规定中的"经济损失"。

从《解释》第十一条对"经济损失"的规定来看,如果我们对比美国相关规定,就会发现,《解释》中对"经济损失"的内涵规定得相对比较单一和粗疏,容易导致认定上的困难,特别是其中关于"给用户直接造成的经济损失"的表述,极易造成误判。如前文所述,1030条(e)款第11项对"损失"的定义为:任何被害人的任何合理性的付出花费,其不仅包括被害人针对计算机犯罪所采取的反应与措施的成本,评估计算机损害所需的开支和将数据、程序、系统以及信息等恢复到犯罪侵害以前状态的合理费用;还包括因计算机损害失去的任何收入或付出的成本和其他因中断服务带来的损害性结果。通过这一定义,我们可以对美国法中关于"损失"的内涵至少可以分解为四个方面:一是被害人针对计算机犯罪所采取的反应与措施成本;二是评估计算机损害所需的开支;三是恢复数据、程序、系统以及信息等到原有状态的合理费用;四是因计算机被犯罪损害而失去的任何收入或付出的成本和其他因中断服务带来的损害性结果。具体到本案中来看,深圳市科脉技术股份有限公司花费的2.12万元,其实属于上述1030条规定中的第一项或第二项。我国《解释》中规定的"给用户直接造成的经济损失"更密切对应的应该是1030条中的第四项,即因计算机被犯罪损害而失去的任何收入或付出的成本和其他因中断服务带来的损害性结果。

综上,程某林的行为如果按照美国联邦法典1030条的相关规定,其超越授权获取所在公司"快食慧""好餐谋"等软件源代码致使该公司不得不聘请第三方公司来进行安全检测鉴定所花费的2.12万元,无疑属于造成了损失,应该被定罪处刑。但是按照我国《解释》对"经济损失"的规定,因未对所在公司造成直接的经济损失,也就达不到"情节严重"的要求,可以免除处罚或减轻处罚。因此,在关于"经济损失"的规定上,我们应该区分不同情况进行更精细的规定,即在《解释》中规定

"用户为恢复数据、功能而支出的必要费用"的基础上,应进一步明确"危害计算机信息系统犯罪行为给用户直接造成的经济损失"是指行为人实施危害计算机信息系统犯罪行为后,在用户未采取有关补救措施之前致使用户产生的损失,包括失去的收入或付出的成本和其他因中断服务带来的损害结果。同时在《解释》中对"经济损失"再增加"用户为采取安全防护措施、检测鉴定、弥补安全漏洞等而产生的必要成本"等相关规定,使得"经济损失"的内涵更明确,指向更精准。

六 计算机犯罪法律责任追究方式之比较与完善

计算机犯罪在法律责任追究的方式上与其他的传统型犯罪并无二致,一般都表现为刑罚处罚,这一点在我国刑法中尤其明显。因为从我国《刑法》第二百八十五条和二百八十六条的规定来看,主要的刑罚方法是自由刑,只有《刑法》第二百八十五条第二款规定的非法获取计算机信息系统罪、非法控制计算机信息系统罪的刑罚包括罚金刑。在自由刑的法定刑设置中,轻罪这一层次的刑罚是:非法入侵计算机信息系统罪为3年以下有期徒刑,非法获取计算机信息系统罪、非法控制计算机信息系统罪为3年以下有期徒刑,破坏计算机信息系统罪为5年以下有期徒刑;在重罪层次的刑罚是非法获取计算机信息系统罪、非法控制计算机信息系统罪为3年以上7年以下有期徒刑,破坏计算机信息系统罪为5年以上有期徒刑。如本书第六章所述,美国关于计算机犯罪规制的法律责任追究从开始以刑罚单行的做法到后来发展成刑罚处罚与民事追诉相结合的方式。在刑罚方面,1030条(c)款设置了两种刑罚:罚金刑和监禁刑。罚金刑和监禁刑在每一款犯罪中都作出了规定,视犯罪的不同情况而实行单处或并处。同时,犯罪在监禁刑上的法定刑表现为:非法计算机访问和造成计算机危害的轻罪法定刑在一年以下;重罪的情况则比较复杂,根据各罪的不同情况分为五种幅度:5年以下、10年以下、20年以下和无限期或终身监禁。① 通过对比上述中美两国计算机犯罪法在刑罚自由刑方面的设置可以得出的初步结论是:总体上美国的刑罚比我国要严厉得多。

由于我国《刑法》在第二百八十五条和二百八十六条中设置的刑罚种类比较单一且自由刑的幅度相对也比较轻,因此有不少学者主张对此加

---

① 关于1030条各罪中重罪刑罚的法定刑的构成情况详见本书第六章的分析。

以完善。有学者认为，《刑法》第二百八十五条和二百八十六条没有规定包括罚金和没收财产在内的财产刑和资格刑。[①] 这就限制了对计算机犯罪的刑种选择，不利于对谋取非法利益的犯罪人的有效打击和预防，也不利于对犯罪的未成年人采取较轻刑罚的特殊保护措施，影响用刑的效果。同时还认为《刑法》第二百八十五条规定的法定刑为3年以下有期徒刑或拘役不利于我国打击"黑客"等从境外非法入侵我国境内计算机信息系统的行为。因为按照我国刑法第七、八两条的规定，对在境外实施的法定刑为3年以下的犯罪难以适用我国《刑法》。因此主张在《我国》刑法第二百八十五条和二百八十六条中增加刑种及提高自由刑的幅度。[②] 也有学者认为，我国刑法对计算机犯罪的处罚太宽容，与网络犯罪破坏后果的危害性不相称。计算机犯罪大都以非法牟取经济利益为目的，给受害人带来巨大的经济损失，因此在对犯罪人处以自由刑之外，并处罚金或没收一定财产，符合国际上对计算机犯罪的处罚惯例。[③] 这些主张虽然各自都有一定的合理性，且随着2009年《刑法修正案（七）》的通过，罚金刑的主张得到了一定的接受。但是就目前而言，要继续在刑罚上尤其是自由刑上作出更加严厉的立法调整与修正，可能性并不大。本书认为，我国应该在刑罚处罚之外，合理借鉴美国关于计算机犯罪民事追究的处理方式，这样更有利于打击这一类型的犯罪。

美国在《联邦法典》规制计算机犯罪的1030条（g）款中设立民事救济的规定并使之与刑罚处罚相并立，成为美国计算机犯罪法有别于其他国家相同类型法律规定的最明显之处。在国家刑罚权之外允许公民在受到计算机犯罪侵害的情况下通过民事手段进行私力救济，并且这种救济并不以刑罚处罚为基础，这使得1030条发挥出更加强大的适用效力。势如洪水猛兽般疯狂泛滥的计算机犯罪虽然在高科技的发展下层出不穷，但是通过刑事惩治和民事救济相结合来打击的做法既让美国的刑事司法机关较好地摆脱了难以应付巨大案件量的窘境，也比较成功地对计算机犯罪的遏制起到良好的震慑作用。因为在民事救济措施之前，受到计算机犯罪侵害的

---

① 2009年《刑法修正案（七）》对《刑法》第二百八十六条规定了罚金刑，该学者文章发表时在规制计算机犯罪的我国刑法中确实只有自由刑一种。
② 黄泽林、陈小彪：《计算机犯罪的刑法规制缺陷及理论回应》，载《江海学刊》2005年第3期。
③ 刘秋香：《我国计算机犯罪刑法完善之构想》，载《河南社会科学》2007年第5期。

对象大部分都是金融或者机要部门，出于浓厚的隐讳意识，因而受害人往往从商业信誉和名声考虑，或者是为了保密、害怕市场形象受损、害怕卷入长时间调查等原因，即使发现了计算机犯罪，也往往隐瞒下来控制外传，自行处理而不向有关执法机关报案。[1] 即使是在刑事惩治的处理模式下虽然制造损害的犯罪人受到了刑罚的惩处，但是被侵害者却大多要自我面对数额庞大的经济损失。但是自1994年修正案在1030条中规定民事救济之后，大量的计算机犯罪案中的被害人都愿意积极地选择适用这一规定来维护自己的权益，既获得了对应的赔偿，也有效地对犯罪人实现了惩戒，减少了再次犯案的概率。

随着我国经济的日益发展和增强，技术化程度在各行各业也越来越高，计算机更是成为其中的基础性工具。但是在遭受到计算机犯罪时，我国也存在着美国所遇到过的情况，受害人往往不愿意及时地告发犯罪，其原因也不外乎是为了保持自己良好的商誉和维护自己计算机系统良好的安全形象，而不至于引起恐慌和造成更大的损失。这种情况尤其是在金融系统或者重要的IT行业公司中表现得比较突出。但是这些被害人所采取的报案犹豫或甚至是拒不报案的做法常常会使犯罪人更加嚣张，往往引发更为严重的后续性犯罪。以上文所述的发生在北京市海淀区的"张某破坏计算机信息系统案"为例。犯罪人张某为了获取新浪3.0VIP频道的频道号码便不断地以名为"肉鸡"的程序大规模攻击新浪UT服务器，攻击的方式是通过发送大量UDP数据包堵塞其公司的服务器的UT服务，最后导致造成UT服务不能正常为客户提供服务。新浪在遭受攻击后并没有选择报案，而是尽量答应犯罪人的要求，最后在犯罪人攻击完三次并在新浪完全满足其要求之后停止了攻击。[2] 被害人在计算机犯罪中不选择报案而在一定程度上满足罪犯的要求自有他们的苦衷，但是法律应当帮助他们解决这一难题。有学者曾主张建立计算机犯罪受害人的"强制报案制

---

[1] 这可以从一项调查结果中得到佐证，该调查针对246家公司进行，其结果显示从1985到1993年之间每月发生的侵入这些公司计算机系统而窃取其中的数据信息的犯罪增长率是260%。并且，在调查中只有其中的32家公司愿意报告其受到损失的数额，累计达到18亿美元。参见 Richard Power, *Current and Future Danger: a CSI Primer on Computer Crime & Information Warfare*, Computer Security Institute, 1-2 (1995).

[2] 张某破坏计算机信息系统案，北京市海淀区人民法院，(2008) 海法刑初字第3461号。

度"。① 但后来刑事立法的制定和修正案的出台乃至司法解释的颁布都表明这一做法并不可取。既要打消犯罪被害人的顾虑，使其犯罪受损得到及时的弥补，也不会因此而蒙受更大的信誉等方面的损失，在我国刑法中对计算机犯罪建立民事赔偿救济制度应该是较妥之选择方向。

本章小结

本章首先就1030条的整体内容进行归纳总结，阐述了美国计算机犯罪规制的特点。这些特点包括：法条随技术发展而修正完善；行为类型的区别划分；计算机诈骗的特别规定；计算机危害后果的不同设置；计算机犯罪实行严而又厉的惩治政策、民事救济措施的补强规定；法条与判例术语的规定及丰富；行为犯与结果犯的并行设定；法院判解结论法律条文化等八个方面。在归纳出1030条的总体特点的基础上，本章全面展开了中美计算机犯罪规制的比较研究。这一比较研究建构在两国法律规定的相同构成要件的基础上。首先分析了中国《刑法》第二百八十五条和第二百八十六条规定的内涵及其相互关系，然后就该两条中规定的"违反国家规定"与1030条中的"未经授权"与"超越授权"进行对比，本书认为两者都具有判定计算机犯罪行为违法性成立与否的功能。在此基础上提出应建构判例指导下的司法审判规则制度来对"违反国家规定"这一要件的司法认定作出有效的指引。对于我国最高司法机关在《解释》中所规定的"未经授权"和"超越授权"的理解，本书认为：对我国司法解释中的"未经授权"可以参考美国判例的结论来加以判断，而"超越授权"则是指：行为人在获得一定授权使用计算机时，利用这一授权使用的机会去获取计算机信息系统中的数据或控制计算机信息系统，但行为人的数据获取或控制行为并没有得到授权。在结合前述第四章美国关于使用计算机诈骗规制的研究基础上，本章进而认为在我国刑法中应规定专门的计算机诈骗罪，同时对于《解释》所规定的造成计算机危害中的"经济损失"的计算也应通过结合具体的案件以案例指导规则的形式对这一规定的内涵作出明确的例示。在我国关于计算机犯罪的法律责任追究方式上，本书主张增设民事赔偿的规定。

---

① 靳慧云：《试析当前计算机犯罪的特点及对策》，载《公安大学学报》1992年第3期。

第八章

结语：刑法在规制计算机犯罪中的地位与作用

计算机的发明和使用改变了整个世界，如果要找一些关键词来表示20世纪的进步与辉煌，计算机无疑是其中之一。在20世纪中叶开始起步的计算机在不断的更新换代中将人类由工业社会全面地送入了信息社会。从此，人们的生活景观在计算机时代随着信息浪潮的澎湃而激发起一波又一波的发展高峰。计算机的普及使用既带来了世界政治经济的巨大改变也使得人类的生活行动方式有了重大的改观。无论是改变还是改观，虽然都是来自计算机的推动与推进，但是在计算机促进世界发生深刻变革的背后却是工业社会上百年来的科学技术积淀。因此，科学技术成为左右世界的根基。在科技中诞生了计算机，也从科技中催生了计算机犯罪，这即所谓技术是一把双刃剑。计算机犯罪的产生动摇了传统的刑法规定，使得那些对于自然犯功效良好的传统法条在打击计算机犯罪时几乎统统"失效"。于是，通过以计算机犯罪的本质为基础"量身定做"刑法来规制这一犯罪成为各国不断采取的策略。美国作为计算机和计算机犯罪的发祥地在规制计算机犯罪的过程中也历经了适用传统刑法和制定专门法的过程。

第一节 本书研究总结

本书通过对美国联邦专门的计算机犯罪法，即对美国《联邦法典》第18编第1030条的深入研究，全面地阐述了美国联邦计算机犯罪法的特点和诸多值得借鉴的在立法和司法上的有益经验。在总体上了解1030条的基础上对该法进行深入解剖，以其最重要且具有基础性地位的罪行规制方式为范本并结合典型判例展开纵深的研究，从而达到对美国计算机犯罪刑法规制的精细解读。在此基础上结合中国刑法中关于计算机犯罪的规定和相应的司法解释进行对比研究，同时分析中国司法案例中对计算机犯罪的规制判解，提出本书对中国计算机犯罪法及司法解释条文内涵的理解及相关完善建议。在关于计算机犯罪的保护法益与规范目的这一基础性的问题上，本书认为计算机犯罪的保护法益是计算机数据信息安全和数据信息产生的财产性利益，而填补既有刑法法律漏洞，以制定新的刑法规范，确立新的行为构成来满足并符合新型犯罪的情况，实现法益全面而周延的保护，是计算机犯罪法的规范目的所在。由于计算机犯罪类型多样，本书将研究对象限于以计算机为目标的犯罪，主要涵摄范围是那些针对计算机系统的软件及数据信息与程序资料等实施的犯罪行为。这是由本书的研究主题所决定，因为其主旨是通过对美国联邦计算机犯罪法及其对应的司法判解的全面研究来与中国刑法中关于计算机犯罪的条款进行比较分析而进一步对中国计算机犯罪法予以新的诠释和建构。

在对美国联邦计算机犯罪法进行整体面上的考察分析之后，本书以该法中规制的三个基本罪行：非法计算机访问、使用计算机诈骗和造成计算机危害为重点进行深入细致的研究。实际上，这三个罪行也基本上涵盖了以计算机为目标的犯罪的所有类别，因此对上述三个基本罪行的研究既具有代表性，也具有完整性。在关于美联邦计算机犯罪法对非法计算机访问犯罪行为规制的研究中，本书系统考察了美国联邦司法实务在1030条规定下根据刑事和民事的不同规定而对非法访问是否授权所采取的不同判断标准。在刑事案件中只能选择以程序编码设限作为判断访问行为的未经授权，本书认为这很好地贯彻了刑法作为万法之盾和刑法作为最严厉之法，动辄出入人罪，因而在适用时必须慎重苛严的思想。同时，以程序编码设限作为刑事案件中判断访问计算机是否授权的标准符合刑法的罪刑法定及其明确性原则。由于民事案件所涉及的双方是平等的民事主体，且根据1030条中的民事条款的规定，其责任追究依据是过错责任，承担方式主要为赔偿。因此，对于在民事案件中判断计算机访问是否授权的依据标准就比较宽松和宽泛，既有服务协议设限，也包括代理人法则等。本书最后认为，1030条关于非法访问行为的类别划分及司法实务中做出的不同判断标准其重要价值在合理恰当的适用刑法、符合刑罚目的现代要求以及有利于新兴技术的保护发展等这三方面具有重要意义。

相应地，在对比研究中国《刑法》中第二百八十五条与二百八十六条中关于构成计算机犯罪的授权与否时，本书认为第二百八十五条与二百八十六条中的"违反国家规定"这一规定与1030条中的"未经授权、超越授权"具有相同的功能，即违法性评价功能。据此，本书对"违反国家规定"这一要件从其在我国刑法规定中的内涵，在计算机犯罪条文（即第二百八十五、二百八十六条）中的内容，在明确性原则下的考量等几个维度进行了深入的剖析。最后本书提出应建构判例指导下的司法审判规则制度来对我国《刑法》第二百八十五条和二百八十六条中规定的"违反国家规定"这一要件的司法认定作出有效的指引，并给出了司法审判规则形成的具体进路的建构办法。另外，我国最高人民法院和最高人民检察院联合发布的关于适用计算机犯罪刑法条文的司法解释中新规定了"未经授权"与"超越授权"，但并未对这两者的内涵进行阐明。本书于是在对比 1030 条中相应规定的基础上，提出我国司法解释中的"未经授权"应该是未获得相关权利人或利害关系人的许可，而"超越授权"的含义是：行为人在获得一定授权使用计算机时，利用这一授权使用的机会去获取计算机信息系统中的数据或控制计算机信息系统，但行为人的数据获取或控制行为并没有得到授权。

计算机诈骗是美国联邦计算机犯罪法重点规制的第二种犯罪行为。在研究美国计算机诈骗规制中，本书首先探讨了计算机诈骗与普通诈骗的关系，认为：普通诈骗是对于人的欺骗，因骗人而取财；而计算机诈骗只是行为人使用了虚假的资料或通过不当的操作来影响计算机程序而获利，其虽有诈骗之名，但并无人被骗之实。在结合英美和大陆两大法系主要国家关于计算机诈骗立法考察的基础上，深入分析了美国联邦对使用计算机诈骗的规定内容及其特殊的规制模式。在计算机诈骗的规制上，本书认为美国将使用计算机本身所产生或获得的利益或者给权利人造成的价值减损作为计算机诈骗规定中的"有价值之物"来认定是其有别于其他国家相应法条的最主要特色，而在司法实务中审判法院在对计算机诈骗条文中的语义存在分歧时，严格按照法条语言文字的普通含义为最大边界进行平义解释是遵守罪刑法定原则和法治原则的体现。由于在中国刑法中目前尚未规定专门的计算机诈骗犯罪，因此本书从法益的角度对此进行了深入的研究。通过对法益在不同的法域体系下的概念及功能归结出其存在着无限性和有限性，并根据法益无限性和有限性的特点来分析计算机诈骗行为在中国刑法中的定位与定性。本书认为，罪刑法定是后刑法法益有限性的界分点，字面含义是后刑法法益指导对行为构成解释的最大边界。宪法性法益定义犯罪的立法概念，后刑法法益只能定义犯罪的司法概念；计算机诈骗行为在中国刑法中不能用有限但边界模糊的后刑法法益作指导进行盗窃罪的扩张解释，应该以具有无限性的宪法性法益为指导新立罪刑式规范，也即在我国应该新设专门的计算机诈骗罪，以此来填补既有的法律漏洞并周延法益保护。

造成计算机危害是计算机犯罪中的又一重要罪行之一，这无论是在美国联邦计算机犯罪法还是中国刑法关于计算机犯罪的条款中都被作为主要的规制对象。美国联邦计算机犯罪法将造成计算机危害的主观要件分为故意、轻率和严格责任，其中的严格责任条款也是美国计算机犯罪规制的一大特色。这种将主观要件从不同的层次和层级予以划分的做法，本书认为美国联邦计算机犯罪法在关于造成计算机危害犯罪的规制上既考虑在技术环境下惩罚的公平性，又体现出了对计算机犯罪惩治上的严而又厉，其严格责任条款就是主要的表征。这表明在现代科技环境下，计算机作为人们社会生活的重要组成部分之一，其中的数据信息等应该得到法律的全面保护，而如黑客之类的入侵行为无视他人对计算机免于滋扰的权利诉求而任意侵入并造成损害，应该受到必要的惩处。对于这一点，本书也认为在我国随着黑客犯罪以及网络攻击的逐渐增多和趋猛，刑法对计算机犯罪的规制也应该合理地借鉴吸收这种针对不同的情况设定不同主观要件来打击犯罪的做法，从而形成多层次和全方位的惩戒法网。另外，在关于造成计算机危害的行为方式上，本书对两国计算机犯罪法中的"传播"予以了专门的对比研究。通过对比分析，本书得出结论认为：在日益复杂的计算机世界中层出不穷的犯罪形态总是会给既存的刑法规定造成挑战。这种挑战并不是没有罪刑法定，而是如何对法条进行解释。我国的最高司法机关虽及时地根据发展要求作出了新的规定，不过并没有对之作出详细说明，故本书主张应该进一步以判例来丰富"传播"内涵，即在我国已开始实行案例指导制度的情况下，可以结合具体的典型案件针对"传播"作出更精细的审判规则。

在造成计算机危害的后果上，1030条将其分为损害和损失。损害是指对数据、程序、系统或信息的完整性或可用性的任何削弱损伤；损失则是指任何被害人的任何合理性的付出花费，其不仅包括被害人针对计算机犯罪所采取的反应与措施的成本，评估计算机损害所需的开支和将数据、程序、系统以及信息等恢复到犯罪侵害以前状态的合理费用；还包括因计算机损害失去的任何收入或付出的成本和其他因中断服务带来的损害性结果。本书认为，1030条将造成计算机危害的后果分别规定为损害和损失，其目的在于更能有效地区分造成计算机危害的后果和实现苛责上的更加合理。损害和损失在立法上作出区别规定并各自作出定义之后为司法实践确立了一个比较清晰的且能较好地衡量造成计算机危害的标准。同样，对中国计算机犯罪法中的损失，前述两高的《司法解释》中也作出了新的规定：包括危害计算机信息系统犯罪行为给用户直接造成的经济损失，以及用户为恢复数据、功能而支出的必要费用。通过相应的对比研究，本书得出结论认为上述司法解释中所指的"恢复数据、功能"应理解为使之达到计算机遭受攻击或破坏以前的完好或安全状态；"支出的必要费用"就是指为了恢复计算机信息系统中的数据或功能到原来的完好或安全状态而支出的必需的合理性费用，并结合张某破坏计算机信息系统案以及程某林非法获取计算机系统数据案详细探讨了在我国刑法中经济损失合理性认定的可行办法。

计算机犯罪的责任后果在1030条中被规定为刑事惩罚和民事救济两类，其中的民事救济条款也是美国联邦计算机犯罪法的一大特色和亮点。通过使用民事救济条款，在国家刑罚权之外允许公民在受到计算机犯罪行为侵害的情况下通过民事手段进行私力救济，并且这种救济与刑罚处罚相并立平行，这使得1030条发挥出更加强大的适用效力。本书认为，民事赔偿规定的设置，让计算机犯罪的被害人可以通过损害赔偿请求追偿自己所受到的经济损失，极大地促进了相关被害人提起诉讼的积极性。这是因为一方面这一规定和做法有效地打消了受害人出于经济利益的权衡和考虑不愿意在公权力的介入下把自己存在的安全漏洞或风险等问题公之于众的顾忌，另一方面在刑事案件的处理模式下虽然制造损害的犯罪人受到了刑罚的惩处，但是被侵害者却由于罪犯被监禁等原因而难以得到有效的赔偿，大多要自我面对数额庞大的经济损失。在此基础上，本书认为在我国刑法中对于计算机犯罪的规制也应该建立起在刑事惩罚之外的民事赔偿机制，这既利于有效的权利救济和制止并惩治犯罪，更有利于节约刑事司法资源。最后，作为结语本书还进一步认为：计算机犯罪无疑需要规制，但是由于计算机的使用涉及技术发展与个人权利等方面的问题，因此对于刑法而言需要考虑的是其在规制计算机犯罪中的地位与作用。

第二节　刑法规制计算机犯罪的地位与作用

随着近现代科学技术的发展，人类的生产劳作从农业社会很快地转型并跨越进入了工业社会。在工业社会状态下，世界上的工业前发国家通过科学技术的推动实现了发展上质的飞跃。从现在看来，这种飞跃不仅属于工业前发国家，而且存在于工业后进国家，并且后者在现今的全球化中更加具有潜力。这正如马克思所述：工业较发达国家向工业较不发达国家所显示的，只是后者未来的景象。① 因此，科学技术下的工业社会所造就的不仅是某些国家或地区的发达，而且是整个地球人类的不断振兴和全面繁荣。然而，凡事都具有两面性。在工业化时代下人类缔造了诸多的发展奇迹，也同时产生了不少的危害问题。工业革命与现代科技深刻地改变了人类的生活秩序与方式。提供了传统社会无法想象的物质便利，也创造出众多新生危险源，导致技术风险的日益扩散。② 技术风险即对于技术的滥用、误用而导致的实害或危害。因此，现代技术的广泛运用既使现代社会的人类受益匪浅，也使让生活在现代社会中的人们进入一个潜在的风险领域之中。在这一背景之下，风险社会的概念及理论开始生成并逐渐发展进而获得越来越多的认可和共识。③ 在风险社会的理念下，风险刑法也呼之欲出。"风险刑法"认为现代社会是一个充满风险的社会，考虑在风险社会里刑法如何保护公民的法益，于是法益保护早期化的刑法应运而生。在这样的情况下，不是以法益侵害与对之事后处理为基调的刑法，而是设置以预防为主要目的刑法和刑罚登场。④ 然而，在所谓的技术风险等风险社会下，刑法究竟应该秉持何种立场，值得思考。本书从计算机犯罪的刑法规制这一角度来予以探讨。

一　确保技术发展与遏制技术滥用

计算机技术的广泛运用在造福社会的同时也滋生了对计算机技术的滥

---

① 《马克思恩格斯全集》第 23 卷，第 8 页。
② 劳东燕：《公共政策与风险社会的刑法》，载《中国社会科学》2007 年第 3 期。
③ 关于风险社会的相关问题，参见［德］乌尔里希·贝克《风险社会》，何博闻译，译林出版社 2004 年版。
④ 马克昌：《危险社会与刑法谦抑原则》，载《人民检察》2010 年第 3 期。

用，由此而导致计算机犯罪。① 计算机犯罪是技术风险在电子领域的存在形式，因人为的对技术的不合理使用而给社会滋生的危害。鉴于这种对计算机技术的滥用而表现出来的犯罪形态，在刑法规制的观念上，存在着刑法保护提前化的主张，这正好与上述"风险刑法"的应对思路相合拍。如有学者认为在客观行为上，制作、传播计算机病毒的行为，在刑法上是危险行为而非实害行为，只要危害公共安全，不需要后果严重，就构成犯罪。② 纵观我国刑法第二百八十五条和第二百八十六条以及美国《联邦法典》第18编第1030条，其中都有关于行为犯和结果犯的设置，但是对于行为犯都仅限于侵入涉及国家安全及其相关重要机构领域中的计算机系统。对于制作、传播计算机病毒这类的犯罪行为都以结果犯来规制并且都要求后果严重。这体现出两国刑法在规制计算机犯罪上所秉持的"应有所为，有所不为"的立场。这一立场就是刑法理论上所称的谦抑原则。刑法规制计算机犯罪之有所为是指对于应该以行为犯来论处的，如违反国家规定入侵（或未经授权访问）重要机构部门计算机信息系统的行为，和应该以结果犯来论处的情况，如造成计算机危害或者使用计算机诈骗等，就必须按照这种进路来处理。不能把应属于结果犯的行为提前到行为犯来规制，不因其存在风险性或有风险增高的可能就改变刑法惩治的立场，这就是有所不为。刑法谦抑原则作为规制计算机犯罪的指导思想，最主要的作用是要实现促进技术发展与遏制技术滥用之间的平衡。

所谓技术发展是指计算机的换代和升级都需要技术的支撑，而在这些技术的发展过程中都离不开对计算机技术的不断挑战。社会大众与公共传媒都将黑客理解或描绘成为主要的计算机犯罪主体。③ 然而，这在整体上来看是对黑客群体进行区分的缺失。传统意义上的黑客是那些属于外部人并且遵守黑客伦理的人，他们侵入他人计算机系统主要是出于好奇和为了学习，而并不是为了财产上的攫取。④ 在计算机发展的领域上，如上述一

---

① Law Enforcement Assistance Administration, U. S. Dept. of Justice, Computer Crime vi (1979).

② 黄泽林、陈小彪：《计算机犯罪的刑法规制缺陷及理论回应》，载《江海学刊》2005年第3期。

③ Michael P. Dierks, Computer Network Abuse, *Harvard Journal of Law and Technology*, No. 6, 307 (1993).

④ Dorothy E. Denning, *Concerning Hackers who Break into Computer Systems*, http: //cyber. eserver. org/hackers. txt.

类的黑客行为对于计算机技术本身的发展具有积极性的意义。因为在不断的攻与防的过程中，才使得计算机的各项技术，尤其是软件技术逐渐地得到完善与成熟。事实上，当今世界的两大计算机技术巨头苹果公司和微软公司的创始人史蒂夫·乔布斯和比尔·盖茨在发展其各自的计算机技术过程中都曾通过不断地以黑客入侵式的行为来得以提高和改进。① 如果规制计算机犯罪的刑法过于严厉而将所有的黑客入侵行为在没有造成危害结果的情况下一律予以惩治，其结果是不但不能禁绝这类行为，反而不利于计算机技术的发展。因为许许多多的计算机黑客都承认自己无法控制实施突破他人计算机防护的冲动，他们具有这个瘾癖。② 这是存在于计算机领域中的一种特殊性，这种特殊性也决定了刑法规制的程度和范围。只有当那些被认为是极其重要的领域的计算机信息系统才被刑法禁止非法入侵，除此之外则需要有危害的后果才能予以归责，这在中美两国刑法关于计算机犯罪的规定中都有具体而充分的体现。因此，从这个侧面而言，刑法在规制计算机犯罪的同时不能阻碍技术的发展。

从美国对计算机犯罪法不断修正和完善的发展历程可以看出，美国联邦对计算机犯罪的打击始终保持高压态势。除了法条范围不断拓宽和法条内容逐步细密之外，从主观要件和犯罪结果的设定以及在犯罪类型的特别设置上都无不显示出美国立法机关对计算机犯罪严而又厉的刑事规制政策。如前文所述，随着2016年12月27日我国《国家网络空间安全战略》的发布，我国关于计算机网络犯罪的打击也必将进一步收紧收严。这种"紧"和"严"体现在对计算机犯罪这种技术型犯罪的规制上，就是以更加严密的法网、更为严格的构成要件和更为苛厉的刑罚方式来惩治。不过，在遏制计算机犯罪适用严而又厉的刑事政策的同时，也要注意防止刑法的滥用。我国古代思想家曾认为："法者所以兴功惧暴也，律者所以定纷止争也，令者所以令人知事也"。③ 这句话表明，法律是通过"令人知事"或"规矩绳墨"的手段（规范作用），而达到"兴功惧暴"和"定纷止争"的目的（社会作用）。④ 在对计算机技术滥用的遏制中，法律的

---

① David F. Geneson, *Recent Developments in the Investigation and Prosecution of Computer Crime*, 301 PLI/PAT 45, 61 (1990).
② Paul A. Taylor, *Hackers: Crime and the Digitical Sublime*, Routledge, 46-50 (1999).
③ 《管子·七臣七主》。
④ 刘守芬：《论新技术犯罪》，载《北京大学学报》（哲学社会科学版）1989年第3期。

作用就在于"定纷止争"。不过在这些法律中，刑法只是作为最后保障手段来加以使用，对于一般的技术滥用行为大多是通过行政法等方式加以解决和处理。只有那些具有严重的法益侵害性的计算机技术滥用行为，在其他法律的规制手段不能产生有效性的情况下才纳入刑法惩治的视野，最终以刑罚的手段来实现"兴功惧暴"。从我国和美国刑法关于计算机犯罪的规定来看，虽然针对的都是在技术风险下的计算机滥用行为，但并没有在这些体现技术风险的犯罪行为下将刑法的防卫线向前推移，实行所谓法益保护的提前化或刑罚的前置化。因为这种做法不但会在遏制计算机技术滥用的过程中反而会阻碍计算机技术本身应有的发展和进步，而且"会导致刑法适用的泛滥，使刑法保护社会的机能无限扩张，从而使得刑法的人权保障的机能大大减弱"。① 因此，促进计算机科学技术的发展和遏制对计算机科学技术的滥用是刑法在规制计算机犯罪中都必须面对的问题。我们不能在化解计算机技术滥用这一风险的过程中，而使刑法本身又存在着被滥用的风险。正是在化解风险与风险化解的紧张关系中，现代法治社会刑法的正当性获得了双重的证明。② 因此，在计算机犯罪的规制中这种紧张关系的恰当表现就是既要确保技术发展也要遏制技术滥用，使刑法成为保证计算机技术健康发展和使用的最后一道防线。

二 保护个人权利与保障社会安全

在计算机产生之后，现代电子科技的发展所催生出的因特网又给计算机的使用带来了革命性的改观，实现了从单机作业到多机联动甚至是全球联网。计算机网络最重要的社会价值就在于其向人们展示了一个与现实世界不一样的活动空间，提供给了人们一个自由发表言论及其相关活动的平台。而今每天都有不计其数的用户通过计算机在全球范围内访问各种资源，交流分享各种信息。计算机网络的重要意义就在于其在源头设计上就提供了自由使用的价值。③ 但是，计算机网络的社会价值还体现在其可以依赖于通过法律和技术的架构来保证广大的用户能在计算机中有自己安全

---

① 刘明祥：《"风险刑法"的风险及其控制》，载《法商研究》2011年第4期。
② 陈兴良：《"风险刑法"与刑法风险：双重视角的考察》，载《法商研究》2011年第4期。
③ Lawrence Lessing, *Code and other Laws of Cyberspace*, Basic Books, 8 (2006).

而私密的领域，使其不受到非法的侵扰与干涉。① 然而，这两种价值之间存在着冲突。举例而言，黑客会认为自己具有探索性的计算机攻入行为是自由访问，但对于受访的被害者而言则会认为这是对其隐私与安全的侵犯。② 刑法的适用就需要游走于这两者冲突的边缘。而作为规制计算机犯罪的刑法而言，除了要促进计算机技术的发展和遏制计算机技术的滥用外，还有就是既要能够保证计算机网络开放的价值，又要保护其中的隐私及其安全。这又给刑法在规制科学技术活动的场域中提出了新的问题，即如何实现权利保障与社会安全。这是所有刑法都面临的两个既对立又统一的哲学问题。在如今的计算机网络虚拟空间的刑法规制中，这种对立与统一的关系具体表现为：一方面要保证广大的计算机用户尽可能地在网络世界中畅享自由；另一方面要保护计算机的数据信息安全及其使用者的隐私；打击计算机犯罪行为可以有效地保护安全与隐私，但过分的刑法适用就会侵害计算机用户的个人自由。

在计算机犯罪的规制中既要体现个人权利的保护也要实现社会安全的保障，这就使得刑法在设置的过程中必须面对和兼顾人权保障与法益保护两个方面的问题。具体以美国《联邦法典》第 18 编关于计算机犯罪法的 1030 条和我国刑法第二百八十五条和第二百八十六条的规定来看，其中作为成立犯罪的基础性构成要件为"未经授权或超越授权的访问"和"违反国家规定侵入"。通过前文的分析，这两种规定应该说都体现出了上述两方面的要求。虽然这两个构成要件的表述不同，但是其在功能性上并无二致。美国法院在刑事案件的判断中，以规避程序编码设限作为"未经授权"的标准，而并没有以服务协议条款等为依据。这是因为如果以网站的服务协议为依据来判断"未经授权"，则会赋予那些网站的所有者太多的权力去给计算机用户设定限制，规定他们可以做什么以及怎样去做，从而对计算机使用的自由价值作出非常大的让步而换回有限的隐私保护及其安全。另外，以服务协议条款等作为判断标准更为严重的问题是这些服务协议条款会架空刑法规定，形成实质上的刑法内容。这正如在洛莉案中

---

① Paul M. Schwartz, Internet Privacy and the State, *Connecticut Law Review*, No. 32, 815 (2000).

② Michael Lee et al., Electronic Commerce, Hackers, and the Search for Legitimacy: a Regulatory Proposal, *Berkeley Technology Law Journal*, No. 14, 845 (1999).

法院的判解指出的："将违反服务协议条款作为构成 1030 条（a）（2）款（c）项犯罪的基础，其实就等于是让网站的所有者最终成为犯罪行为的定义者。"① 这样做的危险性就在于其潜在地会将所有的计算机用户当作 1030 条规定的罪犯，只要违反了服务协议条款的规定。我国刑法关于计算机犯罪的规定以"违反国家规定"为依据也是为了避免刑法适用的随意性和不确定性，必须以国家的相关规定为准才能作出刑事违法性的判断。

通过适用刑法规制计算机犯罪，其中必然会涉及对计算机网络的管理和控制。因为在计算机犯罪的侦查和起诉乃至审判过程中都会以计算机网络为根本对象作出刑事上的一系列司法活动。计算机网络的管控涉及对公民在计算机虚拟空间中的言论自由和隐私保护等方面的基本权利。这为美国宪法第一和第四修正案所特别强调，在美国，公民在网络中的言论自由权利的首要表现就是对其匿名性的保障。虽然现在美国有些网站，尤其是社交网站如"脸谱"（Facebook）、"聚友网"（MySpace）以及"Google+"等都在其网络服务协议中要求用户须提供真实准确的身份信息，② 但是这只是网站方面的内部条款，政府并没有对"实名制"作出规定。因此，在洛莉案中审判法院才会认为控方以"不具实名"为依据的起诉不当。社交网站要求用户注册实名身份的做法只是网站的独立性行为。可一旦政府机关介入将那些违反网站服务协议条款的行为认定为犯罪，则要受到宪法的规制和禁止。这种情形早在谢莉诉克拉默案（Shelley v. Kraemer）中就得到纠正。该案判决认为州政府将私人间的协议作为实施强制的依据，这一做法违反了宪法的规定。③ 关于匿名发表言论的权利，也是美国宪法第一修正案所保护的言论自由的重要内涵。像"MySpace"这样的社交网站在私人协议之中要求用户输入他们的真实信息，属于民事关系的范畴，宪法禁止公权力强行要求实名制的行为。这在美国最高法院关于 Watchtower 的判决中得到了明确的认可和体现。

2002 年美国最高法院在 Watchtower Bible & Tract Society of New York,

---

① United States v. Drew, 259 F. R. D. at 465 (C. D. California, 2009).
② 关于这些社交网站对于注册时需要实名制的具体要求参见 Facebook：http: //www.facebook.com/legal/terms；MySpace：http: //www.myspace.com/Help/Terms? pm_cmp=ed_footer；Google+：https: //www.google.com/intl/en/policies/privacy/.
③ Shelley v. Kraemer, 334 U. S. 1, 20, 22 (1948).

Inc. v. Village of Stratton 一案中，判决废止了俄亥俄州杰斐逊郡斯特拉顿市（Stratton）的一项法令。① 斯特拉顿市的该项法令规定如果宗教传道者在未经本市官方登记许可的情况下而走乡串寨挨家挨户（door-to-door）地进行宣传活动将构成轻罪。这一法令所要求的官方登记是要求那些布道者提供真实姓名、住址、联系方式以及供职的单位等详细的身份信息。作为原告的 Watchtower 成员都是宗教宣讲人士，他们到访各家各户是为了传递他们的宗教信念。当然，在最高法院的审理过程中还了解到这些布道者还有对其他信息的传播，包括政治方面的游说等。就像耶和华见证会（Jehovah's Witnesses）那样，Watchtower 的成员致力于将他们的宗教理念施授给斯特拉顿市的市民。他们当中许多人通过因特网，特别是社交网站来传送这些思想观念以及政治讯息。在本案中，最高法院认为要求人们在发自己的意见或思想观点之前出示自己身份的做法违宪。现今的因特网与既有的传统公共论坛一样，人们都具有宪法所保护的权利而匿名地在网上表达自己的观点。② 法院的判决理由强调了匿名传播信息的价值："人们崇尚使用匿名是因为其免去了惧怕经济上或官方的打击报复之顾虑，也不会受到社会的排斥孤立，或者，有的人使用匿名也仅仅是希望尽量地保护个人隐私。"③ 最后，法院判决斯特拉顿市颁布的这项法令违反了宪法第一修正案所保护的宗教宣扬、匿名政治演说以及散发传单册子等言论自由权利而无效。

虽然在美国尚未作出公民使用计算机网络须"实名注册"的法律规定，但是对于非实名的犯罪追究却有新的做法。根据最近的司法活动来看，美国联邦调查局在亚利桑那州的一个刑事案件中，对一名使用假名进行登记的罪犯进行侦查时，认为该罪犯因为使用假名故而不具有在隐私权上的合理期待。在此前提下，联邦调查局的探员在只有法院指令而没有获得法院颁发的搜查令的情况下，使用专门的电子追踪设备对犯罪嫌疑人的手机进行了监听。正是因为犯罪嫌疑人使用了假名，故而联邦调查局认为

---

① Watchtower Bible & Tract Society of New York, Inc. v. Village of Stratton, 536 U.S. 150, 164 (2002).

② Watchtower Bible & Tract Society of New York, Inc. v. Village of Stratton, 536 U.S. 150, 164 (2002).

③ Watchtower Bible & Tract Society of New York, Inc. v. Village of Stratton, 536 U.S. 166 (2002).

其隐私权利不受宪法第四修正案所保护。① 因此，尽管美国政府没有对公民在计算机网络的准入机制上作出所谓的"实名制"的要求，但是在涉及诸如国家安全等这类的重大问题时，对于使用假名从事相关危害国家安全活动的则不具有宪法上所保护的言论自由或者隐私等方面的权利。尤其是在"9·11事件"以后，美国政府为了打击恐怖主义犯罪而加强了对网络的管理，其包括对美国境内外大范围内的电子邮件、因特网信息等的监控。这些对网络信息的监控并不是为刑事案件获取证据，而是搜集可能发生的恐怖袭击的信息，以便及时地发现并作出反应。以国家安全的名义在计算机网络中搜集和监查公民的信息必然会与公民的宪法性权利等发生冲突，因此就存在着公共安全利益与公民个人权利的权衡与取舍。但是在刑法上而言，对计算机犯罪进行规制的时候必须以谦抑原则作为基准，应该在不侵犯人权的前提下实现法益的有效保护。

在当今计算机信息网络时代下，公民个人信息越来越多地被置入信息网络中，而对于这些关涉个人隐私以及重要人身信息的数据而言，其合理使用和未经授权不被非法使用显得尤为重要。鉴于此，我国于2012年12月28日由全国人大常委会颁布了《关于加强网络信息保护的决定》（以下简称《决定》）这一单行法规，专门保护能够识别公民个人身份和涉及公民个人隐私的电子信息。《决定》通过十一个条文，从个人信息安全、使用要求、主体责任、救济方式等对如何加强公民在网络中的个人信息进行了详细规定。这一规定充分表明我国立法机关在现代电子信息技术环境下，对于那些以他人个人信息为基础通过计算机网络进行非法的侵扰或者导致信息持有者受到损害或损失的不法行为的严厉打击态度，突出了对于个人权利在计算机网络环境下的特别保护。虽然《决定》以单行法规的方式发布，但是其中规定了从民事责任、治安管理处罚、行政处罚到刑事惩罚的全方位的责任承担体系，确保了公民个人信息在计算机网络中能够得到彻底有效的保护。这也充分说明，保护个人权利与保障社会安全要求一方面在动用刑法严厉打击和惩治计算机犯罪的同时，另一方面更要通过立法对于个人在计算机信息网络中各种权利的周延保护，特别是关于个人信息等方面涉及个人安全利益的保护。

---

① Buy a Phone with a Fake Name, Lose Your Right to Privacy. 参见 http://blogs.findlaw.com/technologist/2012/02/buy-a-phone-with-a-fake-name-lose-your-privacy-rights.html.

人类在不断地进行着自我的超越，科学技术的发展也在这种超越中不断地得到升华和提高。计算机作为现代科技的表征之一必然会随着技术的提高而更加先进。技术推动着计算机世界的变革，也必然会带动计算机犯罪形态的变化。因此，以计算机科学技术为后盾的计算机犯罪不可避免要对其作出规制的刑法带来挑战，同时也会给相应的刑事理论造成一定的冲击。因为刑法的修正和完善速度以及理论的认识程度不可能与计算机犯罪的变化模式完全同步。这正是科技犯罪与传统犯罪存在的重大区别。但是就计算机犯罪而言，刑法在规制过程中依然要作为最后手段来使用，同时必须注意促进技术发展和遏制技术滥用以及保护个人权利与保障社会安全之间的关系。在计算机犯罪规制的过程中，应该充分重视判例的作用。不断产生的案件总是会遇到新的问题并得到新的判解，以具体的案件中作出的具有代表性和重要价值的判解作为指导或参考，对充实和完善刑法起着不可或缺的作用，从而在一定程度上弥补事先规定的刑法不能在后来发生的案件中应时应景地加以具体规制的缺陷。另外，针对科技犯罪的立法需要一段时间的过程去了解和总结，在结合我国国情的基础上借鉴美国等法治前发国家关于计算机犯罪的立法可以避免我们走不必要的弯路和付出无须的代价和成本。同时，鉴于计算机网络的国际性特征，立法上的同步和同态有利于我们加强国际合作以及建立平等的对话基础，更有利于全面彻底的遏制计算机犯罪。在此基础上对我国有关计算机犯罪的立法加以进一步的研究修正或作出充分的解释，使法条更加细致，法网更加严密。因为，只有精细的刑法规定才能够保证精确的刑法适用。

参考文献

一 中文资料

（一）著作译作

白建军：《公正底线——刑事司法公正性实证研究》，北京大学出版社2008年版。

白建军：《罪刑均衡实证研究》，法律出版社2004年版。

陈兴良：《教义刑法学》，中国人民大学出版社2010年版。

陈兴良：《刑法各论的一般理论》，内蒙古大学出版社1992年版。

陈志龙：《法益与刑事立法》，台湾大学丛书编辑委员会1993年版。

储槐植、江溯：《美国刑法》（第四版），北京大学出版社2012年版。

丁后盾：《刑法法益原理》，中国方正出版社2000年版。

甘添贵：《刑法各论》第二卷，作者发行，2000年4月初版。

黄茂荣：《法律漏洞及其补充的方法》，载黄茂荣著《法学方法与现代民法》1987年版。

蒋平：《计算机犯罪研究》，商务印书馆2000年版。

雷震甲：《计算机网络》，机械工业出版社2010年版。

李文燕：《计算机犯罪研究》，中国方正出版社2001年版。

李秀林：《辩证唯物主义和历史唯物主义原理》，中国人民大学国出版社1995年版。

梁根林：《合理地组织对犯罪的反应》，北京大学出版社2008年版。

梁根林：《刑事政策：立场与范畴》，法律出版社2005年版。

林山田：《刑法特论（上册）：侵犯个人法益之犯罪》，台北三民书局1978年版。

林维：《刑法解释的权力分析》，中国人民公安大学出版社 2006 年版。

刘广三：《计算机犯罪论》，中国人民公安大学出版社 1999 年版。

刘明祥：《财产犯罪比较研究》，中国政法大学出版社 2001 年版。

刘宪权：《刑法学研究》第 2 卷，北京大学出版社 2006 年版。

娄永清：《哲学相对论》，人民出版社 2005 年版。

全国人大常委会法制工作委员会刑法室编：《中华人民共和国刑法——条文说明、立法理由及相关规定》，北京大学出版社 2009 年版。

《日本刑法典》，张明楷译，法律出版社 2006 年版。

王世洲：《我的一点家当：王世洲刑事法译文集》，中国法制出版社 2005 年版。

王世洲：《现代国际刑法学原理》，中国人民公安大学出版社 2009 年版。

王世洲：《现代刑法学（总论）》（第二版），北京大学出版社 2018 年版。

王仲兴：《刑法学》（第三版），中山大学出版社 2008 年版。

许玉秀：《当代刑法思潮》，中国民主法制出版社 2005 年版。

薛波：《元照英美法词典》，法律出版社 2003 年版。

于志刚：《计算机犯罪疑难问题司法对策》，吉林人民出版社 2001 年版。

于志刚：《虚拟空间中的刑法理论》，中国方正出版社 2003 年版。

张明楷：《法益初论》，中国政法大学出版社 2000 年版。

张明楷：《诈骗罪与金融诈骗罪研究》，清华大学出版社 2006 年版。

张明楷：《罪刑法定与刑法解释》，北京大学出版社 2009 年版。

赵秉志、鲍遂献、曾粤兴等：《刑法学》，北京师范大学出版社 2010 年版。

赵秉志、于志刚：《计算机犯罪比较研究》，法律出版社 2004 年版。

［意］贝卡利亚：《论犯罪与刑罚》，黄风译，中国大百科全书出版社 1993 年版。

［美］彼得·G. 伦斯特洛姆：《美国法律辞典》，贺卫方等译，中国政法大学出版社 1998 年版。

《德国刑法典》，徐久生译，北京大学出版社 2019 年版。

［意］杜里奥·帕多瓦尼：《意大利刑法学原理》，陈忠林译评，中国人民大学出版社 2004 年版。

［德］恩格斯：《反杜林论》，载《马克思恩格斯全集》（第 20 卷），中共中央马克思恩格斯列宁斯大林著作编译局编，人民出版社 1971 年版。

［德］费尔巴哈：《费尔巴哈哲学著作选》（下卷），荣震华等译，商务印书馆 1984 年版。

［德］冈特·斯特拉腾韦特、洛塔尔·库伦：《刑法总论Ⅰ——犯罪论》，杨萌译，法律出版社 2006 年版。

［苏联］戈列利克等：《在科技革命条件下如何打击犯罪》，群众出版社 1984 年版。

［法］卡斯东·斯特法尼等：《法国刑法总论精义》，罗结珍译，中国政法大学出版社 1998 年版。

［德］克劳斯·罗克辛：《德国刑法总论》，王世洲译，法律出版社 2005 年版。

［德］李斯特：《德国刑法教科书》，徐久生译，法律出版社 2006 年版。

［德］马克思、恩格斯：《马克思恩格斯全集》（第 23 卷），中共中央马克思恩格斯列宁斯大林著作编译局编，人民出版社 1971 年版。

［英］马林诺夫斯基：《原始社会的犯罪与习俗》，原江译，法律出版社 2007 年版。

［美］尼古拉·尼葛洛庞帝：《数字化生存》，胡冰、范海燕译，海南出版社 1997 年版。

［德］魏德士：《法理学》，丁晓春、吴越译，法律出版社 2005 年版。

［德］乌尔里希·贝克：《风险社会》，何博闻译，译林出版社 2003 年版。

［德］乌尔里希·贝克：《世界风险社会》，吴英姿等译，南京大学出版社 2004 年版。

［德］乌尔里希·齐白：《全球风险社会与信息社会中的刑法》，周遵友、江溯等译，中国法制出版社 2012 年版。

［德］许乃曼：《法益保护原则——刑法构成要件及其解释之宪法界限之汇集点》，何赖杰译，载《不移不惑献身法与正义——许乃曼教授刑事法论文选辑》，许玉秀、陈志辉合编，公益信托春风煦日学术基金发

行，2006 年。

（二）期刊

白建军：《坚硬的理论、弹性的规则——罪刑法定研究》，《北京大学学报》2008 年第 6 期。

白建军：《论不作为犯的法定性与相似性》，《中国法学》2012 年第 2 期。

陈兴良：《案例指导制度的法理考察》，《法制与社会发展》2012 年第 3 期。

陈兴良：《犯罪：规范与事实的双重视角及其分野》，《北大法律评论》（2000 年）第 3 卷第 2 辑。

陈兴良：《"风险刑法"与刑法风险：双重视角的考察》，《法商研究》2011 年第 4 期。

陈兴良：《网络犯罪的刑法应对》，《中国法律评论》2020 年第 1 期。

陈兴良：《我国案例指导制度功能之考察》，《法商研究》2012 年第 2 期。

陈兴良：《行为论的正本清源——一个学术史的考察》，《中国法学》2009 年第 5 期。

董芳兴：《略论计算机犯罪及其刑法遏制》，《江西法学》1995 年第 5 期。

高德胜：《信息犯罪研究》，博士学位论文，吉林大学，2008 年。

高仕银：《美国政府规制计算机网络犯罪的立法进程及其特点》，《美国研究》2017 年第 1 期。

高仕银：《明确性原则——结合我国刑法文本的初步思考》，《广西大学学报》2010 年第 2 期。

高仕银：《明确性原则视野下刑法前科报告制度之检讨与完善》，《烟台大学学报》2011 年第 4 期。

高仕银：《权利与规制："非实名制"下的计算机网络欺辱犯罪研究——以美国法律规定及相关判例为分析进路》，《重庆邮电大学学报》2012 年第 5 期。

高仕银：《形式与实质：刑法解释论的进路考察及选择》，《当代法学》2011 年第 6 期。

高仕银：《法益的无限性与有限性—以计算机诈骗行为的分析为例》，《中国刑事法杂志》2011年第12期。

高仕银：《罪刑法定明确性原则的本土化进路——以域外明确性判断标准考察为基础的展开》，《安徽大学学报》2011年第1期。

高仕银：《罪状、构成要件与犯罪构成——概念梳理、关系考察与性质厘清》，《政治与法律》2010年第8期。

郭自力、李荣：《刑事立法语言的立场》，《北京大学学报》2004年第2期。

黄泽林：《计算机犯罪的刑法规制缺陷及理论回应》，《江海学刊》2005年第3期。

靳慧云：《试析当前计算机犯罪的特点及对策》，《公安大学学报》1992年第3期。

劳东燕：《公共政策与风险社会的刑法》，《中国社会科学》2007年第3期。

劳东燕：《罪刑法定的明确性困境及其出路》，《法学研究》2004年第6期。

梁根林：《死刑案件被刑事和解的十大证伪》，《法学》2010年第4期。

梁根林：《现代法治语境中的刑事政策》，《国家检察官学院学报》2008年第4期。

梁根林：《刑事一体化视野中的刑事政策学》，《法学》2004年第2期。

刘明祥：《"风险刑法"的风险及其控制》，《法商研究》2011年第4期。

刘明祥：《使用计算机诈骗比较研究》，《网络安全技术与应用》2001年第12期。

刘明祥：《再论用信用卡在ATM机上恶意取款的行为性质——与张明楷教授商榷》，《清华法学》2009年第1期。

刘秋香：《我国计算机犯罪刑法完善之构想》，《河南社会科学》2007年第5期。

刘守芬：《论新技术犯罪》，《北京大学学报》（哲学社会科学版）1989年第3期。

刘树德：《罪刑法定原则中空白罪状的追问》，《法学研究》2001 年第 2 期。

刘孝敏：《法益的体系性位置与功能》，《法学研究》2007 年第 1 期。

刘艳红：《空白刑法规范的罪刑法定机能——以现代法治国家为背景分析》，《中国法学》2004 年第 4 期。

刘艳红：《Web3.0 时代网络犯罪的代际特征及刑法应对》，《环球法律评论》2020 年第 5 期。

刘艳红：《无罪的快播与有罪的思维——"快播案"有罪论之反思与批判》，《政治与法律》2016 年第 12 期。

刘德法、尤国富：《论空白罪状中的"违反国家规定"》，《法学杂志》2011 年第 1 期。

马克昌：《危险社会与刑法谦抑原则》，《人民检察》2010 年第 3 期。

皮勇：《论中国网络空间犯罪立法的本土化与国际化》，《比较法研究》2020 年第 1 期。

秦冬红：《计算机犯罪问题及其预防对策》，《上海法学研究》1995 年第 6 期。

孙道萃：《网络刑法知识转型与刑法回应》，《现代法学》2017 年第 1 期。

孙山：《寻找被遗忘的法益》，《法律科学》2011 年第 1 期。

王恩海：《论我国刑法中"违反国家规定"——兼论刑法条文的宪政意义》，《犯罪研究》2010 年第 4 期。

王世洲：《现代刑罚目的理论与中国的选择》，《法学研究》2003 年第 3 期。

王世洲：《刑法信条学中的若干基本概念及其理论位置》，《政法论坛》2011 年第 1 期。

王世洲：《中国刑法理论中犯罪概念的双重结构与功能》，《法学研究》1998 年第 5 期。

肖中华、王海桥：《空白刑法规范的诠释：在规范弹性与构成要件明确性之间》，《法学杂志》2009 年第 8 期。

谢开平：《电脑诈欺在比较刑法上之研究》，博士学位论文，台北大学法学系，2003 年。

杨志琼：《我国数据犯罪的司法困境与出路：以数据安全法益为中

心》,《环球法律评论》2019 年第 6 期。

张建军:《论空白罪状的明确性》,《法学》2012 年第 5 期。

张明楷:《盗窃与抢夺的界限》,《法学家》2006 年第 2 期。

张明楷:《非法使用信用卡在 ATM 机上取款的行为构成盗窃罪——再与刘明祥教授商榷》,《清华法学》2009 年第 1 期。

张明楷:《实质解释论的再提倡》,《中国法学》2010 年第 4 期。

张小虎:《拾得信用卡使用行为的犯罪问题》,《犯罪研究》2008 年第 5 期。

张晓红:《计算机犯罪之犯罪客体再研讨》,《行政与法》2003 年第 12 期。

赵秉志、于志刚:《计算机犯罪及其立法和理论之回应》,《中国法学》2001 年第 1 期。

(三) 报刊

陈兴良:《在技术和法律之间:评快播案一审判决》,《人民法院报》2016 年 9 月 14 日,第 3 版。

储槐植:《要正视法定犯时代的到来》,《检察日报》2007 年 6 月 7 日。

于志刚:《信息社会与刑事法律的时代转型》,《检察日报》2011 年 3 月 31 日,第 3 版。

张明楷:《快播案定罪量刑简要分析》,《人民法院报》2016 年 9 月 14 日,第 3 版。

(四) 案例

陈某辉破坏计算机信息系统案,北京市丰台区人民法院,(2003) 丰刑初字第 183 号。

陈某某等非法获取计算机信息系统数据案,北京市朝阳区人民法院,(2012) 朝刑初字第 28 号。

程某林非法获取计算机系统数据案,广东省深圳市中级人民法院,(2019) 粤 03 刑终字第 1735 号。

胡某破坏计算机信息系统案,江苏省虎丘市人民法院,(2009) 虎刑初字第 0363 号。

李某等破坏计算机信息系统案,湖北省仙桃市人民法院,(2007)仙刑初字第 350 号。

欧某破坏计算机信息系统案,广州市中级人民法院,(2007)穗中法刑一终字第 310 号。

浦某破坏计算机信息系统案,上海市第二中级人民法院,(2009)沪二中刑终字 321 号。

张某等提供侵入、非法控制计算机信息系统程序、工具案,浙江省绍兴市中级人民法院,(2017)浙 06 刑终字第 43 号。

张某亮等非法获取计算机信息系统数据案,广东省珠海市香洲区人民法院,(2017)粤 0402 刑初字第 1879 号。

张某破坏计算机信息系统案,北京市海淀区人民法院,(2008)海刑初字第 3461 号。

(五)网站

http://news.163.com.

http://wenshu.court.gov.cn.

http://www.cert.org.cn.

二、外文资料

(一)著作

A. Hugh Scott, *Computer and Intellectual Crime: Federal and State Law*, Published by BNA Books(2006 Cumulative Supplement).

American Law Institute, *Model Penal Code and Commentaries* (Official Drafted and Revised Comments), Party Ⅱ, Philadelphia, PA, The American Law Institute (1980).

A. Rathmell, *Handbook of Legislative Procedures of Computer and Network Misuse in EU Countries*, Study for the European Commission Directorate-General Information Society, (2002).

August Bequai, *Computer Crime*, Aero Publishers Inc. (1978).

August Bequai, *White-Collar Crime: A Twentieth Century Crisis*, Lexington Books(1978).

Bert-Jaap Koops, Susan W. Brenner (ed.), *Cybercrime and Jurisdiction: A*

Global Survey, T·M·C· Asser Press(2006).

Black's Law Dictionary, 8th ed., Thomson West(2004).

Bruce Schneier, *Secrets and Leis: Digital Security in a Networked World*, Wiley (2004).

Bureau of Justice Statistics, U.S. Dept. of Justice, *Computer Crime: Legislative Resource Manual* (1980).

Ceruzzi, P., *A History of Modern Computing*, 2nd ed., MIT Press, Cambridge, MA(2003).

Charles Doyle and Alyssa Bartlett Weir, *Cybercrime: an Overview of the Federal Computer Fraud and Abuse Statute and Related Federal Criminal Laws*, Novinka Books, an Imprint Science Publishers, Inc. (2006).

Daniel H. Benson, *Hall's Criminal Law— Case and Materials*, 5th ed., The Michie Company Law Publishers(1994).

Daniel H. Benson, *Hall's Criminal Law: Case and Materials*, The Michie Company Law Publishers (1994).

Donn B. Parker, *Computer Crime: Criminal Justice Resource Manual*, 2nd ed., Office of Justice Programs, National Institute of Justice, U.S. Dept. of Justice (1989).

Donn B. Parker, *Crime by Computer*, Charles Scribner's Sons (1976).

Donn B. Parker, *Fighting Computer Crime: A New Framework for Protecting Information*, Wiley Computer Publishing, John Wiley & Sons, Inc. (1998).

Donn B. Parker, *Fighting Computer Crime*, Charles Scribner's Sons (1983).

Dorothy E. Denning and Peter Denning, *Internet Besieged: Countering Cyberspace Scofflaws*, Addison-Wesley Professional (1997).

Edward James Devitt, Charles B. Blackmar, *Federal Jury Practice and Instructions: Civil and Criminal*, West Publish Company (1977).

Emiln McClain, *Treatise on the Criminal Law*, Eastern Book Company (1897).

Fites, P., Johnston, P. and Kratz, M., *The Computer Virus Crisis*, Van Nostrand Reinhold (1989).

George E. Dix, *Criminal Law (gilbert law summaries)*, 17th ed., West, a

Thomson business (2002).

Gilbert, *Law Dictionary*, Harcourt Brace Legal and Professional Publications, Inc. (1997).

Herbert L. Packer, *The Limits of the Criminal Sanction*, Stanford University Press (1968).

Immanuel Kant, *The Netaphysics of Morals*, translated by Mary Gregor, Cambridge University Press (1996).

I. Walden, *Computer Crime*, in Reed and Angel, eds., *Computer Law*, 5th ed., Oxford University Press (2003).

James Fitajames Stephen, A *History of Criminal Law of England*, Macmillan AND. Co. (1883).

James Q. Wilson, *Thinking about Crime*, Vintage (1985).

Jams Marshall, *Intention in Law and Society*, Funk & Wagnalls, New York (1968).

Jeffrie G. Murphy and Jan Hampton, *Forgiveness and Mercy*, Cambridge University Press (1990).

John R. Vacca, *Computer and Information Security Handbook*, Morgan Kaufmann (2009).

John R. Vacca, *Computer and Information Security Handbook*, Morgan Kaufmann (2009).

John Smith and Brian Hogan, *Criminal Law*, 8th ed., Buterworths (1996).

Jonathan Clough, *Principles of Cybercrime*, Cambridge University Press (2010).

J. W. Cecil Turner, *Kenny's Outlines of Criminal Law*, Cambridge University Press (1952).

Kam C. Wong and Georgiana Wong, *Cyberspace Governance and Internet Regulation in China*, compiled in *Cyber-crime: the Challenge in Asia*, edited by Roderic Broadhurst and Peter Grabosky, Hong Kong University Press (2005).

Kent Greenawalt, *Punishment*, in 4 Encyclopedia of Crime and Justice, Macmillan Library Reference (Sanford H. Kadish ed., 1983).

Law Enforcement Assistance Administration, U. S. Dept. of Justice, *Computer Crime vi (1979).

Lawrence Lessing, *Code and other Laws of Cyberspace*, Basic Books (2006).

Leo Katz, *Bad Acts and Guilt Minds: Conundrums of the Criminal Law (Studies in Crime and Justice)*, University Of Chicago Press (1987).

L. Waller and C. R. Williams, *Criminal Law: Text and Cases*, 9th ed., LexisNexis Butterworths, (2001).

Matt Bishop, *Introduction to Computer Security*, Addison-Wesley Professional (2004).

M. Wasik, *Crime and the Computer*, Oxford: Clarendon Press (1991).

Orin S. Kerr, *Computer Crime Law*, 2nd ed., West, a Thomson Business (2009).

Paul A. Taylor, Hackers: *Crime and the Digitical Sublime*, Routledge (1999).

Pekka Himanen, *The Hacker Ethic: and the Spirit of the Information Age*, Random House (2001).

Peter Gillies, *Criminal Law*, 4th ed., Lawbook Co. Australia (1993).

Peter G. Neuman, *Computer Related Risks*, Association of Computing Machinery Press (1995).

Preston Gralla, *How the Internet Works*, 8th ed. (2006).

R. Richardson, 2008: *CSI/FBI Computer Crime and Security Survey*, Computer Security Institute (2008).

Stefan Fafinski, *Computer Misuse: Response, Regulation and the Law*, Willan Publishing (2009).

Stefan Fafinski, *Computer Misuse: Response, Regulation and the Law*, Willan Publishing (2009).

Ulrich Sieber, *The International Handbook on Computer Crime: Computer-Related Economic Crime and the Infringements of Privacy*, John Wiley & Sons (1986).

United Nations, *Manual on the Prevention and Control of Computer Related Crimes*, International Review of Criminal Policy (1994).

Wayne R. LaFave & Austin W. Scott, Jr., *Substantive Criminal Law* §

8.7, West Group (1986).

Wayne R. LaFave, *Criminal Law*, 4th ed., West, a Thomson business (2003).

Webster's Third New International Dictionary, Philip Babcock Gove (2002).

William A. Gregory, *The Law of Agency and Partnership*, 3rd ed. West Group (2001).

William L. Prosser, *Handbook of the Law of Torts*, West Publishing Company, 4th ed. (1971).

(二) 论文

Adam Graycar and Russell Smith R., *Identifying and Responding to Corporate Fraud in the 21st Century*, Speech to the Australian Institute of Management (2002).

Amalia M. Wagner, The Challenge of Computer – Crime Legislation: How should New York Respond?, *Buffalo Law Review*, No. 33, (1984).

Amanda B. Gottlieb, Reevaluating the Computer Fraud and Abuse Act: Amending the Statute to Explicitly Address the Cloud, *Fordham Law Review*, Volume 86 (2017).

Ambrose v. McCall, Which Rule of Statutory Interpretation Applies to the Computer Fraud and Abuse Act, *The Federal Lawyer* (2011).

American Law Institute, *Model Penal Code and Commentaries* (Official Drafted and Revised Comments), Party Ⅱ, Philadelphia, PA, The American Law Institute (1980).

Austin C. Murnane, *Faith and Martyrdom: The Tragedy of Aaron Swartz*, 24 FORDHAM INTELL. PROP. MEDIA & ENT. L. J. 1101 (2014).

Bert-Jaap Koops, Susan W. Brenner, *Cybercrime and Jurisdiction: A Global Survey*, T·M·C·Asser Press (2006).

Bill Boni, Crossing the Line or Making the Case? *Computer Fraud and Security*, No. 12, (2002).

Brenda Nelson, Straining the Capacity of the Law: the Idea of Computer Crime in the Age of the Computer Worm, *Computer Law Journal*, No. 11, (1991).

Cf. Taber, Misappropriation of Computer Service: The Need to Enforce Civil Liability, *Computer-Law Journal*, No. 4, (1983).

Cf. Taber, On Computer Crime (Senate Bill S. 240), *Computer-Law Journal*, No. 1, (1979).

Christine D. Galbraith, Access Denied: Improper Use of the Computer Fraud and Abuse Act to Control Information on Publicly Accessible Internet Websites, *Maryland Law Review*, No. 63, (2004).

Computer Crime, *American Criminal Law Review*, No. 19, (1981).

Computer Crime and Intellectual Property Section, U. S. Department of Justice, The National Information Infrastructure Protection Act of 1996, *Legislative Analysis* (1996).

Ctrus Y. Chung, The Computer Fraud and Abuse Act: how Computer Science can help with the Problem of Overbteadth, *Havard Journal of Law & Technology*, No. 24, (2010).

David C. Tunick, Computer Law: An Overview, *Loyola of Los Angeles Law Review*, No. 13, (1980).

David F. Geneson, *Recent Developments in the Investigation and Prosecution of Computer Crime*, 301 PLI/PAT (1990).

D. Money Laundering, Rule of Lenity, *Harvard Law Review*, No. 112, (November 2008).

Dodd S. Griffith, The Computer Fraud and Abuse Act of 1986: A Measured Response to a Growing Problem, *Vanderbilt Law Review*, No. 34, (1990).

Donald G. Ingraham, On Charging Computer Crime, *Computer-Law Journal*, No. 2, (1980).

Douglas H. Hancock, To What Extent Should Computer Related Crimes Be The Subject of Specific Legislative Attention? *ALB. L. J. SCI. & TECH.*, No. 12, (2001).

Douglas M. Reimer, Judicial and Legislative Responses to Computer Crimes, *Insurance Counsel Journal*, No. 7, (1986).

Dov S. Greenbaum, The Database Debate: In Support of an Inequitable Solution, *Alabama Law Journal Science and Technology*, No. 13, (2003).

Elizabeth A. Glynn, Computer Abuse: The Merging Crime and the Need for

Legislation, XII, *Fordham Urban Law Journal* (1984).

Ellen S. Podgor, Criminal Fraud, *American University Law Review*, No. 48, (1999).

Ellen S. Podgor, International Computer Fraud: a Paradigm for Limiting National Jurisdiction, *University of California, Davis*, No. 35, (2002).

Ethan Preston, Finding Fences in Cyberspace: Privacy and Open Access on the Internet, *Journal Technology Law & Policy*, No. 6. 1, (2000).

Frank P. Andreano, The Evolution of Federal Computer Crime Policy: The Ad Hoc Approach to an Ever-Changing Problem, *American Journal of Criminal Law*, No. 27, (1999).

Garrett D. Urban, Causing Damage without Authorization: the Limitations of Current Judicial Interpretations of Employee Authorization under the Computer Fraud and Abuse Act, *William and Mary Law Review*, No. 52, (2011).

George McLaughlin, Computer Crime: The Ribicoff Amendment to United Stated Code, Title 18, *Criminal Justice Journal*, No. 2, (1979).

George Roach and William J. Michiels, Damage is the Gatekeeper Issue for Federal Computer Fraud, *Tul. J. Tech. & Intell. Prop.*, No. 8, (2006).

Glenn D. Baker, Trespass will be Prosecuted: Computer Crime in the 1990s, *Computer Law Journal*, No. 12, (1993).

Gordon Stevenson, Computer Fraud: Detection and Prevention, *Computer Fraud and Security*, No. 11, (2000).

Graham M. Liccardi, The Computer Fraud and Abuse Act: a Vehicle for Litigating Trade Secrets in Federal Court, *The John Marshall Review of Intellectual Property Law*, No. 8, (2008).

Gregor Urbas and Peter Grabosky, *Cybercrime and Jurisdiction in Australia*, in Bert-Jaap Koops, Susan W. Brenner (ed.), *Cybercrime and Jurisdiction: A Global Survey*, T·M·C·Asser Press (2006).

Gregor Urbas and R. Smith, Computer Crime Legislation in Australia, *Internet Law Bulletin*, No. 2 (2004).

G. Urbas and K. R. Choo, *Resource Materials on Technology-Enabled Crime*, Technical and Background book no. 28 (AIC, 2008).

Haeji Hong, Hacking through the Computer Fraud and Abuse Act, *University of California Davis Law Review*, No. 31, (1997).

Harold Demsetz, Barriers to Entry, *American Economic Review*72, No. 72, (March, 1982).

Harold L. Davis, Computer Programs and Subject Matter Patentability, *Rutgers Journal of Computers and Law*, No. 6, (1977).

Ian Walden, *Cybercrime and Jurisdiction in United Kingdom*, in Bert–Jaap Koops, Susan W. Brenner(ed.), *Cybercrime and Jurisdiction: A Global Survey*, T·M·C·Asser Press(2006).

Ivan Victor Krsul, *Software Vulnerability Analysis*, Ph. D. Dissertation, Purdue University, May 1998.

Jeseph B. Tompkins and Jr. Linda A. Mar, The 1984 Federal Computer Crime Statute: A Practical Answer to a Pervasive Problem, *Computer-Law Journal*, No. 6, (1986).

Jeseph B. Tompkins, Jr. and Frederick S. Ansell, Computer Crime: Keeping Up with High Tech Criminals, *Crime Justice*(winter 1987).

Jill S. Newman, The Comprehensive Crime Control Act of 1984: Filling the Gap in Computer Law, *St. Louis Bar Journal*(1986).

Jo-Ann M. Adams, Controlling Cyberspace: Applying the Computer Fraud and Abuse Act to the Internet, *Computer and High Technology Law Journal*, No. 12, (1996).

Johan de Kleer, E. Feigenbaum and P. McCorduck, The Fifth Generation: Artificial Intelligence and Japan's Computer Challenge to the World, *Artificial Intelligence*(1984).

John P. Bellassai, Computer Crime, *American Criminal Law Review*, No. 19, (1981).

John Roddy, The Federal Computer Systems Protection Act, *Rutgers Journal of Computers, Technology and law*, No. 7, (1979).

Joseph B. Tompkins, Jr. and Frederick S. Ansell, Computer Crime: Keeping Up with High Tech Criminals, *Crime Justice*(1987).

Joseph M. Olivenbaum, <CTRL><ALT><DEL>: Rethinking Federal Computer Crime Legislation, *Seton Hall Law Review*, No. 27, (1997).

Josh L. Wilson, Jr., Electronic Village: Information Technology Create New

Space, *Computer-Law Journal*, No. 6, (1985).

Katherine Mesenbring Field, Agency Code, or Contract: Determining Employees' Authorization Under the Computer Fraud and Abuse Act, *Michigan Law Review*, No. 107, (2009).

Kevin Dawkins and Margaret Briggs, Criminal Law, *New Zealand Law Review*, No. 1, (2007).

Leslie Wharton, Legislative Issues in Computer Crime, *Harvard Journal on Legislation*, No. 21, (1984).

Liz Duff & Simon L. Gardiner, Computer Crime in the Global Village: Strategies for Control and Regulation—in Defense of the Hacker, *International Journal of the Sociology of Law*, No. 24, (1996).

Lucian Vasiu, *Dissecting Computer Fraud: From Definitional Issues to a Taxonomy*, Proceedings of the 37th Hawaii International Conference on System Sciences (2004).

Luther T. Munford and G. Todd Butler, The Computer Fraud and Abuse Act, *The Mississippi Lawyer* (2010).

Marc D. Goodman and Susan W. Brenner, The Emerging Consensus on Criminal Conduct in Cyberspace, *International Journal of Law and Information Technology*, No. 10, No. 2, (2002).

Martin R. Gardner, The Mens Rea Enigma: Observations on the Role of Motive in the Criminal Law Past andPresent, *Utah Law Review* (1993).

Michael Gemignani, Computer Crime: The Law in'80, *Indiana Law Review*, No. 13, (1980).

Michael J O'Connor, *Standing under the Computer Fraud and Abuse Act*, 124 Penn State Law Review (2020).

Michael Lee et al., Electronic Commerce, Hackers, and the Search for Legitimacy: a Regulatory Proposal, *Berkeley Technology Law Journal*, No. 14, (1999).

Michael Lee, Sean Pak and Tamer Francis, Electronic Commerce, Hackers and the Search for Legitimacy: A Regulatory Proposal, *Berkeley Technology Law Journal*, No. 14 (1999).

Michael P. Dierks, Computer Network Abuse, *Harvard Journal of Law and Technology*, No. 6, (1993).

Mitchell Waldman, Civil Actions, Enforcement, and Liability; Disciplinary Actions, *American Jurist 2D Computers and the Internet* (2007).

Molly Eichten, The Computer Fraud and Abuse Act: a Survey of Recent Cases, *The Business Lawyer*, No. 66, (November, 2010).

Neal Kumar Katyal, Deterrence's Difficult, *Michigan Law Review*, No. 95, (1977).

Nicholas R. Johnson, "I Agree" to Criminal Liability: Lori Drew's Prosecution under § 1030(a)(2)(c) of the Computer Fraud and Abuse Act, and Why Every Internet User should Care, *Journal of Law, Technology & Policy* (2009).

Noel Cox, *Cybercrime and Jurisdiction in New Zealand*, in Bert-Jaap Koops, Susan W. Brenner(ed.), *Cybercrime and Jurisdiction: A Global Survey*, T · M · C · Asser Press(2006).

Note, Common Law Crimes in the United States, *Columbia Law Review*, No. 47, (1947).

Note, Common Law Crimes in the United States, *Columbia Law Review*, No. 47, (1947).

Orin S. Kerr, Cybercrime's Scope: Interpreting "Access" and "Authorization" in Computer Misuse Statute, *New York University Law Review*, No. 78, (2003).

Orin S. Kerr, Note, The Limits of Computer Conversion: United States v. Collins, *Harvard Journal of Law & Technology*, No. 9, (1996).

Orin S. Kerr, Vagueness Challenges to the Computer Fraud and Abuse Act, *Minnesota Law Review*, No. 94, (2010).

Patricia L. Bellia, Chasing Bits Across Borders, *University of Chicago Legal Forum* 2001.

Patricia L. Bellia, Defending Cyberproperty, *New York University Law Review*, No. 79, (2004).

Pauline C. Reich, *Cybercrime and Jurisdiction in Japan*, in Bert-Jaap Koops, Susan W. Brenner(ed.), *Cybercrime and Jurisdiction: A Global Survey*, T · M · C · Asser Press(2006).

Paul M. Schwartz, Internet Privacy and the State, *Connecticut Law Review*, No. 32, (2000).

Paul M. Schwartz, Internet Privacy and the State, *Connecticut Law Review*,

No. 32, (2000).

Peter A. Winn, The Guilty Eye: Unauthorized Access, Trespass and Privacy, *Business Law*, No. 62, (2007).

R. A. Duff, *Mens Rea*, Negligence and Attempts, *Criminal Law Review* (1968).

R. A. Duff, Recklessness, *Criminal Law Review* (1980).

Raysman and Brown, Computer Law: Evolving Statutes on Computer Crime, *New York Law Journal* (1983).

Reid Skibell, Cybercrime & Misdemeanors: A Reevaluation of the Computer Fraud and Abuse Act, *Berkeley Technology Law Journal*, No. 18, (2003).

Richard C. Hollinger and Lonn Lanza-Kaduce, The Process of Criminalization: The Case of Computer Crime Laws, *Criminology*, No. 26, No. 1 (1988).

Richard Power, 2002 CSI/FBI Computer Crime and Security Survey, *Computer Security Issues & Tends*, No. 8, (Spring 2002).

Richard Power, Current and Future Danger: a CSI Primer on Computer Crime & Information Warfare, *Computer Security Institute* (1995).

Richard Warner, The Employer's New Weapon: Employee Liability under the Computer Fraud and Abuse Act, *Employee Rights and Employment Policy Journal*, No. 12, (2008).

Ric Simmons, The Failure of the Computer Fraud and Abuse Act: Time to Take a New Approach to Regulating Computer Crime, *George Washington Law Review* (2016).

Robbin L. Itkin, Misappropriation of Computer Service: the Need to Enforce Civil Liability, *Computer Law Journal*, No. 4, (1983).

Robert M. Couch, A Suggested Legislative Approach to the Problem of Computer Crime, XXXVIII, *Washington and Lee Law Review* (1981).

R. Richardson, 2008: *CSI/FBI Computer Crime and Security Survey* Computer Security Institute, 2008.

Sarah Boyer, Computer Fraud and Abuse Act: Abusing Federal Jurisdiction? *Rutgers Journal of Law & Public Policy*, No. 6, (2009).

Sara Sun Beale, The Unintended Consequence of Enhancing Gun Penalties: Shooting Down the Commerce Clause and Arming Federal Prosecutors, *Duke Law*

Journal, No. 51, (2002).

Scott Charney and Kent Alexander, Computer Crime, *Emory Law Journal*, No. 45, (1996).

Shawn E. Tuma, "What Does CFAA Mean and why should I Care?"—a Primer on the Computer Fraud and Abuse Act for Civil Litigators, *South Carolina Law Review*, No. 63, (2011).

Stanley L. Sokolik, Computer Crime: The Need for Deterrent Legislation, *Computer-Law Journal*, No. 2, (1980).

Stefan Fafinski, Access Denied: Computer Misuse in an Era of Technological Change, *The Journal of Criminal Law* (2006).

Susan Hubbell Nycum, Legal Problems of Computer Abuse, *Washington University Law Quarterly*, no. 3 (1977).

Susan Hubbell Nycum, The Criminal Law Aspect of Computer Abuse, Part Ⅱ: Federal Criminal Code, *Rutgers Journal of Computer & Law*, No. 5, (1976).

Susan W. Brenner, Cybercrime Metrics: Old Wine, New Bottle? *Virginia Journal of Law and Technology*, No. 9, (2004).

Susan W. Brenner, Is there Such a Thing as "Virtual Crime?", *California Criminal Law Review*, No. 4, (2001).

Susan W. Brenner, State Cybercrime Legislation in the United States of America: A Survey, *Rich. J. L. & Tech.*, No. 7, (2001).

Tapper, C., Computer Crime: Scotch Mist? *Criminal Law Review*, No. 4, (1987).

Thomas E. Booms, Hacking into Federal Court: Employee "Authorization" under the Computer Fraud and Abuse Act, *Vanderbilt Journal of Entertainment and Technology Law*, No. 13, (2011).

Tiffany Curtiss, *Computer Fraud and Abuse Act Enforcement: Cruel, Unusual, and Due for Reform*, Washington Law Review, Vol. 91 (2016).

Ulrich Sieber, *Cybercrime and Jurisdiction in Germany, The Present Situation and the Need for New Solutions*, in Bert-Jaap Koops, Susan W. Brenner (ed.), *Cybercrime and Jurisdiction: A Global Survey*, T·M·C·Asser Press (2006).

Ulrich Sieber, *Legal Aspects of Computer-Related Crime in the Information Society*, Prepared for the European Commission, Version 1.0 of 1st January (1998).

Volgyes, The Investigation, Prosecution, and Prevention of Computer Crime: A State-of-the-Art Review, *Computer-Law Journal*, No. 2, (1980).

Warren Thomas, Lenity on Me: LVRC Holdings LLC v. Brekka Points the Way toward Defining Authorization and Solving the Split over the Computer Fraud and Abuse Act, *Georgia State University Law Review*, No. 27, (2011).

W. Cole Durham, Jr. and Russell C. Skousen, The Law of Computer-related Crime in the United States, *The American Journal of Comparative Law*, No. 38, (1990).

William Jefferson Clinton, Remarks on Signing the Violent Crime Control and Law Enforcement Act of 1994, *University of Dayton Law Review*, No. 20, (1995).

(三) 报告

Computer Fraud Legislation: Hearing before the Sub-commission on Criminal Law of the Senate Commission on the Judiciary, 99th Congress, 1st Session (1985).

Computer System Protection Act of 1979, S. 240: Hearing Before the Sub-commission on Criminal Justice of the Senate Commission on the Judiciary, 96th Congress, 2d Session, 8(1980).

Congressional Record, S. 240, 96th Congress, 1st Session, 125 Cong. Rec. (1979).

132 *Congress Record* H3277(daily ed. June 3, 1986).

140 *Congress Record*, S. 12, 312(daily edition, August 23, 1994)(statement of Sen. Leahy).

132 *Congress Record* 7128, 7129, 99th Congress, 2nd Session(1986).

146 *Congress Report*, S. 10, 916(daily edition, October 24, 2000)(Statement of Sen. Leahy).

97 *Congress*, 1st *Session* 127 *Congress Report* H3141 (daily ed. March 31, 1982).

Cyber-Security Enhancement Act of 2001: *Hearing on H. R. 3482 Before the Sub-commission on Crime, House Commission on the Judiciary*, 107th Congress (Statement of Susan Kelley Koeppen).

Department of Justice, *Computer Crime and Intellectual Property Section, Field Guidance on New Authorities that Relate to Computer Crime and Electronic Enacted in the USA Patriot Act of* 2001. Department of Justice, Computer Crime and Intellectual Property Section, *Field Guidance on New Authorities That Relate to Computer Crime and Electronic Evidence Enacted in the U. S. A. Patriot Act of* 2001, at Section 814. E. , Nov. 5(2001).

Federal Computer System Protection Act: Hearings on S. 1766 *Before the Sub-commission on Criminal Laws and Procedures of the Judiciary*, 95th Congress, 2nd Session 4.

Federal Computer Systems Protection Act: Hearings on S. 1766 *Before the Sub-commission on Criminal Laws and Procedures of the Senate Commission on the Judiciary*, 95th Congress, 2nd session(1978).

Federal Computer Systems Protection Act of 1977, S. 1766, 95th Congress, 1st session, 125 Cong. Rec. S712(1977).

House Commission on the Judiciary, *Criminal Code Revision Act of* 1980, *House of Representative Report* No. 1396, 96th Congress, 2nd Session(1980).

House of Representative Report No. 99-612(1986).

House of Representative Report, No. 98-894, 98th Congress, 2nd Session(1984), reprinted in 1984 U. S. C. C. A. N. .

Senate Report, No. 104-357(1996).

Senate Report, No. 432, 99th Congress, 2nd Session 2, reprinted in 1986 U. S. Code Congress and Administration News.

Senate Report, 99-432(1986), reprinted in 1986 U. S. C. C. A. N. .

Staff of Senate Commission on Government Operations, 95th Congress, 1st Session, Staff Study of Computer Security in Federal Programs 6(Commission Print 1977).

United States Sentencing Commission, *Computer Fraud Working Group, Report Summary of Findings*(1993).

U. S. Sentencing Commission, *Report to Congress: Adequacy of Federal Sentencing Guideline Penalties for Computer Fraud and Vandalism Offenses* (June 1996).

Michael J O'Connor, *Standing under the Computer Fraud and Abuse Act*, 124 Penn State Law Review (2020) .

（四）案例

Aclu v. Reno, 929 F. Supp. 824, 831(E. D. Pa. 1996).

Alyeska Pipeline Serv. Co. v. Wilderness Soc'y, 421 U. S. 240(1975).

American Online, Inc. v. National Health Care Discount, Inc., 121 F. Supp. 2d 1255, 1274(ND Iowa, 2000).

America Online, Inc. v. LCGM, Inc., 46 F. Supp. 2d 444(E. D. Va. 1998).

B. & B. Microscopes v. Armogida, 532 F. Supp. 2d 744, 749 (W. D. Pa. 2007).

Black & Decker(U. S.), Inc. v. Smith, 568 F. Supp. 2d 929 (W. D. Tenn. 2008).

Briggs v. State, 704 A. 2d 904(Md. Ct. App. 1998).

Carpenter v. United States, 484 U. S. 19, 26(1987).

City of Riverside v. Rivera, 477 U. S. 561, 577−79(1986).

Creative Computing v. Getloaded. com LLC, 386 F. 3d 930, 931 (9th Circuit, 2004).

E. F. Cultural Travel B. V. v. Explorica, Inc., 274 F. 3d 577, 581−82(1st Circuit 2001).

Farmer v. Brennan, 511 U. S. 825, 836−37(1994).

Gregory v. United States, 253 F. 2d 104, 109(5th Cir. 1958).

I. M. S Inquiry Management Systems, Ltd. v. Berkshire Information Systems, Inc., 307 F. Supp. 2d 521(S. D. N. Y. 2004).

International Airport Centers, L. L. C. v. Citrin, 440 F. 3d 418 (7th Circuit 2006).

Kolender v. Lawson, 461 U. S. 352, 357−58(1983).

Letscher v. Swiss Bank Corp., 1996 WL 18309(S. D. N. Y. Apr. 16, 1996).

Liparota v. United States, 471 U. S. 419(1985).

Lockheed Martin Corp. v. Speed, No. 6: 05−CV−1580−ORL−31, 2006 WL 2683058(M. D. Florida, August 1, 2006).

Lord Brandon, R. v. Gold, Shifreen[1988]2 All ER 186, at 192c.

LVRC Holdings LLC v. Brekka, 581 F. 3d 1127(9th Circuit 2009).

Morissette v. United States, 342 U. S. 246(1952).

Moulton v. VC3, No. 1: 00CV 434−TWT, 2000 WL 33310901(N. D. Ga. November 7, 2000).

Nexans Wires S. A. v. Sark – U. S. A., Inc., 319 F. Supp. 2d 468 (S. D. N. Y. 2004).

Perez v. United States, 402 U. S. 146, 152(1971).

Register. com, Inc. v. Verio, Inc., 126 F. Supp. 2d 238, 252 n. 12 (S. D. N. Y. 2000).

Role Models America, Inc. v. Jones, 305 F. Supp. 2d 564 – 68 (D. Maryland 2004).

R. v. Gold and Schifreen[1988]AC 1063(HL), 1069.

R. v. Gold and Schifreen[1987]1 QB 1116(CA), aff'd [1988]AC1063(HL).

Shaw v. Dir. Of Pub. Prosecutions, [1962]A. C. 220, 268(H. L. 1961).

Shaw v. Toshiba American Information Systems, 91 F. Supp. 2d 926 (E. D. Tex. 1999).

Shelley v. Kraemer, 334 U. S. 1, 20, 22(1948).

Shurgard Storage Centers, Inc. v. Safeguard Self Storage, Inc. 119 F. Supp. 2d 1121, 1125(W. D. Wash. 2000).

Southwest Airlines Co. v. Farechase, Inc., 318 F. Supp. 2d 435, 438 – 39 (N. D. Tex. 2004).

Staples v. United States, 511 U. S. 600(1994).

Staples v. United States, 511 U. S. 600(1994).

State of Kansas v. Allen, 260 Kan 107, 113(S. C. Kans 1996).

State of Washington v. Riley, 846 P 2d 1365(S. C. Washington 1993).

Theofel v. Farey–Jones, 359 F. 3d 1066, 1078(9th circuit, 2004).

Trulock v. Freech, 275 F. 3d 391, 409(4th Circuit 2001).

United States v. Albers, 226 F. 3d 989, 995(9th Circuit, 2000).

United States v. Ames Sintering Co., 927 F. 2d 232, 234(6th Cir. 1990).

United States v. Balint, 258 U. S. 250(1922).

United States v. Carlson, 209 Fed. Appx 181, (3d Circuit, 2006).

United States v. Czubinski, 106 F. 3d 1069(1st Circuit, 1997).

United States v. David Nosal, No. 10-10038(Apr. 28, 2011).

United States v. Drew, 259 F. R. D. at 449(C. D. California, 2009).

United States v. Giard, 601 F. 2d 69, 71(2d Cir. 1979).

United States v. Ivanov, 175 F. Supp. 2d 367(D. Conn. 2001).

United States v. Middleton, 35 F. Supp. 2d 1189, 1192(N. D. Cal. 1999).

United States v. Millot, 433 F. 3d 1057(8th Circuit, 2006).

United States v. Mitra, 405 F. 3d 492, 494(7th Circuit, 2005).

United States v. Morris, 928 F 2d 504, 511(2nd Circuit 1991).

United States v. Seidlitz, 589 F. 2d 152, 160(4th Cir. 1978).

United States v. X-Citement, 513 U. S. 64(1994).

Unites States v. Sablan, 92 F. 3d 865(9th Circuit, 1996).

Watchtower Bible & Tract Society of New York, Inc. v. Village of Stratton, 536 U. S. 150, 164(2002).

Weiss v. United States, 122 F. 2d 675, 681(5th Cir. 1941).

Worldspan, L. P. v. Oritz, LLC, No. 05 - C - 5386, 2006 WL 1069128, at 5 (N. D. Ill. 2006).

(五) 报刊杂志

Alexandra Zavis, Judge Tentatively Dismisses Case in MySpace Hoax That Lead to Teenage Girl's Suicide, *Los Angeles Times*, July 2, 2009.

Betts, Recent Computer Crime Legislation Viewed as First Step, *Computer World*, Oct. 22, 1984.

Bloombecker, *Computer Crime Victims have Recourse to Novel Legal Remedies*, Computer world, November 25, 1985.

Christopher Maag, A Hoax Turned Fatal Draws Anger but No Charges, *New York Times*, November 28, 2007.

Computer Emergency Response Team, Hacker "Not very Difficult to Catch", *USA Today*, February 20, 1995.

Jennifer Steinhauer, Woman Found Guilty in Web Fraud Tied to Suicide, *New York Times*, November 27, 2008.

Steve Pokin, A Real Person, A Real Death, *St. Peters Journal*, November 10, 2007.

Tamara Jones, A Deadly Web of Decent: A Teen's Online "Friend" Proved False, And Cyber-Vigilantes Are Avenging Her, *Washington Post*, January 10, 2008.

（六）网站

http：//baike. baidu. com.

http：//conventions. coe.

http：//cyber. eserver. org. http：//cyber. eserver. org.

http：//cyb3rcrim3. blogspot. com.

http：//en. wikipedia. org.

http：//europa. eu. int.

http：//kansasstatutes. lesterama. org.

https：//www. google. com.

https：//www. npr. org.

http：//www. aol. com.

http：//www. auscert. org.

http：//www. cnn. com.

http：//www. cybercrime. gov.

http：//www. cybercrime. gov.

http：//www. cybercrime. gov.

http：//www. digitalearth. net.

http：//www. edc. uoc.

http：//www. facebook. com.

http：//www. frenchtribune. com.

http：//www. house. gov.

http：//www. investorwords. com.

http：//www. kornferry. com.

http：//www. lectlaw. com.

http：//www. legislation. gov. uk.

http：//www. loundy. com.

http：//www. mastel. org.

http：//www. myspace. com.

http：//www. npa. gov.

http：//www. publications. parliament. uk.

http：//www. swiss. ai. mit. edu.

http：//www. usdoj. gov.

http://www.ussc.gov.

http://www.ussrback.com.

http://www.wired.com.

后 记

三月的首都北京，春暖花开，窗外一片生机盎然。在这阳光灿烂、和风送暖的日子里，我在博士论文基础上修改而成的《计算机犯罪规制中美比较研究》一书也走过了写作的寒冬，迎来了令人欣喜的绽放时节。回想在书稿写作过程中经历的极不平凡的 2020 年，让人五味杂陈，无比感慨。这与书稿写作本身并无太大关系。去年一月以后，新型冠状病毒在华夏大地肆虐，导致病患数万、逝者过千，春节之后全民禁足、全国停摆，几乎是家家闭户，路路无人。好在我们有敢于并善于掌控大局的党和政府，也有甘于并勇于维护大局的万千人民，让我们从最初疫情防控的惊恐不安、混乱嘈杂中很快稳健地走了出来。党中央国务院举全国之力，十四亿同胞众志成城，共克时艰，科学收治、精准防治，以前所未有的速度和效度很快扭转了疫情，让大家看到了希望，祛除了焦虑，坚定了信心。到三月下旬，疫情中心地武汉以及全国其他地区连续多日实现确诊和疑似病例零增加，在医病患数也不断减少清零。中华大地，万物复苏，开工复课，井然展开。

正当国内抗疫形势一片大好，取得阶段性重要成效之时，国外却因抗疫的疏忽，错失重要"窗口期"而不断陷入"水深火热"的疫情之中。从去年二月底三月初开始，首先是韩国，紧接着伊朗、意大利、西班牙等国疫情形势不断恶化，逐渐蔓延至欧美大陆和其他国家，演变成被世界卫生组织定性的"全球大流行"（Pandemic）。特别是在美国，一周之内就迅速跃升成为感染新冠病毒病例最多的国家。新冠肺炎疫情是百年来全球发生的最严重的传染病大流行，是中华人民共和国成立以来我国遭遇的传播速度最快、感染范围最广、防控难度最大的重大突发公共卫生事件。在党中央的坚强领导下，全国各族人民齐心协力，用 1 个多月的时间初步遏制疫情蔓延势头，用 2 个月左右的时间将本土每日新增病例控制在个位数以内，用 3 个月左右的时间取得了武汉保卫战、湖北保卫战的决定性成果，进而又接连打了几场局部地区聚集性疫情歼灭战，同时在新冠疫苗研发方面也处于世界前列，夺取了抗疫斗争的重大战略成果。在此基础上，我们统筹推进疫情防控和经济社会发展工作，抓紧恢复生产生活秩序，取得显著成效，在新冠疫情给世界经济造成严重冲击的背景下，我国在较短时间内实现了经济增速由负转正，成为全球首个恢复增长的主要经济体。反观国外，时至今日仍然有很多国家还在为了抗击疫情而痛苦挣扎，为了疫苗购买分配而激烈争吵，尤其是美国，深陷新冠疫情的泥潭，感染人数达到 3000 多万，死亡人数超过 50 万，且每日增加的病例都在 5 万人以上，真让人觉得不可思议。美国在计算机等科学技术方面的高度发达和人力资源以及医疗水平等方面的绝对优势与抗疫成效严重不成正比，不得不让人为之扼腕叹息。

　　过去的一年，虽然疫情给我们的工作和生活带来了一些不便，但又给了大家一段相对清闲的时间，能够更地陪伴家人，更多地思考一些问题，也让我一拖再拖的书稿"工程"得以有比较充足的时间静下心来认真修改完成。全球互联互通的时代，人类的确是命运共同体，虽然国内现在的疫情已经得到了有效防控，本土病例已长时间实现零增加，但由于国外疫情形势依然严峻，外防输入压力仍然很大，中外交流交往也受到非常大的影响，诸如面对面的深入学术研讨活动基本停滞。真心期待国外疫情早日结束，让我们一起共赏百花争艳，同沐灿烂骄阳！2020 年，在共和国的历史上一定是值得大书特书的一年，在世界历史上也一定是需要深刻铭记的一年！

　　当年我撰写博士论文时就深感其过程之苦，而今将其修改成书也同样体会到艰辛费力。记得博士毕业后没多久，我的导师王世洲教授就曾建议我尽快将博士论文付梓，把自己的研究成果展示给各位方家批评指正。但由于在机关工作事务繁多，最主要是自己比较慵懒，论文修改走走停停，出版的事一拖再拖。最近两年，王世洲老师由于担任以色列希伯来大学孔子学院中方院长的原因常驻耶路撒冷，虽很少谋面，但他时不时也在电话、微信中"问候"我论文修改的事，"敲打"我尽量抓紧时间，别误了"花期"，错过了赏"花"之人。承蒙老师一如既往的宽容、厚爱与不弃，在无比特别的 2020 年里，我使出浑身解数，终于完成了这份拖了很久的"欠账"和"答卷"，想着可以对自己的学业和老师的教导有个交代，不由得长舒一口气。当停下书稿写作的思路，开始在后记的思绪中飘飞时，梳理这一路走来的求学和工作日子，才发现有太多的人和事值得回味珍惜。

记得那是在2009年的秋天，我从南国广州中山大学典雅洋气的康乐园来到了北国首都北京大学古朴端庄的燕园，在未名湖边的法学院继续我的刑法学研习之路。对我而言，这条路不单是地理位置上的南北大跨越，更是学术层次上的纵深大考验。北大，是一个令莘莘学子都梦寐以求的问学好地方；北大，更是一个群贤毕至，人才辈出而又高手如云的学术大殿堂！于是，我便在这种大跨越中走进了燕园，开始接受这学术殿堂的大考验。九月，北国初秋恣意流淌的阳光和风，给人飘荡沉浮于梦境的感觉。这梦，不只是多年来我的，还有我父母的梦！但我又深知，这不是梦。我就站在北大，已是一名北大法律人。怀着对北大的敬畏，冲着对学术的向往，我就在忐忑中扎进了北大。这种忐忑是生怕自己学艺不精，是惶恐自己表现不好，因为作为一名北大人，大家都在看着、盯着，甚至评价着。北大这个"背景"既赋予了我们无限的荣光与自豪，也给了了我们更多的压力和挑战。或许，就是在这背景的荣光后更多的压力和挑战才造就了一代代不朽的北大人。他们是先贤，是智师，更是我等的榜样和力量！从他们身上，我读到或看到，作为一名真正的北大人，体现的绝不是高傲自满、目中无人，而是谦逊自持、平易随和。他们展现出的是北大人对学术与科研的理想和超越，对家国与社会的责任和担当！这正如我们进校时在开学典礼上学习的校歌歌词中所表达的："眼底未名水，胸中黄河月。"

在北大的四年，既是学术苦旅的四年，也是学业精进的四年。在那里让我充分地体验到了开放、包容和宽松与自由；也让我纵情地享受到了众多学术大师与名家大腕的经典讲演和百周年讲堂层出不穷的精美影剧。除了法学院各学科老师在"法学前沿"课堂的精彩专题讲座和刑法学专业老师们精深的授课外，让我收获颇丰的还有各学院开放式的选课以及学校大图书馆那浩瀚的群书，特别是静谧的博士生学习单间，让我在得以扩充广阔的学术视野和提升精细的写作水平的时候有了一个非常理想的独立思考空间。同时，法学院图书馆舒适宽敞的阅读环境和齐全完备的专业书，也使我得以恶补了很多之前未能学到或注意到的法学知识。另外，农园的自助、松林的包子、学五的鸡丁、燕南的川菜以及畅春的干锅等等，无不让我美美地陶醉于北大食堂的饭菜香。未名水岸四季分明的诗意美景和冬天与同学三五结伴在湖面上左摆右晃溜雪滑冰的情景，总是让人难以忘怀！当然，一代北大人在燕园有一代北大人的乐趣和记忆。或许，有些在今天的北大校园里已经有了新的名字或不同的存在方式，但其中蕴含的精神却始终如一，也让我们由此常怀感念与感恩之心。

衷心感谢我的博士导师王世洲教授。王老师学贯中西，博采众长，为人秉直，治学严谨。作为我国首位获得"德国洪堡科研奖"的刑法学家以及"德国洪堡学术大使"，他对学生学术的极端严厉和极高要求在北大法学院是出了名的，弟子们都很敬畏他。王老师曾说："能在我这么严苛的要求下过关的学生，出去后还怕遇到什么挫折与困难么！"自进入北大后，我就深深地感受到了王老师的严格和严谨。正是在这种高压和严管下，我在他门下跌跌撞撞，不断成长，也获得了一些在今天看来并不算进步的进步：通过了司法考试，完成了一本英文著作的编写，在法学类专业核心期刊上发表了几篇文章，顺利申请国家公派出国留学并在美国提前完成了博士论文初稿，以及北大颁发的几个奖学金。回想起来，如若不是王老师当年实施"严打"政策，以我的钝性和惰性，恐怕连顺利毕业都成问题。他虽然对学生高标准、严要求，但又率真朴实，宽和包容。即使因为学术歧见而与他争论得面红耳赤，但他从不计较，关怀依旧。尤其是在当年临近毕业的日子里，王老师比我还着急，处处为我联系咨询，时时催我不要错过机会，生怕弟子迈出北大的门就成了无业浪子。毕业后，王老师依然如在校时那样，不时嘘寒问暖，指导我在机关工作中如何为人处世、待人接物，要求我勤学习、多谦让。有时，遇到热点的专业或时事问题，还半夜从国外发来微信，询问是否关注，有没有结合工作进行思考。这就是我的老师，可爱，可亲，更可敬！

感谢刑法专业的储槐植教授、张文教授、白建军教授、陈兴良教授、赵国玲教授、郭自力教授、梁根林教授和王新教授以及后来任教于刑法学专业的车浩教授、江溯教授。储槐植教授和张文教授是我们北大刑法的前辈师尊，虽已荣休，但宝刀未老，专门为我们09级刑法学博士生开设专题讲座，让我们有幸能聆听到大师的谆谆教诲，领受到他们深邃的思想。白建军教授是我国刑事法学界实证法研究方面的一代宗师，他在刑事法研究领域里独树一帜，自成品格，成就斐然。正是在白老师那里才让我认识到原来艰深枯燥的刑法学还可以用数据去展示和诠释，并且在样本的分析间让你体会到刑法学知识穿越于计算和结论之间的美妙与快感。白老师不但学问做得好，待人更是谦和而又风趣幽默，对我而言更有知遇之恩。他对我的关心和帮助让我永生难忘！陈兴良教授是我们刑法专业的领路人，也是我国刑法学界的领军人。陈老师学富五车、著作等身，在刑事法理论研究上始终处在前沿，是推动我国刑法学知识转型的最大贡献者。他和蔼可亲、温文儒雅，对学生关爱有加，每每遇到学问上的不惑或者生活上的不解，陈老师总是乐于解答，热心相帮。在他的刑法课堂里，让我学习到了理论的真谛，掌握了读书习作的要诀。毕业后，陈老师得知我去了机关工作，叮嘱我"虽然离开了学术界，但不要离开学术"，还不时给我鼓励，在本书的写作和推荐出版中也提供了重要的指导和帮助。

赵国玲教授作为我国刑事执行法方面的著名专家和我们刑法专业当时在职的唯一一位女老师，不仅在学习上带给我们监狱学等方面的渊博知识，更是在生活上给予我们母亲般的关爱和呵护。郭自力教授作为我国英美刑事法方面的专家，在课堂上总是能让我们领略到他对于中外刑事法研究的独到见解和渊博知识。同时，他行事低调的做人风格也深深感染和影响着我们。梁根林教授作为我国刑法学界的新生代主力军，是我们刑法学专业学生的青年偶像派。他为人坦诚正直而又谦逊随和，在学术上的忘我精神让我们无不钦佩与感怀。尤其是他舍去休息时间来参加我们的读书会，以自己的经验设身处地地指导我们如何学习写作，让我们受益匪浅。让我至今记忆犹新的是在我们博士论文开题时，由于大家的选题都比较粗糙，在开题会上受到老师们的一致"炮轰"，搞得我们情绪十分低落。但在开题后的一个晚上，梁老师专门约我们去校内的"家园"餐厅小聚，宽慰我们几个博士生小兄弟不要气馁，还给我们支招献策，让我们无不感受到浓烈的师者情怀与厚重的兄长关怀！王新教授是我们刑法专业教师中的青年才俊，有着丰富的刑事司法实践经验，在我们博士论文开题和预答辩中带给了我们更多的关注实务、解决实际问题的帮教和箴言。车浩教授和江溯教授是我们刑法专业的后起之秀，作为师兄，他们是我们刑法专业毕业生中的翘楚和榜样！他们在我们的学习研究中给予了不少的帮助和指导，特别是和我们一起开办读书会，论学品著、聚会娱乐，让苦涩的博士研究生活变得丰富多彩，趣味嫣然。

同时，作为国家公派联合培养博士生，我在加州大学伯克利分校一年多的留学日子也同样让我深深感怀！这种感怀就如我刚到伯克利时所感言的那样：伯克利校园不是特别大，面积差不多同母校的燕园。就像在北大时人们常说的，未名湖并没有想象中的那么大，博雅塔也没有想象中的那么高，但那"一塔湖图"确实非常的美，令人神往，叫人眷念！伯克利也如此，校园精致而大气。但伯克利又和北大有着不同的风格，北大是典型的中国传统园林式样，伯克利则西洋味儿十足，完美地诠释和体现了西方文化的特色。想着当年在伯克利校园一路走去，来自各国，带着不同肤色，讲着不同语言的学者们信步在林荫小道，从那匆忙而又充实的步调中似乎可以读懂伯克利人建构的世界学术高地和引领的世界学术方向！一百多年的历史积淀，华丽端庄的校园，世界大师云集，让这所位于硅谷旁边、被誉为美国西海岸"学术脊梁"的世界名校显得异常厚重神秘。感怀于伯克利的历史与校园美景，更感念于在伯克利的学习和生活。由于我做的是关于美国联邦计算机犯罪规制的研究，因而到伯克利法学院上的第一门课便是该院给博士生开设的《计算机犯罪法》。其实，初到异国的学习，无论是语言还是习惯，都需要适应和过渡，在这适应和过渡中，需要的是及时自我调整和转型。得益于伯克利法学院指导老师和任课教师们的帮助，受惠于在湾区定居的北大师兄及华侨友人的关心，让我在伯克利的学习日子既充实又丰富。不但完成了 30 余万字的博士论文初稿写作，还在闲暇之余较为深入地了解到美国西海岸的风土人情。

真诚地感谢我在加州大学伯克利分校留学期间给予我指导和帮助的 Robert Berring 教授、Chris Hoofnagle 教授以及 Lauren Webb 女士。Robert Berring 教授曾担任伯克利法学院院长，平日事务非常繁忙，但他作为我在伯克利的联合培养指导教师，要求严格，总是见缝插针地对我进行指教，是他让我打开了美国刑法知识学习的视野。Chris Hoofnagle 教授作为伯克利法学院第一位给博士生开设美国计算机犯罪法的专家，在信息法学方面的造诣非常深厚，实践经验也非常丰富，让我在他的课堂中汲取到了美国关于计算机犯罪规制的精华，也使我在他的课堂上全面地聚焦了自己博士论文的研究内容。在课堂之外，Chris Hoofnagle 教授还专门给我答疑解惑，耐心地帮助我这个中国洋学生解决在美研究中遇到的各种"疑难杂症"以及给我提供了大量的原始资料，保证了我博士论文写作的质量与水平。Lauren Webb 女士对我在伯克利法学院的入学事宜和学校生活上给予了莫大的帮助和支持。同时，要感谢在加州伯克利湾区定居生活的北大师兄林海，是他给我带来了家一样的温暖。让我在孤独的论文写作之余，每个周末都能去他家美美地享受他烹饪的各种中国菜肴和与来自北大、清华等国内高校的朋友一起欢度周末派对的美好时光。

感谢我的硕士导师王仲兴教授。恩师作为我国改革开放后培养的第一位刑法学研究生，德高望重，学识渊博，治学严谨，桃李天下。不但对我这个庸俗之才和愚笨之智不弃，反而对学生关怀备至，精心栽培。我从本科时的英语学习走出来，走上刑法学之路，是王老师引领我进入了刑法学的殿堂，开启了我刑法学研究的灯火。感谢北大刑法2009级的马寅翔、周明、刘灿华、黑静洁、曹斐、秦化真等诸位博士同学和法学院09级博士班全体同学以及蔡曦蕾、魏风劲、吴夏平等博士友人，感谢你们四年来在北大燕园与我一起共度求学的日子。我们团结共进、互励相帮，铸就了难得的情谊！本书中的部分内容曾以小论文的形式发表在《当代法学》《中国刑事法杂志》《政治与法律》《美国研究》《时代法学》等刊物上，因此要非常感谢这些编辑部的老师们，在素不相识的情况下，采用我的网上投稿并通过邮件给予细心的指导修改，至今我也只能从已发表的论文中知晓他（她）们中的责编名字：王勇、单民、文武、卢宁、肖姗姗等。

博士毕业后，我到了国家新闻出版广电总局有关部门工作。感谢在广电总局工作四年多的时间里各位领导和同事对我的指导和帮助，让我在实务部门充分学习到机关工作的要旨与内涵，也让我积累了较为丰富的行业调研经验，了解到信息网络和数字技术快速发展下的广电改革与发展，为我在本书的写作中提供了很多新的思路。调到中国社会科学院工作后，不仅让我切实感受到了党中央对该院提出的"马克思主义的坚强阵地、中国哲学社会科学研究的最高殿堂、党中央国务院重要的思想库和智囊团"三大定位的真正义涵，也让我很快就融入了这里并产生了深厚的感情，这主要源于诸位领导和同事对我的关心爱护。他们不但非常支持我结合实务工作开展有关研究，还鼓励我积极申报相关重要课题，参与中央交办重大问题调研，让我在工作中得到了很好的锻炼，使我能够有信心继续保持对学术的兴趣和追求。感谢我现在的同事们，是他（她）们阳光开朗、积极进取和团结奉献的精神风貌感染着我，也激励着我，让我能够在繁忙的工作之余继续保持良好的心境修改完成本书。感谢中国社会科学院将本书纳入"创新工程学术出版资助"项目，特别感谢各位匿名评审专家在"创新工程学术出版资助"项目评审中对拙著的厚爱和提出的宝贵修改意见建议，同时也非常感谢中国社会科学院直属机关党委的王田田博士和中国社会科学出版社的任明编辑，没有他们的无私帮助和辛勤劳动，拙稿可能还要等一段时间才能接受大家的批评指正。

特别感谢我的家人，尤其是我的父母和岳父母为我及我们在北京的小家庭辛勤的付出和无私的关爱，让我无论是学习期间还是工作以后，始终都能够安心于自己的学业与事业。感谢我的母亲杨福莲女士，我八岁失怙，妈妈不畏艰苦，勇挑重担，为家庭的和美幸福和我们的健康成长可谓呕心沥血。妈妈勤劳秉直的精神品格、真诚善良的待人风格和严厉的家教家风深深影响和教育着我，让我终生受用！特别感谢我的继父孙在光先生，他为人忠厚，性情温和，视我们如同己出，不但让我有着幸福的童年，也让我能够安逸地享受快乐的读书生活。感谢我的大姐高仕莉与二姐高仕琴以及两位姐夫郭天禄和王建平，他们在老家照顾父母、团结亲友，默默奉献、无怨无悔，是我重要的亲情依靠和多年读书求学的坚强后盾。

感谢我的岳父韩汝怀先生，作为全国模范教师，他广闻博学、育人得法，深受学生爱戴与赞誉，而今早已是桃李芬芳、硕果累累。他视婿如子，在我的学业和工作上总是给予肯定和赞许，每每听闻我有进步或收获，总会赋诗一首，让我备受鼓舞。感谢我的岳母张金华女士，她一生为家付出、为子女分忧，堪称家庭主妇之楷模。无论是在北京还是老家贵州，总让我们能大饱口福，时刻感受到"妈妈菜"的温暖和家乡味儿的浓情。感谢我的表哥余文武教授，他学养深厚，才智过人，先后获得法学和教育学两个博士学位；他为人豁达，亲善仁义，既是我从小学习的榜样，更是我学业上的领路人，没有他一路走来的关心、鼓励和指引，就不会有我学业进步和学术成长的今天。

感谢内子韩璐，我们同为法学人，共筑法学梦。她不但给我学问上莫大的帮助，还在繁忙的工作之余给予我生活上的悉心照料。本书得以顺利的写作完成，也有她重要的功劳：在伯克利留学期间，她利用到美探亲之际帮我一起搜集整理资料，并在回国时将成箱的英文文献先期带走，然后在国内作为我博士论文初稿的第一位读者，帮我逐字逐句研读，修正句式和错别字，让我节省了大量的文稿校阅时间。在对论文修改成书期间，她作为曾在北京法院任职的法官也帮着给我从浩瀚的数据库中娴熟地搜寻有关材料特别是国内近几年的一些典型案例，让书稿内容更能与时俱进。我博士毕业后，我们先后有了两个小公主。两件小棉袄的到来，增添了小家庭更多的温馨和欢愉，让当爸爸的我感到无比喜悦和幸福，也让我深深感受到做两个孩子妈妈的不容易，体会到"养子才知父母恩"的真切内涵。她既是贤妻，更是良母！

最后，要真心感谢未来的读者们，希望你们能包容书中存在的错误或不当之处，也恳请你们给予批评指正。

高仕银

2021年3月10日于北京